U0506823

察世俗每月統記傳

[英] 米憐（William Milne） 主編
劉美華 編校
張西平 謝輝 審校

本書爲北京外國語大學中華文化國際傳播研究院所主持的
北京外國語大學“雙一流”建設重大標誌性項目“文明互鑒：
中國文化與世界”（2021SYLZD020）研究成果

總目録

《察世俗每月統記傳》——西學漢籍第二階段的奠基之作

自戈公振的《中國報學史》以來，《察世俗每月統記傳》被定爲近代中國中文報刊之開創者，這份刊物就成爲中國新聞史研究的重要内容，但如果從西學東漸的長時段來看，《察世俗每月統記傳》應同時被確定爲西學漢籍第二階段的典籍之作。

一、西學東漸三階段論

一般的近代史研究是從1840年鴉片戰争開始的，但實際上晚明是中國近代的第一縷曙光，[1]中華文明與基督教爲代表的西方文明接觸應始於耶穌會入華。這樣從1552年沙勿略入華到1793年馬戛爾尼訪華，這是以耶穌會爲主體

[1] 嵇文甫：《晚明思想史論》，河南大學出版社，2008年；金國平：《西力東漸：中葡早期接觸追昔》，澳門基金會，2000年；樊树志：《晚明大變局》，中華書局，2015年；張西平：《交錯的文化史：早期傳教士漢學研究史稿》，學苑出版社，2017年；萬明：《中葡早期關係史》，社會科學文獻出版社，2001年；［美］徐中約著，朱慶葆、計秋楓譯：《中國近代史1600—2000：中國的奋斗》，世界圖書出版公司，2013年。

的西學東漸的第一階段。雖然 1773 年耶穌會解散後，遣使會入華，但天主教在華的影響已經日漸式微。1807 年基督新教的英國倫敦會傳教士馬禮遜入華，從 1807—1839 年，西學東漸進入它的第二個階段。只所以將這一階段與 1840 年後的西學東漸第三階段加以區别，原因在於：其一，此階段的基督教在華活動並未像 1840 年鴉片戰争後那樣，基督教的傳教活動是在護教條約下展開的；其二，此階段西學東漸的主要推動者是來華的基督新教傳教士，從而和第一階段的以耶穌會爲推動者有了重大區别；其三，此階段的西學東漸在地域空間上涵蓋了從廣州到馬六甲的整個地區，形成自己的獨特空間特點。〔1〕

目前學術界的西學東漸研究主要集中在明清之際和晚清兩個階段，對 1807—1939 年這一時段的研究儘管有了重大進展，〔2〕與明清之際和晚清的西學東漸研究相比仍相對較

〔1〕［美］賴德烈著，雷立伯等譯：《基督教在華傳教史》，道風書社，2009 年；羅伟虹主編：《中國基督教（新教）史》，上海人民出版社，2016 年；吴義雄：《在宗教与世俗之間：基督教新教傳教士在華南沿海的早期活动研究》，廣東教育出版社，2000 年；吴義雄：《条约口岸體制的醖釀：19 世紀 30 年代中英關係研究》，中華書局，2009 年。

〔2〕蘇精：《中國，開門！馬禮遜及其相關人物研究》，（香港）基督教中國宗教文化研究社，2005 年；蘇精：《上帝的人馬：十九世紀在華傳教士的作爲》，（香港）基督教中國宗教文化研究社，2006 年；蘇精：《以鑄代刻：十九世紀中文印刷變局》，中華書局，2018 年；譚樹林：《馬禮遜与中西文化交流》，中國美術出版社，2004 年；［英］艾莉莎·馬禮遜編，杨慧玲等譯：《馬禮遜回憶録》（全譯本），大象出版社，2019 年；張西平、彭仁賢、吴志良主編：《馬禮遜文集》（13 卷），大象出版社，2008 年；張西平、尹耀全、陳力衛等：《馬禮遜研究文獻索引》，大象出版社，2008 年。

弱。從全球史觀來看，中國的西學東漸史應該作爲一個整體來研究，這三個階段儘管各自有着自己的特點，但他們之間的聯繫和銜接十分清晰，他們所推動的西學東漸都是爲“中華歸主”的西學東漸，對中國社會思想的衝擊及其影響有着共同的特徵。至今中國學術界尚未能將晚明以來的西學東漸作爲一個整體來研究。雖然作爲基督教傳教史的整體研究是有的，但傳教史並不能代表西學東漸史，儘管傳教士在西學東漸史中扮演着重要的角色，因爲西學東漸史是研究西方文化在中國的傳播、接受、反映的整體歷史。

西學東漸史無疑是一個重大的研究課題，學者們既可以從具體的階段、文本、人物、事件逐步展開，也可以從其中三個階段的共同特點入手，揭示西學東漸的共同特點。賴德烈的《基督教在華傳教史》就是從西學東漸的重要推手傳教士入手展開的。我們認爲，西學東漸三個不同階段有的一個重要共同特點就是“刊書傳教”，從而在中國出版史和文化史上産生了一個新的文獻形態：西學漢籍，由此入手，可以從總體上揭示出西學東漸的特點與規律。

二、西學漢籍簡論

對“西學漢籍”的了解要首先從明清之際的西學東漸第一阶段談起。[1] 中華文明在長期發展中，外來文明有兩次

---

〔1〕 尽管唐代有景教的傳入，元代有天主教的傳入，但這两次在中（轉下頁）

對中華文明的發展産生了重要影響，用古代的“西洋”這個詞來説，有兩次西洋文明傳入中國，對中國文化産生了重要的影響。一次是來自印度的佛教的傳入，在古代中國把印度作爲“西洋”。無論是《大唐西域記》還是《西洋番國志》《西洋朝貢典録校注》都是記録的中國與西部世界的關係。一次是晚明以來歐洲基督教的傳入。但從中華文明與歐洲文明最初相遇而言是明清之際，從時間上説大體是晚明崇禎朝到清順、康、雍、乾時期，時間可以從沙勿略入華到乾隆去世，即 1552—1798 年。黄宗羲用“天崩地解”來形容這一時期的早期階段，所言極是。這一時段，國内明清鼎革，歷經滿漢政權轉化與文化巨變，康乾盛世形成，世界範圍正經歷從 15 世紀末期的地理大發現帶來的西方文化与體制在全球的扩張。文化相遇与冲突以多重形式展開。其影响波及今日之世界。

耶穌會入華，由此拉開了中華文明和歐洲文明在文化与精神上的真正相遇。

梁启超在《中國近三百年學術史》中說：

> 明末有一場大公案，爲中國學術史上應該大筆特書者，曰：歐洲曆算學之輸入。先是，馬丁·路得既創新教，羅馬舊教在歐洲大受打擊，於是有所謂“耶穌會”者起，想從舊教内部改革振作。他的計劃是要傳教海外，中國及美洲實爲其最主要之目的地。於是利瑪竇、

（接上頁）國社會均没有形成整體性的影响。

龐迪我、熊三拔、龍華民、鄧玉函、陽瑪諾、羅雅谷、艾儒略、湯若望等，自萬曆末年至天啓、崇禎間先後入中國。中國學者如徐文定［名光啓，號元扈，上海人，崇禎六年（1633）卒，今上海徐家匯即其故宅］、李涼庵（名之藻，仁和人）等都和他們來往，對於各種學問有精深的研究。先是所行“大統曆”，循元郭守敬“授時曆”之舊，錯謬很多。萬曆末年，朱載堉、邢云路先後上疏指出他的错處，請重爲釐正。天啓、崇禎兩朝十幾年間，很拿這件事當一件大事辦。經屢次辯争的結果，卒以徐文定、李涼庵領其事，而請利、龐、熊諸客卿共同參預，卒完成曆法改革之業。此外中外學者合譯或分撰的書籍，不下百數十種。最著名者，如利、徐合譯之《幾何原本》，字字精金美玉，爲千古不朽之作。

嵇文甫在《晚明思想史論》對那個時代有一個很生動的描寫：“晚明時代，是一個動蕩時代，是一個斑駁陸離的過渡時代。照耀着這時代的，不是一輪赫然當空的太陽，而是許多道光彩紛披的明霞。你盡可以説它‘雜’，卻絶不能説它‘庸’；盡可以説它‘囂張’，卻決不能説它‘死板’；盡可以説它是‘亂世之音’，卻決不能説它是‘衰世之音’。它把一個舊時代送終，卻又使一個新時代開始。它在超現實主義的雲霧中，透露出現實主義的曙光。”〔1〕晚明之“雜”就在於“西學”開始进入中國，中國文化面临一个完全陌生

〔1〕 嵇文甫：《晚明思想史論》，第1頁。

的對话者，中國文化開始首次在精神层面和西方文化相遇。

對中國來説，在其几千年的出版史中首次出現一種新形態的出版物——西學漢籍。

如何概括晚明以來由來華傳教士所寫的介紹西方文化的各類著作，其中也包括中國信教文人的著述，以及由這些著作所延伸出來的相關文獻，學術界各有表述。

首先用“西學”來定義這批文獻的知識性質，學術界並無多大分歧。因爲來華耶穌會士們的系列著作已經點名明了這一點，艾儒略所撰寫的《西學凡》、高一志的《齊家西學》、《修身西學》、《西學治平》都表述的十分清楚。明末清初“西學”的概念是清楚的。[1] 明末的漢文文獻中談到這類文獻時有不同的表述。“在明末，‘西學’概念的真正提出和公開傳播，特别是作爲一種傳教士自塑宗教形象的命名行爲，大體肇始於1610年中後期至1620年代初期”。[2] 同時，從晚明以來中國文人也將這批文獻代表的知識稱爲“西洋之學”、[3]“西方之學”[4] 或者“遠西學”、[5]“西

〔1〕黄興濤：《明末至清前期西學的再認識》，《清史研究》2013年第1期；鄒振環：《晚明漢文西學經典：編譯、詮釋、流傳與影響》，复旦大學出版社，2011年；張西平：《近代以來漢籍西學在東亞的傳播研究》，《中國文化研究》2011年第1期。

〔2〕黄興濤、王國榮編：《明清之際西學文本：50種重要文獻彙編》，中華書局，2013年，第4頁。

〔3〕鄭以伟：《泰西水法序》，徐宗澤：《明清間耶穌會士譯著提要》，上海書店出版社，2010年，第238頁。

〔4〕許胥臣：《西學凡引》，徐宗澤：《明清間耶穌會士譯著提要》，第223頁。

〔5〕方以智：《物理小識·自序》。

人之學”。[1] 當然也有將其称爲“天學”，李之藻的《天學初函》爲代表，李祖白的《天學傳概》、白晋的《天學本義》也是這樣表述。但總的將其称爲“西學”没有争議。荷蘭已故漢學家許理和（Erik Zürcher，1928—2008）認爲來華耶穌會与中國的追隨者和反對者“一起形成了一種被称爲‘西學’的復合學問，這一學問包括西方起源的一切思想概念；神學、道德、科學、技術的和藝術的思想觀念”。[2] 梁啓超對此做了經典論述：“‘西學’名目，實自耶穌會入來所創始。其時所謂‘西學’者，除測算天文、測繪地圖外，最重要者便是製造大炮。陽瑪諾、畢方濟等之見重於明末，南懷仁、徐日昇等見重於清初，大半爲此。”[3] 晚清後，西學概念已經被廣泛使用，這已經是學界之共識。[4]

有學者將這批文獻的呈現形態用“漢書”來表述。他們認爲：

明末清初在中國，“西學”一詞構成了耶穌會士們把西方學術著作譯成漢文時普遍使用的學術詞彙。當時与後世的中國學者或者東亞學者，無論是支持者和同情者，還是懷疑和反對者，都在漢文文獻的撰寫中直接沿用了這一用語，將以歐洲爲中心的西方學問称爲“西學”。今天我們也用該詞

〔1〕 阮元：《畴人傳》卷四五。

〔2〕 許理和：《十七—十八世紀耶穌會研究》，載任继愈主編《國際漢學》1999年第四期，大象出版社，第429—430頁。

〔3〕 朱維錚校注：《梁启超論清學史两種》，复旦大學出版社，1985年，第121頁。

〔4〕 參閲艾約瑟《西學启蒙两種》，嶽麓書社，2016年。

來泛指 16—19 世紀通过西方傳教士介紹給中國的西方學術、西方知識或者西方知識體係。構成反映這一部分内容的文獻，可以統称爲“漢文西書”。[1]

這段表述的前一部分我是完全贊成的，但最後將這批文獻統称“漢文西書”，[2] 這个定義尚不能全面概括這類文獻的特點，一是在文獻呈現形式上並非全部是以書的形式出現，其中含有大量手稿、奏疏、輿圖、繪画等多種形式；二是，在梵蒂岡圖書館還藏有各類手抄本的詞典，數量之大令人吃惊，這些均是多種語言構成的文獻，即便是漢外對照詞典，称作是“漢文”也不妥；三是從文獻内容上看不僅有大量向中國介紹西方學術和知識的内容，也有傳教士用中文寫作，研讀中國文化的文獻，例如白晋的漢文《易經》手稿。同樣，有相當多的批評天主教的歷史文獻，如《破邪集》；還有些是明清之際的文人在自己的著作中討論西學，如方以智的《東西均考》。簡单將其定義爲“漢語天主教文獻”过於狹小，因爲其内容已經大大超出單純的天主教範圍，儘管天主教文獻是其重要組成部分。[3]

---

〔1〕鄒振環：《晚明漢文西學經典：編譯、詮釋、流傳与影响》，第 6 頁。

〔2〕鄒振環認爲，“西學”一詞最早出現在中國人的著述中，可能是南宋李心傳（1167—1244）記述高宗一代史事的史書《建炎以來繫年要録》：“凡为伊川之學者，皆德之贼也。又曰：自西學盛行，士多浮僞。陛下排斥異端，道術亦有所統一矣。”經我的查找，“西學”最早可能出現在《禮記・祭義》中：“祀先贤於西學，所以教諸侯之德也。”

〔3〕參閱張先清編《史料与視界：中文文獻与中國基督教史研究》，上海人民出版社，2007 年。“西學漢籍”是不能僅僅放在中國天主教史的框架中來討論的，它是中國近代文化史研究的重要内容，同時也是（轉下頁）

筆者認爲無論是從其學術内容，還是從其呈現形態，用“西學漢籍”來概括這類文獻較爲穩妥。對這批文獻的認知只有在系統翻閱了藏在羅马耶穌會檔案館、梵蒂岡圖書館和法國國家圖書館的這批文獻後，才會深深感受到這一點。僅僅用“漢文西書”來概括是遠遠不夠的。這里僅舉羅明堅留下的两份文獻爲例，説明明清之際西學文獻在形態上的多樣性。羅明堅的第一部作品是《葡華詞典》，這是一部手稿，完全談不上“書”。羅明堅带回歐洲的《致大明皇帝書》是一个碩大的木板，文字刻在木板上面，這份文獻的形態是刻版，這自然也談不上是“書”。〔1〕

“漢籍”這个概念应是用漢字書寫的古代文獻統称，漢籍的形態既包括刻本，也包括稿本、抄本文獻。我們常説的“寫本”，廣義講就是指非經雕版印刷而由手寫成書的本子，其中包括抄本、稿本。早在漢唐時代，就出現了一種抄發皇帝諭旨和臣僚奏議等官方文書以及有關政治情報的“邸抄”，這也是漢籍文獻的一種類型。“有不少名著，開始靠抄本流傳，後來才付梓。如談迁的《國榷》，三百多年一直是抄本輾轉傳抄，直至解放後才成爲印刷品”。〔2〕這樣的例子很多，明代的《永樂大典》和清代的《四库全書》均爲寫本，

（接上頁）西方漢學研究的重要内容，這批文獻的多重性需要我們以新的視角來加以考察。

〔1〕張西平主編:《歐洲藏漢籍目録叢編》第 3 卷，廣東人民出版社，2020 年，第 1613 頁（编号 1320）。

〔2〕肖東發:《稿本、抄本、寫本——再談印刷技術發明後的抄寫本書》，《圖書館學刊》1984 年第 3 期。

這兩部大書自成書以來就没有付梓，没有印本。顯然，《永樂大典》和《四库全書》屬於漢籍的重要組成部分。近代以來甲骨文的發現和敦煌文獻的發現是中國歷史學的大事，也是中國文獻的大事，這些刻在龜甲獸骨上的漢字，抄寫在絹帛上的漢字同樣属於“漢籍”的範圍。[1]“漢籍”，目前學術界已經不再將其僅僅理解爲中國士人在歷史上的出版物，凡是用漢文書寫的歷史文獻都可称爲漢籍，包括外國人，例如日本人、韩國人等。[2]

因此，鑒於明清之際來華傳教士用漢字書寫所呈現形態的多樣性，將這批西學文獻稱爲“西學漢籍”更爲穩妥。這個概念確定後，我們才能將藏在歐洲各大圖書館中的數量衆多的漢字書寫的稿本、抄本、雙語詞典都納入到西學東漸和中西文化交流史研究的範圍。

西學漢籍的存在改變了中國文獻學的性質與範圍，中國歷史與文化的書寫不在僅僅是中國人，文獻的内容也不再僅僅是關於中國本身的内容，中西互動由此開始，西學漢籍記載了中國被納入全球史的歷史進程，記載着中華文明與西方文化的相遇、融合與衝突。

馬禮遜入華、馬士曼入印，兩人在天主教傳教士白日昇的聖經中文稿本基礎上開始了聖經中譯，而米憐等傳教士先

〔1〕 严紹璗《漢籍在日本的流布研究》第四章專門列有《二十世紀初甲骨文字与敦煌文獻東傳日本紀事》，江蘇古籍出版社，2001年。

〔2〕 張伯伟編：《域外漢籍研究集刊》第1—4辑，中華書局，2005—2008年。

後出版了五份中文報刊:《察世俗每月統記傳》《特選撮要每月紀傳》《東西洋每月統記傳》《天下新聞》《各國消息》。西學漢籍進入它的第二個階段。由於《察世俗每月統記傳》出版最早，其學術價值也最大。它對晚清後的西學漢籍的出版也有直接的影響。《察世俗》之後，傳教士的中文刊物接踵而至，基督教刊物在中國本土大量湧現，到 1867 年爲止，來華的 338 名新教傳教士一共出版了 490 種中文書刊。[1]

1997 年黄時鑑先生在中華書局影印出版了《東西洋考每月統記傳》，今天《察世俗每月統記傳》終於全文點校出版，這不僅對於中國新聞史、中國出版史是一件大事，更重要的是，對於研究晚明以來四百年的西學東漸史，對研究西學漢籍史有着重要的價值。

張西平

2021 年 8 月 20 日

---

〔1〕 蘇精:《馬禮遜与中文印刷出版》，台湾學生書局，2000 年，第 33 頁；趙曉蘭、吴潮:《傳教士中文報刊史》，复旦大學出版社，2011 年。

導　言

18 世紀末 19 世紀初，英國的海外傳教進入了高漲期。在戴维・博格牧師/博士（Rev. Dr. David Bogue）的倡導下，在公理派（Congregationalists）、長老會（Presbyterians）、聖公會（Anglican Church）和循道派（Methodists）的聯合發起之下，倫敦傳教會（the London Missionary Society）（簡稱"倫敦會"），便於 1795 年 9 月 20—25 日應運而生。1800 年，倫敦會有了高斯波特神學院（Gosport Missionary Academy）爲其專門培訓海外傳教士。倫敦會的宗旨在於推動普通信徒參與向全世界的傳播福音工作，而中國作爲人口的大國，自然而然地吸引了倫敦會的眼球。倫敦會致力於以向中國傳教爲目標，基於一個正確的信念："中國是一個大國，這個龐大的國家正處於不幸之中，它還在異教迷信的黑暗中摸索……竟然認爲這是一個没有上帝的世界!"[1]

1804 年，倫敦會理事會通過了"翻譯中文聖經是有利於基督教的最重要的目標之一，而派遣兩名傳教士居住在中

〔1〕 William Milne, *A Retrospect of the First Ten Years of the Protestant Mission to China*, Malacca: The Anglo-Chinese Press, 1820, p. 16. 中譯本見張西平等譯《新教在華傳教前十年回顧》，大象出版社，2008 年，第 9 頁。

國、檳榔嶼或澳門，是實現這一目標最爲合適、最爲有效的辦法”這一決議，[1] 其中兩名人選爲馬禮遜（Robert Morrison，1782—1834）和布朗（William Brown），[2] 但是後來布朗由於與個性强硬、性格保守、爲人嚴肅的馬禮遜不和而向倫敦會請求改派。[3] 於是馬禮遜自1807年入華後便獨自一人承擔在華傳教工作，由於當時政治環境對傳教士極爲不利，他初抵中國的境況很不盡如人意，雖然有東印度公司書記員（writer）和高級職員（supercargo）斯當東（George Leonard Staunton，1737—1801）的支持和幫助，得以棲息廣州學習中文，甚至後來借助於東印度公司譯員的身份合法居留中國，但是他的傳教事業寸步難行。馬禮遜除了承擔公司的翻譯職務之外，他自身還要繼續學習漢語、研習經書、編纂字典、給東印度公司的漢語學生講授漢語，更重要的是，他還肩負着將聖經翻譯成中文的使命。繁重而龐雜的事務，直接減少了他從事傳教的時間，這使得中華傳道事業進展緩慢。[4] 馬禮遜經常寫信回英國，要求倫敦會增派一名同工協助他在中國的傳教工作。[5] 經過馬禮遜多次的請

---

〔1〕 Council for World Mission/London Missionary Society/Board Minutes, 30 July, 1804.

〔2〕 Council for World Mission/London Missionary Society/CH/SC, Fold 1 Jacket A, William Brown to the Director, 12 April, 1806.

〔3〕 Ibid..

〔4〕 William Milne, *A Retrospect of the First Ten Years of the Protestant Mission to China*, p. 97.

〔5〕 Ibid., p. 100.

求，1812 年 9 月，倫敦會終於應許他的請求增派一名同工協助他在中國的傳教和譯經工作。就這樣，本來被倫敦會計劃派往非洲的米憐（William Milne，1785—1822），在其導師戴维·博格博士的極力推薦下，成爲繼馬禮遜之後被調派前往中國的人選。[1]

1812 年，米憐攜妻東來，次年抵達澳門，但是因“保教權”他無法立足澳門，於是偷偷前往廣州，又因中國的禁教政策，亦無法棲息廣州。爲此他們不得不另闢蹊徑，最終選定在馬六甲地區建立傳教基地，以輔助在中國内地的傳教工作。1815 年米憐舉家遷往馬六甲，隨行的還有一名助手——華人刻工梁發和中文教師。[2]

---

〔1〕 Council for World Mission/London Missionary Society/CP/Minutes of Committee of Examination, 10 February, 1810. Eliza Morrison, *Memoirs of the Life and Labours of Robert Morrison*, London: Orme, Brown, Green, and Longmans, 1839, pp. 322 - 323. Council for World Mission/London Missionary Society/South China, Journals: Journal 8, 2 September, 1812.

〔2〕 梁發，又名梁阿發、梁亞發，1789 年生於廣東佛山高明縣，死於 1855 年。戈公振謂其“中國第一位基督新教教士”，也是正式服務報界的刻字工人。15 歲時，梁發因家庭生計所迫，離鄉背井赴廣州謀生，在十三行裏先後學習製刷和雕版印刷。1815 年，作爲印刷技工隨米憐遠赴馬六甲建立佈道站。次年 11 月，在米憐主持下，接受洗禮，成爲有確切記録的第二位受洗的中國新教徒。1819 年之後，梁發奔走於廣州、澳門和南洋一帶，幫助馬禮遜和米憐傳教。1823 年被馬禮遜封立爲宣教師（evangelist），1827 年成爲傳教士（preacher）。其間，多次受到清政府的逮捕和通緝。梁發一直用“學善”（Student of Excellence）或“學善居士”（Retired Student of Excellence）的筆名撰寫傳教文章。代表作《勸世良言》，曾被太平天國領袖洪秀全大量翻印，傳播廣泛，是洪秀全創立的“拜上帝會”的教義來源。馬來西亞官方出版的《華人志》，曾視梁發爲第一位“華人記者”。參閲 Elijah C. Bridgman, Brief （轉下頁）

1815 年春，馬禮遜和米憐曾共同擬定了一個建立包括十項要點的“恒河外方傳道團”（The Ultra-Ganges Missions）計劃。[1] 這份計劃第四項便是：“爲兼顧傳播基督教的基本知識，可在馬六甲地區發行一種小規模的中文雜誌，以月刊或其他合適刊期形式發行亦可。”這便是近代中文第一刊《察世俗每月統記傳》（以下簡稱《察世俗》）的緣起。

1815 年（嘉慶乙亥）8 月 5 日，《察世俗》創刊號於馬六甲，正式刊行。1822 年（道光壬午）米憐病逝後，因後繼無人而停刊。《察世俗》的刊行歷時六年有餘，共發行七卷七十八期。《察世俗》雖不在華土卻對中國本土意義非凡。在中國新聞事業發展史上，有着十分重要的地位。作爲近代中文報業之發端，它對中國近代報業史的影響深遠，它使得中國傳統報業的涓涓溪流終於匯成波瀾壯闊的近代報業的江海。

一、《察世俗每月統記傳》編者及刻工

自 1815 年創刊至 1822 年終刊，米憐一直擔任該刊的主編和主要負責人，具體的撰稿、編輯和發行工作都主要由米

（接上頁）Memoir of the Evangelist, Leang Afa, *The Missionary Herald*, 15: 10 (1834), p. 354. Alexander Wylie, *Memorials of Protestant Missionaries to the Chinese*. American Presbyterian Mission Press, 1867, pp. 21－25.

〔1〕所謂“恒河外方”，是指恒河以東的廣大地區，按照馬禮遜和米憐等人的説法，這些地區包括中國、印支半島、南洋、日本、琉球和朝鮮等國家和地區。

憐來完成。《新教在華傳教前十年回顧》在探析《察世俗》内容不足時，寫到“直到目前爲止的最初四年中，除了很少一部分由本刊最早創立者（馬禮遜）撰稿外，其他文章皆出自一個人（米憐）筆下，而且他還承擔着其他大量的工作”。[1] 由此可知，馬禮遜作爲《察世俗》的創始人之一，也曾爲此刊撰稿。根據“恒河域外傳道團成員所著及印刷書籍目録”記載的《察世俗》中一些文章，尤其是1819年刊中，多出自馬禮遜、麥都思（Walter Henry Medhurst，1796—1857）和梁發之筆。[2]

（一）主編米憐

米憐於1785年4月27日出生於蘇格蘭北部阿伯丁郡（Aberdeenshire）的軒尼斯邦（Hennethmont）教區。米憐六歲喪父，家境貧寒。他曾在一主日學校（Sunday School）學習，除此之外，他幼年並未受到正規的教育。1804年，米憐加入公理宗教會。1809年，他申請加入倫敦會，經阿伯丁傳教會（Aberdeen Missionary Society）董事會的測評和選拔之後，米憐進入高斯波特神學院深造修業。米憐在高斯波特神學院學習期間，受教於戴維·博格牧師/博士，這是他唯一的正式學校教育經歷，並且在這裏受到了很好的訓練。米憐

---

〔1〕 William Milne, *A Retrospect of the First Ten Years of the Protestant Mission to China*, Malacca: The Anglo-Chinese Press, 1820, p. 155.

〔2〕 Ibid., p. 270, 中譯本見張西平等譯《新教在華傳教前十年回顧》，第124頁。

在高斯波特完成教育後，經導師認可後於1812年7月被按立爲牧師。

1812年9月4日，米憐攜妻於朴茨茅斯（Portsmouth）啓程，於次年7月4日抵達澳門，抵達澳門後米憐立即開始了他的漢語學習。在接到澳門葡萄牙總督的“逐客令”後輾轉到達廣州，在那裏他前後跟馬禮遜學習三個多月的中文。在中國無法立足既成事實，爲長遠之計，米憐經過與馬禮遜協商與深思熟慮之後，決定讓米憐前往南洋一帶考察並尋覓佈道站點。最終選定在馬六甲地區建立傳教基地。1815年4月17日，米憐舉家遷往馬六甲。米憐漢語學習時間不長，但他對漢語學習的熱情甚高，他抓住一切機會學習漢語，成效顯著，這爲《察世俗》的編輯和撰稿工作奠定了堅實的語言基礎。

米憐是繼馬禮遜之後第二位倫敦會來華傳教士，他是南洋地區傳教基地的開拓者，由於其主要活動不在中國，而且享年不長，其聲望一直被馬禮遜的多重光環所掩蓋。雖然米憐的活動在南洋，卻對中國本土有重大意義。他在那裏的七年時間工作繁忙且艱辛：他一邊刻苦學习中文，一邊協助馬禮遜統管馬六甲佈道站的各項工作，創辦中英文報刊並擔任主編，創建印書館並統籌出版印刷事務，創建英華書院（Anglo-Chinese College，後遷往香港）並兼任院長與教師，協助馬禮遜翻譯中文聖經。不僅如此，米憐在先後遭喪妻失子之痛後獨自承擔了照顧四名年幼兒女的重任。1822年6月2日身心俱疲的米憐與世長辭。米憐一生享年不長，但他譯著頗豐，英文 3 種，中文 21 部，其中以中文月刊《察世俗》、中文小説《張遠兩友相論》[1] 和英文期刊《印中搜聞》（*The Indo-Chinese Gleaner*，*1817—1822*）[2] 的影響最爲深遠。

（二）其他編者及刻工

1. 馬禮遜

馬禮遜是西方派到中國大陸的第一位基督新教傳教士（不算 17 世紀中葉荷蘭新教教徒在台灣傳教的失敗在内）。馬禮遜 1782 年 1 月 5 日生於英國北部諾森伯蘭郡，1798 年受洗成爲基督新教教徒，1802 年進入倫敦霍克斯頓神學院（Hoxton Academy）學習，1804 年被派往高斯波特神學院深

---

〔1〕《張遠兩友相論》發行後，同時代傳教士對其評價頗佳，對後期傳教士的傳教作品的創作也有着深遠的影響。郭實獵對米憐這一創作形式甚是熱衷與推崇，他的知名小説《是非略論》《聖書注疏》《贖罪之道傳》和《大英國通志》等，都沿用這一寫作手法。它不僅得到了同時代傳教士的認可，百年之後仍有餘響。1907 年的"中國百年傳教大會"（China Centenary Missionary Conference）委員在會前進行了一項調查，檢討了從馬禮遜來華以來那一百年間（1807—1907 年）中國基督教文學的出版情況，找出了最受中國人歡迎且在傳教過程中效果至爲顯著的作品，其中《張遠兩友相論》名列第二位。參閲 Patrick Hanan，The Missionary Novels of Nineteenth-Century China，*Harvard Journal of Asiatic Studies*，Vol. 60，No. 2，Dec. 2000，p. 424. Records. China Centenary Missionary Conference，Held at Shanghai，April 25 to May 8，1907，p. 197. 黎子鵬編注：《晚清基督教敍事文學選粹》，（臺灣）橄欖出版有限公司，2012 年，第 2 页。

〔2〕1817 年米憐與馬禮遜一起創辦了此英文期刊，此刊創辦不久，便在歐美學術界和漢學界産生了很大影響，它對研究中西文化交流史具有不可忽視的價值。2009 年國家圖書館出版社將其影印出版。

造，1805 年赴倫敦學習醫學、天文學和中文。1807 年 1 月 31 日，年方 25 歲的馬禮遜受英國倫敦會之命從倫敦出發，取道紐約前往中國，於同年 9 月 8 日抵達廣州。馬禮遜來華肩負倫敦會兩大使命：其一，編纂一部“前無古人”的中文字典；其二，把聖經翻譯成中文，讓世界三分之一的人口，能夠直接閱讀中文聖經。

從 1807 年來華到 1834 年去世，馬禮遜在華近 25 年，[1] 作爲開創近代中西文化交流的先驅，雖然經他受洗的信徒不過五人，其傳教成果微乎其微，在傳教方面，他所做的一項比較重要和較大影響的工作，便是策劃成立“恒河外方傳道團”，但是，各種傳教史、中國基督教史和中西文化交流史等的著述對他總是給予充分的重視，他在新教傳教史上享有崇高的聲譽，在許多方面都有首創之功：首次在中國境内翻譯出版了完整的中文版聖經、首位編纂英漢雙語字典的傳教士、開傳教士創辦教會學校之先河、在澳門開設眼科醫館、首創醫藥傳教方式等等；他的文字事工和在教育方面所做的工作爲基督新教在華的傳播和發展奠定了良好的基礎。

2. 麥都思

麥都思，英國傳教士漢學家，自號墨海老人，爲第三位來華新教傳教士。麥都思自 14 歲開始當印刷學徒，20 歲以印刷技工身份，受倫敦會之聘前往馬六甲協助米憐主持印度

〔1〕 馬禮遜於 1824—1826 年曾返回英國。

以東倫敦會的印刷事務，於 1817 年 6 月抵達馬六甲。麥都思除主管印刷工作之外，還協助米憐從事宣教活動，管理馬六甲的學校，並開始勤奮學習中文，很快就達到了用中文佈道的水平。1819 年春，被派至檳城散發基督教書刊文字等，同年受禮成爲牧師，並取得傳教士的資格。1820 年再度被調遣至檳城宣教一年。同年 12 月離開檳城前往巴達維亞，設立佈道中心，負責該區的宣教工作，前後達 23 年之久。1843 年年底，麥都思轉入上海工作，成爲第一個到上海的傳教士，並在上海創立墨海書館。1856 年 9 月離華返英，1857 年 1 月在英逝世。至此，麥都思一共撰寫並出版了 59 種中文作品。

麥都思在馬六甲工作的時間，前後雖然不到三年。但是，他跟《察世俗》的關係密切。首先，他在馬六甲的基本任務是負責《察世俗》的印務工作，因此，《察世俗》的出版跟他有直接關係。其次，他曾爲《察世俗》撰寫文章，1819 年，因米憐前往廣州，麥都思代行《察世俗》主編職務，這是他跟《察世俗》關係的進一步發展。最後，他也曾前往馬六甲及檳城一帶，負責散發基督教書刊文字。基於這些，我們可以說，麥都思對於《察世俗》的文字、印刷及發行工作都曾全面地參與。〔1〕

1822 年還在巴達維亞設立佈道中心的麥都思，得知米憐

〔1〕 王慷鼎:《從〈察世俗〉到〈東西洋考〉——馬、印、新華文雜誌發源研究》，載《南洋商報新年特刊》1979 年 1 月 1 日。

病逝的噩耗後，決心繼承米憐的衣缽，繼續米憐開創的事業，1823 年他在巴達維亞創辦了《特選撮要每月統紀傳》。麥都思曾在此刊創刊號《特選撮要序》中説：“夫從前到現今，已有七年，在嗎啦呷曾一本書出來，大有益於世，因多論各種道理，惜作文者一位老先生仁愛之人已過世了，故不復得其書也，此書名叫《察世俗每月統記傳》。”此刊與《察世俗》風格極爲相似。

3. 梁發

梁發，又名梁阿發、梁亞發，1789 年生於廣東佛山高明縣，死於 1855 年。戈公振謂其“中國第一位基督新教教士”，也是正式服務報界的刻字工人。梁發 15 歲時因家庭生計所迫離鄉背井赴廣州謀生，在十三行先後學習制刷和雕版印刷。1815 年，米憐遠赴馬六甲建立佈道站，需要一名印工助手，經人推薦並在了解梁發刻印技術和工作態度後決定僱傭他。[1] 次年 11 月，在米憐主持下，他接受洗禮，成爲有確切記録的第二位受洗的中國新教徒。[2] 1818 年，梁發的神學已有進步，他的兩篇短文《論神主之愛憐世人》和

---

〔1〕 Elijah C. Bridgman, Brief Memoir of the Evangelist, Leang Afa, *The Missionary Herald*, 15: 10 (1834), p. 354.

〔2〕 梁發經常被誤認爲是第一位受洗的中國新教徒，甚至一些權威人士像是 Dr. S. Wells Williams, Dr. J. Legge 和 Rev. Wm. Gillespir 也經常這麼認爲。從馬禮遜和米憐的信件中，可知蔡高（或蔡亞高），馬禮遜助手蔡盧興（Low-heen）的弟弟，才是第一位受洗的中國新教徒。參閲 Sukjoo Kim, *Liang Fa's Quanshi liangyan and Its Impact on the Taiping Movement*, 2011, p. 1.（A Dissertation from Department of Religion, Baylor University）

《悔罪論》被米憐分别刊登於當年十月和十一月的《察世俗》上。[1] 1819年之後，梁發奔走於廣州、澳門和南洋一帶，幫助馬禮遜和米憐傳教。1823年，被馬禮遜封立爲宣教師（evangelist），1827年成爲傳教士（preacher）。其間，多次受到清政府的逮捕和通緝。1839年，梁發回到廣州，長期在廣州活動，先後在伯駕（Peter Parker）、合信（Benjamin Hobson）開設的醫院裏向病人宣講基督教教義。

梁發一直用“學善”（Student of Excellence）或“學善居士”（Retired Student of Excellence）的筆名撰寫傳教文章；其代表作《勸世良言》，曾被太平天國領袖洪秀全大量翻印，傳播廣泛，是洪秀全創立的“拜上帝會”的教義來源。在馬來西亞官方出版的《華人誌》中，梁發被視爲第一位“華人記者”。[2]

梁發是《察世俗》第一位也是初期唯一的一位刻工，身兼刻工、印工、與裝訂工之職，除此之外，他的工作還包括口頭講道、訪問與分書、寫作與校對等，米憐則付給他兩倍於他在中國的工資。[3] 待日後偷渡到馬六甲的刻工人數增加後，他成爲刻工的領班。通覽《察世俗》全刊，《察世俗》版刻應爲衆人之力。隨着馬禮遜和米憐二人中文聖經陸

---

〔1〕 Robert Morrison, *Memoirs of the Rev. William Milne D. D.*, Malacca: The Mission Press, 1824, p. 212.

〔2〕 Alexander Wylie, *Memorials of Protestant Missionaries to the Chinese*, American Presbyterian Mission Press, 1867, pp. 21-25.

〔3〕 LMS/CH/JO, *Milne's Journal*, 1815. 參閲蘇精《馬禮遜與中文印刷出版》，第160頁。

續開印，佈道站印刷量的增加，印工的人數也與日俱增，由最初梁發一人發展到1816年，馬禮遜在華增僱3名工匠赴馬六甲，協助梁發。1818年8月，米憐報告馬六甲佈道站概況，其中印刷所的規模相當可觀，各國籍工匠共計16人，學徒2人，華人至少11人，其中兩人專門負責《察世俗》的刻印。[1]

二、《察世俗每月統記傳》及其主要内容

（一）《察世俗》的出版和印刷

《察世俗》自1815年七月號創刊至1822年三月號終刊的六年多時間裏，共刊行了七卷，合計78期，262篇文章，共1 090頁（半葉）。[2] 其中第一卷1815年刊行6期共18篇，第二卷1816年刊行9期共16篇，第三卷1817年刊行12期共30篇，第四卷1818年刊行12期共33篇，第五卷1819年刊行12期共38篇，第六卷1820年刊行12期共63篇，第七卷1821年刊行12期共51篇和1822年3期13篇。

本書主要收集、采用、參考館藏版本有：一、大英圖書館館藏（British Library，以下簡稱“大英本”）1815—1821

---

〔1〕 LMS/UG/MA，1. 2. C.，Milne to the Directors，Malacca，10 August，1818. 參閱蘇精《馬禮遜與中文印刷出版》，第161頁。

〔2〕 此1090頁（半葉）爲《察世俗》七卷的正文，包括序言，但不包括目録，亦不包括封面在内。

年；二、哈佛燕京圖書館館藏（Harvard-Yenching Library，以下簡稱“燕京本”）1815—1816年、1817年4月、1821年2月、1822年2月；三、柏林國家圖書館（Staatsbibliothek zu Berlin，以下簡稱“柏林本”）1815—1816年、1821年（部分文章殘缺）、1822年1—3月；四、梵蒂岡圖書館（Bibliotheca Apostolica Vaticana）1816年2月、1821年1—9月。原書同一期刊各個館藏版本内容、版式等方面差别甚微，僅合訂本與單月發行版本略有不同，對此本書處理如是：

1.《察世俗每月統記傳序》的位置：米憐闡述《察世俗》名稱由來和編纂宗旨的序言，在“大英本”中出現在第二卷（1816年）和第五卷（1819年）開篇，而在“燕京本”和“柏林本”中第一卷開篇爲此文。據筆者在西班牙皇家歷史學院圖書館（Biblioteca de la Real Academia de Historia）所見，第一卷開篇亦爲此序。本書把此序言放在本書的開篇，他處不再重複出現。

2.《察世俗·告帖》的位置：“大英本”只第一卷（1815年）卷尾出現了帶有廣告性質的《告帖》；“柏林本”和“燕京本”第一卷和第二卷（1816年）卷尾均出現此《告帖》；西班牙皇家歷史學院圖書館所藏第二卷亦有此文。本書將此《告帖》置於第一卷末，他處不再重複出現。

3.“古今聖史紀”欄目第一回：“柏林本”合訂本中，此篇文章明確標出“古今聖史紀，第一回論天地萬物之受造”。而在“大英本”第一卷十一月中此篇文章標題爲“天地萬物之始論”，本書從欄目的連續和完整性的角度出發，此處選擇“柏林本”的標題。

4.“全地萬國紀略”欄目在“大英本”卷六嘉慶庚辰年（1820）八月爲《全世萬國略傳》，本書保存原刊原貌。

《察世俗》形如中國古代線裝書，采用豎版木刻雕版印刷。本刊刊名頁文武欄（四周雙邊），刊名頁居中爲刊名“察世俗每月統記傳”八個字大字號，由上而下豎排；天頭處由右至左横印清朝紀年，刊名右側印有一行小字“子曰多聞擇其善者而從之”，左下角署名“博愛者纂”（博愛者爲米憐筆名）；各期的刊名頁除時間不同，其他皆如同一版刻，合訂本把月份改爲“全卷”。下圖一、圖二和圖三分别爲嘉慶乙亥年（1815）合訂本封面、嘉慶丙子年（1816）合訂本封面和道光辛巳年（1821）正月封面。七卷《察世俗》均爲白口，單魚尾，象鼻處印有“察世俗”，版心下題頁碼和卷次，或連載文章題目或兼有之，天頭處時常有注釋，地腳爲空，無書耳。本刊版式前後有所變化，每頁的行數和每行的字數都有所變化。《察世俗》單頁無界行，文句右邊附有簡單的標點，人名用了長名線，地名用方框圈起。有些篇目凡有“神”等字樣，往往抬頭以示尊敬。字體有大小之分，部分文章附有插圖。

嚴格來講，《察世俗》並没有成熟的、固定的“欄目設置”，它在不同時期欄目設置也有所不同。其文章（含小

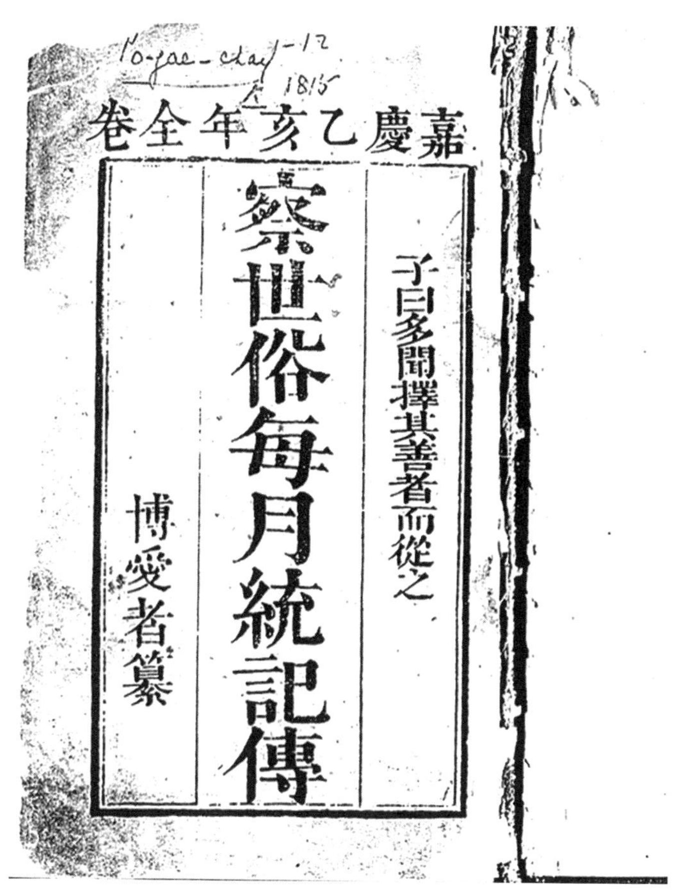

嘉慶乙亥年全卷

子曰多聞擇其善者而從之

察世俗每月統記傳

博愛者纂

圖一 大英圖書館藏《察世俗》嘉慶乙亥年（1815）合訂本封面

開本 20.2×12.2 釐米，版框高 14.4 釐米、寬 8.8 釐米。

嘉慶丙子年全卷

子曰多聞擇其善者而從之

察世俗每月統記傳

博愛者纂

圖二　柏林國家圖書館藏《察世俗》嘉慶丙子年（1816）合訂本封面

開本 20×13.5 釐米，版框高 14.8 釐米、寬 9.4 釐米。

道光辛巳年正月

子曰多聞擇其善者而從之

察世俗每月統記傳

博愛者纂

圖三　梵蒂岡圖書館藏《察世俗》道光辛巳年（1821）正月封面

開本 20.5×13 釐米，版框高 13.8 釐米、寬 8.6 釐米。

说）内容绝大多数为宣讲基督教教义，间中也灌输天文、地理新知的文字。這些文章先是以單篇或連載形式在《察世俗》刊載，過後有的以單行本形式出版，甚至一版再版。通覽七卷，其主要欄目設置主要有：

“神理”專題：《察世俗》從第一卷第二期開始刊載關於“神理”的專題文章，第一卷連續刊載 5 期，至第二卷僅有第一期和第四期兩篇，發表 7 期之後就取消了。其作者可以確定爲米憐。後期的“聖書節注”欄目和此專題性質相似。

“古今聖史紀”欄目：編者自第一卷十一月推出“古今聖史紀”，至第五卷十二月結束，爲《察世俗》連載文章中卷帙最爲浩繁的一個欄目，共 27 回，分兩卷，卷一計 20 回，卷二計 7 回。此欄目文章可以確定作者爲米憐。後於 1819 年在馬六甲出版單行本。

小説連載欄目：《察世俗》第三卷九月至第五卷九月，連載了米憐的十二回小説《張遠兩友相論》，作者采用兩人問答和討論的形式宣傳教義，後來單行本多次重印並多次再版，流傳較爲廣泛。米憐的這種“問答體宣教文”一度爲傳教士們廣爲效仿。

“聖書節注”欄目：自第四卷正月至第五卷十一月共刊出“聖書節注”十二訓，此欄目和前兩卷中“神理”專題性文章性質相似。“聖書節注”，顧名思義就是給聖經作節注，即摘引聖經一段話，進行詮釋和説明。此欄目是《察世俗》在闡發基督教教義中理論性較强的文章，後於 1825 年在馬六甲出版爲單行本，作者爲米憐。

“全地萬國紀略”欄目：此欄目自第六卷四月開闢至第七卷1821年三月結束共計十六論，連載介紹世界五大洲各國的地理、歷史、語言、政體、物産和宗教信仰等方面知識。

（二）《察世俗》的主要内容

主編米憐在該刊的創刊序言中説：“故察世俗書必載道理各等也。神理、人道、國俗、天文、地理、偶遇都必有些。……最大是神理，其次人道，又次國俗。”因此，《察世俗》在内容上也盡可能多樣化，不僅囊括神理、人道、風俗、天文、歷史、地理知識、寓言故事、小説、詩歌、章程、報告和廣告等，另外也宣傳一些西方文化、近代科技知識甚至國際新聞的内容。《察世俗》文章體裁豐富多樣：論説文、小故事、對話體、警言、筆記、雜詩和歌謡。長篇小説采用章回體小説的形式連載，而且還配有生動形象的七幅插圖，如《察世俗·賽痘神晰論》插圖。[1] 就其内容而言，《察世俗》七卷前後一貫，雖然在内容上有所拓展，方法上有所改進，辦報前三年，刊載直接傳教文章較多，從第四年開始，通過寓言、比喻等間接傳教的文章有所增加，但是“以闡發基督教義爲根本要務”這一點始終没有改變。縱觀全刊262篇文章，其内容大致分爲四類：

---

〔1〕《察世俗每月統記傳》卷七，道光辛巳年（1821）六月。

1. 宗教倫理

《察世俗》直接有關宗教倫理方面的文章，這也是佔有了整個期刊的主體地位。其中直接宣傳宗教的部分，按照學者段懷清對晚近來華傳教士文學的界定，這部分文章主要是“敍事體宣教文”和“對話體宣教文”。“敍事體宣教文”實際上就是將聖經中上帝創世紀的故事，以及有關耶穌聖徒們的信仰傳教故事改寫成爲中文故事；而“對話體宣教文”，就是采用虛擬的人物之間就宗教信仰進行對話問答的方式，來討論、傳播基督教真理。〔1〕然而，不管是“敍事體”還是“對話體”，編者的目的只有一個，那就是傳達聖經的基本思想。“神理”“聖經之大意”是這一類文章的代表，還有“聖書節注”專欄，對聖經中一些警句進行闡發，宣傳神權至上、悔罪得救的宗教觀。

作爲一部宗教雜誌，《察世俗》充當傳播聖經的媒介是很自然的事。《察世俗》中直接引用聖經語句的篇章佔全七卷三成半以上。涉及聖經共達二百處，其中引用最多的是舊約的《創世歷代之書》（和合本譯作《創世記》），其他還有《若翰之福音書》（和合本譯作《約翰福音》）、《詩書》（和合本譯作《詩篇》）、《馬竇福音書》（和合本譯作《馬太福音》）等等。

---

〔1〕段懷清：《傳教士與晚清口岸文人》附録四《傳教士與晚清啓蒙文學》，廣東人民出版社，2007 年，第 290 頁。

基督教是崇拜上帝的一神論宗教，米憐偶爾也會撰寫一些涉及異教或是比較異教和基督教差異的文章，此類文章大多從實際出發，針對華人的祭祀、燒香、拜佛等迷信活動和冥間審判等傳説進行批判，《察世俗》中就有多篇此類文章。如在《論過年之道》説："至於那飲團年酒、拜已死之先人、守歲送年等風俗，恐怕其害多益少。"〔1〕再如《察世俗·論不可拜假神》〔2〕《真神與菩薩不同》〔3〕《假神由起論》〔4〕《溺偶像》〔5〕以及《諸國之異神論》〔6〕等。其中，《諸國之異神論》是最爲成熟的一篇，並於次年發行了單行本，後被重印。米憐指出："這些菩薩神像等……都係木、石、泥、金、銀等物做的，亦都是木匠、鐵匠、銀匠等人的工夫……而不能保佑世人者也。"他在向讀者宣傳基督教的同時，也一並攻擊了異教異神，同時也展現了著作者對中國文化、民間習俗的觀察與思考。

2. 天文科技知識

這部分主要介紹一些通俗易懂的天文科技知識，所佔篇幅不多，其中"天文"方面的知識主要篇目有十論，主要講解地球圍繞太陽公轉、地球自轉、日食和月食形成的原因、恒星和行星的特點以及萬有引力等，關於日心説的文章有

---

〔1〕《察世俗每月統記傳》卷五，嘉慶己卯年（1819）十一月。
〔2〕《察世俗每月統記傳》卷一，嘉慶乙亥年（1815）九月。
〔3〕《察世俗每月統記傳》卷六，嘉慶庚辰年（1820）二月。
〔4〕《察世俗每月統記傳》卷七，道光辛巳年（1821）四月。
〔5〕《察世俗每月統記傳》卷七，道光辛巳年（1821）六月。
〔6〕《察世俗每月統記傳》卷三，嘉慶丁丑年（1817）八月。

《論日居中》[1] 和《論行星》[2]，《論日居中》開篇便交代了“日住當中，周發其光也”。編者在文中還介紹了太陽的形狀“日象圓如球也”和性質“日者，光熱之源也，有士説日者是個大烈火之球也”等。《論行星》一文把日比作國君、行星比作臣子們，介紹了太陽周圍有七大行星，其中一個則是地球，通過行星圍繞太陽運行，進一步解釋説明日心説。編者同時還解釋了行星發光的原理。《論地爲行星》[3] 和《論地周日每年轉運一輪》[4] 在日心説的理論基礎上更進一步展開説明，《論地爲行星》一文附有一幅“地每日運行圖”及其説明，文章中通過生活中常見、易懂的現象、地理大發現時期航海家的故事以及月食的例子，有力地論證了地球“圓”而非“平”的觀點。《論地周日每年轉運一輪》在日心説的理論基礎上更進一步：“地之兼動行者，略如馬車行於院路之動行。蓋一面車周院行於路，一面車之輪亦各周之軸轉行。又車身周院行於路一圈之間，車輪周自己之軸轉行多圈了，而地亦然。”此處以馬車在院中行路作類比來解釋地球的自轉和公轉，從而進一步説明地球自轉一周爲一天、公轉一周爲一年。插圖“地周日每年轉運一輪圖”中，交代春秋二分和夏冬二至的位置，並詳細解釋了一年四季變化和晝夜長短變化的原因。文章最後解釋，因爲

---

〔1〕《察世俗每月統記傳》卷二，嘉慶丙子年（1816）八、九月。

〔2〕同上。

〔3〕《察世俗每月統記傳》卷二，嘉慶丙子年（1816）八、九月。

〔4〕《察世俗每月統記傳》卷二，嘉慶丙子年（1816）十月。

有“引性”（即今天所説的“引力”）的存在，所以即便地是圓的，人們在轉動的地球上也不會“離地而去”；因爲有“避力”的存在，地球受太陽吸引卻不會被太陽“引扯到其身去”等。

《論侍星》一文續《論行星》而寫，[1] 文章中介紹，行星周圍圍繞着侍星，這裏的“侍星”即我們今天所説的“衛星”，地球的侍星爲月球。緊接着“天文”欄目的下篇就是《論月》一文，[2] 開篇便交代月球本身並不發光，而是反射太陽的光：“月者，體亦本暗，乃借光於日，而印之於地上也。”之後還説明了月球比太陽和地球都小的事實，解釋了月球看上去比太陽大的原因是因爲距離地球近。同時告訴讀者月球繞地一周用時和速度、月球的形狀。並解釋由朔至望日月球陰晴圓缺的原因，還介紹了西方“有名之天文士”對於月球的最新發現。同樣，《論彗星》一文開篇即指出，[3] “彗星者，體本暗，而受光於日也”，之後交代彗星有大有小。最後解釋彗星的“掃把”形狀形成的原因，並破除人們對於彗星爲“喪國崩君、破兵、磨民、飢荒、疾疫等災之兆”這一迷信的説法。《論静星》一文的介紹，[4] 除行星、侍星和衛星外，還有另外一種看似很少移動的星體，即静星，静星看似很小的原因是“離地極遠”。“天文士”

---

〔1〕《察世俗每月統記傳》卷二，嘉慶丙子年（1816）八、九月。
〔2〕《察世俗每月統記傳》卷三，嘉慶丁丑年（1817）四月。
〔3〕《察世俗每月統記傳》卷三，嘉慶丁丑年（1817）五月。
〔4〕《察世俗每月統記傳》卷三，嘉慶丁丑年（1817）六月。

把静星按照發光的强弱分爲六個等級；静星與太陽大小相當，因爲“比日離地更遠千萬倍、所以猶若小也”；之後還介紹静星之多不可計數；最後還介紹了一些關於静星的猜想，如静星上有人居住等。這裏的“静星”即我們今天所説的“恒星”。

除此之外，《察世俗》還介紹了日食、月食現象和每年日食、月食的次數，《論日食》一文開篇便指出，[1] 日食和月食是“一定而不易之事”，月食“非因天上有何狗、何獸先食而後吐之”。之後便解釋了日食形成的原因，並附插圖作詳細解説。文章最後指出：“世人於日食時去打鼓、鳴金欲救日最愚之至矣。”《論月食》一文，[2] 先是指出月食“亦非因天上有何狗、何獸先食而後吐之”，之後説“日月之食同一理”。文中詳細解釋了月全食形成的原因爲：“地月相對，而月過於地之影去。月到地之厚影，則全黑，即有全食。”月偏食形成的原因爲：“月到地之散影，則有一半或幾分食也。”並説明月食出現的頻率。文章最後再次指出如“打鑼、擊鼓、點燭、燒香、周圍救月臺邊，走來走去念經，欲救月”的愚昧。

在《天球説》一文中，[3] 編者向讀者介紹了“英吉利國新造的天球，星宿共計分九十三宿：内其黄道有宿十二個，天球北半有宿三十四個，天球南半有宿四十七個”。編者還

---

[1]《察世俗每月統記傳》卷五，嘉慶己卯年（1819）正月。
[2]《察世俗每月統記傳》卷五，嘉慶己卯年（1819）二月。
[3]《察世俗每月統記傳》卷五，嘉慶己卯年（1819）十一月。

在後文中，按照黄道、天球北半和天球南半分類，用“西音漢義”的方式列出各個星宿的名稱，並注釋“字音要用官話來讀”，對於個别字還特别注出：“利字要以清文用的嚕字讀，用漢字不能得西音之十分正也。”這裏的“西音”即爲拉丁語。對於這些天文知識，有讀者不甚明白之處，米憐還在“釋疑篇”作解釋。

事實上，《察世俗》介紹的天文知識，是另有原因的，正如米憐在回顧此刊時所記載：“解釋一些主要的天體系統和天文現象，並不是爲了宣傳科學，而是爲了反駁中國天文學所引發的關於上帝之於宇宙的謬論。”〔1〕不僅如此，宣教影子無所不在，作者在介紹這些天文地理知識的同时，依然不忘借機宣傳宗教，文末往往都有神學的解釋，如“日月之食，乃神主预定之如此”等。〔2〕

除此之外，《烰舟論》一篇還介紹了當時歐洲和美國都有的烰機（今譯“蒸汽機”）和烰舟（今譯“輪船”）。〔3〕之前大部分學者認爲蒸汽機知識傳入中國的最早文獻爲1834年郭實獵（Karl Friedrich August Gutzlaff，1803—1851）的《東西洋考每月統記傳》中刊載的一篇名爲《火蒸水氣所感動之機關》的文章，事實上，此篇《烰舟論》刊行於1820

---

〔1〕William Milne, *A Retrospect of the First Ten Years of the Protestant Mission to China*, Malacca: The Anglo-Chinese Press, 1820, p. 277. 中譯本見張西平等主編《新教在華傳教前十年回顧》，第129頁。

〔2〕《察世俗每月統記傳》卷五，嘉慶己卯年（1819）正月。

〔3〕《察世俗每月統記傳》卷六，嘉慶庚辰年（1820）十一月。

年，要比它更早。

3. 世界歷史地理知識

《察世俗》還刊登了有關世界歷史、地理和語言常識以及西方社會狀況的文章，雖然這部分內容在全刊所佔比重不高，但是其信息量相當豐富，意義也比較重大。

地理和歷史方面的知識，這部分文章主要在“全地萬國紀略”欄目之下，共十六論，主要介紹世界五大洲的概況和各個國家概況。這部分文章可以確知其作者是米憐，這也是西方歷史譯著最早出現的時間。[1] 作者先簡要介紹每個洲的疆域、人口和國名，之後分別介紹該國疆域、人口、語言、風土人情、物産和宗教信仰等，有的地區還涉及政體，每篇内容篇幅不長、詳略不一。

這十六論的介紹，有羅巴列國（歐洲）有波耳土加勒即西洋國（葡萄牙）、士扁即大吕宋國（西班牙）、法蘭士即佛郎機國（法國）、厄得耳蘭士即何蘭國、應蘭得即英吉利國（英國）、士未士耳蘭國（瑞士）和士未點即瑞國（瑞典）、顛馬耳革即黄旗國（丹麥）、那耳歪國（挪威）和耳五沙即我羅斯國（俄羅斯）等 28 個國家。米憐在介紹歐洲各國概況之後，另有一段文字記述歐洲各國的政體。有羅巴列國的語言有西洋話（葡萄牙語）、佛郎機話（法語）、士扁話（西班牙語）、意大利亞話、者耳馬尼話（德語）、荷

---

〔1〕 鄒振環：《西方傳教士與晚清西史東漸》，上海古籍出版社，2008 年，第 28 頁。

蘭話、黄旗話（丹麥語）、英吉利話（英語）、那耳歪話（挪威語）和波蘭話（波蘭語）等 31 種語言，並説明這些語言出自哪個語系，如編者指出上述前四種語言皆由拉丁語派生而來。

亞西亞列國（亞洲）有俄羅斯國、土耳其國、中國、朝鮮國、日本國和小吕宋國（菲律賓）、扭西爛國（新西蘭）、蘇門搭剌即亞齊國和尼可巴耳之各島（尼科巴群島）等 51 個國家與海島。亞洲政體分爲兩種：皇帝發之政與國王發之政，其中中國、日本和五印度爲皇帝發政。另記述了土耳其語、俄羅斯語、暹羅話（泰語）、印度語、朝鮮話和中國話等 47 種語言。

亞非利加列國（非洲）有亞比西尼亞國、奴比亞國、以至比多國（埃及）、得耳以波利、公我國、其尼亞國、羅洋戈國、加百古得何百、摩撒麥必國（莫桑比克）、我里島和非耳南多波島等 50 個國家與海島，亞比西尼亞話、以至比多話（埃及語）、非土話、摩羅戈話和回回話等 9 種語言。

亞默利加列國（美洲）有革耳烟拦得國（格陵蘭）、拉百拉多耳、加拿大、紐百倫士域、挼瓦士戈是亞（新斯科舍）、花旗國（美國）和麥西戈（墨西哥）等 8 個北亞默利加（北美洲）國家。有比路（秘魯）、只利（智利）、巴大我尼亞（巴塔哥尼亞）、拉百拉大又曰巴耳亞貴（阿根廷）、亞老加拿和加耳亞加士等 11 個南亞默利加（南美洲）國家。全亞默利加有纽分蘭、加百百利頓、三占、安氐瓜和古巴等 29 個島嶼。編者還提到了在亞默利加列國有通用的幾種歐洲語言等等。文中有一句話值得我們特別注意：“亞馬孫河自其源至其流入海之處，乃長一萬一千一百五十里。”這裹首見 Amazon River 中文譯名“亞馬孫河”，随後，徐繼畬在《瀛寰志略》裹沿用了一譯名，并因此流傳開來。[1] 這些知識，對於中國普通讀者，簡直就是振聾發聵的全新視野，讓他們開了眼界，知道“天朝”之外，世界還是很大的。

值得注意的是，編者在《亞非利加列國》部分批評了罪惡的奴隶貿易；在《論亞默利加列國》的文章中，關於花旗國（美國）的文字，是目前所知中文書刊中第一次對美國進行比较准確的介紹。不僅如此，編者還表彰了哥倫布發現新大陆的豐功伟绩，雖然明末艾儒略（Giulio Aleni，1582—1649）的《職方外紀》對此已經有所記載，但這仍然可以算是向中國人介紹“地理大發現”過程最早的文字之一。[2] 連載的這些文章，爲讀者搭建一個接觸世界歷史和地理知識的平臺。然而，在介紹亞細亞列國時，出現了一些明顯的錯誤。

另外，除在“全地萬國紀略”欄目中介紹世界各地語言，《察世俗》還有專篇文章《英吉利國字語小引》，介紹英吉利國（英國）的語言文字。該文係轉載自馬禮遜字典。[3] 文章開篇指出：“天下萬國人等言語不下二百様，説

---

〔1〕莊欽永、周清海：《基督教傳教士與近現代漢語新詞》，新加坡青年書局，2010 年，第 19 頁。

〔2〕吴義雄：《在宗教與世俗之間》，廣東教育出版社，2000 年，第 410 頁。

〔3〕蘇精：《馬禮遜與中文印刷出版》，第 167 頁。

法不同且其字樣多相異，惟大概論其製字之理止有兩端而已。一則達所言之音兼義。一則形所言之義而不達語音。”這裏説的是表音文字和表意文字，並在文章中分别給出例子。之後文中還介紹英國文字爲自左向右讀，英文由二十六個字母變化相連，生成無數個字句。比較有意思的是，文中用切字的方法把二十六字母用漢字注音：

A 亞 B 彼 C 西 D 地 E 衣 F 富 G 治 H 喜 I 唉 J 這 K 其 L 拉 M 米 N 尼 O 阿 P 被 Q 舊 R 耳 S 士 T 體 U 友 V 非 W 武 X 亦士 Y 外 Z 洗

文中一並給出小寫字母寫法。文章的最後，還告訴讀者英文和羅馬國、法蘭西國、米利堅國和西洋國等國家所用文字的字母相同，但是連字成語以後不同。

4. 文學翻譯和創作

《察世俗》還刊載寓言故事、詩文和少年人篇等内容，使得這份報刊的内容與形式新鮮活潑。《察世俗》有很多“動之以情曉之以理”的小故事，這些小故事除來自聖經外，有的則取自《伊索寓言》。

近年來，研究者發現一個非常有趣的現象，那就是從明代耶穌會士開始，《伊索寓言》是傳教士們在聖經之外帶到中華大地的另一個重要的西方文獻。《察世俗》之前，來華的意大利耶穌會士利瑪竇（Matteo Ricci，1552—1610）、西班牙的龐迪我（Didaco de Pantoja，1571—1618）、法國的金尼閣（Nicolas Trigault，1577—1629）和意大的艾儒略（Jules Aleni，1582—1649）等都對《伊索寓言》有翻譯和介紹。[1] 而《察世俗》與他們的不同之處在於，其編者使用的是白話。爲什麼傳教士們萬里迢迢來到中國，在聖經之外，還會選擇帶上《伊索寓言》呢？或許我們可以從《中國叢報》(*Chinese Repository*，1832—1851 年) 1838 年 12 月第 7 卷第八號上所刊載的一篇文章中這樣一句話找到某些啓發：中國人所能接受的其他出版物，是具有道德説教等内容的，如《伊索寓言》這樣的精彩絶倫的短故事。[2] 由此我們可以看出，作爲聖經宣教補充的《伊索寓言》已經成爲晚清新教來華傳教士引進中土的世俗文學文本。事實上，從理解接受度方面來説，寓言故事較聖經故事要略勝一籌，後者有文化背景的要求，而前者言簡意賅、婦孺皆知，更具有普世性。

《察世俗》在第五卷和第六卷第一期，先後五次翻譯介紹《伊索寓言》，具體篇目和刊發情況如下：

《貪之害説》[3]

古者設喻曰：向有隻犬銜一塊肉在口而渡河去者，見自影在水下，而以爲是别的亦銜一塊肉在口，乃想：我若得此一塊，就有兩塊，豈非好？遂忙忙哈影，而自己本所有之那塊肉卻墜落於水底，而兩無一得也。(《銜

[1] 關於明代耶穌會士對《伊索寓言》歷史的研究，可以參閲沈國威、内田慶市、松浦章編著《遐邇貫珍》(附解題·索引)，上海辭書出版社，2005 年。

[2] 沈國威、内田慶市、松浦章編著：《遐邇貫珍》(附解題·索引)，第 66—67 頁；段懷清：《傳教士與晚清口岸文人》，第 61 頁。

[3] 《察世俗每月統記傳》卷五，嘉慶己卯年 (1819) 九月。

肉的狗》）

《忙速求富贵之害》[1]

古者設喻云：昔一少年人有一隻最好鵝，爲日日生黄金之卵者。少年人甚喜，但因心急，要快快得大財，遂心下道云：每日生一黄金卵亦好，總是甚慢。若不等待數年，則不能足我所願也。一日，忽然得計，乃大拍掌想云：有了！有了！不如我今剖開鵝，而黄金之卵一下取出，即盡皆可得，不用等待數年方爲富贵，即今日我心願可满矣。乃立刻手執刀而剖開鵝，忙尋黄金卵。然尋着都是一團卵種而已。見時乃省悟呆立，手足不動，大哭自造之孽，蓋鵝與金卵俱失矣。（《生金蛋的鵝》）

《負恩之表》[2]

古人設比喻云：冬天有一農夫，在路逢一條蛇，近凍死，農夫可憐之，把蛇來抱在胸懷中而回家。蛇既暖，則發其悪性，甚咬農人。夫此蛇，乃負恩者之表。蓋世上多有人受人之恩，而不但不報，反害其恩人者也。（《農夫與蛇》）

《蝦蟆之喻》[3]

古人設喻云：有一小蝦蟆爬行於草野時，見一大牛，乃生怨心而道云："我如此之小，你如此之大，何耶？

[1]《察世俗每月統記傳》卷五，嘉慶己卯年（1819）九月。
[2]《察世俗每月統記傳》卷五，嘉慶己卯年（1819）十一月。
[3]《察世俗每月統記傳》卷五，嘉慶己卯年（1819）十二月。

我看我自己同你一樣好，爲何不與你同一樣大呢？我定要與你一般均大也。”蝦蟆遂大出力鼓氣，欲使自之身與牛之身同一樣大，蝦蟆之子看時，則曰：“你斷不可如此。蓋雖盡出力鼓氣，致自身裂開分碎，亦不能與牛同大也。”蝦蟆不肯聽，乃越鼓氣，致其果裂了已身而死矣。（《蝦蟆與牛》）

《驢之喻》〔1〕

古者設喻云：昔有一驢、一猿、一鼢鼠三者相會，而各各以其怨歉之處説與已諸伙伴知。驢曰：“我是無角，甚爲可憐也。”猿曰：“我是無尾，甚爲不可當也。”鼢鼠聽其二説完乃云：“嗳呀，那有此樣的話麼？你們二人並有目，而我卻無也。”（《驢、猿和鼢鼠》）

值得注意的是，《古王審明論》是一篇中西方世界婦孺皆知的故事：

有兩個邪婦人來龍案之前告狀，求審明一件事。原告謂王曰：“我主也，斯婦人與小婦俱住一間屋内。我與他在屋之時，而我産生兒子出來。我生子之後第三日，此婦亦産生兒子出來。我們共在一屋居住，除了我們兩人，没有何客同我也。在夜間，此婦之子死了，因其錯以被蒙覆子首故也。夜裏我睡着之時，其起身拿我子離我身邊，放在他肘腋之間去，反拿他之死子放在我肘腋裏。天明，我起身要給我子食奶之時，卻是死的。

〔1〕《察世俗每月統記傳》卷六，嘉慶庚辰年（1820）正月。

惟我於早上細察之，卻非我所生之子也。”被告就對曰：“不然也。活者屬我之子，乃死者屬你之子也。”……王就令曰：“把斯活子破開兩半來，給各人一半。”而原告實是活子之母，疼愛其子，肝腸似斷，遂謂王曰：“我主也，敢請給他以活子，而萬不可殺之。”那一婦人說：“破開之，致非我的，亦非你的也。”王就令曰：“不可殺子，乃給與原告，蓋實在是其母也。”[1]

這則故事，根據米憐注來自聖經舊約中的《王者之第一書》第三章16節（事實上爲16—27節），名爲《所羅門審斷疑案》，《王者之第一書》即《列王紀上》爲米憐翻譯的舊約其中一篇，此文撰稿人基本上可以確定爲米憐。事實上此文與《塔木德》[2] 中《兩個媽媽與孩子》以及中國的《折獄龟鑒》[3] 有異曲同工之妙，只是《折獄龜鑑》的人物和背景不同。

詩文方面，《年終詩》（四首）、[4]《六月察世俗總詩》（四首）、[5]《新年詩》（四首）、[6]“少年人篇”六篇，“少年人所作之文章”有可能是“立義館”學生的作品，也

〔1〕《察世俗每月統記傳》卷一，嘉慶乙亥年（1815）十月。

〔2〕《塔木德》（Talmūdh）是流傳3 300多年的羊皮卷，一本猶太人至死研讀的書籍，僅次於聖經的典籍。爲公元前2世紀—公元5世紀間猶太教有關律法條例、傳統習俗、祭祀禮儀的論著和注疏的匯集。

〔3〕又名《決獄龟鑒》，是南宋鄭克所著。關於鄭克的生平，《宋史》無傳。

〔4〕《察世俗每月統記傳》卷一，嘉慶乙亥年（1815）十二月。

〔5〕《察世俗每月統記傳》卷五，嘉慶己卯年（1819）六月。

〔6〕《察世俗每月統記傳》卷六，嘉慶庚辰年（1820）十二月。

有可能是編纂者專門爲學生編寫的教材。

5. 其他

除上述三類，《察世俗》還刊登一些公益性文章，如辦學校、濟困會報告、章程和告帖等，其中最具有代表性的便是“嗎嘞呷濟困會”。“嗎嘞呷濟困會”自 1819 年八月在《察世俗》宣布成立後，影響逐步扩大，樂施者和領濟者逐年增加。其他還有廣告、總結、釋疑、評論、言論、新聞、筆記、信件等。在《珠寶》一文中還介紹了西方珍寶的價值；〔1〕《英國土産所缺》一文鼓吹英國的國際貿易，並涉及發展中英貿易甚至鴉片貿易等問題。〔2〕還有一些時事性的文章，如卷一的《月食》和卷六的《法蘭西國作變復平略傳》。〔3〕《法蘭西國作變復平略傳》作者可以確定爲馬禮遜，〔4〕該文敍述了 1789—1815 年這 26 年間，以法國爲主的國際形勢的變化，表達了反對法國大革命和支持波旁王朝的政治態度。即便是在这样一篇最接近國際新聞的文章中，也不乏其宣傳宗教的踪影。在文章結尾編者說“乃耶穌之福音所致也”“敬天之人則國有太平”。

(三)《察世俗》中的儒耶對話

儒耶接觸始於明末天主教耶穌會入華，利瑪竇走“合

〔1〕《察世俗每月統記傳》卷六，嘉慶庚辰年（1820）十月。
〔2〕《察世俗每月統記傳》卷六，嘉慶庚辰年（1820）三月。
〔3〕《察世俗每月統記傳》卷六，嘉慶庚辰年（1820）七月。
〔4〕莊欽永、周清海：《基督教傳教士與近現代漢語新詞》，第 10、260 頁。

儒”“補儒”傳教路線，認可中國天主教徒尊孔祭祖，導致了後來的“禮儀之争”。1704 年，羅馬教皇格勒門第十一明令指責中國天主教徒祭祀祖先的行爲是異端。19 世紀初新教入華，雖然米憐身處南洋，但是由於米憐的傳教對像是華人，他依然面臨這個問題，他的著述中涉及的儒耶對話問題，對中西文化接觸與互動有重大的意義。

《察世俗》編者深諳“入鄉隨俗”之道，也深知儒家思想在中國根深蒂固，考慮到中國讀者的接受興趣，力求從内容到形式都符合中國人的閲讀習慣。從引用儒家的“子曰多聞擇其善者而從之”字樣的封面、中國綫裝書式的款式、中國紀年到孔子、孟子、朱子等語録，無非是想迎合讀者思想習慣和運用中國人所熟悉的傳統手法來拉近與讀者的距離。除此之外，文中常見諸如“我們中國人……”、謙稱“愚弟”（且用古人的謙稱格式，即用小號字體）。其刊載的章回體小説連載的末尾出現了“欲知後事如何，且聽下回分解”的話語。《察世俗》行文經常對中國傳統文學方式和習慣加以藉用和改造，文章中不乏引用中國孔孟程朱等的言論，且加以套用，如《本末之道》引用《大學》中成語,〔1〕再如“保羅曰：聞耶穌之福音則死者利也”與“孔夫子曰朝聞道夕死可矣”。〔2〕此類被引用的還有“君子懷德，小人懷土”“君子成人之美，不成人之惡”〔3〕“己所不

〔1〕《察世俗每月統記傳》卷六，嘉慶庚辰年（1820）六月。

〔2〕《腓利比書》,《察世俗每月統記傳》卷五，嘉慶己卯年（1819）正月。

〔3〕《與羅馬輩書》,《察世俗每月統記傳》卷五，嘉慶己卯年（1819）六月。

欲勿施於人”“小人常戚戚”等成語。除此之外，編者還把“諾亞”與“大禹”、“法國的拿破崙（破拿霸地）”與“三國之曹操”相提並論，甚至直接說“天老爺即指神主也”。[1] 可謂煞費苦心。

中華民族是一個極重孝道的民族，據專家考證，殷商之際的甲骨文中已有“孝”字。基督教對孝亦很重視，米憐在《察世俗》創刊號第一篇《忤逆子悔改孝順》中，[2] 以及後來的《不忠孝之子》[3]《孝》[4] 等文章裏，以生動的小故事來宣揚“孝”的精神。在米憐看來，“孝”是中國大衆和基督徒的共鳴，得到讀者的認可，可以減少讀者對於異質文化的排斥。《察世俗》有關於勸善進德等倫理道德方面的文章，如《忤逆子悔改孝順》[5]《謊語之罪論》[6]《忠人難得》[7]《仁義之心人所當存》[8]《古皇恕人》《十不可》[9]《不忠受刑》[10]《不忠孝之子》[11]《孝》[12]《父子

〔1〕《古今聖史紀》卷二第一回《論以撒革及以實馬以勒》，《察世俗每月統記傳》卷四，嘉慶戊寅年（1818）九月。
〔2〕《察世俗每月統記傳》卷一，嘉慶乙亥年（1815）七月。
〔3〕《察世俗每月統記傳》卷六，嘉慶庚辰年（1820）九月。
〔4〕《察世俗每月統記傳》卷六，嘉慶庚辰年（1820）十一月。
〔5〕《察世俗每月統記傳》卷一，嘉慶乙亥年（1815）七月。
〔6〕《察世俗每月統記傳》卷二，嘉慶丙子年（1816）閏六月。後來出版單行本，改名為《賭博明論略講》。
〔7〕《察世俗每月統記傳》卷三，嘉慶丁丑年（1817）三月。
〔8〕《察世俗每月統記傳》卷五，嘉慶己卯年（1819）六月。
〔9〕《察世俗每月統記傳》卷六，嘉慶庚辰年（1820）三月。
〔10〕《察世俗每月統記傳》卷六，嘉慶庚辰年（1820）八月。
〔11〕《察世俗每月統記傳》卷六，嘉慶庚辰年（1820）九月。
〔12〕《察世俗每月統記傳》卷六，嘉慶庚辰年（1820）十一月。

親》《夫婦順》[1] 和《自所不慾不施之於人》[2] 等，這些文章主要用來宣傳忠孝、誠實、仁愛、寬容、忠誠、孝順、和順以及己所不欲勿施於人等道德觀念。

更難能可貴的是，編者想方設法調動讀者的興趣，吸引讀者參讀此刊，從而逐步接受他們的觀點以達到傳教的目的。爲此《察世俗》還刊載一些小説、詩歌、雜句、少年人作等，爲報刊内容與形式注入新鮮的成分。

(四)《察世俗每月統記傳》中的舊語新詞[3]

如果將這 200 多篇文章内容大致分爲宗教與倫理、科技、史地、文學、時事及其他等六類，則宗教與倫理之篇幅多達 950 半葉左右，超過 85%，而其他各類合計僅佔 148 半葉，還不足 15%的篇幅。[4] 因此，不言而喻，隨意翻閲《察世俗》，發現其中的神學宗教詞語俯拾皆是，而有關科技、史地等類之詞語卻是少之又少，寥若晨星。憑直覺，我們揀選了 40 多個看起來象似漢語新詞，然後據之逐一翻查由香港中國語文學會統籌出版的《近現代漢語新詞詞源詞典》（2001 年，以下簡引作《詞源詞典》），及黄河清編著的《近現代辭源》（2010 年），發現有些詞

〔1〕《察世俗每月統記傳》卷七，道光辛巳年（1821）三月。

〔2〕《察世俗每月統記傳》卷七，道光辛巳年（1821）五月。

〔3〕此節由莊欽永先生撰寫。

〔4〕蘇精：《近代第一種中文雜誌：察世俗每月統記傳》，《馬禮遜與中文印刷出版》，第 162—163 頁。

語特别是神學詞語，在這兩部詞典裏都列有條目，且在其下所引書證的年代比《察世俗》晚了許多年；有些詞語則未見收録。這種現象似乎顯示出它們都是漢語新詞。然而，經過我們耗時費神對它們的詞源追根溯源後，發現事實並非如此。下面我們把每個詞語的考證結果依其來源分類羅列於下：

1. 重新啓用中國人所創製的詞語

§1 被告：民事與刑事案件中被控告的人。《詞源詞典》在“被告”條目下書證引 1889 年洪勳的《遊歷瑞典挪威聞見録》。〔1〕《近現代辭源》推前 70 年，引 1819 年馬禮遜的《華英字典》。〔2〕實則最遲在明初，即《華英字典》刊行之前 400 多年，這法律詞語已見使用。例如明洪武十三年（1397）朱元璋頒布的《大明律》其中一條即云：“凡告詞訟，對問得實，被告已招服，原告别無待對事理，隨即放回。”〔3〕《古王審明論》襲用這詞語。這篇記載古代以色列所羅門王審斷兩個妓女争奪一個活着孩子的故事中，其中有一句云：“被告就對曰：‘不然也。活者屬我之子，乃死者屬你之子也。’”〔4〕《謊語之罪論》也使用了這詞語，云：“或者在官府衙門去做證，不肯講真實，乃因歡喜原告，則

〔1〕《近現代漢語新詞詞源詞典》編輯委員會編：《近現代漢語新詞詞源詞典》，漢語大詞典出版社，2001 年，第 11 頁。

〔2〕黄河清編著，姚德懷審定：《近現代辭源》，上海辭書出版社，2010 年，第 37 頁。

〔3〕懷效鋒點校：《大明律》，法律出版社，1999 年，第 217 頁。

〔4〕《察世俗每月統記傳》卷一，嘉慶乙亥年（1815）十月。

説他是有情理，而因不歡喜被告，就妄證他。”[1]

§2 榜葛剌：Bangla之音譯，今譯“孟加拉”。指位於南亞孟加拉灣之北地區，包含今天孟加拉國（Bangladesh）以及印度控制的西孟加拉邦。中國古籍音譯作“鵬茄囉”“朋加剌”“網礁臘”。[2] 明代隨鄭和三次下西洋、“善通番語”的馬歡在據其親身經歷所見所聞撰成的《瀛涯勝覽》（成書於1451年）首先使用了“榜葛剌”這漢譯名：“榜葛剌國，自蘇門答剌國開船，取帽山並翠藍島，投西北上，好風行二十日，先到浙地淹（港）泊，船用小船，入港五百餘裏，到地名鎖納兒港登岸，向西南行三十五站到其國。”[3] 360多年後，馬禮遜在《西遊地球聞見略傳》裏襲用了這個漢譯地名。[4] 米憐從之。《全地萬國紀略》：“尼可巴耳之各島（Nicobar Islands，尼科巴群島）：其島是在榜葛剌之海港内。”[5]

---

[1] 《察世俗每月統記傳》卷二，嘉慶丙子年（1816）閏六月。

[2] 參閱（宋）趙汝適原著、楊博文校釋《諸蕃志校釋》，中華書局，1996年，第76頁；（元）汪大淵著，蘇繼廎校釋：《島夷志略校釋》，中華書局，2000年，第330頁；（清）陳倫炯撰，李長傅校注，陳代光整理：《海國聞見録校注》，中州古籍出版社，1984年，第62頁。

[3] （明）馬歡撰：《瀛涯勝覽》，載（元）杜思敏等編《元明善本叢書十種》第45册，國家圖書館出版社，2014年，第38葉a（第131頁）。又（明）費信撰《星槎勝覽》也使用這譯名，見（元）杜思敏等編《元明善本叢書十種》第45册，第22葉a（第43頁）。

[4] 廛游居士（馬禮遜）：《西游地球聞見略傳》，出版地未詳，1819年，第3葉a—b。但在這書中之《地球圖説》（無頁碼，介於第10—11葉之間）中則使用“孟雅羅”。

[5] 《察世俗每月統記傳》卷六，嘉慶庚辰年（1820）七月。

2. 重新啓用耶穌會士所創製的譯詞

§3　三位一體：基督教稱耶和華爲聖父，耶穌爲聖子，聖父、聖子共有神的性質爲聖靈。雖然父子有别，而其神的性質融合爲一，所以叫三位一體。《詞源詞典》《近現代辭源》在“三位一體”條目下之書證分别取自1854年的《遐邇貫珍》以及1857年的《六合叢談》。〔1〕其實，它們均是很晚的例證。比它們早270年，明代第一個進入中國的西方傳教士羅明堅（Michele Ruggieri，1543—1607）在其《天主聖教實録》（1584年）就使用了這一神學術語，云：“蓋天主三位一體不分，共一全能，共化成天地，獨言罷德肋化成天地者，以彼二位，一爲子，一爲聖神，則第二、三位，皆繇於第一位罷德肋也。”〔2〕它被新教傳教士馬禮遜所接受。〔3〕米憐在《神理》也云：“夫在贖世人罪一件大事，是止一真神三位一體者，各位有其分之事也。”〔4〕

§4　救世者：拉丁語salvatorem（英語Saviour）之意譯詞。基督教徒對耶穌的稱呼。明末最具歷史影响的耶穌會士利瑪竇在《聖經約録》（1605年）裏使用了這譯詞“耶穌（天主降生後之名，譯言救世者）”。〔5〕馬禮遜在《問答淺

〔1〕《詞源詞典》，第219頁；《近現代辭源》，第642頁。

〔2〕羅明堅：《天主聖教實路》，載《天主教東傳文獻續編》第2册，臺灣學生書局，1966年，第817頁。

〔3〕馬禮遜：《問答浅注耶穌教法》，廣州，1812年，第2葉a。

〔4〕《察世俗每月統記傳》卷一，嘉慶乙亥年（1815）十二月。

〔5〕利瑪竇：《聖經約録》，載鍾鳴旦（Nicolas Standaert）、杜鼎克（Ad Dudink）編《耶穌會羅馬檔案館明清天主教文獻》第1册，臺(轉下頁)

注耶穌教法》（1812 年）裏沿用這譯詞云：“凡異民未曾聽福音，遣使徒宣耶穌救世者與之。”〔1〕米憐亦同。《聖經之大意》云：“第四件説神乃恤憐之極，過愛我們世間人，因有免我們受永禍之意，所以遣耶穌救世者降世教人，代我世人受難贖罪也。”〔2〕

§5 福音：指基督教徒稱耶穌所説的話及其門徒所傳播的教義。《詞源詞典》《近現代辭源》在“福音”條目下的書證分別取自 1821 年《每月統紀傳》〔3〕及 1823 年馬禮遜、米憐合譯的《新遺詔書》。〔4〕其實，早在《新遺詔書》刊

（接上頁）北利氏學社，2002 年，第 91 頁。

〔1〕馬禮遜：《問答淺注耶穌教法》，第 21 葉 b—22 葉 a。此詞又見馬禮遜《古時如氏亞國歷代略傳》，出版地未詳，1815 年，第 6 葉 b。

〔2〕《察世俗每月統記傳》卷一，嘉慶乙亥年（1815）八月。

〔3〕《近現代辭源》書證所引 1821 年《每月統紀（當作“記”）傳》文字爲：“每當日出日入之際，叩首敬奉。然其俗好善施濟，扶困持危，惜無人告以福音之真道也。”翻查該詞典附録“主要引用文獻目録”，未見有此書目。據黃河清先生先前編輯的《詞源詞典》，“例證引用文獻”（第 367 頁）中有“闕名：《每月統紀傳》，1821 年，載《小方壺齋輿地叢鈔》”。按，在 19 世紀上半葉，期刊名有“每月統記傳”者有二：《察世俗每月統記傳》及《東西洋考每月統記傳》。前者刊印於 1815 年 8 月—1822 年 3/4 月間，後者 1833 年 8 月—1839 年 1/2 月。據此，《近現代辭源》編著者以《小方壺齋輿地叢鈔》中所輯録的《每月統紀傳》即《察世俗每月統記傳》。惟據筆者考證，《小方壺齋輿地叢鈔》裏的《每月統紀傳》實輯録自晚清經世學者魏源的《海國圖志》中的《東西洋考每月統記傳》。《近現代辭源》書證所引之文字實出自《東西洋考每月統記傳》道光丁酉年（1837）四月《地理・孟買省》。參閲魏源撰、陈華等點校注釋《海國圖志》，嶽麓書社，1998 年，第 673 頁；愛漢者等編、黃時鑑整理：《東西洋考每月統記傳》，中華書局，1997 年，第 5 葉 b（第 223 頁）。

〔4〕《近現代辭源》，第 232 頁。

行之前的180多年前（即1637年），被教友尊稱爲“西來孔子”的耶穌會士艾儒略（Giulio Alenio，1582—1649）創譯了這一新詞。《天主降生言行紀略》云：“《新經》乃天主降生後宗徒與並時聖人紀録者，中云萬日略（筆者按，即拉丁語evangelium之音譯）（譯言好报福音）經，即四聖紀吾主耶穌降生，在世三十二年，救世贖人，以至升天、行事聖训訓之寔，誠開天路之宝信經也。”〔1〕馬禮遜在《問答浅注耶穌教法》裏就襲用這詞語云：“福音者，乃神厚恩，遣其獨子耶穌以代贖人罪，則救萬萬信者也。”〔2〕米憐亦同。《古今聖史紀》云：“彼時之前，未有福音宣於世。自此以後，神主於代代越顯出真理之光與世人見之。”〔3〕

§6 法拉阿：希伯來語 parʻōh（希臘語：pharaoh；拉丁語：Pharao）之音譯詞。古埃及國王的尊稱。明清天主教傳教士除了將它意譯作“王”外，〔4〕也有音譯作“法劳”〔5〕“法老”〔6〕

〔1〕艾儒略：《天主降生言行紀略》，載《耶穌會羅馬檔案館明清天主教文獻》第4册，第23頁。

〔2〕馬禮遜：《問答浅注耶穌教法》，第15葉a。

〔3〕《察世俗每月統記傳》卷三，嘉慶丁丑年（1817）正月。

〔4〕艾儒略：《天主降生言行紀略》，第276頁。

〔5〕無名氏：《古聖行實》，載鍾鳴旦、杜鼎克、蒙曦（Nathalie Monnet）編《法國國家圖書館明清天主教文獻》第13册，臺北利氏學社，2009年，第56頁。

〔6〕參閱《萬物始元》（撰寫於1683—1707年之間），載鍾鳴旦、杜鼎克、蒙曦編《法國國家圖書館明清天主教文獻》第13册，第279頁；白日昇、徐若翰譯：《四史攸編耶穌基利斯督福音之會編》（手稿本，大英圖書館藏。以下簡稱《四史攸編》），第170葉b。按，《近現代辭源》（第202頁）及史有爲主編《新華外來詞詞典》（商務印書館，2019年，第308頁）在“法老”詞條下之書證引1871年王韬《漫游随（轉下頁）

"法拉阿",[1] 等等。馬禮遜采用曾協助利瑪竇在北京傳教的費奇規(Rui de Figueiredo，1571—1649)所創譯的"法拉阿"。[2] 米憐也襲之。《古王改錯説》:"昔有史記云:古時以至比多國有王名叫法拉阿，其常説到處總無神，而天地萬物皆是偶然自來的。"[3]

其他馬禮遜、米憐襲用明末清初耶穌會士所創譯的譯詞尚有"冰山"[4] "文法"[5] "儀器"[6]，等等，限於篇幅，就不一一列舉。

3. 襲用巴黎外方傳教會白日昇所創譯的新詞

1707年，巴黎外方傳教士白日昇(Jean Basset，1662—

(接上頁)録》，比《萬物始元》晚了約170年。

[1] 費奇規:《振心總牍》，鍾鳴旦、杜鼎克編:《耶穌會羅馬檔案館明清天主教文獻》第3册，第474—475頁。按，這書在費奇規離世後始見刊行，故暫定其出版年代爲1649年。

[2] 馬禮遜:《古時如氐亞國歷代略傳》，第3葉b。參閲莊欽永《馬禮遜〈耶穌基利士督我主救者新遺詔書〉漢語譯詞溯源—以〈使徒行傳〉爲個案》，黄文江、郭伟聯、劉義章主編:《法流十道:近代中國基督教區域史研究》，(香港)建道神學院，2013年，第560—561頁。

[3] 《察世俗每月統記傳》卷一，嘉慶乙亥年(1815)八月。

[4] 參閲(意)艾儒略原著、謝方校釋《職方外紀校釋》，中華書局，1996年，第155頁;米憐:《全地萬國紀略》，《察世俗每月統記傳》卷七[道光辛巳年(1821)，第1葉a;《近現代辭源》，第56頁]。

[5] 參閲傅泛際(Francois Furtado，1587—1653)、李之藻《名理探》卷一，杭州，1631，第9葉a;米憐:《全地萬國紀略》，《察世俗每月統記傳》卷六，嘉慶庚辰年(1820)五月;《近現代辭源》，第775頁。

[6] 參閲龐迪我(Diego de Pantoja)、熊三拔(Sabatino de Ursis)《奏疏》(1616年)，載鍾鳴旦、杜鼎克、黄一農、祝平一等編《徐家滙藏書樓明清天主教文獻》第1册，(臺北)輔仁大學神學院，1996年，第81頁;《天球説》，《察世俗每月統記傳》卷五，嘉慶己卯年(1819)十一月;《近現代辭源》，第877頁。

1707）與其中國助手徐若翰共同翻譯的《新約全書》，題名叫做《四史攸編耶穌基利斯督福音之會編》（以下簡稱《四史攸編》）。這部殘稿現庋藏於大英圖書館，也稱作“斯隆”抄本。學者均知道，馬禮遜在翻譯《聖經》爲中文時，曾參考它，並采用其中的一些神學詞語及漢譯地名。

§7　神：拉丁語 Deus 的漢譯。基督教所信仰的上帝。《四史攸編》裏，稱上帝作“父”“神父”“主”，而其中“神”是白、徐基本選定的用字，例如：“且列祖妬若瑟（約瑟），賣之往厄日多（埃及）；然神與之偕焉，而救之於諸苦。”〔1〕100 多年後，馬禮遜、米憐在他們的宗教譯著中沿襲使用這個基督教教義中最基本、最重要的譯詞。馬禮遜《古時如氐亞國歷代略傳》（1815 年）云：“時神立一位人名摩西，帶那如氐亞人出以至比多，上一美所名加南。”〔2〕《論人要以實心拜神》：“安息者，是人每第七日止百工，盡心崇拜神，又在本家及在公會守禮拜日之各禮也。”〔3〕

§8　神父：基督教理中的上帝聖父，即基督教基本信條

〔1〕白日昇、徐若翰：《四史攸編》，第 170 葉 b。

〔2〕馬禮遜：《古時如氐亞國歷代略傳》，第 3 葉 b。

〔3〕《察世俗每月統記傳》卷二，嘉慶丙子年（1816）五月。按，《察世俗》裏有一篇題爲《告祷》的文章使用“昊天上帝”：“昊天上帝乃衆生之父，不論聖人、凡人，皆本當禀祷。”筆者認爲它當是麥都思代筆期間所使用的詞語。其後，宏富禮（James Humphreys）纂《敬信洗心篇》時，也襲用這詞語：“敢請諸位贤台君子，慎思誠意，清心息慮，恭閲此昊天上帝之聖旨，曾於上古默示先贤，悉載聖書。”參閲《察世俗每月統記傳》，嘉慶庚辰年（1820）九月；宏富禮纂：《敬信洗心篇》，（馬六甲）英華書院，癸未（1823）孟秋，第 1 葉 a。

三位一體中的第一位。早期耶穌會士的譯著中，“神父”是用來對譯拉丁語 pater，即天主教、東正教一般神職人員的尊稱。[1] 但白、徐一反傳統，用它來指上帝聖父。《四史攸編》云：“乃滿被聖風相語，以聖咏歌曲而唱咏尔心主之前，常爲因吾主耶穌基督之名頌謝神父也。”[2]《詞源詞典》在“神父”條目下的書證引 1852 年魏源的《海國圖志》，[3] 如今看來，那是晚了 140 多年的例證。《四史攸編》的這個譯詞最終通過馬禮遜，再由米憐沿用。馬禮遜《問答淺注耶穌教法》云：“我信於神父全能造天地者，又於其獨子吾主耶穌基利士督。”[4]《神理》也云：“夫造天地之神，乃止一非二。蓋在乎神之體雖有三位，稱呼神父、神子、神風者。到底這三位卻並非三神，乃止一真活神也。”[5]

§9 聖風：拉丁語 spiritus sanctus 之意譯，基督教三位一體神的第三位。Spiritus 譯自希伯來文 rûaḥ，原意是指目不能見的風或氣、人的呼吸，用它來形容靈是無形的實體。《詞源詞典》在“聖風”條目下之書證引 1823 年馬禮遜、米憐翻譯的《新遺詔書》。[6] 其實，“聖風”這詞語並非

---

〔1〕 利瑪竇：《聖經約録》，第 113 頁；（意）艾儒略原著，謝方校釋：《職方外紀校釋》，第 70 頁；朱毓朴：《聖教源流》（1635 年），載《耶穌會羅馬檔案館明清天主教文獻》第 3 册，第 275 頁。

〔2〕《四史攸編》，第 327 葉 a。

〔3〕《詞源詞典》，第 225 頁。

〔4〕 馬禮遜：《問答淺注耶穌教法》，第 19 頁 a。又在《古時如氐亞國歷代略傳》（第 5 葉 b），馬禮遜也使用這詞語。

〔5〕《察世俗每月統記傳》卷一，嘉慶乙亥年（1815）十二月。

〔6〕《詞源詞典》，第 226 頁。

馬、米所創譯，他們是沿用《四史攸編》裏的譯詞。早期耶穌會士如羅明堅等把 spiritus sanctus 譯作“聖神”。[1] 這譯詞不被白日昇、徐若翰接受，於是，將之改譯作“聖風”。《四史攸編》云：“蓋若翰固受水洗，汝曹乃不日受聖風之洗。”[2] 馬禮遜、[3] 米憐從之。《神理》云：“神風者，至愛憐世人，致使伊等明全真理，感化其心，引導其行正義之路上，到永遠之満福也。”[4]

§10　使徒：拉丁語 apostolus（希臘語 apostolos，意爲“使者、代表”）之意譯，指被差派且有神全然授權的門徒，到各地傳扬福音，植堂與牧养教會。早期耶穌會士據拉丁語音譯作“亞玻斯多羅”，[5] 或意譯作“使”。[6] 自 1605 年利瑪竇使用雙音節詞“宗徒”之後，[7] 耶穌會士便

〔1〕羅明堅：《天主聖教實録》（1584 年），載《天主教東傳文獻續編》第 2 册，第 817 頁；羅明堅、利瑪竇：《天主教要》（1605 年），載《耶穌會羅馬檔案館明清天主教文獻》第 1 册，第 311 頁；艾儒略：《天主降生出像經解》（1637 年），載《耶穌會羅馬檔案館明清天主教文獻》第 3 册，第 539 頁。

〔2〕《四史攸編》，第 155 葉 b。

〔3〕馬禮遜：《神道論贖救世總説》，廣州，1811 年，第 2 葉 b—3 葉 a。

〔4〕《察世俗每月統記傳》卷一，嘉慶乙亥年（1815）十二月。

〔5〕羅明堅：《天主實録》，收《耶穌會羅馬檔案館明清天主教文獻》第 1 册，第 95 頁；王豐肅（Alfonso Vagnone）：《教要解略》（1626 年），載《耶穌會羅馬檔案館明清天主教文獻》第 1 册，第 178 頁。

〔6〕龐迪我（Diego de Pantoja，1571—1618）：《龐子遺詮》（1617 年），載《耶穌會羅馬檔案館明清天主教文獻》第 2 册，第 15 頁。

〔7〕利瑪竇等：《聖經約録》，第 95、111 頁。亦見利瑪竇《天主實義》，第 95 頁。

統一使用這規範譯詞,[1] 直到今天天主教教會使用的思高本《聖經》。至於何時“使徒”誕生,《詞源詞典》《近現代辭源》在“使徒”條目下之書證分别引自 1822 年馬禮遜《華英字典》與 1823 年的《新遺詔書》,[2] 似乎它是馬禮遜所創譯。其實不然。這詞語首見於《四史攸編》,在《使徒行》(即和合本《使徒行傳》)載:“徒斐勒,余先言耶穌始行訓諸情,至於以聖風囑所選之使徒,而升天之路。”[3] 馬禮遜《古時如氏亞國歷代略傳》沿用它,云:“他們十二使徒内有一位名保羅,甚爲聰明仁愛。”[4] 米憐續之。《古今聖史紀》:“夫耶穌之使徒保羅已説,此撒拉及夏厄耳爲在先表指後來之事。蓋夏厄耳爲指古教(指猶太教),即摩西之例爲難守者。而撒拉爲指新教,即福音爲易守者。”[5]

4. 襲用馬禮遜所創譯之詞語

《察世俗》中的詞語,除了沿襲明清中國人、耶穌會士以及巴黎外方傳教會白日昇等譯著中創譯的詞語,也沿用馬禮遜所創譯的新詞。例如:

§11 基利士督:希臘文 Christos 之音譯詞,簡稱爲“基督”。馬禮遜《問答淺注耶穌教法》:“我信於神父全能

[1] 例如,龐迪我:《龐子遺詮》,第 65 頁;艾儒略:《天主降生言行紀略》,第 170 頁。

[2] 《詞源詞典》,第 234 頁;《近現代辭源》,第 679 頁。

[3] 《四史攸編》,第 155 葉 b。

[4] 馬禮遜:《古時如氏亞國歷代略傳》,第 7 葉 a。

[5] 《察世俗每月統記傳》卷四,嘉慶戊寅年(1818)九月。

造天地者，又於其獨子吾主耶穌基利士督。”[1]《人得自新之解》：“基督者，又稱曰基利士督。”[2]

§12 巴比倫：希臘語 Babylōn（英語 Babylon）之漢譯地名。古代西亞“兩河流域”最大城市，建於公元前三千年代，曾爲巴比倫王國與新巴比倫王國首都（今伊拉克巴格達之南）。耶穌會士音譯作“巴必鸾城”[3]“罢必隆”。[4] 至於今天我們流行常用的“巴比倫”究竟在甚麽時候出現，《近現代辭源》在這條目下引 1837 年《東西洋考每月統記傳》作爲書證。[5] 其實最遲在 1815 年馬禮遜就使用了這漢譯地名。在記述古代猶太人因不遵從上帝的旨意，被巴比倫王國所滅，其人民也被擄至巴比倫。《古時如氏亞國歷代略傳》云：“因他們不肯聽從神命，故此神准那時東邊大國巴比羅尼亞國（指新巴比倫國）勝掠如氏亞國人，帶他們出去本處，到巴比倫地方爲奴。”[6] 這是我們目前所見“巴比倫”的首見例證。《察世俗》的作者也襲用它。在一篇翻譯基督教次經《彼勒與大龍》的文字，其中一節即云：“又此

〔1〕馬禮遜：《問答浅注耶穌教法》，第 19 葉 a。此詞亦見於馬禮遜《古時如氏亞國歷代略傳》，第 6 葉 b。

〔2〕《察世俗每月統記傳》卷三，嘉慶丁丑年（1817）三月。

〔3〕南懷仁（Ferdinand Verbiest，1623—1688）：《坤輿圖説》（1602 年），載《叢書集成新編》第 97 册，（臺北）新文豐出版公司，1984 年，第 693 頁。

〔4〕賀清泰（Louis Antoine de Poirot，1735—1813）譯注，李奭學、鄭海娟主編：《古新聖經殘稿》第 9 册，中華書局，2014 年，第 3446 頁。

〔5〕《近現代辭源》，第 11 頁。

〔6〕馬禮遜：《古時如氏亞國歷代略傳》，第 6 頁 b。

國之京，即巴比倫。其京之人所拜的有一個大龍。"[1] 此後200多年，新教傳教士均沿用這漢譯地名至今。[2]

§13 馬尼拉：英語 Manila 的漢譯地名。菲律賓首都。中國古籍譯稱"麻逸""麻裏嚕""麻裏芦""麻裏吕""岷啲喇""馬尼剌""蛮哩喇"等。[3]《近現代辭源》在"馬尼拉"條目下引1833年《東西洋考每月統記傳》做書證。[4] 其實，1819年馬禮遜在其《西游地球聞見略傳》就使用這譯名。在其書内的《地球圖説》中云："小吕宋，或稱馬尼拉。"[5] 米憐在《全地萬國紀略》也曰："小吕宋國，其京曰馬尼拉。"[6]

---

〔1〕《論不可拜假神》，《察世俗每月統記傳》卷一，嘉慶乙亥年（1815）九月。

〔2〕參閲《神天聖書・達未來者耶利米亞傳書》，（馬六甲）英華書院，1823年，第22章第7節；《新約全書》，（香港）英華書院活板，咸豐十年（1854），《默示録》第14章第8節；施約瑟（Rt. Rev. Samuel Schereschewsky，1831—1906）譯：《舊新約聖經》，（上海）大美國聖經會，1913年，《以賽亞書》第47章第1節；郭實獵編譯，莊欽永校注：《萬國地理全集校注》，（新加坡）新躍社科大學：八方文化創作室，2019年，第168頁。

〔3〕（宋）趙汝适原著，楊博文校釋：《諸蕃志校釋》，第141頁；（清）謝清高口述，楊炳南筆録，安京校釋：《海録校釋》，商務印書館，2002年，第194、196頁。

〔4〕《近現代辭源》，第509頁。

〔5〕《地球圖説》，馬禮遜：《西游地球聞見略傳》，無頁碼（介於第10—11葉之間）。

〔6〕《察世俗每月統記傳》卷六，嘉慶庚辰年（1820）七月。按，《近現代辭源》（第509頁）在"馬尼拉"條目下之書證引《東西洋考每月統記傳》道光癸巳年（1833）八月《吕宋島等總説》，比《西游地球聞見略傳》晚了14年。

5. 沿用東南亞、馬六甲一帶流行使用的日常用語

§14　甲必丹　荷蘭語 Kapitein 之音譯詞。原爲上尉軍銜，1619 年荷蘭東印度公司在印度尼西亞的巴達维亞（今耶加達）設立甲必丹，以管理華人的民事事務。葡萄牙佔領馬六甲時，也襲用此制度。《詞源詞典》在“甲必丹”條目下的書證取自 1791 年王大海的《海島逸志》。[1] 其實，米憐接觸到這詞語是在馬六甲宣教時。米憐時常在當地、也是馬來西亞最古老的華人廟宇青雲亭内向華人傳講福音。這廟廟宇内碑刻文物繁多，不勝枚舉，其中有“甲必丹”文字者數件。如一方大石碑頌赞華人甲必丹李爲經，碑名《甲必丹李公頌德碑》（置立於康熙二十四年，1685），中間部分即鐫刻“甲必丹李公濟博懋勳頌德碑”12 個大字；廟内也供奉諸多華人甲必丹神主牌，粉面上書寫“顯考甲必丹仲堅李公神主”［康熙四十七年（1708）置立］、“顯考甲必丹光輝曾公府君神主”［乾隆乙酉年（1765）置立］[2] 等等。1819 年 9 月，米憐與馬六甲華人合力組織一個資助華人的慈善救助團體。在《嗎啦呷濟貧會》中，他使用了這職稱專名：“本年正月内，有一位廖裡福建甲必丹黄萬福大發慈心，矜憫孤寡，來樂助濟困會銀一百二十盾。”[3]

§15　鈁　原古代器名，即方形壺，或有蓋。此處借用

---

〔1〕《詞源詞典》，第 119 頁。

〔2〕見陈鐵凡、傅吾康合編《馬來西亞華文銘刻萃編》第一册，（吉隆坡）馬來亞大學出版部，1982 年，第 223—225、230、234 頁。

〔3〕《察世俗每月統記傳》卷七，道光壬午年（1822）正月。

來指稱荷蘭小額輔幣，馬來語叫做 kupang（荷蘭語 stuiver）之簡略音譯。18 世紀印度尼西亞吧城（雅加達）華人公館（吧國公堂）檔案中常見這詞。[1]《嗎啦呷濟困會》載："胡文秀出銀九鈁六仔。王彩鳳出銀捌鈁。"[2]《論上年嗎啦呷濟（濟）困疾會事由》也云："庚辰年共去發濟銀七十七元零三鈁六子。"[3]

6. 米憐創譯的新詞

在《察世俗》裏，除了沿用明清時期流行的舊詞，在講述基督教教義，介紹西方天文、地理、發明等時新事物時，米憐也創譯了一些新詞。這些新詞的創譯方法有三大類型：一是利用舊瓶裝新酒的途徑，一是意譯，三是音譯。

§16~20　公、侯、伯、子、男：中國周初封建貴族分封制有公、侯、伯、子、男等五爵。歐洲各國貴族恰巧也有五個等級，分別是 duke、marquess、earl（或 count）、viscount 及 baron，因此，米憐便以中國封建貴族之稱號來對譯歐洲貴族之爵位。《全地萬國紀略》曰："至論有羅巴列國之朝政，大概算之，則有君王二十八位，……上所説之各國，不論大小，都有公、侯、伯、子男等爵。"[4] 這是舊瓶裝新酒的造

---

〔1〕（荷）包樂史、吴鳳斌校注：《公案簿》（第一輯），厦門大學出版社，2002 年，第 2 頁。

〔2〕《察世俗每月統記傳》卷七，道光辛巳年（1821）五月。

〔3〕《察世俗每月統記傳》卷七，道光辛巳年（1821）正月。

〔4〕《察世俗每月統記傳》卷六，嘉慶庚辰年（1820）四月。參閱莊欽永、周清海《基督新教傳教士創製漢語新詞的贡獻（1807—1843）》，載李金强、吴梓明、刑福增主編《自西徂東——基督教來華二百年（轉下頁）

詞法。

§21　總督：清代總督及巡爲地方最高行政長官，又稱“制臺”或“制軍”“制府”。米憐用它來指西方宗主國駐在殖民地的最高統治官員 governor 之意譯詞。這也是舊瓶裝新酒的造詞法。《詞源詞典》在“總督”詞條下之書證取自 1833 年的《東西洋考每月統記傳》。〔1〕實則，《全世萬國略傳》已使用了這譯詞，云：“英國在五印度所管之地乃分爲三大省，即孟雅拉、馬大拉士及孟買。其各省有個總督。”〔2〕這也是舊瓶裝新酒的造詞法。

§22～23　總理①、議班：在《全地萬國紀略》，米憐簡單介紹歐洲 28 個國家後，有一小段文字記述各國不同之政體，其中提及士未士耳蘭國（Switzerland，即瑞士聯邦）世界獨一無二的委員制共和政體云：“像士未士耳蘭國，非有皇，亦非有王，亦非有君發政，乃爲國中之各諸侯，每年一次會集，商量國事，由其自中乃立一議班，而定一位總理以管國事也。”〔3〕“議班”即是履行全國最高行政權力，今天稱作“聯邦委員會”，“總理”即是该委員會之主席。

§24　總理②：除了用來指稱瑞士聯邦委員會之主席外，米憐也以“總理”來對譯美利堅合衆國國家元首，英語叫做 President（今譯“總統”）。《全地萬國紀略》：“至於花旗

（接上頁）論集》，（香港）基督文藝出版社，2009 年，第 340 頁。

〔1〕《詞源詞典》，第 356 頁。

〔2〕《察世俗每月統記傳》卷六，嘉慶庚辰年（1820）六月。

〔3〕《察世俗每月統記傳》卷六，嘉慶庚辰年（1820）四月。

國之朝政則不同。蓋其無王，乃爲國内大富大才之人所治。其有兩個大議會。屬其第一會者，有一位尚書或曰總理者，又出每省有兩位大官。其總理者在任只四年，每四年必立一新總理者。"〔1〕

§25 行星：英語 planet 的意譯詞。太陽系内環繞太陽旋轉的主要星體。因它們在星空中移動位置，故稱行星。日本學者荒川清秀認爲"行星"一詞最早出現於麥都思（Walter Henry Medhurst，1796—1857）的《英華字典》（1847—1848）。〔2〕今據《察世俗》，確定它之誕生年代可推前 31 年。《天文地理論》："日在天，如君在國也。……日亦有數大星常侍而周圍之行走也。這星乃是地與六個大星，爲七星也。這等星皆自西向東，各在各之道而周圍日環運行，故曰行星也。"〔3〕

§26 侍星：英語 satellite 的意譯詞。指圍繞行星運行的天體，今譯"衛星"。《天文地理論》曰："且月爲地之侍星，而於每二十九日六時零一刻餘之間，周地圓行一輪。"〔4〕

§27 静星：英語 star 的意譯詞。指由炽熾熱氣體組成、本身能發光的天體。由於在短時間内人類不能觀察到它的移動，因此叫它做"静星"，今譯"恒星"。《天文地理論》

〔1〕《察世俗每月統記傳》卷七，道光辛巳年（1821）三月。

〔2〕［日］荒川清秀著，任餘白譯：《〈六合叢談〉中的地理學術語》，沈國威主編：《六合叢談》（附解題、索引），第 52 頁。

〔3〕《察世俗每月統記傳》卷二，嘉慶丙子年（1816）八、九月。

〔4〕《察世俗每月統記傳》卷三，嘉慶丁丑年（1817）四月。

載：“除行、侍、彗等星外，又有一樣星，名曰静星，因人少視之移本所，又常相離一樣遠，故名。”[1]

§ 28 引性：英語 gravitation 或 gravity 之意譯詞，指具有質量的物體之間相互吸引的作用，今譯“引力”。《天文地理論》：“萬物之性有二般，賢者所謂引性、向性是也。引性者，各物之中會引扯，凡屬之之物到己來，如磁石會引扯針到己來然。”[2]

§ 29 地中帶：今譯“赤道”。由於赤道是地球南、北半球的分界線，也是地球上的零度緯線，故馬禮遜意譯作“中帶”，《察世俗》除了襲用這新詞外，[3] 也使用“地中帶”來指稱赤道。《英國土産所缺》云：“像椰、黄梨、柚、宫蕉、荔枝、柑、橙等樹，都爲英國地土不産。此各等愛熱氣，所以盛生在近乎地中帶之各地，但不生於寒地也。”[4]

§ 30~31 頸、窄地頸：英語 isthmus 的意譯詞，指連接由海分開的兩塊大陆的狭窄地帶，今譯“地峡”。利瑪竇《坤與萬國全圖》（1602 年）譯作“微地”，《察世俗》則譯作“頸”。《先行船沿亞非利加南崖論》中提及位於埃及東北部蘇伊士地峡云：“當時友羅巴列國人，要到五印度或到中國者，必須通過地中海及紅海。在此兩海中有一塊窄地，

[1] 《察世俗每月統記傳》卷三，嘉慶丁丑年（1817）六月。

[2] 《察世俗每月統記傳》卷二，嘉慶丙子年（1816）十月。

[3] 塵游居士（馬禮遜）：《西游地球聞見略傳》，第 12 葉 a；米憐：《天文地理論》，《察世俗每月統記傳》卷二，嘉慶丙子年（1816）八、九月，第 90 葉 a。

[4] 《察世俗每月統記傳》卷六，嘉慶庚辰年（1820）三月。

名數以士之頸者，此頸約寬三百里。”[1] 米憐又譯作“窄地頸”。《全地萬國紀略》記述中美洲巴拿馬地峽云：“夫南亞默利加乃以一窄地頸而與北亞默利加相連。”[2]

§32 焲機：英語 steam engine 之仿譯詞，今譯“蒸汽機”。《焲舟論》：“水焲之力甚大，在有羅巴國與花旗列國俱有之。其法須動各樣大機关，但焲機雖是許多層疊，必定要合正，則容易運動。故機巧越多，則其勢越動。”[3]

§33 焲舟：英語 steam ship 之仿譯詞，指利用蒸汽機推動的船，今譯“輪船”。《察世俗·（删）焲舟論》：“此能人及得做成此焲舟時，别人遂接續他的款式，亦能照樣做之。故而現在英國並花旗國人，多用這等舟也。此焲舟所駕駛者，有大的，有小的，大的能渡兩百餘人過水。”[4]

§34 （破）［玻］璃屋：“破”當是“玻”之誤，英語 glasshouse 之仿譯詞，指有防寒、加温和透光等設備，供冬季培育不能耐寒的花木、蔬菜、秧苗的房間，今譯“温室”。《英國土産所缺》：“至於黄梨、柑、橙等，英國之園丁亦有種之，但先須要在園内用馬糞成一堆，而以（破）

[1] 《察世俗每月統記傳》卷七，道光辛巳年（1821）十月。按，高理文（Elijah Coleman Bridgman，即裨治文）在《美理哥合省國志略》也譯作“窄地”。參閲高理文《美理哥合省國志略》卷一，（新加坡）堅夏書院藏板，道光十八年戊戌（1838）鐫，第3葉b。

[2] 《察世俗每月統記傳》卷七，道光辛巳年（1821）二月。

[3] 《察世俗每月統記傳》卷六，嘉慶庚辰年（1820）十二月。

[4] 同上。

[玻] 璃屋蓋之，然後種此樹方生。”[1] 這譯詞曾流傳一段時間，中國第一個跨出國門的官員斌椿在其《乘槎筆記》(1866年) 及羅存德 (W. Lobscheid) 編纂的《英華字典》裏尚見這詞語。[2]

除了上述兩種翻譯方法，米憐也使用音譯的方法來翻譯一些詞語，特別是專名（地名、人名、神祇名）。例如：

§35　啞呾嗶：猶太教、基督教《聖經·創世記》記載在洪水毁滅世界之前，挪亞受耶和華之命，建造長方木櫃形大船，帶各種活物進入其内，免受災難。英國浸信會宣教士馬士曼（Joshua Marshman）在翻譯這故事時，將挪亞所建造的龐大浮體意譯作“船”（和合本、思高本均譯作“方舟”），[3] 馬禮遜則據英語 ark 音譯作“亞耳戈”，[4] 米憐則音譯作“啞呾嗶”。《古今聖史紀》云：“且神賜恩與挼亞，而早示他知以未曾到之洪水災。……神又示他造一隻啞呾嗶，致他連全家可得免溺死於洪水也。”[5]

§36~37　耳亞茶、數勒但：前者爲馬來語 rajah 之音譯，意爲國王。後者爲阿拉伯語 sultān 之意譯，意爲統治者。

---

〔1〕《察世俗每月統記傳》卷六，嘉慶庚辰年（1820）三月。

〔2〕斌椿：《乘槎筆記》(1866年)，嶽麓書社，1985年，第116頁；W. Lobscheid，《英華字典 = *English and Chinese Dictionary, with the Punti and Mandarin Pronuniciation*》Part II：D-H. Hongkong：Printed and Published by the “Daily Press” Office，1867，p. 899.

〔3〕馬士曼譯：《神造萬物書》第六章第14節，（印度）塞蘭坡，1817年。

〔4〕馬禮遜：《古時如氐亞國歷代略傳》，第2葉b。

〔5〕《察世俗每月統記傳》卷三，嘉慶丁丑年（1817）六月。

《全世萬國略傳》:“巫來由地分爲多小國，如甲老、其大、比拉……其各國有個君，均稱耳亞荼，即言王也。又在其間有一個數勒但，即言皇也。”[1]

§38 吉林人：在19世紀時，居住在馬來半島上除了華人、馬來人外，還有一種人來自印度南部，以達羅毗荼語系的語言爲母語的種族，叫做達羅毗荼人（英語 Dravidian peoples）。這些印度人，男性依據傳統須戴一對耳飾，已婚女性則必須戴耳環，因此馬六甲華人以“大耳鐶”來指稱他們。米憐則據英語 Kling，稱他們做“吉林人”。《賽痘神晰論》:“本年四月初九日，在嗎啦呷有一種吉林人，唐人名之曰大耳鐶者，聚衆，將伊從前所立一位神像用轎抬出，擂鼓搖鈴。”[2]

§39 唎嘞：亞蘭語 Bel 的音譯。居住在美索不達米亞平原的巴比倫人所信仰敬拜的萬能神明。和合本譯作“彼勒”，思高本音譯作“貝耳”。[3]《論不可拜假神》曰：“夫在周朝匡王之時，彼耳西亞國（波斯）有王名叫賽路士（Cyrus，居魯士）……那時该國有一個大菩薩，名叫唎嘞。人日日所供獻之，乃細麥十二大斛、羊四十頭、

---

[1] 《察世俗每月統記傳》卷六，嘉慶庚辰年（1820）六月。按，《全世萬國略傳》即米憐前些時候發表的《全地萬國紀略》，它可能是麥都思代爲負責《察世俗》之出版工作時所更改。

[2] 《察世俗每月統記傳》卷七，道光辛巳年（1821）七月。

[3] 參閱和合本《聖經·以賽亞書》、思高本《聖經·依撒意亞》第46章第1節。

酒六瓮也。”〔1〕

§40 馬利亞米：印度人信仰的天花女神 Mariamman 之漢譯名，人們相信她能治病消災。《賽痘神晰論》：“在天竺國與周圍之各國，有個女神名叫馬利亞米者……此爲痘神。”〔2〕

§41 以得瓦耳得：英語名字 Edward 之音譯，今譯“愛德華”。《寶劍》：“昔嘆咭唎國君，名以得瓦耳得。初登國位之日，宰相送上三口劍於君面前，以表指其必治三國之政。”〔3〕此處之“以得瓦耳得”指英國國王愛德華六世（1547—1553在位）。

§42~43 土耳其、根士但顛阿百勒：《近現代辭源》在“土耳其”條目下之書證引 1838 年《東西洋考每月統記傳》。〔4〕其實，1820 年，《英國土産所缺》就出現了這漢譯國名：“（英國）不産鴉片煙也。此物多生於印度列國，又於土耳其國。”〔5〕《全地萬國紀略》也云：“土耳其即度爾

〔1〕《察世俗每月統記傳》卷一，嘉慶乙亥年（1815）九月。按，《論不可拜假神》實譯自猶太典籍、基督教神學家叫做《次經》中的《彼勒與大龍》。參閲 Bel and the Dragon, *The New Oxford Annotated Apocrypha*, edited by Bruce M. Metzger and Roland E. Murphy, New York: Oxford University Press, 1991, p. 184;《次經全書》，（香港）宗教教育中心，2016 年，第 339 頁。

〔2〕《察世俗每月統記傳》卷七，道光辛巳年（1821）七月。

〔3〕《察世俗每月統記傳》卷三，嘉慶丁丑年（1817）正月。

〔4〕《近現代辭源》，第 751 頁。

〔5〕《察世俗每月統記傳》卷六，嘉慶庚辰年（1820）三月。按，《近現代辭源》在“土耳其”詞條（第 751 頁）下之書證引《東西洋考每月統紀傳》道光丁酉年（1837）二月《經書》，比《察世俗》晚了 17 年。

格國，其京曰根士但顛阿百勒。"[1] “根士但顛阿百勒”即Constantinople之漢譯，今譯“君士坦丁堡”。

§44　波利尼西亞：太平洋中南部島群，郭實獵《萬國地理全集》據希臘語polynesos（“poly”意即“衆多”“nesos”意爲島嶼）意譯作“繁多群島”。[2] 米憐則據英語Polynesia音譯作“波利尼西亞”。《全地萬國紀略》：“下所載之各海島，西邊人名之曰波利尼西亞，即譯言多島也。其皆在中國東南海中，且爲甚遠也。"[3] 此漢譯名沿用至今。

§45~46　比路、利馬：《全地萬國紀略》：“比路地，其京曰利馬。"[4] “比路”，Peru之漢譯，今譯“秘魯”。“利馬”，西班牙語（英語Lima）的音譯。這漢譯名沿用至今。

§47　扭西爛國：New Zealand的音譯漢名。位於太平洋西南部，由南島、北島及一些小島組成的國家。《全地萬國紀略》：“扭西爛國。亦是大海島，有二島共一名，而以窄海隔别者。"[5] 這地名誕生不久就夭折。1838年就被“新西蘭”所取代了。[6]

§48　昔力：馬來語Silat之音譯，新加坡舊名。《嗎嘞呷濟困會》：“本月初四日，在昔力有一位錦興號，寄來樂助

[1]《察世俗每月統記傳》卷六，道光庚辰年（1820）四月。
[2] 郭實獵編譯，莊欽永校注：《萬國地理全集校注》，第365頁。
[3]《察世俗每月統記傳》卷六，嘉慶庚辰年（1820）八月。
[4]《察世俗每月統記傳》卷七，道光辛巳年（1821）二月。
[5]《察世俗每月統記傳》卷六，道光庚辰年（1820）七月。
[6]《尋新地》，《東西洋考每月統記傳》，道光戊戌年（1838）七月。

濟困會銀伍元，足見好善樂施，人有同心。"[1]

當然，米憐在《察世俗》中連載的長文《全地萬國紀略》所記載的不只是上面區區幾個，而是羅列了19世紀初時世界上的一些國名、首都名等等，例如在南美洲就列舉"只利"（Chili，智利）、[2]"拉百拉大"（La Plata，阿根廷舊名）、[3]"本阿士噯利士"（Buenos Aires，布宜諾斯艾利斯）、[4]"巴大我尼亞"（Patagonia，巴塔哥尼亞）[5]等等，限於篇幅，就不一一列舉了。

仔細分析上面所羅列各詞條後，我們得出幾個結論：

一、在挑選《察世俗》中40多個看似新詞的詞語後，我們爲它們逐一進行追根溯源，確定它們並非全是米憐等所創譯的漢語新詞。它們之中，有些是米憐等重新啓用明清中國人、耶穌會士或巴黎外方傳教會傳教士白日昇等所創譯的詞語，有些是沿用馬禮遜所創譯的新詞，有些沿用東南亞、馬六甲一帶流行使用的日常用語，有些則是米憐等所創譯的新詞。

二、經過一番追根溯源後，我們大概可以確定一些詞語的誕生年代。限於時間、精力及客觀環境，在編纂期間，《詞源詞典》和《近現代辭源》編者所能搜集、利用到的語

---

〔1〕《察世俗每月統記傳》卷七，道光辛巳年（1821）四月。

〔2〕同上。

〔3〕《察世俗每月統記傳》卷七，道光辛巳年（1821）二月。

〔4〕同上。

〔5〕《全地萬國紀略》，《察世俗每月統記傳》卷七，道光辛巳年（1821）二月。

料有些偏差。《詞源詞典》編者所搜集、利用的語料絶大部分集中在19世紀中葉至20世紀初。明清中國古籍僅有2種，至於明末清初耶穌會士文獻僅有區區6種，19世紀上半葉新教傳教士語料更少，只有4種，而且其中3種是間接參考了光緒年間著名編輯家王錫祺所輯録的《小方壺齋輿地叢鈔》[即高理文的《美理哥合省國志略》、《每月統紀傳》（編者誤以爲是《察世俗每月統記傳》，實爲《東西洋考每月統記傳》）及馬禮遜的《外國史略》]，另外1種是香港聖經公會於1997重印馬禮遜《新遺詔書》中的4本福音書。同樣的，《近現代辭源》也出現了這缺陷。所利用的宋、元、明古籍只有5種。明末清初語料增加了8種，達到14種，19世紀上半葉新教傳教士的譯著也僅有5種（删去馬禮遜的《外國史略》，改加馬禮遜《英華字典》《廣東省土話字彙》）。[1]

由於《詞源詞典》和《近現代辭源》甚少使用中國古籍，因此，一些詞語如“被告”就只好往1819年刊行的馬禮遜《華英字典》追溯。其實，在19世紀時，“被告”不是一個新詞，在《英華字典》刊行前420多年之前的《大明律》就使用了這詞語。我們在清初朱毓朴的《聖教源流》（1635年）、《康熙起居注》（1683年）、程遜我的《噶喇吧

〔1〕 按，《近現代辭源》附録《主要引用文獻目録》（第1010頁）僅列馬禮遜《新遺詔書》（1823年）、《廣東省土話字彙》（1828年）、愛漢者等《東西洋考每月統記傳》（1833—1838年）及高理文的《美理哥合省國志略》（1838年），卻遺漏了馬禮遜的《英華字典》。

紀略》(約 1740 年), 以及王大海的《海島逸志》等書刊裏常見這詞語。[1]

同樣的, 由於《詞源詞典》和《近現代辭源》編纂者所使用明末清初耶穌會士文獻, 内容偏重世界地理、算學、邏輯學、物理力學等, 神學譯著完全付之闕如。因此, 在追溯“三位一體”“福音”“使徒”等神學詞語時, 惟有往刊行年代較晚的新教傳教士著者中去找, 結果這三個詞條是書證分别引用《遐邇貫珍》(1854 年)、《東西洋考每月統記傳》(1837 年)、馬禮遜《華英字典》(1822 年), 如果我們没有進行較爲深入的溯源考證, 可能誤以爲《察世俗》中的這三個詞語是米憐所創譯的新詞。如今我們把這三個詞語的誕生年代提前 120—270 年不等。

同樣的, 由於 19 世紀前面 30 年新教傳教士語料的匱乏, 因此《詞源詞典》和《近現代辭源》中一些詞條的書證惟有往 19 世紀 30 年代至 20 世紀初的書刊找。例如《詞源詞典》在“總督”詞條下之書證取自 1833 年的《東西洋考每月統記傳》, 其實早在 1820 年, 這詞語就見於《察世俗》。又如《聖經》常出現的地名“巴比倫”以及菲律賓首都“馬尼拉”,《近現代辭源》在這兩個詞條下的書證分别

---

〔1〕 參閲朱毓朴《聖教源流》, 載鍾鳴旦、杜鼎克編《耶穌會羅馬檔案館明清天主教文獻》第 3 册, 第 322 頁; 中國第一歷史檔案館整理:《康熙起居注》第 3 册, 中華書局, 1984 年, 第 1051 頁; 程遜我:《噶喇吧紀略》(約 1740), 載 (清) 王大海著, 姚楠、吴琅璇校注《海島逸志》, (香港) 學津書店, 1992 年, 第 180 頁; (荷) 包樂史、吴鳳斌校注:《公案簿》(第一輯), 第 13 頁。

取自1833年、1837年的《東西洋考每月統記傳》。《察世俗》裏雖出現了這兩個漢譯地名，但它們卻不是最早使用的例證。比《察世俗》早幾年，馬禮遜就在《古時如氐亞國歷代略傳》《西遊地球聞見略傳》裏首先使用了這兩個漢譯名了。

三、值得我們注意的是，我們翻閱《察世俗》裏的宗教倫理文章，發現觸目皆是"神"字。這是由於馬禮遜、米憐在翻譯拉丁語 Deus 時，没有采用耶穌會士羅明堅和利瑪竇"天主"，也迴避了羅馬教廷所反對的"徒斯""上帝""天"，而是沿用白日昇、徐若翰的"神"。這譯法直接導致今天的新教和合本《聖經》"神"版本的產生。〔1〕

四、一個特别凸顯的現象，《察世俗》中的專名特别是國名、地名，一律采用今天我們常用的漢語音譯的"漢讀法"來音譯，即按照外語原詞字母改换成漢語的拼音字母的讀音來讀。例如：馬來語 rajah 讀作 ˈrɑːdʒə，原詞中第一個 a 是不發音的，但卻被漢化成漢語的一個聲母，音譯作"耳亞茶"。又如人名 Edward 中的 d、r、d 是不發音的，但它們都被漢化成漢語的三個聲母，音譯作"以得瓦耳得"。同樣的，國名 Switzerland 中的 w、e、r 是不發音的，但卻將它音譯作"士未士耳蘭國"。其次，如果我們細看一些專名漢譯名，發

〔1〕 王碩豐：《早期漢語〈聖經〉對勘研究》，社會科學文獻出版社，2017年，第103—113頁。

現音節結構上有些是能對應（如“土耳其”“利馬”“巴大我尼亞”），但有些就不甚對應。例如南非國家 Mozambique 音譯作“摩撒麥必”（今譯“莫桑比克”），[1] 不發音的 m 也被漢化成漢語的一個聲母“麥”，但詞尾卻未音譯出來。因着這些緣故，除了“巴比倫”“土耳其”“利馬”等幾個地名流行開來，絶大多數《察世俗》裏的國名、地名均在誕生不久後就夭折了。

五、對於外國地名，米憐在《察世俗》一律采用全音譯方法把名字漢譯。例如把 Nova Scotia 音譯作“挼瓦士戈是亞”（今譯“新斯科舍”）、[2] New Zealand 音譯作“扭西爛”（今譯“新西蘭”）、Greenland 音譯作“革耳煙攔得國”（今譯“格陵蘭”）。[3] 這種譯法有其弊端，即讀者無法看出原詞的内部結構。《東西洋考每月統記傳》或《萬國地理全集》的作者則采用的“半音譯半意譯”的方法，將它們譯作“新蘇格蘭”“新西蘭”“緑地”。[4] 它們仿照英語原詞的結構直譯，更能確切地反映原詞的命名理據。

從上面所列舉的詞語看，《察世俗》中的一些神學詞語如“三位一體”“福音”“神”“使徒”，地名如“巴比倫”

---

〔1〕《全地萬國紀略》，《察世俗每月統記傳》卷六，嘉慶庚辰年九月。

〔2〕《察世俗每月統記傳》卷七，道光辛巳年（1821）正月。

〔3〕《全地萬國紀略》，《察世俗每月統記傳》卷七，道光辛巳年（1821）。

〔4〕《尋新地》，《東西洋考每月統記傳》，道光戊戌年（1838）七月，第 12 葉 a（第 394 頁）；郭實獵編譯，莊欽永校注：《萬國地理全集校注》，第 319、322、363 頁。

“馬尼拉”均流傳開來；其他如“法拉阿”“聖風”“神父”等在不久之後就被其他譯詞所淘汰，消失得無影無踪。同樣的，米憐等所創譯的漢語新詞絶大多數是過渡性詞語。詞語如“總督”“行星”，地名如“土耳其”“波利尼西亞”等被沿用至今，其他神學術語如“神父”（聖父），政治學名詞如“總理”（總統）、“議班”（瑞士聯邦委員會），天文學名詞“侍星”（衛星）、“静星”（恒星），地理學名稱“地中帶”（赤道）、“頸”、“窄地頸”（地峡），地名“比路”（秘鲁）、“扭西爛國”（新西蘭）等等都在誕生不久後夭折了。

三、點校《察世俗每月統記傳》的意義

（一）《察世俗每月統記傳》本身的學術價值

《察世俗》是一份由傳教士在馬六甲創辦的中文期刊，帶有濃重的傳教色彩，且它並未像後來的大衆期刊一般給人們的生活注入新鮮氣息，但其作爲近代中文第一刊，意義非凡。鴉片戰争以前，清政府禁教，印刷出版成爲傳教士傳教不可或缺的途徑。《察世俗》刊行後，傳教士對於雜誌刊物在輔助傳教工作的重要性予以肯定。受其直接影響，傳教士又在南洋、香港、澳門和廣州等地創辦了一批近代中外文期刊。鴉片戰争後，中國大門被打開，清政府對宣教活動解禁後，印刷出版仍是西方傳教的重要途徑之一。《察世俗》之後，傳教士的中文刊物接踵而至，基督教刊物在中國本土也

大量湧現，到1867年爲止，來華的338名新教傳教士一共出版了490種中文書刊。[1] 從這個意義上來説，它爲近代中文出版史打下堅實的根基，是研究近代中國出版史不可或缺的文獻。它的編輯、排版和欄目設置爲後來的傳教士報刊和中國人自辦報刊提供參照，它爲中國近代報事業打下堅實的根基。《察世俗》停刊後，受其直接影響，傳教士又在南洋、香港、澳門和廣州等地創辦了一批近代中外文期刊。在這個意義上説，《察世俗》爲1818年紀德（Samuel Kidd，1799—1843）主編的《天下新聞》、1823年麥都思的《特選撮要每月統記傳》和1833年郭實獵的《東西洋考每月統記傳》先後創辦埋下伏筆，[2] 而這些報刊在報學形態、編輯特色等方面都和《察世俗》一脈相承。

《察世俗》突破了制約中國古代報紙近代化的瓶頸，開啓了新一代中文期刊報章文體的範式，成爲之後傳教士期刊和中國自辦期刊爭相效仿的藍本。《察世俗》在介紹天文知識的一些文章中使用了六幅插圖，這些圖片豐富了報刊的形式，也開創了近代新聞使用插圖的先河，

---

〔1〕 蘇精：《馬禮遜与中文印刷出版》，第33頁；趙曉蘭、吴潮：《傳教士中文報刊史》。

〔2〕 1833年，郭實獵創辦的《東西洋考每月統記傳》，模仿米憐所創的形式，如從風格一致的筆名（愛漢者）、刊名結構、封面刻印經典語録到文章的語言風格，到采用中國紀年等，都有模仿《察世俗》的痕迹，有些名詞采用了《察世俗》中的用法，甚至直接把《察世俗》文章直接“拿來”，如癸巳年（1833）八月和十月分别刊載了《察世俗》的《論日食》和《論月食》兩篇文章，連插圖都没有改動。

這在中國近代新聞史上具有重大的意義。七卷本《察世俗》涉及大量的專有名詞的翻譯和使用，這些專名在翻譯史和中西文化交流史上具有重要的歷史價值，它爲我們提供了中西文化再次相遇後一個可以展開研究的典型文本。

（二）呈現《察世俗每月統記傳》真實全貌，爲後續研究提供第一手資料

由於很多歷史、社會和意識形態等方面的因素，傳教士的中文期刊未曾得到真正的認識，加之年代久遠，在很大程度上造成了《察世俗》館藏的慘淡。據筆者考察，目前藏有《察世俗》原件的圖書或檔案館在世界範圍内鳳毛麟角，且尚未有一家圖書或檔案館藏有完整的七卷本《察世俗》。即便萬里迢迢甚至跨越重洋也未必能得窺全貌。時至今日，即便是微縮技術早已被廣泛運用於圖書館的檔案和資料的管理和收藏，擁有《察世俗》殘卷微縮膠片資料的圖書館亦屈指可數，這給意欲對其進行系統研究的研究者帶來諸多不便。

也正因如此，《察世俗》的刊行期數、終刊時間、總篇目等關鍵的基礎性學術問題在很長一段時間裏都未能解決。早在 1867 年，英國倫敦會傳教士偉烈亞力（Alexander Wylie，1815—1887）在其所編的《1867 年來華基督教傳教士列傳及著作目録》（*Memorials of Protestant Missionaries to the Chinese*）中記載《察世俗》自 1815—1821 年，共刊行七卷，

共524葉。[1] 1927年，中國新聞學先驅戈公振先生(1890—1935)考察《察世俗》應刊自1815—1821年，凡七卷，共524葉。[2] 1968年，中國臺灣學者蔡武先生認爲《察世俗》終刊於1822年，共541葉。[3] 經過幾代學者的不懈努力，《察世俗》終刊時間逐漸明朗。2000年中國臺灣學者蘇精先生據倫敦會據檔案推斷説:《察世俗》在“第八年（1822年）只出三期（1月至3月），每期板心下端仍刻‘卷七’”。[4]《察世俗》創刊200年後，新加坡學者莊欽永先生據他在荷蘭萊頓大學東亞圖書館發現《察世俗》停刊前最後三期，正式確定:“《察世俗》是在1822年3—4月終刊；它的刊行期數也可以確定了，在6年又9個月中，它一共出版7卷、77期。”[5] 文章中一並公開了1822年3期文章的目録和封面書影。事實上，《察世俗》應爲78期。《察世俗》卷七（1821年）的期數較爲複雜，根據現存館藏，“燕京本”殘缺不全，“大英本”爲全年合訂本，未標明月份，其第一期《論上年嗎啦呷濟困疾會事由》報告後落款處米憐署有“道光元年二月初五”，故諸多學者推斷此期爲二

---

[1] Alexander Wylie, *Memorials of Protestant Missionaries to the Chinese*, American Presbyterian Mission Press, 1867, p. 19.

[2] 戈公振:《中國報學史》第三章，(上海）商務印書館，1927年。

[3] 蔡武:《談談〈察世俗每月統記傳〉》，載《國立中央圖書館館刊》第一卷第4期，第36—37頁。

[4] 蘇精:《馬禮遜與中文印刷出版》，第157頁。

[5] 莊欽永:《〈察世俗每月統記傳〉終刊前三期之發現——爲紀念〈察世俗〉創刊200年而作》，載《怡和世紀》第30期（2016年10月—2017年1月)，第84—87页。

月出版，1821 年從二月至十二月共出版 11 期。故有 77 期一說。近年，筆者在梵蒂岡圖書館和柏林國家圖書館均發現了《察世俗》道光辛巳年（1821）正月單月刊行本，並結合“燕京本”二月刊，正式確定:《察世俗》1821 年事實上刊行了 12 期，故七卷共計 78 期，而不是 77 期。

此書正是筆者在諸師友的幫助下、在諸學術前輩的成果的基礎上，經過多年不懈的努力，整合了四個國家館藏版本《察世俗》，進一步徹底地解決了這些基礎性問題，並將《察世俗》全刊完整地呈現在讀者面前，以冀爲中西文化交流史和近代中文報刊史等研究提供第一手的素材，願它能助有志於此的學者進行更深入、更具體的研究，結出更多的碩果。

劉美華

浙江外國語學院“一帶一路”學院、華僑學院、國際學院

莊欽永

（新加坡）新躍社科大學新躍中華學術中心

編輯凡例

一、本書爲英國倫敦會傳教士米憐（William Milne, 1785—1822）所編《察世俗每月統記傳》。原書共出版七卷（1815—1822 年），最後 1822 年三個月與 1821 年歸入卷七。

二、本書采用、參考館藏版本有：一、大英圖書館館藏 1815—1821 年（簡稱“大英本”）；二、哈佛燕京圖書館館藏 1815—1816 年、1817 年 4 月、1821 年 2 月、1822 年 2 月；三、柏林國家圖書館 1815—1816 年、1821 年（部分殘缺）、1822 年 1—3 月；四、梵蒂岡圖書館 1816 年 2 月、1821 年 1—9 月。原書各個館藏版本内容差别甚微，合訂本與單月發行版本略有不同，本書收録“大英本”爲主，如有刊印不清的部分另參考其他館藏，本書不作注明。

三、原書繁體豎排，行序自右而左，字序由上至下，本書改爲繁體横排，行序由上而下，字序由左至右。

四、原書標注“、”和“。”句讀符號，標注圈號“O”表分段或分句，本書按照現代漢語規範加以標點和分段或分句。原書人名線和地名方框，本書遵出版社排版慣例均不予保留。

五、原書天頭小字，多爲注明正文中所引《聖經》之出處，今改爲注釋，並在引文之末標出注釋序號。

六、原書中字體大小不同，部分小字從内容來看，是出於節約版面的目的，與前文大字可連讀，此類小字改爲大字，其餘部分則保持原貌，文中將不做注明。

七、原書中異體字本書中均改爲正體，如：“畧”改爲“略”、“靣”改爲“面”、“凢”改爲“凡”、“呌”改爲“叫”、“煖”改爲“暖”、“舘”改爲“館”、“賺”改爲“賺”、“覔”改爲“覓”等，本書中亦不作注明。

八、原書人名、地名漢語譯名並未統一，本書保留原書原貌，不加以改換；如“巴耳以士”與“巴利士”、“友羅巴”與“有羅巴”、“我羅斯”與“俄羅斯”、“瓜哇”與“呱哇”、“英吉利”與“暎咭唎”、“亞米利加”與“花旗國”與“米利堅國”等。

九、原書中無法辨讀之字，本書則以缺號“□”表明。如原書中錯字，本書則改正，除“已”與“己”外，原錯字附在正確字之前並用“（）”標出。

十、本書中所有插圖均掃描自原書。

目　録

察世俗每月統記傳序

無中生有者，乃神也。神乃一，自然而然。當始神創造天地人萬物，此乃根本之道理。神至大至尊，生養我們世人，故此善人無非敬畏神。但世上論神多説錯了，學者不可不察。因神在天上而現著其榮，所以用一個“天”字指着神亦有之。既然萬處萬人皆由神而原被造化，自然學者不可止察一所地方之各物，單問一種人之風俗，乃需勤問及萬世、萬處、萬種人，方可比較辯明是非真假矣。一種人全是，抑一種人全非，未之有也。似乎一所地方未曾有各物皆頂好的，那處地方各物皆至臭的。論人、論理亦是一般。這處有人好歹、智愚，那處亦然。所以要進學者不可不察萬有，後辯明其是非矣，總無未察而能審明之理。所以學者要勤功察世俗人道，致可能分是非善惡也。看書者之中有各種人，上中下三品，老少、愚達、智昏皆有。隨人之能曉，隨教之以道。故《察世俗》書必載道理各等也。神理、人道、國俗、天文、地理、偶遇都必有些。隨道之重遂傳之，最大是神理，其次人道，又次國俗，是三樣多講，其餘隨時順講。但人最悦彩色雲，書所講道理要如彩雲一般，方使衆位亦悦讀也。富貴者之得閑多，而志若於道，無事則平日可以勤讀書，乃富貴之人不多。貧窮與作工者多，而得閑少，志雖於道，但讀不得多書，一次不過讀數條，因此《察世俗》書之每篇必不可長，也必不可難明白。蓋甚奧之書不能有多用處，因能明甚奥理者少故也。容易讀之書者，若傳正道，則世間多有用處。淺識者可以明白，愚者可以成得智，惡者可以改就善，善者可以進諸德，皆可也。成人的德並非一日的事，乃日漸至極。太陽一出未照普地，隨升隨照，成人德就如是也。又善書乃成德之好方法也。

此書乃每月初日傳數篇的。人若是讀了後，可以將每篇存留在家裏，而俟一年盡了之日，把所傳的湊成一卷，不致失書道理，方可流傳下以益後人也。

第一卷

1815 年　嘉慶乙亥年七月至十二月

忤逆子悔改孝順

原造天地萬物是真活神，其乃萬人之主，所以凡在地面上之人，皆當遵從真活神之誡也。其誡十條都録在經上。第五誡令人云："尊敬爾父及爾母也。"你們做小兒女的，要把斯句話放在心裏頭，不可不記之。若有人不合此誡，後來必然有甚悔。蓋一地方上有一人叫做加羅法，其人獨生得一個兒子，甚是疼愛，年年勞苦、辛勤、節省，養活其子，而替子掙家立業。及兒子大了，他就對兒子説道："做老子的向日所得之業，今一總賜授於你，待我到老而無力做工之時，你纔養活我罷了。"其子既得父賜授之業，即娶妻、租屋、買車馬、租地爲菜園。加羅法因疼愛兒子，則又日日早起遲眠，不惜勞苦，以加增子之財業，至於精力用盡，就得了冷病，不能做工。其子方纔另雇别人做父所做之事。不料加羅法之子與媳不行孝順，待老父不好得狠，所奉之食、所送之衣俱不彀其父受用。然此老人有幼孫，甚是孝愛，屢次把點心、茶食送上，養厥祖父。過些時，其媳遂對老人説道："你必要離了我們的屋，入孤貧者之所去住，我們難以養活你了。"此時加羅法坐在椅上，聽説，心中大不喜歡，即起身往入園中小屋内，氣呼呼的喘得會死。其幼孫聽得他母親所説，又看着祖父往入小屋，他隨即跟去。加羅法遂哭，而令其孫曰："小子，你可往屋裏，把我床上之粗氈布來此，俾我好在路旁坐着，求往來之人周濟以得活。我必不入孤貧者之所也。"其幼孫聽罷，即啼哭跑去，從祖父之命。在路，忽遇着他父親問之曰："我兒有何事？爲什麽哭？要往那裏去？"答曰："孩兒往拿祖父床上之粗氈布，因祖父必求往來人周濟，要把粗布圍身耳。"他父親曰："由他去，家中誰能耐煩他嫌東道西的性子？"其子隨就拿布，對他父親説道："請父裁開此布，孩兒今送一半與祖父，那一半留在家，待父親老了，孩兒長大，那時，亦必使父穿之而出屋門，往求人週濟就是了。"他父親聽了此話，即甚憂慮。心下想道：我之罪大矣！我待了我的父親不好，則我到老了之時，何能望我的兒子待我好乎？於是他即轉意，飛跑走入小屋，在老父面前跪下，謝了罪，求父赦宥其罪而説道："以後兒子與媳婦不敢再薄待父親了。"加羅法既見子改意悔罪，則赦其子之罪，而同進家屋内住。過了數日，這老人加羅法就死了。

故此，看書者須自省察，如有不孝順之罪，快快要改。亦可見爲人父者，實在要做好榜樣與兒女孩子們看。若你不孝順父母，將來你的兒子長大，就照樣不孝順你也。

立義館告帖

《禮記》曰："玉不琢，不成器。人不學，不知道。"

誠哉！蓋人雖有頭面手足全身之樣，與禽獸不同，若不知道理，其性與禽獸亦不多異，故即不會敬畏神、不明五倫、不守本分也。不教，就獨會管飲食、穿衣、任情之事而已，在世間無用，在死後無福也。可見教子弟是極要緊之事。惟世上人常有富貧之異，在富者請先生教子，出束金買書及紙、筆、墨皆易；在貧者食飯、穿衣尚難得，何況教子乎？故幫助貧人，乃該做之事也。愚觀全地上之人如一大家，雖不同國，不須分别，都是神原造的，都是自一祖宗留傳下來的，都是弟兄，皆要相和相助纔好。愚因思教各子弟讀書、寫字、打算盤，三者甚重。蓋不會讀聖書，則何能知孝弟忠信？不會寫字，則何能做生理、修信報遠友？不會打算盤，則何能記賬管數目？再者，世之惡俗，像不畏於神、不孝於親、不道於人、嗜酒、好閑、賭錢、邪色、亂費、盜賊、殺人各等，多是出於不教子弟之原頭。故愚已細想過教子弟之好處，與不教子弟之惡處。所以，今定在呷地而立一義館，請中華廣、福兩大省各兄臺中，所有無力從師之子弟，來入敝館從師學道成人。其延先生教授一切之事，及所有束金、書、紙、筆、墨、算盤等項，皆在弟費用。兹擇於七月初一日在敝處開館，理合將愚意寫明，申告各仁兄，任憑將無力從師之子弟送來進學。雖然是爾各爲父母者之福，則愚亦得福焉。若肯不棄而願從者，請早帶子弟先來面見叙談，以便識認可也。

謹白。嘉慶二十年六月　日，愚弟米憐字具。

神　理

凡屋必要有基，無基則尚能立乎？非也。凡樹必要有根，無根則尚能長乎？非也。凡流必要有源，無源則尚能爲派乎？非也。凡事必要有本，無本則尚能成乎？非也。道理亦然。何謂道理之根基本源者？答曰：萬道之根基本源者，乃神理也。何謂神理？曰：神理者，乃一團道理也。是教人知道真活神之情，又世人分内之事也。或有問：人倫豈不是根本之道理麽？答曰：人倫固是甚重之事，但不能算爲根本，蓋必須先有人，然後可以有人倫。無人則尚有人倫乎？非也。惟若無神，則不能有人，蓋神原造人也。因此，神理乃在先，人倫乃其次耳。可見神理獨是根本的道理了。比如樹木有千枝萬葉，非有兩根，總乃是一個根發起來。故凡道理之千條萬緒，都是自一團神理發出來也。或有問：真活神乃何耶？答曰：真活神乃自有者，自然而然，從永遠到永遠亦然。無時不在，無處不到，無事不知，無福不有，無善不備，無物不理者，謂真活神也。故未有天地、未有陰陽之先，獨有此一神。以其全能，從無物中造成天地人物，而無時不宰制宇宙内之萬物也。神乃至智，而用極善之方法成其萬事。至能，而撑宇宙。至恩，而賜養萬生物。至公，而賞罰萬善惡。至真，而惡萬假。至聖，而必不恕罪者也。神乃純靈無形，人總不得見其像。神乃無遷，自永遠至永遠，其意乃一，總無變。故有如上所云各等全能齊備之情者，是真活神也。或問：何爲用“真活”二字以指着神？答曰：因世上多有假神、死神，如菩薩偶像之類，這都是不實、不動、不生的物件。惟造萬物者，至實無假，常活無死，所以稱呼真活神也。後月續講。

月　食

照查天文，推算今年十一月十六日晚上該有月食。始蝕於酉時約六刻，復原於亥時約初刻之間。若是此晚天色晴明，呷地諸人俱可見之。

古王改錯説

昔有史記云：古時以至比多國，有王名叫法拉阿。其常説：“到處總無神，而天地萬物皆是偶然自來的。”那處聖人摩西既知道王屢次往一野打獵，所以他悄到彼野中去，建一間好看的小房屋。王下回往野打獵，即看見此屋，隨問曰：“誰人建此屋？”摩西對曰：“此屋莫非是自建起來的麽？”王曰：“自建起來必不能也。”摩西就曰：“是小屋既不能自建，而天地萬物尚能自建乎？”王遂覺悟，而心下自曰：吾前説天地萬物偶然自來者，大錯誤矣。蓋天地萬物既然不能自建，就必有造之者，而造之者必是神也。因此可見神是必有者也。

聖經之大意

聖經之全意者，乃包有五件，今説與看官聽。第一件，説止有一真活神，其乃自然而然，全能而原造天地萬物，至公而愛善惡惡，無所不知，而觀我世人之各事者也。第二件，説神既爲萬萬人之主，所以降下聖律教萬人，不拘何國人，都知道所該念、該言、該行也。此律要萬萬人以心、言、行尊畏神，而常行善義於他人也。第三件，説普天下未有不得罪神之人。上、中、下三等之人，或心、或講、或爲，都是有罪的，個個屢次犯過神之法律也。神乃至公，所以我們罪人該在今世受難致死，又該在來生受禍至永遠，這是我們獲罪於神之關係。第四件，説神乃恤憐之極，過愛我們世間人，因有免我們受永禍之意，所以遣耶穌救世者降世教人，代我世人受難贖罪也。凡信耶穌者，不論何國之人，都可以獲各罪之赦，並納天上之永福。不肯信者，必定受罪也。信耶穌之道理者，一生該拜真活神，不可拜假神。該守人倫，不可犯分。該行善於人，不可逾義。該進諸德，不可任私意。該望向天上之真福，不可貪世間之虛樂也。第五件，説在死後必有報應之事，蓋神乃公道故也。爲善者，神將報之以福。此死後之福，與生前之福大不同。生前之福不足滿心，得一少二。死後之福乃能足心，而無願不遂，此真福無窮於世世也。爲惡者，神將報之以禍。此死後之禍，與生前之禍亦大不同。生前之禍乃暫時不長久的。死後之禍，無變無盡於世世也。到世間之末日，萬死者定必復活，致善者得此真福，而惡者受此永禍也。

神理續上月講。

夫在宇宙之至大、至尊、至能者，乃真活神也。或問曰：世人日日不得見神，則何以知道實是有神？答曰：我們雖然不得見神之體，而可以見神之功。蓋看房屋，就知道有建之者。如人雖未曾見識造房屋之人，而看房屋之美，就可想而知其人之才能手藝，如遇其人於眼前也。觀萬物之多，就知有真神者。蓋萬物乃比得鏡。如鏡可照著人之形樣，就如萬物之盛多、至美、大用，皆可照著神之能德、才智、仁恩也。再者如風之來去，而人常不得見其形，然總没有人以不見風之形就説無風。蓋風之所加諸物，人個個聽見看見，到底風之形未有人見。而神亦然。神之所令萬物得有、得生、得長、得成之樣兒，人皆得見的，惟神之形不得見。故人不可以不見神就説無神也。

我世人不見神，然神常見我等。經云："神之目乃到處而觀善惡者也。"[1] 讀書者不可説，任口任意何妨？誰聽誰見我乎？卻不知道神原造爾全體，豈有造人之耳者，尚不能聽乎？成人之目者，尚不能看乎？蓋神無不聽、無不見也。[2]

---

〔1〕 見《諺語之書》十五章三節。

〔2〕 見《詩書》九十四章九節。

知爾心所想之各念，聽爾口所講之各言，看爾身所行之各事，視爾脚所走之各步者，是神也。經云：“主神也，曾察我而知我。我坐下、起來，神皆知道。及我之心念未生者，而神於在前久遠時已早曉得。我道路與卧下，神圍繞之，而知我之諸動行也。”〔1〕蓋所言在我舌上者，而神無一不盡明哉。這數句乃教我等知道神日夜常近我等，而知我等想説、聞見、起坐、食眠、動静也。故我們世人該敬畏神，而謹慎于心、口、行也。人不可在隱處行惡，而説暗能遮我。蓋暗不能遮爾，致神不見。在神黑夜射光，如白日一般。後月續講。

解信耶穌之論

夫真活神憐世間罪人，遣耶穌降世救人，不致落地獄受永禍，乃致死後得天上永福。所以經云：“神愛世，致賜己獨子，使凡信之者不致沉亡，乃得永常生也。”〔2〕可見信之，獨可得永福。愛求永福者，必須信。若人不信，則耶穌救世之恩不能益他。蓋耶穌如照全地之太陽，人信之，如看太陽之目。肯開目看者，則光於他有益；不肯開目看者，則光於他無益矣。信耶穌亦然。信者，則得萬罪之免、心内之安、永生之福皆可；不肯信者，則免罪、安心、永福並都不

---

〔1〕見《詩書》一百三十九章三三節。
〔2〕見《若翰之福音書》三章十六節。

得也。再者，信耶穌如食藥一般，假如我身有病，藥材店有能痊我病之好藥，我若不食斯藥，其能痊我病乎？我食之，則可痊我病也。夫得罪神之事，是傷人之靈，致其有病。能痊靈有病之藥，乃耶穌救世之恩。信之則痊，不信無益也。

論不可拜假神

夫在周朝匡王之時，彼耳西亞國有王名叫賽路士。彼處有一聖人，名叫但依勒，其日日偕王言語，蓋以王大敬之故也。那時該國有一大菩薩，名叫唎嘞。人日日所供獻之，乃細麥十二大斛、羊四十頭、酒六瓮也。王連日去拜此菩薩，而在他之面前祈禱。乃但依勒只拜自己之神，即是真活神。王就謂但依勒曰：“爾爲何不拜唎嘞？”對曰：“余不可拜人所作之神像，惟獨拜原造天地，及督理宇内萬生之活神也。”王曰：“爾豈未思菩薩唎嘞，亦是一個活神乎？爾豈未看他日日所飲食之甚多乎？”但依勒則哂而答曰：“王也，勿謬誤矣。蓋此菩薩不過係在内是泥，在外是銅，而總無所飲食。”王即發怒，令叫其香老來面前，而謂之曰：“爾等若不肯告我知道誰用這些祭物，則必死。若能告我知用之者實是唎嘞，則但依勒必死，蓋其曾褻瀆向唎嘞也。”聖人但依勒對曰：“照王所説，惟願如此做。”夫香老除了妻及子之外，其衆尚有七十人。彼時王及但依勒，遂同入菩薩之廟。其唎嘞之香老就曰：“我等即出去，請王親自擺祭肉、備便酒，閉門，而以王自己之印封之。若王明天入之時，唎嘞未食完一切，則可令我等死；或但依勒誣我等者，則令其死。”蓋香老因在臺之下，他們有一常進以食祭物之私門，故任口所説而無懼怕也。俟伊等出，王則擺列祭肉各品在唎嘞之面前也。時但依勒令厥跟班拿灰來，當王之面前撒在廟内全地上。於是皆出鎖門，以王自己之印印之，遂去。而香老夜裏，照前時仝妻及子都來，盡飲食了。天明，王同但依勒來廟，王即向但依勒問之曰：“印者全否?”答曰：“王也，其全然。”開門，王即望向臺上，不見祭物，遂大聲曰：“唎嘞也，爾大哉！在爾無所假也!”但依勒就哂，而止王之步，不給王入，説：“請看地磚，而細視這脚跡是何人之跡耶?”王即曰：“我看有男女子等之脚跡。”王則發怒，拿住香老與伊等之妻並子，伊等即認而告王，又引王看伊等入食臺上各祭物之私門也。王隨即令殺滅伊等，又把菩薩唎嘞交授但依勒之手。其但依勒即打壞了唎嘞之像，並毀厥廟也。又此國之京即巴比倫，其京之人所拜的有一個大龍。王謂但依勒曰：“爾肯説此亦係銅做的麽？夫他生活飲食，爾何能説他非一活神？故去拜他。”時但依勒答曰：“我必拜我之主神者，蓋其爲活神故也。惟請王準我殺龍，我即殺之，不必以刀棍也。”王曰：“我依爾。”時但依勒把膠、膜、毛同煮，做出數團放在龍口，龍身即裂開了。但依勒就曰：“爾曹所拜者，卻乃如此神哉。”看書者可見拜菩薩偶像之類，不拘何一等，都無益之事。如生者之像、死者之像、男之像、女之像、鳥之像、獸之像、魚之像、物之像等，皆是人手所作之物件，而總不會看、聞、嗅、講、食、走也。我們世上的人，不可想憶神之體，是似以金銀木石，人藝隨意所雕之像也。故全地面上之人，皆當獨拜原造天地之真神而已。

成事之計

夫要成事者，其心先該立好計。蓋無計，就無方法。雖日日勤工盡力，亦成不得大事。成大事之計，乃在於四件之內：一、各人得其事；二、各事得其時；三、各物得其所；四、各器得其用。如此做，則不致於費力、廢時、失事，而多有益也。

神理續上月講。

原造萬物之真活神，乃施恩保養萬生也。大矣哉，神之恩也！勝天之高、地之厚、海之大、宇宙之盛者，神之恩也。神所造養之萬物，乃現著其恩。有太陽照地而理日，有太陰射光而理夜，有四時迭運之天氣，有風吹凉於熱時，有雨下令生萬物，有海内萬魚養人之命者，都是發現神之恩也。蓋經云："神也，有恩而施恩。"又云："神自天施恩，降雨賜風，時收實，滿得糧食也。"〔1〕又云："神使太陽起向惡連善，又使雨下與義連不義者之上也。"〔2〕斯幾句説，

〔1〕見《使徒行書》十四章十七節。
〔2〕見《馬竇福音書》五章四十五節。

我們世人所有光亮，致能走路、做工、辦事，及所有豐年，生百穀滿收，足以上報父母君國，下養本家妻子，皆是神之盛恩所白賜與我等也。耕田是根本之事業，萬不可不務之。惟雖務耕田，若神不使太陽出，不使雨下，令百穀生，我的勞苦皆枉費也。可見豐年足養人命，俱依靠神之施恩也。我身上無疾，家裏無難，國内無亂，皆是神之厚恩，使我等得之好處。我世人或眠、或做工、或行路、或在家内、或在家外、或地上、或海上，日夜神都是保佑我等，所以日夜不可不記憶神之天恩也。再者，神之恩不但是達於我世人身上，亦施布至禽獸、鱗介、蟲豸、草木之類也。蓋經云："神賜各田獸得水，食致野驢息其渴也。"又云："神使草生，以養獸等也。"又云："主神之功何盛哉！神以智造其萬衆。地上以神之盛財而得滿，即無數鱗介大小，游泳於寬大海内者亦然，總皆等候神，而神於其時，就賜之以食也。"〔1〕斯數句，言神之盛恩乃布至萬有之物也。神尚且施恩與諸物，何況於我們世人，其施恩豈不是更盛哉？故神除了造、養、保我身家之外，又另加恩，遣耶穌降世，代我等受難、贖罪、救靈也。經云："神昭著厥仁於吾輩，以吾尚爲犯，於時際基督，即是耶穌，爲我等已死矣。"〔2〕這個話是説，普天下之人，大小古今皆甚是有罪。有罪者，照公道之法，該受罪，而至永遠受難，這正是得罪神之關係。我世人有犯罪之

〔1〕見《詩書》一百四章。
〔2〕《羅馬輩書》五章八節。

時，神不但不使我受罪，又即發其盛恩，遣耶穌代世人受難，以贖伊等之罪，而令萬信之者得天上之真福也。大哉斯恩也！神之恩在造、養、保世人之身固大，在贖其罪、救其靈，豈非更大哉！父母生我、皇帝治我的恩固大，神之恩豈不更大哉？夫神之恩，非似世人之恩。世人之恩，是神於人出世之後所放在人身上，而神所施之恩，是自永遠至永遠，乃神於其自體而有，無所受來的。世人之恩有限，神之恩無限。世人之恩如小杯之水，神之恩如寬大海之盛水。世人之恩不全，乃如内銅外金之器；神之恩是全，如通身皆金之器。世人之恩如派，神之恩如源。如地上之諸水，皆從大海而流來，就如萬國古今之人，所有善德恩惠，皆從神而受來也。父母會疼愛其子，君上會憫養其民，兄弟會相親同胞，朋友會相助爲仁，皆是神所賜他之善性子。古人曰："神之恩惠，乃淋宇宙内之溢源也。"

我們世間人不可忘記神之恩，乃須日夜想着之。忘記父母之恩，固然重罪，忘記神之恩，豈非更重罪哉？可惜在世上有許多人，日日辜負神之恩，常時不默想神恩，不感謝神，不遵神之誡。乃因見神天天容耐降恩，就越任意行惡。反或者不拜神，或者不信耶穌，或者不順父母，或者醉酒，或者行姦，或者講大話，或者騙他人，或者只顧眼前之樂、只管飲食，像那禽獸一般。這無智之人，有不知悔罪之硬心，而自加禍於禍之上。到了死日，就必食自手所種之苦菓矣。讀斯文者該自察，若有辜負神恩之心，則快快要改，信救世者，以得爾罪之赦，免永禍也。

神既然有極恩，而施恩與我等，可見我各人亦當隨其力所能爲，行好與他人也。不但莫害他人之身體、名聲、基業，乃反補其不足、勸其不善、教其不智、憐其不幸、恕其不全，纔是了。再者，神既然有極盛之恩，可見我們世間的罪人，應當祈禱神施其恩，致免我的罪也。經云："許惡者棄其惡事，及不義者棄其惡念，後歸神。蓋神將施慈悲與之，歸我神，而神即多賜罪之赦也。"〔1〕此言神之盛恩也。我世人之罪，雖如頭髮海岸沙之多，神還能赦我等。所以我有罪之人，該離我各惡念、惡言、惡行，而歸神之道路上來。有實意歸道德之路者，勿怕神不免其罪，蓋神最悦憐人也。後月續講。

古王審明論

夫約在文王之時，以色耳以勒國有王名叫所羅門。其最有智，而一天下没有能及其智之人者。蓋萬智之神所賜之，以智乃多出於當世人之外也。此所羅門甚是會施仁政、治國養民。初登了位，有兩個邪婦人來龍案之前告狀，求審明一件事。原告謂王曰："我主也，斯婦人與小婦俱住一間屋内。我與他在屋之時，而我産生兒子出來。我生子之後第三日，此婦亦産生兒子出來。我們共在一屋居住，除了我們兩人，没有何客同我也。在夜間，此婦之子死了，因其錯以被蒙覆

〔1〕見《以賽亞之書》五十五章七節。

子首故也。夜裏我睡着之時，其起身拿我子離我身邊，放在他肘腋之間去，反拿他之死子放在我肘腋裏。天明，我起身要給我子食奶之時，卻是死的。惟我於早上細察之，卻非我所生之子也。”〔1〕被告就對曰：“不然也。活者屬我之子，乃死者屬你之子也。”原告即答曰：“不然也，死者是你之子，活者乃是我之子也。”彼此在王之面前這樣說了。王就曰：“此說這活者是我的子，你的是死也。彼說不然也，你的子已死，乃我的子是活也。”王即下令，叫人拿一口刀來，人隨把刀送來。王就令曰：“把斯活子破開兩半來，給各人一半。”而原告實是活子之母，疼愛其子，肝腸似斷，遂謂王曰：“我主也，敢請給他以活子，而萬不可殺之。”那一婦人說：“破開之，致非我的，亦非你的也。”王就令曰：“不可殺子！乃給與原告，蓋實在是其母也。”國內大家聽着王審明這一件事最是智巧，則甚敬遵之。各人皆知道，斯才智非在人力能得的，乃是造天地萬物之神者所賜之也。所羅門少時祈神，隨得智，致發仁政。可見缺智者，當求神，蓋神白施與萬求者，無令還也。

神理續上月。

家者有主管之，國者有君治之，而宇宙間萬人萬物豈無督理之者乎？管家者，爲家主；治國者，爲國君；督理宇宙

〔1〕 見《王者之第一書》三章十六節。

者，爲原造宇宙之真活神也。家無主則敗，國無君則亡，宇宙無神則亂也。家無二主，國無二君，宇宙無二神也。在家要立二主者，傷五倫；在國要立二君者，犯大逆；在宇宙要立二神者，獲重罪也。若家有二主，則僕不知該合何主之意；若國有二君，則民不知該從何君之命；若宇宙有二神，則人不知該遵何神之誡。可見宇宙間只獨有一神，不能有二也。經云："主，我等之神者，乃一主也。" 主者，指神也。又云："有一個神，而彼之外無别神也。"〔1〕 又云："於世神無他，惟有一而已。" 又云："有一神，萬有之父，超萬有，通萬有，而在於汝中衆中者也。"〔2〕 這數句言，雖多有世人所錯立爲神，而稱謂神，像天神、地神、海神、風神、雨神、雷神、福神、禍神、土神、地方神等者，到底獨有個宰制天、地、海、風、雨、雷、福、禍、土與萬地方之一真神。那些世人所立，而稱謂之神等，都假神也。經云：我乃自然而然之主者，除我無他神也。我成光而造暗，我賜安而造禍，此諸件皆是我自然而然之主者所行也。〔3〕 又云："在於異民僞神之間，有誰能使雨下者乎？"〔4〕 天何能賜下雨一陣乎？豈不是獨爾爲我主神者能乎？故我等必望向神，蓋此諸事是神所造而督理者也。這個話言：在於各國人所立之菩薩，或偶像，或僞神類之中間，那一個有使下雨之德？那一

〔1〕 見《馬耳可之書》十二章二十九三十節。

〔2〕 見《以弗所之書》四章六節。

〔3〕 見《以賽亞之書》四十五章五節、七節。

〔4〕 見《耶利米亞之書》十四章二十二節。

個能令天下雨者？都不能。這上天亦不能自使雨下來，獨是神有使雨下之德也。所以有天旱的時節，你勿去求世人錯立之僞神等，蓋他無能助。該去求造天造雨之真神，獨其能賜雨也。後月續講。

古今聖史紀

第一回　論天地萬物之受造

夫天地並非從永遠而有之，亦非自來而有之者也。非從永遠者，則必有始。非自來者，則必有創造之者也。萬物亦然。天地萬物有始亦有終。太初，則其有始；世皆盡，則其有終。在於宇宙間止有一個無始無終、從永遠至永遠者，即是真活神，獨其有全能，即無所不能也。無所不能，獨其會造天地萬物。可見造成天地萬物是斯神也。天地未造之先，止有個空虛，周圍無何物也。看書者或問：神以何而造成天地萬物？答曰：神以其言而造成天地萬物。蓋神説，即有之也。經云："天以神之言而被造，凡屬天之衆軍以神之口氣而被成。神説，遂成；神令，遂立也。"〔1〕神之言、神之説與神之口氣者，皆指神之出力也。屬天之衆軍者，日月星雲氣與地及地上之諸物也。

又或有問：神用何材料而造天地萬物？答曰：神自無有而生萬有。自無有而生萬有，這是何能有之事乎？曰：因神

〔1〕見《詩書》三十三章九節。

無所不能故也。在人要做物，必須先有材料方可成事，在神則不須也。蓋天地萬物之前，都無材料可用，而神亦不用何材料，獨以其全能自然而成之也。蓋經云："所見之物非由所現之物，而得造也。"〔1〕此言，我們所見之萬物，非由從前先有材料而用之造成的，乃自然而然之神用其能，令萬物自無而生，不須先有材料也。大哉神！自無生有者之能也。人人都該當敬畏神，蓋其造天與天上之萬物，及地與地上之萬物，及海與海中之萬物也。看書者你勿任意得罪神，而不可不知其至能也。容易造成萬物者，無不容易罰罪人也。世人皆有罪，故應悔罪。信耶穌救世者，致免受神怒。蓋誰人當得造天地神之怒乎？後月續講。

神理續上月。

夫造天地之神，乃止一非二。蓋在乎神之體雖有三位，稱呼爲神父、神子、神風者。到底這三位卻並非三神，乃止一真活神也。斯三位者，並皆同一體、同一能、同一榮、同一智、同一聖、同一恩、同一真、同一公、同一旨。可見其非三神，惟止一而已。上所謂"位"者，非爵位，亦非座位，乃靈明自立之位，此不可忘記也。這一端的道理是深妙，不容易明白，因在於人之中間無所甚似之者也。略是比得人家的性兒，在人性有心、有志、有情。志者，是生於

〔1〕見《希比留之書》十一章三節。

心。情者，是發於心志。斯雖分爲三，總成一個性子，並非三性子也。又略是比得太陽，太陽是有輪、有光、有熱。輪者，是生光。輪光者，是發熱。此三者雖不同，而相生、相發，亦未有先後的，共成一個太陽，無三也。我們在世間之時，不能盡明此端深奥的道理。惟我生前若奉事神，則死後進天上之福，更得明白了。今我如孩童一般，孩童在父跟前之時，則見識小之極，不過講的是童話，曉的是童事，想的是童意，該受父之教罷了。到壯長之時，則見識大一點，棄諸童事，可明大人之事也。我世人亦然。生前不過略略曉得道理，見識甚是有限。我該奉事神爲萬有之父者，服受其教，信聖書上之道理，朝夕祈禱神開廣我的度量見識，則我死了纔比今大得明白，彼時深奥的道理甚易曉了。夫在贖世人罪一件大事，是止一真神三位一體者，各位有其分之事也。蓋神父者，至愛憐世人，致賜恩遣神子，即耶穌降世救人。神子者，至愛憐世人，致來世代伊等付自身贖萬人之罪。神風者，至愛憐世人，致使伊等明全真理，感化其心，引導其行正義之路上，到永遠之滿福也。後月續講。

年終論

夫日月星辰運行不息，泉川江河晝夜無舍，人命亦然。我自出世至去世的日月年，皆光陰迅速。到每年終，人人該想一想。我日年有一定的數兒，我生命有個不能逾的限兒，我的日年隨運隨少。一年之終已至，故我更老一年，更近於死一年也。總不知我那一日那一年就必死，獨神知之。因此我實當自察、自醒、自慎也。故今要想憶往日之罪過起來，致在神之面前謝罪、悔罪、改罪，求神赦我罪也。我自年頭到尾，向神、向己、向人有甚麽罪處？我有不敬畏神之念否？有不肯信救世者之硬性否？有服假神或神像之罪否？有任自慾否？有求不義之利否？有損人益己否？有懶惰廢時犯分否？噫，此年間我罪岳重、海深、星多矣！覺我在某時、某處、某話、某事、某人，我有罪過了。我今痛悔，求神因耶穌贖世之功，就發恩致絶消我罪也。到了年終，亦要想憶一年間我身享受多少的好處。神之恩賜我何等大哉！我身上無病，家裏無難，子女、朋友、親戚還在，此一年間神不但耐我爲罪人者，致不投我落地獄受苦，又保我養我，日日以聖言命我轉意、信耶穌自新也。或我自己，或妻子，或家人有了病，近了死的時，神即施了恩，致全了我等，免我等死也。又這年間多少人死了本身，或喪了親，或死了子女，或死了夫，或死了妻，或死了友，都有的。我則身連親、妻、夫、子、女、友還在，故今跪下，感謝神之恩，待我爲罪人者，以斯天大海寬之恩也。

年終詩

其一

日月星辰常運行，川流不息亦無停。

世人生命總有限，每到年終該想明。

其二

生命長短有定數，年隨運轉少不多。
終了一年老一歲，須想往日罪如何。

其三

一年四時十二月，自頭到尾多行爲。
心話與行向人已，前罪痛悔後無違。

其四

神恩保我得長生，賜我衣食該事神。
不知死日並後事，年終省察遵神行。

上月《天地論》下年續講。

告　帖

凡屬呷地各方之唐人，願讀《察世俗》之書者，請每月初一、二、三等日打發人來到弟之寓所受之。若在葫蘆槟榔、暹羅、安南、咖𠺕吧、寥裡、龍牙、丁幾宜、單丹、萬丹等處，所屬各地方之唐人，有願看此書者，請於船到呷地之時，或寄信與弟知道，或請船上的朋友來弟寓所自取，弟即均爲奉送可也。

愚弟米憐告白。

第二卷

1816 年　嘉慶丙子年二月至十月
（閏六月，八、九月合並）

古今聖史紀續上年十一月。　　二月

第二回　論萬物受造之次序

且原自無物生萬物者，是全能真神也。看文者或問：神造化萬物，在歲多日之間耶？曰：神在六個日之間，而造化萬物也。其每日之事，乃是如此：蓋第一日，神造光而分別光暗也。光者，神名之爲日；暗者，神名之爲夜。第二日，神造天空，以致分別在天空上之水于在天空下之水也。天空上之水者，天雲内之水也。第三日，神使天下之水離土上，集入一處。土既發現而乾了，神名之爲地。集水者，神名之爲洋也。又此日間，神令樹木、菜蔬各類自地上生來也。第四日，神造成兩光：大光者，即太陽，以理日；小光者，即太陰，以理夜。神亦成各星也。其各光者，神置之於天空，以使發光與地上。此各光，皆是神在首日造成之光，而今使之集太陽、集太陰、集星以共理日夜，分光暗，號時、日、年也。第五日，神造成在水裏之鱗介大小各類，又在天空飛鳥大小各等也。第六日，神造成牲口爬行及禽獸各類也。天上、地下、海内之萬物既造成了，神就造成人也。人爲貴於萬物者，是後於萬物被造成也。或有問曰：人既然貴於萬物，爲何在萬物之後而得造成耶？答曰：神至恩故也。人是須有住之所在，故神在先預備宇宙給人住也。人是須飲食，故神在先預備水土百穀也。人是須光，致得看萬物之美樣，及得成其本分内之各事，故神在先預備日月星之光也。人是須用禽獸，故神在先預備禽獸各類也。人本來是治天空之鳥、地上之獸、海内之魚，故神都在先預備之也。可見人在萬物之後而得造成，非偶然之事，乃是出於神之至智至恩也。

人與獸大不同。人者，原有身又有靈。獸者，原有身而無靈。獨是人有身連靈，在世間無一人不有這兩件也。人之肉身者，原是地塵做的。最先被造成之人，其名爲亞大麥，即譯言紅塵之意，是指人身原從地塵取造的。經云："主神用地塵創造人也。"〔1〕人之肉身既地塵做的，則示戒我世人斷不可爲驕傲、自大，蓋我身體原地塵做的，到死亦必歸地塵也。世上最强壯的人，一時一刻保全不得自體，所以日日時時要依靠全能之神，求其保佑耳。人之靈者，是個靈神，所使肉身活、動、行，亦永不會死者也。身者，靈之屋也。靈者，身之活也。養身者，地所生之物也。養靈者，神之道理也。善養其身，而不理其靈者，愚不過之人也。顧身不顧靈，是猶取沙而棄寶也。夫人原來是照神之像得造成的，蓋

〔1〕見《創世歷代之書》二章七節。

經云：“神造人照自像，照神像造之也。”或問：造人照神之像何解？答曰：指人之靈也。人之靈略似神，神乃純靈，無骨肉，人之靈亦無骨肉。神永活不死，人之靈亦永不死。神無人得見，人之靈亦無人得見。神至知、至仁、至義、至聖，人之靈原來亦有知、仁、義、聖之性。神當始生人，其性端正，無偏、無邪、無慾的，所以説神造人照神像也。

維神當始造獨有兩個人，一男一女。神先造男，然後造女。其男者，是從地塵取造的。其女者，是從男身旁取造的。男之名爲亞大麥，女之名爲以法。神至恩，見男獨在，單一個，爲不好，則造伴者使幫之也。故主神使亞大麥深睡落，其睡着時神將出其脅之一方，代之塞滿其處之肉。[1]以所將出男脅之一方，神造之爲女。神既造了女，則帶之至亞大麥，亞大麥見之曰：此乃吾骨之骨、吾肉之肉，將名之爲女人。因從男其被取出，故此人當離父母，依附己妻，而其兩者即爲一肉，亞大麥遂把此女爲妻也。且女人原有身連靈，如男人一般。其知、仁、義、聖之性子皆齊全，如男人一般。造女人乃如此了。夫女既從男人之身邊取造的，則示戒人要疼愛其妻，不可難爲他，不可看輕他，不可嚇唬他，倒反要親愛他、日養他、保佑他，像本體一樣。妻者，乃夫之半體、夫之骨肉也。有人去恨本體、傷本體、打本體，未之聞也。再者，女既後男得造成的，可見做妻者要貴其夫，敬他、順他，蓋夫爲妻之首也。神既造人一男一女，非一男

〔1〕《創世歷代書》二章二十一節。

而兩女，則可見一男不可配兩女，又一女不可配兩男也。夫在，則婦不可嫁別人。夫没了，嫁別人可也。婦在，則夫不可娶別女。婦没了，娶別女可也。故人娶妾者，從私意，而背全能神之誡，大得罪神，大傷人倫，大不合神造一男一女相配的意思。敬神者，斷然不可行斯邪事，以犯此罪。後月續講。

神理續上年十二月。

夫人得知真神，又知怎麽樣要奉事真神，是一生最要緊之事。知天文、知地理、知歷數、知人、知物、知事，這數樣的知都好，總是我們一死他就無益，知神這一端大知不同。知神而事神者，則生前得神恩赦罪安心，又死後得永生享滿福也。此知爲重得狠。欲求常永生者，當把此知爲本。欲求得此知者，當日日勤讀聖書幾條，又或遲或早祈神光照他的心，致可明白聖書的道理，方纔可以得此知也。聖書云："以知爾爲真神者，及耶穌爾所遣者，此乃常生也。"〔1〕此句言知神、知耶穌之緊要。不知神者，則不能敬神、遵神、事神也。不知耶穌救世者，則不能信之、愛之、從之也。可見此知乃常生之根本也。讀書者或問：神既是個純靈，無形、無像、全能、全智、全恩、從永遠至永遠者，我們世上人的見識甚有限，何能知得至上之神麽？答曰：至

〔1〕 見《若翰福音書》十七章三節。

上神之性，我們果然不能盡曉到極，惟應當用心讀聖書，蓋其書是講神之道理，好使人略知道神之性也。或有人問：聖經有時説神是純靈，無體無形，有時講神之面、目、耳、口、手、脚等，這豈不似相反麼？答曰：不相反，皆比喻的話也。經上講神之面、目、耳、口、手、脚等，總非是説神實在有面、目、耳、口、手、脚等，如我世人有。蓋神果然純靈無身體也。我世上人的度量、見識最小，曉不得深遠之情。至恩之神視我等，如父視赤子一般，父既知赤子不能達大人之話，則用百般淺淺的説話，照子所能明白，又用百般比方的説話以開廣赤子心的意思。至恩之神待我等也是照這樣。神要使人知道己，則用多少比方的説話，把地上所得見之情，指着天上所不得見之情。又借講世人的肢體指着己性，無非是令人易明白的意思。列兄讀此條者，欲達這比喻借講之所指，則請察下文，或者可以更明白一點耳。夫面者，人之所以顯心裏之喜怒取棄也。聖經講神之面，實指着神之喜取善人善事及怒棄惡人惡事也。人所愛之人、物，則要放他在面前，所惡之人、物，則要放他在背後。神置人在其面前者，實指着神之愛善人，賜恩與之。神置人在其背後者，指神之不愛惡人，不賜恩與之也。又神之面，指神之看萬物，如人看面前之物也。目者，人之所以見人、物、事。神之目，實指着神之無所不知，蓋其無不知萬人、萬物、萬事也。耳者，人之所以聽萬聲。神之耳聽者，實指着神之悦取善人之祈禱，又准伊所祈禱也。神之不聽人之祈禱者，指神之不悦准其所祈禱也。口者，人之所以告他人知道自己的意思。神之口者，實指着神之使人知道己旨。神之同人講話，亦如此之解也。或問：神怎麼樣使人知道己意耶？答曰：至恩之神，以多般使古時的列先知輩、聖人輩知道其聖旨。神賜聖神風默示伊等知其旨，又令天使者來示伊等知道神之聖旨，又另遣耶穌從永遠同神一性一體者降地，自取人之形像，致可住於人之間，而述宣神之聖旨與世人知道耳。是神如此使人知其聖旨也。心腸者，人之所以疼愛其子女。神之心腸者，實指着神之極愛極憐凡敬之者也。手者，人之所以出其力、辦其事。神之手者，實指神之出其德，用其全能，成其萬情也。脚者，人之所以走路而踐踏所惡之物。神之脚者，實指着神之到處迅速成事。神之踐踏惡人者，指其甚罰伊等也。神之來到一個地方者，非說其前不在那地，蓋其無所不在，乃實指神始施恩或始降災落彼地人的身上來。又神之離一地方，非說其以後不在那地，乃實指着神之止施恩或止降災與那地之人而已。神之座位、權柄等者，皆指着神之有權勢、榮光、威風、德能、尊貴，俱到極，即無限無量也。神之怒人恨人者，指着神之惡人之罪、罰人之罪也。此略是説斯比喻借講之所指也。至恩神既知我等有明白道理之難，所以借着我世人自己用的話，以教我知神性，而照我所能明白教我也。非如此，則我何能曉那一樣的道理乎？總是不善看書者，見這數般比喻的話，則大想錯了。估神實在有肢體似我們的肢體，故私意自專，去造出多少神像、多少菩薩之偶像，立之或在家或在廟，説斯物是神也，人所要拜也。卻不知道此事大不合真理，不但不能益人，正是害人，迷其心、邪其俗、忘其靈而已。後月續講。

古今聖史紀續正月。 三月

第三回 論世間萬人之二祖

上文曾説真神原本造成天地、人、萬物，而今説神看其所造了各人、各物，而卻皆爲至美妙、至好看、至成全，無一絲一毫之錯也。且説神既造成二人，即是亞大麥，爲萬國人之始祖；及以法，爲萬國人之始妣者，則其置斯二人在一座園中，以修理之也。此園名叫做希但，譯言即安樂喜悦之意，因其園最美妙也。自東至西、自南至北、自古以來，無相似他者也。有樹各等、花各類、草各名，都齊備。一普天下所有好，所有會養人之心、耳目口鼻者，皆集聚此處，正是天上滿福之像也。其園乃在希但地之東方，斯地到今時，未定知其所在。或曰係在滿洲國，或曰係在我中國，或曰係在西利亞國，或曰係在印度國，或曰係在古巴比倫之南方、近彼耳西亞之海也。愚按最可信者，莫如所説在古巴比倫南方也。蓋有一條大河穿通其園，以淋園内者。出園了即自分爲四條大河：一名彼孫，即周夏未拉之地流者，其地有金、有玉石，上等好的；一名厄訓，即周以氏阿比亞之地流者；一名希氏其勒，即至亞西利亞之東方流者也。夫在古巴比倫之南方有四條大河同這四條相似，所以曰，莫如所説希但係在古巴比倫之南方者最可信也。卻説亞大麥及以法在園内，他們的事只是修理園，遵事真神造萬物者，及相愛相事而已。他看天上日月星雲等，地下山川、草木、禽獸等，海内萬鱗介等，則喜到極。心内想道：萬物之様，果然這等美妙，成化萬物之真神，何等美妙哉！其天之各光在我頂上者，皆爲照我眼、耀世間、暖我體及令萬物生也。其地在我脚下者所生之各物，及其海内周我四方者之各鱗介，俱爲我之養、俱爲我之用、俱爲我之看，而俱爲顯著真神之至智、至能、至恩也。神之恩發與我，賜萬物爲我養、用、看者，何等大哉，我永不息贊神矣！

他們二人看萬物既有斯大喜，一看自己更有不勝之喜，心内想道：禽獸各類的形體皆造得甚好，而我人之形體勝於地上萬有者，内面、外面並成全了。外面者，四肢、五官、百體，俱生得極端正的。眼，會看天上地下之萬妙美。耳，會聽萬好聲。嘴，會嘗萬菜、穀、肉之滋味。舌，會講話與人，而頌贊神在萬有之上者。鼻，會嗅萬草、木、花之馨香。手，會成百藝及相助人。脚，會處處而走也。我形體同禽獸形體比較，豈不大異哉？内面者，靈，爲聖無罪也。悟，極明無暗也。志，只向真神，無一逆意也。性，全善無惡也。七情，皆端正無邪也。心，常樂無愁也。那時他們内面之靈，正是至聖神之像也。他們的思、話、行，皆合道理。他果然係萬物之靈也。他既無罪無過，則福滿了。時時知神愛他，又時時受神之天恩也。在外，無疾病、無災難、無死亡。在内，無掛慮、無自責、無憂悶。何等快樂哉！

這兩人在園内時，神主命之以數條誡。一誡，是要他們生子。録云:“神祝伊等,而神謂之曰:盛加增及滿地,又服下及宰治魚於海、鳥於空中,與各所有生命而動地上者也。”〔1〕此言神要亞大麥及以法生子而盛滿遍地以人,又言神立他們治下天空、地上、海内萬萬禽獸、鱗介之各類也,所以斯二人爲萬國人之始祖、始妣。從開闢天地到今、從東到西、從南到北,無一人不爲他們二人的苗裔。蓋真神使人類皆從一血出,即是從斯二人之血出來。此無非是叫萬萬人不論屬那一國,皆當相愛相助的意思。因他們都是弟兄故也。至於禽獸等,原本都是被交授人手下宰治他,又他們的名色皆是亞大麥所給他。蓋神主携各獸、各鳥等,至亞大麥見他呼之以何名,又亞大麥名各生物照其類,且亞大麥所給伊等之名,即後爲伊之名也。

二誡,是要他們守個安息之日。録云:“神祝好第七日,而成之爲聖日,因當日其安息於神各所造者也。”〔2〕此言神既於六個日造完了天地萬物,則於第七日止息其造成世界之工,又立第七日爲個聖日,即是個屬神事之日,要亞大麥及以法與他的後裔每第七日止百工,而以全心全靈奉事神造萬物者也。但神於六個日造成世界萬物,總非説神須這麼久造成之,蓋在無所不能之神,豈非容易立刻造成萬物哉?又神於第七日安息於其工,總非説神因覺得疲倦就須安息。蓋在全能、全德之神,尚有疲倦乎?總非也。正是神賜恩,以於

〔1〕見《創世歷代書》一章二十八節。

〔2〕見《創世歷代書》二章三節。

六個日成工夫，又於第七日守安息之樣，示世人要效法真神的意思。此安息之日，依本言曰“嗮呾”，譯言即安息之意。又叫做禮拜日，因屬拜真神之事也。凡敬真神者，世代守每七個日之尾日。迨耶穌救世者自死復活時，方得神之命，變守每七個日之首日。因於此首日，即耶穌既完成了贖人罪之功，就自死復活故也。

三誡，真神禁這二人不可食知善惡之樹。夫園内之樹最多最美，其間有兩根要緊之樹也。一是生命之樹，此樹之菓最好，可食之以得常生，正是表永生之福，故曰生命之樹也。一是知善惡之樹，此不可食也。凡園中各樹，他隨意可食，只知善惡這一樹，斷斷不可食。蓋若食之，那時即刻就必有關係。他們遵守之時，只知有好處；不遵守之時，就覺得有難處。故其樹曰知善惡之樹也。神主下這誡，試他兩人遵神否。若遵，則他連他的後裔，並有常永生。若不遵，即必死，他後裔亦連累受禍。蓋因至尊神主命禁故也。

詩曰：天地人物得成全，皆賴真神造化焉。
禽獸魚鳥並美妙，絲毫不錯宇宙間。
希但園美無能比，亞大麥以法修理。
心喜萬物果美妙，顯神至恩各類備。
外面肢體實完成，靈聖明悟志向神。
性善心樂内俱好，又有無邪之七情。
當始思話行合理，日知神愛無難死。
可惜二人背神誡，罪禍累及於苗裔。
二人初被神造時，命誡諸條有如斯。

曉其得罪是何樣，且俟下回續講之。

後月續講。

進小門走窄路解論 四月

夫萬物中最貴者，莫如人也。在人之上更有最尊、最貴者，真神也。蓋原造天地人及萬物者，真神也。其原造成萬物，又常宰治萬物也。無始無終、自然而然、至智、至能、至恩、至聖、至公者，斯神也。其真神最愛善、最惡惡，而報應善惡者也。其真神乃止一無二。神當始造人之性，爲善無惡。其論下一律爲萬善之法、萬惡之責者也。神命萬人遵斯律也，致得永福。萬人既然爲神之所造、所養、所佑、所宰的，則他們都當敬畏神、遵守厥律也。可惜萬萬人犯了斯聖律，得罪了真神，邪污了自己的性，傷了自己的靈魂也。人既得罪神至公者，則當受苦至常永也。且人不能贖自己的罪，救自己的靈魂也。神至恩者，既見我們世間的罪人，總無眼憐我、無手助我，則神遣其獨子耶穌自天來地，代我們受難贖罪，致我們若信之，可得永福也。

夫耶穌降世贖人罪之時，其行兩大功也：先教人明白真神造萬物者之聖旨，以救人心出物慾之溺，一大功也。後代世人受難贖罪，以救人靈出萬罪地獄之關係，二大功也。古今無所比得此功也。耶穌教人明白神之聖旨，說出多少借講比喻的話、令人容易明白道理。一日在山上教人，其對大衆來聽者說云："爾進窄門，蓋引致沉淪之門乃大也，其路寬也，而進之者亦多也。惟引致常生之門小也，其路窄也，而遇着之者少也。”[1]

這比喻的大意，言行善之難、行惡之易也。窄門、門小、路窄，三者皆指人之有守真神誡之難，因其心不向善故也。門大、路寬，二者指人之有行惡縱慾之易，因其心向惡故也。沉淪者，指死後地獄永遠之苦禍也。常生者，指死後天堂永遠之盛福也。

引人至地獄之路者，是行惡縱慾也。此路大也、寬也。一天下之惡人，不拘何等，都並走此路。人拜假神、姦人妻、淫婦、邪意慾、行邪術、結仇、相争、相尚、相怒、相鬬、相妒、殺人、盜賊、醉酒、説謊等者，都走此寬路上。君、臣、民有走之，讀書人也有走之。蓋世有人學問多，而道德少者。愚人有走之，富貧貴賤有走之，各國、各處、各代皆有人走此路也。[2] 吾兄讀此書者，爾走是寬路否？不可不自察。人走此路無所防其任慾，故世間人之大半肯走之。又人既見大衆走此路，心内就想道：人個個走大寬路，而日日作樂，未見他受什麼關係，我亦同他走何妨？狂人哉！不知飲下甜香之毒悦口者，而豈無後患乎？雖在人口甜如蜜，食下肚去就苦至死，惡事亦然。你看肥牛在田野食草者快樂，而忽被屠夫拿以受殺時，其總不料着何難。人走大寬之路者，亦是如此。蓋他們在心想道：安安静静，那時殄

[1] 見《馬竇傳福音之書》七章十三、十四節。

[2] 見《厄拉氏亞書》五章十九節。

亡即落他，似疼痛落姙婦焉，如旋風起焉，即他逃不脱也。[1] 世間最嚴的法度，罪人或者可避之。因爲最才能君上之見聞、之才能皆有限，又不得處處看、處處聞、處處罰罪人。惟在神全知者之法度不同，神下此法度者之見聞、德能皆無限，其無處不在、無處不見聞、而無處不罰罪者也。讀書者想想：爾那裏得逃罪之路乎？雖能升天居黑雲中，或掘入大山之内自隱，或飛如日耀之快，至海隅之最遠，想避罪之意皆空勞矣。神無所不知、無所不在、無所不能者，果見爾、聞爾，又能罰爾也。其大寬路，一定是引爾至地獄永遠之難。苦哉，苦哉！爾何當得起乎？你想想：人一日、一月、一年受苦既然難當，罪人在地獄，至不能數之年代受苦，其何能當之哉？此沉淪，非是説令没了他，其不能使他們靈魂消散去，而卻使他們靈魂在地獄受永苦。蓋人之靈無終，這“沉淪”二字乃是説惡人在死後，必盡失萬福，又痛覺萬苦，至不窮於世世。爾若不信耶穌救世者，就免不得受此苦矣。不拘爾是那一等的人，神必不饒爾，蓋神爲至公道，而總不理何人的體面、權勢也。

至於小門、窄路者，其爲真神全能者所定着之路，叫萬萬人走之，此路神之誡也。一條路是左右有一定的限，人不可過者，窄路亦然。定窄路之限者，真神也。神諭下之誡，是定萬代、萬國、萬人所當行之各善與所不當行之諸惡也。其路正直、無偏、無斜也。人左側去不可，右側去也不可，乃要直前

[1] 見《弟撒羅尼亞書》五章三節。

走，至永遠之盛福，不可半路疲倦而止、廢工，乃要至死一意從此路也。其路，聖路也，凡人不敬神者，不尊耶穌者，不孝父母者，不守人倫者，不行公道者，欲報仇者，心、話、行污者，又自滿、自大、自義者等，都走不得此聖路上。獨是心净言端行正者，能走之。欲行窄路者，該先進小門。小門何意呢？曰："小門"二字，指人之悔罪也。我們世間人的罪過，比得負任，重而且大，在人肩上者。若其人想入小門，或走窄路，必須先放下其任，然後可以入而行，不然，則入不得、行不得也。人之罪亦然。人欲行此聖善之窄路，必須先痛痛悔罪，又依靠耶穌之功勞，又一心歸真神，然後可以入而行，不然，則不得進小門、不得走窄路、不得見常永生也。讀書者，爾走此窄路否？不可不自查，何苦悠悠自欺乎？

這門雖小，這路雖窄，其還引人至常生矣。"常生"二字非説人能免死，而得常生在地上。蓋那一處、那一世人免得死乎？又非説人死後可得輪迴，而復來住世間上。蓋在那一國、在那一代有人實實見了其已得輪迴者乎？又非説善人在其子孫，一定世世代代必得地上的財帛、好處。蓋屢次見得善人的苗裔之財帛好處，不勝凡人的好處。乃"常生"二字正説善人在萬人自死復活之後，必得萬福皆齊全，無一苦受、無一樂缺，至永遠矣。福兮樂兮，不窮世世也。嗚呼！世間人不識其真樂，而只圖今世之賤樂，哀哉！

夫善人在今世，多有憂患艱難，或身上病痛，或家裏困苦，或親戚早死，或兒女不順，或朋友不信，或被上者之虐，或受魔鬼之誘，或因看自己的罪過多又自己的善德缺即心愁，或以自己未善答真神之盛恩即有憂，或因自己近死而懼，或因見世人膽大專一背神全能者之誡即悶。這數般的苦，是善人在生前屢次所受的。乃在死後，得享常生之時，他就總無憂患、無艱難。蓋信耶穌之聖善人，死後到天上時，即總不再饑、不再渴、不再痛、不再憂、不再死也。乃神全福者，親自將偕伊等住，而拭諸淚去伊等之眼。[1] 又耶穌神子救世者，將以萬福養伊之靈魂，而引伊等到飲萬樂之活泉也。他們在死後，住的屋，就是天堂；行的工，就是事神全能者；交的友，就是神使者與古今的聖善人；穿的衣，就是聖善人輩之義，白於雪、光於太陽者也。總之，他的見識是齊，他的道德是全，他的福是滿，又皆至永遠也。此就是常生之謂也，此即小門、窄路所引人到永全之福也。吾兄看文者，欲得此福乎？欲，則要從窄路。蓋從之，則得全福。不從之，則受全禍矣。這是一定之事，普天下之衆人不能變者也。

且或有人問：上文説“進小門行窄路”指人有行善之難、行惡之易，何謂耶？答曰：此總非説行惡是有祥，行善是有不祥。又非説善本難做，惡本易做。正是説人因其心向惡不向善，所以有行善之難、行惡之易。若人之心獨向善，則行善容易，如水之流下、如火之炎上。又行惡難，如使水之上流、如使火之下炎一般。可惜世間人的心非如此。人因得罪神全能者，其性變爲不善，遂致人行善如使水上流、如使火下炎之難，而行惡如水流下、如火炎上之易也。自人先

[1] 見《現示之書》七章十六節，又二十一章四節。

得罪神以來，各代、各處、各等的人皆如此。獨是得神之感化其心者，爲不如此。你想一想：敬遵神萬有之父者之誡，這一件是萬善之根。今叫世間人行此善，如叫魚離海往田野食草，而使牛出田野入海游泳一般。蓋水不合牛之性，野不合魚之性，所以牛悦田野、魚悦水也。人未得神恩感化其心者亦然。其不愛善，如魚不愛野、牛不愛海一般。而因人不愛善、不惡惡，所以有行善之難、行惡之易焉，此之謂也。夫因人不愛善、不惡惡，所以有從窄路之少、從寬路之多者，只是這緣故，無他也。吾兄看文者想想：照世間人所算，雖有君、臣、民三等，又士農工商四民不同，到底照神全智者所算，獨有兩等人，即善人、惡人而已。吾兄不是屬善之等，就是屬惡之等也。人既兩等，路就不過兩條，即窄路、寬路。萬萬人自母胎至墳墓，都走這兩路。凡不從窄路者，就從寬路也。世間既不過有兩等人、兩條路，死後亦不過兩處、兩事也。兩處者，天堂、地獄。兩事者，滿福、永禍也。萬世、萬國人，皆必居這兩處、得這兩事，至永遠矣。吾兄死後，不是上天堂享滿福，就必落地獄受永禍，照爾生前行於窄路或行於寬路也。

神理續二月。　　五月

論神爲純靈之道

經云：“神爲靈，則崇拜之者，必以靈、以誠而拜之矣。”〔1〕

---

〔1〕 見《若翰書》四章二十四節。

這節之道，包二端：一端，教人知道真神爲純靈也；一端，教人要以實心拜神也。今且先解第一端，而後解第二端。

論神之爲靈。此道學者不可爲無知矣。夫欲知道神之爲靈者，要先知道這“靈”一個字的常意。欲知道“靈”字的常意，則要先明白“體”“靈”二字之不同者，然後庶乎略更明白神爲靈之道也。夫體者，是目所能看、手所能拊、力所能擘、度所能度、壽所能衰、死所能亡者，此之謂體也。靈者，是目所不能看、手所不能拊、力所不能擘、度所不能度、壽所不能衰、死所不能亡者，此之謂靈也。體是不能有知，靈是能有知，此乃是解“體”“靈”二字之不同，與“靈”一字之常意也。

“靈”字的常意既解了，就説神之爲靈之意。夫宇宙内有靈三等：一是人之靈神者，一是神使者，一是真神造萬物者也。人之靈神者，所令人生活，所令人有知者也。神使者，爲真神所用的天臣，故叫做神使者也，他們無骨肉之體，乃獨爲靈者也。真神者，爲純靈，又萬靈之父者也。斯三等靈，略有同，而又有大不同也。像其皆有知、皆無形、皆人不得見、皆無所從外能壞者，此其略有同也。神使者與人之靈神者，並非自然而然，乃爲被造之靈者，惟真神爲自然而然，又總不被造之靈者也。神使者與人之靈神者，並非自永遠，乃有始之靈者，惟真神爲自永遠至永遠，而總無始之靈者也。神使者與人之靈神者並有限有量之靈，惟真神總無限無量之靈也。神使者與人之靈者，並不得處處而在，惟真神爲處處而在之靈者，此其大不同也。

神之爲純靈何謂？“純”字何意？曰：“純”字乃精好不紛雜又不止息之意。言神總無一絲一毫身體的材質，又最精好、最聖潔，而至永遠不止息之靈者，此是神爲純靈之所謂也。

神爲萬靈之父，何謂呢？曰：此非言神生靈如父生子，乃是言神造萬靈，而賜諸善與之也，又他們所有能知而有不能死者，都自神取來的。再者，人之靈與神使者，乃真神所慈愛，如父之於子者，故他們俱當尊敬神，如子當尊敬父然，此所謂神爲萬靈之父也。

神乃至尊至貴之靈也。夫金貴於鐵，玉貴於石，人貴於物，人靈貴於人身，神使者貴於人靈，真神造萬物者貴於神使者也。

神乃原造萬靈，若神非靈，則不比得其工矣，而豈有做工者不及其所做之工哉？

神爲無人能見，若神非靈，則人可得而見之矣。

神無所不在，若神非靈，則不能爲無所不在。蓋凡有體者，不能處處而在，若來此處則不得在彼處，往彼處則不能在此處也。惟神乃處處而在，可見其定爲靈也。

真神既爲靈，又靈既爲人所不得而看，可見做神像是糊塗，又大不着之事。蓋豈有人於所總未見者，而能畫其樣乎？神之法曾禁人做神像，人若做之則犯法矣，而豈有犯法尚無罪乎？可見其糊塗，又大不着也。經所説神有面及四肢者，上回釋之了，其皆比喻令人易曉神理，非言神有體，蓋神果無體無影之純靈也。總因爲世人估錯，而想已有智，故自專去以無影無壞神之光榮，改爲有影會壞的人、禽、獸、蛇、魚之像。又他們想與其奉事造萬物無壞無影之神，寧願奉事受造、會壞、有影之賤物者，此人之大罪過矣。

論人要以實心拜神

上既解了真神爲純靈之端，今且略講人如何當拜神之端。此端包三條：

一條，説人皆當崇拜真神，此在人本分内之事也。蓋神原來造我們世間萬國的人，日日涵養我們、保佑我們，又救贖我們者也。非神，則我們總不得生、不得長、不得存也。非神，則我們的心腸日夜不得安樂、身子不得爽快、家裏不得飽暖也。非神之盛恩，則我的罪不能得免，我的靈不能得救，又我們生前死後都不能得福也。可見人皆當拜神也。且神爲萬人之父、萬人之主也。子順父、僕遵主，天下之達道也。生我一身之父者，我既然當順之，何况生萬人萬物之父者，我豈不更當順之乎？家主、國主者，我既然要遵之，何况萬家萬國之主者，我豈不更要遵之乎？

二條，人崇拜神，當以神自所設之禮而拜之，不可自專而作主意。人在下位，不但該事在上位者，又該照在上位者所設之禮則而事之。人崇拜神亦然。神所設之禮有四：讀一、祈一、頌一、安息一。讀者，是人日日謹讀聖書幾節也。神至恩者賜聖書，示人知道神之聖旨。人不謹讀聖書，則不得知神之旨。不知神之旨，則不得崇拜神。不崇拜神，則何以成得人乎？經云："爾察究聖書，蓋爾想在其内有常生也。"

此言，人當勤讀聖書，致可知如何而可得常永之生也。祈者，是人日日敬祈禱真神施恩赦免他罪過，洗潔他心腸，保佑他身家，又賜他於死後可得滿福也。經云："祈禱勿間也。"此言人當日日祈真神賜人以其身靈並所需之各好也。頌者，是人咏聖詩頌贊真神，因其大威、全能、盛恩也。經云："萬國民當以快樂之聲，頌贊神主矣。"安息者，是人每第七日止百工，盡心崇拜神，又在本家及在公會，守禮拜日之各禮也。經云："記安息之日，而成之爲聖日也。"

三條，人崇拜神當以實心而崇拜之。人總不拜神，大罪。拜神而不以其所設之禮，亦大罪。拜神以其所設之禮，而不以心靈，亦大罪也。古善人所獻祭物各等與神者，今都無用，蓋其本意是預先指耶穌降世贖罪，而耶穌既降世贖罪了，則今人不可以古祭禮而近神，乃該以靠耶穌之名，又以誠心就近神拜之也。神爲純靈，而不要人之物，乃要人心人靈也。録責僞善者云："此人以口近余，而以嘴尊余，乃伊等之心離余遠矣。"〔1〕此言，人拜神用外面之禮而無内面之誠者，其拜在神所可惡也。人雖沐浴、正衣、膝跪、長祈、高聲而心不在、心不潔者，其祈皆虚榮矣。看書者，當記真神爲純靈，而明見你心所懷各念，故拜神時宜自慎。不要眼在聖書而心在財上，不要耳聽聖言而心忽之，不要身在教堂而心馳外，不要嘴贊神而心不敬之。斯等，神必不恕也。爾當心内常敬畏神、望向神、依靠神、遵順神，又拜神時靠耶穌之名，則神接爾也。

〔1〕《馬竇書》十五章七節。

古今聖史紀續三月。　六月

第四回　論人初先得罪神主

上文既解了神當始如何造人性全善、置人於美園中、賜盛福與他，又諭下個法度所令他遵也。而今且説人如何先犯罪，壞本性之善，而失盛福也。

神命亞大麥及以法遵守其所諭下之各誡。最要是不可食那知善惡樹之菓。故書曰："神主諭亞大麥曰：'園内各樹之菓，爾隨便食可也。惟知善惡之樹，爾不可食之，蓋食之之日，爾則斷必死矣。'" 這一誡雖若猶小，而實大得狠。蓋其包得各誡在内，而爲試那兩人肯遵神否。此誡爲在外之跡號，可證心内是存誠意否。若他們心内遵神，則外遵此誡。若心内不遵神，則外不遵此誡。以遵這一誡，則知其遵諸誡。以犯這一誡，則知其犯諸誡也。夫亞大麥爲萬萬人始祖，萬萬人原本在他，如枝葉未發起者之在根焉，如水派未流出者之在源焉。根好，枝也好。根不好，枝也不好。源清，派也清。源濁，派也濁。亞大麥與以法，其爲源也清無濁，其爲根也好無惡。他們與厥萬萬後裔是如此也。

再者，神立亞大麥爲萬萬人之首，而命他代萬萬人遵各誡，守各禮。神至恩者，許他若遵神之誡，則賜他連萬人，俱必獲三樣的好處：一是在肉身，其必常康健、無疾、無苦、無死矣；一是在靈魂，其必常喜樂，而存神原所賜與他之義也；一是在身連靈，其並必得生命與滿福，至永遠也。他若不遵神之誡，則神示他，以他連萬萬人皆必失那三好，而受相反之三難也。亞大麥既爲萬人之首，則他們必同他立、同他落。他若立，萬人也立。他若落，萬人也落。他一人遵神不遵神的關係，並必逮夫萬萬人之身。若他遵神，萬人亦遵神，而皆得盛福。他若不遵神，則萬人亦不遵神，而皆受萬難。因他本來爲萬萬人之根源，又因神立他爲萬萬人之首故也。

亞大麥及以法原來是如此。可惜過了些時，魔鬼誘惑他們背神主之命，以食那知善惡樹之菓。或有問：魔鬼何耶？答曰：魔鬼者，原無形，亦非由死人之靈而變者。蓋真神當始造神使甚衆，其在天上常立侍於真神之面前，奉事神，而受盛福也。内中有的恒遵真神者，其乃良神，奉真神之命保善人，而名稱得神使者，或天神、天臣者也。然内中亦有的不恒遵真神，乃發傲、貪高位者也。真神至公者不容其罪，而逐之出天落下，受苦罰也。其變爲惡鬼，所害人者，而名曰魔鬼、惡鬼、邪鬼、邪神。其惡鬼中有個爲首發命者，名曰𠰌呾，譯言敵也，因其常敵神、敵人，故名。每説魔鬼，就是指他。斯乃其來歷也。魔鬼既被神逐出天，以受苦，而總不可望得救，則其懷慝冤向神，而猛恨之。因奈何不得神全能者，則想害人照神之仿佛被造者。蓋人那時遵神，而有盛福，故魔鬼嫉妒之，想若能令人犯罪，則可使大不尊敬歸於神。故設惡意誘惑人得罪神，致可使他爲如己之惡，受如己之苦焉。

魔鬼既無形，則必借形，以成其狡謀。夫萬類中，原本没有比得蛇之狡。蓋多賢曰：蛇類原來甚好看，皆有良性，無毒也。故魔鬼見以法獨在時，則借了蛇之形，而對婦曰："爾必不要食園内各樹，這豈實是神所論之言乎?"以法對曰："然也。園内各樹菓我們隨意可食，惟知善惡那一根樹之菓，我們斷不可捫之、不可食之，蓋神主曾禁云'爾食之，則必死矣'。"魔鬼詐言曰："爾雖食之，未必死。蓋神明知爾食那樹菓之日，則爾心眼廣啓、見識深遠，致爾將爲似神知善惡者矣。"〔1〕以法心内即生惡意，視其樹甚好看，則想其菓可欲食之使人得智，方取而食之。又送與亞大麥，而他亦生惡意食之焉。他們如此不退魔鬼，乃反受其誘惑。他們信魔鬼萬謊之父者，不信真神萬真之源者。任己心之妄嗜，背神全能者之命令，遂致大犯罪，連累萬萬後人，惜哉！人初先得罪神是如此，其罰見下回。後月續講。

謊語之罪論　　閏六月

聖書云："汝當棄謊，各人與己隣講真，因吾輩相爲肢也。"〔2〕這一節是勸人常常説真實的話，那假言謊語，一聲一句都不可講出口來也。嗚呼！世人多犯斯罪矣。

甚麽是算得謊語呢？這個謊語有多般。各等人都是犯斯

〔1〕見《創世歷代書》第三章。
〔2〕見《以弗所書》四章二十五節。

罪，或者我自己做甚麽不好的事，就説是他人做的，或説他人强我做，這是一等的謊語也。或者同某人有了口角，不相好，就立意去做出多少的假話，想害他的名聲，而令別人毀謗他，這又是一等的謊語也。或者我做人家的跟班，而私用家主的東西，就説不見了，或説某人偷了。或者自己失手打壞了東西，因怕家主怒我，就説是他人打壞了，這又是一等的謊語也。或者同人家約信，講定某時必定還他的工錢或貨物錢，而那定的時到了，卻就説向來總未定一個時候，又未定着還這麽多的錢，這又是一等的謊語也。或者明知道自己的貨物有些毛病，就去説他是上等好的，想叫人家來買。或者自己有貨物，又因恐怕價錢將落，要人家快來買，就東去西去，説今年必定没有別的洋船拿這樣貨物來賣，這又是一等的謊語也。或者在官府衙門去做證，不肯講真實，乃因歡喜原告，則説他是有情理，而因不歡喜被告，就妄證他。這又是一等的謊語也。或者想使人家奇駭，就説某時某處明明見了非常之兆，這又是一等的謊語也。或者見有外省外國的客，不知此處的規矩新來者，我就去謀多多得他的錢，日夜跟着他，妝出多少的禮貌待他，假出多少公道的話説他，要他到我貨行、我木店、我鐵鋪來買我的貨物，而恐他去同別人買東西，就説這隣舍是不正經的人，那隣舍的貨物、工夫都有毛病，請尊客不要到他們那裏去，獨托小弟、照看小弟，弟果不敢哄人也。明知道這貨物、這工夫不過堪值一兩銀子，就説云實是堪值二三兩銀子，這是老老實實的、是照規矩的價錢兒。這個話，無非欲騙外客，損人益己的意思耳。又多人想能以騙外客而賺錢者，是好手也，這又是一等的謊話也。還有未盡的許多，這裏講的不過是大概而已。

人爲甚麽的緣故而不可講謊呢？答曰：因爲神常常聽人的話，又實在恨惡百般的謊語。我嘴在隱處所講的各聲、各句，無一神不明明聽着，我若説一絲一毫的假言謊語，則神必定是恨我、惡我，看我爲在天之下最可惡之物，算我爲他之敵也。神是真實之源，凡僞、假、謊、詭之話、事都爲神所極惡，故人斷不可説謊也。

凡人講謊者，是似魔鬼，蓋魔鬼爲謊者，而謊之父也。我若講謊，我就是魔鬼之子也。在罪人中最似魔鬼者，莫如謊者。講謊説假者，他不是神之子，又不是信耶穌之人，他正是魔鬼之像，故人斷不可謊也。

我是同世人相爲肢，故不可説謊也。世人皆一個始祖，即亞大麥所生下來。可比人身，他爲體，萬萬人爲肢，故曰吾輩相爲肢也。我世人若相謊，就如一人體之肢相謊，而那有聽見人用自己的舌謊言於脚，或把左手去害右手，或令耳目相哄者乎？世人皆如弟兄，他人不是同我父母所生，就是同我隣舍；不是同我隣舍，就是同國；不是同國，就是同一真活神所造養，又同一高祖所流下的人。若我説謊於他人，是弟兄對弟兄説謊而相害就是了。信實在人間，是如灰在石墻：石墻無灰，則不能久。雖無大雨下、無大風飄，還自傾倒。石上有灰，則可久耐也。信實存在人間，則可以成個世界。信實失則尚能成個世界麽？我若對這人説謊，你對那人説謊，而人人對人人説謊，則人難生在世上也。我常欲他人説真不説謊於我，我亦當常説真不説謊於人也。謊者之利害，比水火之利害更重。若在一鄉一村裏，有個謊者，他的利害處多得狠，不能算得起。那鄉那村裏頭的人，都不得安樂也。再者，凡信耶穌者，不拘何處人，都同耶穌相爲一體。其爲首，而他們都結合相爲肢也。萬人以性相爲肢，惟凡信耶穌者以信相爲肢。性不比信之貴，故以性相爲肢者，既然不可相謊，何況以信相爲肢者乎？耶穌慈愛我們，降世救我們，流其寶血洗去我們諸罪，而我們若相謊，這豈不是辜負他贖罪的恩乎？故信耶穌者不可相謊，又不可説謊於他人也。若是世上人因想得利，敢犯神之誡而説謊，信者斷不可。若以講一句謊語，即可能得國位、治天下，信者亦斷不可講那一句。若自任説謊，就不算得信者也。

凡謊者必有惡報，蓋聖書云：“無信輩、可惡輩、凶手輩、宿娼輩、邪術輩、拜神像輩及諸講謊輩，俱將得其分於以火以硫磺而燒之湖。”〔1〕此言謊輩死即落地獄，同凶手等均受一罰。看文者還敢謊哉？豈不當自慎乎？

上古規矩

七月

在先，約三千三百有餘年，真神嚴命以色耳以勒國衆

〔1〕見《現示之書》二十一章八節。

人敬守其聖法度。若守，則神以各好祝之；不守，則神以各難咒之。故神命聖人摩西設一規矩於伊等中。大家要自分爲二隊，而每隊上一山去。在他們中凡利未之裔，行祭者之職輩，要大聲説祝、咒於衆人聽。在這山説祝，在那山説咒也。其説咒乃必如此，即做祭輩開聖書讀云："凡人做雕刻的神像或鑄的神像，即爲在神主所可惡，又爲匠人手之工者，而置之在隱處者，咒矣。"又衆民宜即應曰："啞們。""輕忽厥父或厥母者，咒矣。"又衆民即應曰："啞們。""移厥隣田之界限者，咒矣。"又衆民即應曰："啞們。""使瞎者錯走離其路者，咒矣。"又衆民即應曰："啞們。""枉旅客、孤子及寡婦之審者，咒矣。"又衆民即應曰："啞們。""同厥父之妻宿者，咒矣。"又衆民即應曰："啞們。""同何一等的獸交者，咒矣。"又衆民即應曰："啞們。""同厥姐妹，即厥父之女或厥母之女宿者，咒矣。"又衆民即應曰："啞們。""同厥岳母宿者，咒矣。"又衆民即應曰："啞們。""隱傷厥隣者，咒矣。"又衆民即應曰："啞們。""官取賄以殺無罪人者，咒矣。"又衆民即應曰："啞們。""不恒成此法度之諸言以行之者，咒矣。"又衆民即應曰"啞們"也。〔1〕

這古事，無非令民皆知犯罪之惡處，又令他行善，免重罰的意思而已。"咒"字的意説：凡人行這惡事何一件者，神至公者之重怒必落他身上也。"啞們"兩個字是以色耳以

〔1〕 見《復講法律傳》二十七章十五至二十六節。

勒國之話，譯言即我心實願如此之意也。看書者不可不自察，若爾有這樣之惡，當速痛悔，懇求神因耶穌之名赦免爾罪也。神至公者，必不偏待人。不論爾有官爵或做百姓，不論爾爲儒者或蠢者，不論爾爲中華國或夷邦之人，爾必不能脱逃神公義之審也。神爲全地之審司者，而其所行之審盡絲毫皆至公至義也。

論醫心萬疾之藥

古師一日告訴大衆曰：“我有最好的藥，會痊萬疾者，大家可來買之。”大家來買者問曰：“好藥是何也?”師遂把書開示曰：“此聖書是也。心之萬疾其可痊也。”

人心之疾有許多樣，像不敬畏真神，此大疾，會害人之靈魂。人若謹讀聖書，看神之至大、至權、至威，則可以學敬神，而此心疾可痊也。不信耶穌救世者，也是一樣心疾，若人敬究聖書，看耶穌如何愛憐世人，自天降地，代萬罪人受難贖罪，免人落地獄，令人可得永福，則可以知熱心愛耶穌，而此心疾就可痊也。驕傲又是一樣心疾，若人敬究聖書，看自己是小可微物，生世上不過幾年就入墓中者；又看自己在神至聖者之面前，是可惡之物，因被罪所污者，則可以抑其高念，而此心疾可痊也。貪圖又一樣心疾，若人敬究聖書，看世上的財、名、勢、樂皆暫時、虛空的，又看死後天堂之福是美妙、實在、長久的，則此心疾可痊焉。

古今聖史紀續六月。

第五回　論人初先得罪神關係

在上回既解了始祖亞大麥如何被魔鬼誘，得罪造天地萬物之神，今且略講這罪之關係。

夫亞大麥本來未犯罪之先，有神力多，魔雖可誘，不可强他行惡，其可能彀克魔之誘。如此可見其罪之大也。神在先示他曰：“惟知善惡之樹，爾不可食之。蓋食之之日，爾則斷必死矣。”這個“死”字包罪之衆關係也。亞大麥一面犯神所命之誡，一面即知苦惡。其犯罪之日雖不受死，不受萬難，還自彼日其始受之，與犯國家之法者可比。犯法者，被斷定罪之日未必彼日就受死，或容幾日纔死。審司者定其某日某時分就死。到底其人，若君不赦其罪，必於定的時分而受死，亞大麥亦然。

我始祖二人，原不穿何衣，而因心正意潔，亦無羞愧也。一犯神之命，就知其爲赤身，而覺得甚羞愧，又縫連無花菓樹之葉，以做身之半圍衣者也。在此事之先，未有何等衣於世也。

他們心原無怕，蓋心行無罪、内外無害者，何有怕之處乎？罪、怕二者相隨，如身影相隨然。故他們一面犯神之命，一面即心生怕，而有良心之痛責也。他們聽神主之聲於園内時，心大驚，而去藏匿身於園樹之中，欲自避神主之責耳。空虛之意哉！自彼無所不在、無所不知者，何能自藏匿乎？他們未犯罪先，一想神主即至喜、至樂，今想神主即至怕、至驚，是何故？答曰：因他已犯罪之故也。

他們二人未犯罪之先，則甚相愛、相親。犯罪之後，即生相責、相罪之心。蓋亞大麥想遮自罪曰："神所賜我之女，其給彼樹之菓與我食。"又女想遮自罪曰："蛇誘惑我食之也。"

他們未犯罪之先，度日過生，無難無勞。犯罪之後，即覺難始勞。蓋因此罪，神諭以法曰："我將大加爾孕之悶，以悶爾將生子。"此言女人屢於孕子、產子、養子及於理家内等事，必多受悶、受苦之傷也。至今亦如此，各人可見之。

再因此罪，神又諭亞大麥曰："爲爾，地屬咒。由之爾必以勞而得食，一生之各日，如是地與爾乃萌荆蒺，且爾將食田之菜，以面汗爾將食饅，迄爾歸地也。"此言男人於耕田、做工、管事、治國及於各等事，必受甚多苦，難得食，難得活，又以勞身憂心，度生至死矣。神至公者，因人之犯罪咒地，致多有旱乾、戾風、荒年、疾疫等難在世間。這些事都非是神不能免，乃是因神至公至聖者，惡世人之罪，而以此難刑之也。在世間有兩様惡：罪惡一，苦惡一，故聖書云："罪因一人而入世，又死因罪流及衆，蓋因衆人有罪。"〔1〕此言世間之罪惡、苦惡，皆以亞大麥之初先犯神命而先入世。這一件事開了世間之門，即罪惡

〔1〕 見《羅馬輩書》五章十二節。

先入世，而後苦惡然。又自彼時以來罪惡、苦惡滿流於世人之中間，致無一人不有罪，無一處不受難。總之，因此罪其該受三樣刑：一於靈，一於身，一於身連靈。其靈，因此罪該失其原本之義性；其身，該受世間之萬艱難至死；又其身連靈，該於死後並在地獄受苦矣。亞大麥既爲萬人之首，他一人之罪連累萬萬後人，與謀叛於國者相似。謀叛者，不止一身受罪，他的子孫亦有關係，亞大麥亦然。至今日，不但見長大人，曾行出惡來了者受苦，又見小孩兒，自身未曾有惡行爲者亦受苦受死，因爲他從亞大麥一派，又因爲他雖未行惡事出來，還有惡根於心。人先犯罪之關係乃如此也。此先罪，萬罪之種是也，萬難之根是也，永禍之故是也。嗚呼！世間萬人之性，以罪而壞哉！其福又失哉！人性原來如宮室搆而華焉，於今如宮室破落，而其所留餘之迹，只足令人歎惜，而論其昔日之美，今壞如此耳。

或有人曰：亞大麥之罪與我何干？答曰：豈有源變爲濁，而派尚清者乎？豈有根衰，而枝葉尚盛者乎？豈有首痛，而百體尚安者乎？豈有基壞，而牆尚穩者乎？爾爲屬亞大麥之裔，而果受其初罪之連累也。

或有人又曰：始祖之罪，是他的事，關係皆當歸他，怎麼要及我未行此罪者？若神令我受其刑，豈是公道麼？曰：非不公道也。在神至義者，豈有不公道乎？亞大麥本爲萬人之首，萬人同他立，同他落。若其以遵神而立，致令福歸萬後人，你還有怨乎？還有說不公道乎？果然未有也。而其既以不遵神而落了，致連累萬後人，你尚可有怨乎？尚可有説不公道乎？果不該如此説也。再者，若獨亞大麥有罪，又你自總無罪而受難，則或者有怨之處，惟其事果不如此。他之罪算得你之罪，又你自己另有無數之罪。爾那一年、一月、一日無罪乎？爾念、話、行皆有罪。可見世人所受禍，不止亞大麥初罪的關係，又是各人自己之罪所招來之禍。若人因始祖之罪當受難，何况因自己之罪乎？如此何有説不公道之處嗎？讀者豈可不思乎？下月續繼。

天文地理論 八、九月

天地萬物，皆非從永遠而有，又非自然而生，又非偶然而來，乃是止一真活神所創造。而斯神總不被造，乃從永遠至永遠、無始無終、自然而然、無所不知、無所不在、無所不能者也。天地雖寬大，萬物雖盛多，在神皆無不容易造，因其無所不能故也。欲學天文地理者，不可不知此道理，蓋其爲萬理之根基也。

再者，天地萬物不止神所造，乃又是其所宰制也。神非造了天地萬物而後即不理之，乃日夜宰制之也。萬萬人中，無一神不料理之。萬萬禽獸中，無一神不涵養之。萬萬天星、地草中，無一神不明知之。就是海岸上之沙、人首上之髪，無一沙、一髪神不算計之。萬萬類中之生死，無一不得神之所命令也。天奉神之命而得建，日、月、星奉神之命而發光，雨奉神之命而降下，雷奉神之命而作響，電奉神之命而閃飛，風奉神之命而吹嘘也，地奉神之命而得造，山奉神之命而生樹，川奉神之命而渾流，土奉神之命而萌菜也，海奉神之命而生鱗介，浪奉神之命而來去也，四時奉神之命而運行，火山奉神之命而噴焰，地震奉神之命而摇動，日月之食奉神之命而遮掩，荒年奉神之命而磨人，疫疾奉神之命而散布也。萬世、萬國之事中，無一件不被神所督理也。這諸情非依靠陰陽之氣而得造、得成、得生、得制，乃皆是依靠真神、至智至能者而得造、成、生、制也。古者所説太極之理及陰陽混沌之氣，浮而上爲天、凝而下爲地等話，大不分明白，又似錯矣。蓋凡混沌，無智、無志、無定意者，難生所爲健整、成全者也。夫天地萬物，皆最健整、成全之樣也。天衆星中，地諸草中，海萬魚中，世各人中，無一不得其形、其用、其所之本當者也。這豈是無智、無志、無定意者所生乎？這高天、寬地、盛海、萬人，豈是無智、無志、無定意者所造、所督者乎？可見造天地萬物者非是什麼無意、無智之氣，乃是至智、至能、至恩之一真活神者所創造、宰制也。非神之至智，則天地萬物不能得成形。非神之至能，則天地萬物不能得創造。非神之至恩，則天地萬物不能得涵養也。天地萬物之寬大，顯出神之至能也。天地萬物之成樣，顯出神之至智也。天地萬物之盛豐，顯出神之至恩也。天星、地草、海魚無一不證此道理，因無一不依靠神也。欲學地理之真者，該放這道理於心，而或察天文，或看地之像樣，或度地之度量，或問地之所産，或察地上人之俗，一刻間不可忘記此道理也。無此道理而去學地理者，如船無舵工而走海，不得到其所；如瞎者走美畫之中，不得看其美樣也。

天文、地理二者相靠，而盡不知天文者難明地理，故今且略説天文，然後學者更易曉地理也。

第一回　論日居中

夫天地星辰，雖相離，皆有相屬矣。日住當中，而周發其光也。日象，圓如球也，有數大星周圍日而環運行也。日者，光熱之源也。有士説，日者，是個大烈火之球也。真神當始造天地萬物，亦造日，而置之於天空，在萬星之中間，致可周發散其光熱也。

在常人之意，日不大，不過如一小盤之大而已，惟此意實因日之離地甚遠矣。若自甚遠處而看至高大之嵩山，其如小；近就之，則實大矣，日亦然。在常人之意，日比地更小萬分，此意實因世人估錯了。會算歷之明士，若有看天文之好器皿,〔1〕則可知日之大也。將日與地比較，則日之大勝於地之大約九億餘倍矣。日乃離地約三百兆里有餘也。若周圍日之身而圓度之，則其爲約六兆六億五十千里大。若在日之中心而徑直度之，則其爲二兆二億一十九千里大也。日每二十五日半，周圍自己之軸而環運行一輪。日之軸者，非説其實有軸如車輪之軸，乃是借講詞。日象本圓，若打一畫自這邊至那邊，通過日之中心去，此乃天文士所名曰日之軸

〔1〕 看天文之器皿者，如千里鏡之類也。

也。地、月與各星，亦皆有如此之軸也。

第二回　論行星

日在天，如君在國也，君有大臣常侍而隨着之，日亦有數大星常侍而周圍之行走也。這星乃是地與六個大星，爲七星也。這等星皆自西向東，各在各之道而周圍日環運行，故曰行星也。除了此七個行星，近來還有四個大星顯出，亦是行星之屬者也。行星晚上乃最先自顯出，又早上乃最遲隱退，其亦發出之光清明，不熠耀也。行星體皆暗，非自本有光，乃托日受光，故環運行時，其一邊向日者受光於日，那一邊未環運向日者暗無光。等待其環運向日，則得光，而那邊曾光過了者，因離日環運，則爲暗也。行星中，有的大過地，有的小過地，有的半個時辰約行得三億一十五千餘里遠，在其道者也。

第三回　論侍星

上回說的行星，皆屬日而周之運行也。行星中，四個亦有屬星，名曰侍星，因其常侍那四個行星，如小臣侍大臣，故名也。其體亦本暗，而受日之光也。這侍星之數十八個，皆周圍行星而環運，如行星之周圍日而環運走然。那四個行星中，一個有四侍星，又一個有七侍星，又一個有六侍星，又一個有但一侍星，共十八個侍星也。其有但一侍星者，即地也。地之侍星者，即月也。地者，日之行星也。月者，地之侍星也。其解見下文。

第四回　論地爲行星

地爲行星者，體本無光，乃受光於日也。在古世，論及地，人之意不同又不定。有人説地者，甚長、甚寬、甚厚，又不動行之平地也。在其上有天蓋之，在其下有死人魂之所在。又有人説地爲四方的也。那時人想地住在天之當中，而天與日月星辰皆自東向西周圍地而轉運，每日一輪。故自古以來人常説，日在東而出、在西而落焉。古者之意，大概如此也。今世人之意與古世人比之，大不同。今世更細察，而實知天文之士皆説地體不是甚長、甚寬、甚厚之平地，又不是四方、不動行的，又不是住天之當中，乃是圓如球，而常周日環運行者也。[1]

學者或問：既古士皆説地之象非圓，乃平的，則今士如何知道地之象非平的，乃圓如球耶？答曰：今士以數件而知地之象爲圓如球也。

一件，人立海岸上，看船自遠來者，常先看得船之高桅，然後船漸漸近岸來，可見其全身也。夫船身比船桅更大，而若地象爲平，則立岸上者，必或一下見身連桅，或先見船身，因其身比桅爲大也。再者，行船上來至岸者，不先看得岸，乃先看得高山頂、高樹、高塔等，然後近到時，看得屋、看得岸也。因此知地象非平，乃圓如球。蓋若地爲平

〔1〕 天文士曰：“地象不正圓，差一點兒，在中帶更大些，正如橙菓之圓也。”

象，則人自遠觀者，必不先見所爲至高，乃先見所爲至寬大者也。

學者或又言曰：此是説海，不説地也。答曰：海在地，如衣在身然。身圓，衣亦圓；身平，衣亦平。衣必順身之形樣，海在地亦然。地面平，海面亦平；地面圓，海面亦圓。可見地之體爲圓也。

二件，人住平地上者，於將晚時，看日已落了，而人立高山頂者，彼時刻，可明看日未曾落。又若還有一座山，比今説的山更高者，而人住這更低之山者，看日已落了時，那人住彼更高山者，那時刻，亦可明看日未曾落也。此是地體圓，而其脊因高些，則阻隔住平地者之見。不然，則人不拘屬何處，皆必同一時刻而見日落也。惟人越向東去，必見日越早而出；又越向西去，必見日越遲而落焉。可見地非平，乃象如圓球也。

三件，向來西邊祖家有高見貴臣數名，奉其國君命特行船，尋察未顯出之地，而其皆周圍地體行過船了。其既離本國，則常向西而行海路，雖然常只向西行，並不回頭，過了多少地方，約二年半後，仍舊到本國來也。此是地圓，蓋若地體爲平的，則其船不拘離何處地方而起行者，越向西行，必越離本國遠去也。可見地爲圓，自東向西，又自西向東也。

其被遣之臣等不止一國，乃數國之人。又不是同一世，乃於相去之世而去也。雖然人不同、世不同，又所去之地不同，而其向、其歸皆如上説之同一也。

再者，若人行船在地中帶之北，越向北行，前面必越看北極星上起，及見新星自水與天相連處漸漸起來。又後面南星必漸見隱落，在水與天相連處之下去也。若人向南而行船，則南星必漸起，而北星必漸落。可見地圓自北至南，又自南至北，皆如此也。

四件，月食時人常看得圓影在月之面上，此乃地之影也。蓋月食是因地過來日月之中間，而遮日之光不到月，故地之影顯於月之面上。而此影常常圓，不爲方的。夫若地體爲平方的，則其影亦必爲方的。所以凡發圓影者必自本有圓體，蓋未聞有體方而影圓者也。可見地體之圓也。

再者，有月食時，人住東方比人住西方者，常更早看之。又越向東去者，必越早看月食，而越向西去者，雖無山隔其見，亦必越遲而看月食也。此是地體爲圓，蓋若不圓，則人不拘住東西，皆必同一時分而看月食也。

學者或又問曰：地上有高山深谷多，豈可說其體爲圓乎？答曰：高山深谷在地上，如凹低凸高處在橙果上然，皆不妨謂其體爲圓，此地之謂圓也。

既解地體之圓，今且略說地之動行。夫地體周圍乃約九萬餘里大，而離日約三百兆里遠矣。若自地放大炮之銹團最快飛者，發向日去，大約要二十二年半纔到得日，地與日相去如此之遠也。地有兩動行：一、是地周圍自己之軸，自西至東，每日運行一輪，此所使有日夜。一、是地每年周圍日，自南至北，而運行一輪，此所使有四時也。至於地每日之動行，學者可察下圖，庶乎可略明白此理也。

此圖（圖 1）是教學者知地每日運行一輪。日雖如小，其實大於地萬萬倍，而只因離地甚遠，人想其爲小，學者不可不記。

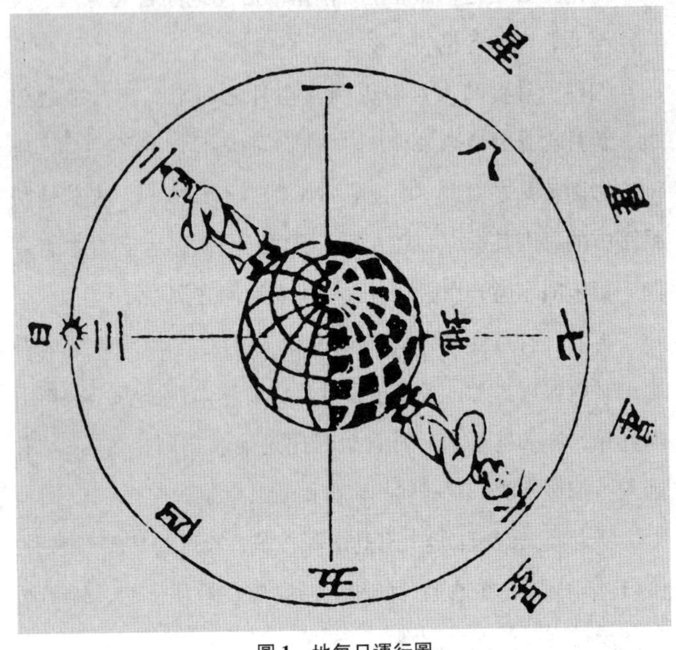

圖 1　地每日運行圖

斯圖之大圈，與數星在其上者，指人所想爲天内之邊也。圈中之球者，地也。圈右小球發耀者，日也。日如此之小，只是依人自地觀者所思，而非言日實小也。地半黑者，指地之一半夜間所不受日之光者。那半光者，指地之一半日間所受日之光者。蓋日常照地之一半也。地球中上小圈者，指地之軸，地所常周而轉行者也。那另諸圈、諸畫者，皆指所分地度之圈畫也。二人立地上，脚對脚者，指地上各處之人。蓋人照地之轉行，皆相易而住。彼今在光者，至晚上入暗；而此今在暗者，至早晨入光，這皆地每日之轉行所使也。設或早晨，有一人立地上在一字之下者，其必見日猶若初出，而地越自西至東轉行，其人越必思日上昇。照地之轉行其同帶此人，至三字之下，而人必思日既昇天中，卻午時了。地恒轉行，而人離三字、過四字、至五字，越向五字去，越必思日漸斜。地既帶他到五字下，就思日落，而將及晚。又人始入暗，因其住地之半，轉行離日去，不受日光也。地轉行帶此人至七字下，就夜半了。地如此轉行進發，而帶他再至一字下，而其復入光也。日日年年常如此也。地每日運行間，常同帶住其面上之萬萬人皆自西向東去，又因地爲大，而人小，遂不覺其動也。住近於北極、南極者，動得更漫，而住近於地之中帶者，動得更速，因地之軸，常只指北極，總不指他方也。故住在中國北京城者，以地每日之運行而同行，每個時辰間，約行得四千餘里之速。而住在甲州嗎嘞喀近地之中帶者，每個時辰，約行得六千里之速也。地每日之運行者，真神所定命，以使日夜，此地每日之運行也。讀者欲知地每年之運行，且待下回解之。

第五回　論地周日每年轉運一輪　　十月

今且略解地每年周圍日之運行，蓋地不止周己軸每日有運行，乃又周圍日，每年亦有運行一輪。此是二樣動行：彼曰地每日之動行，此曰地每年之動行。一連説，而曰地之兼動行也。地之兼動行者，略如馬車行於院路之動行。蓋一面

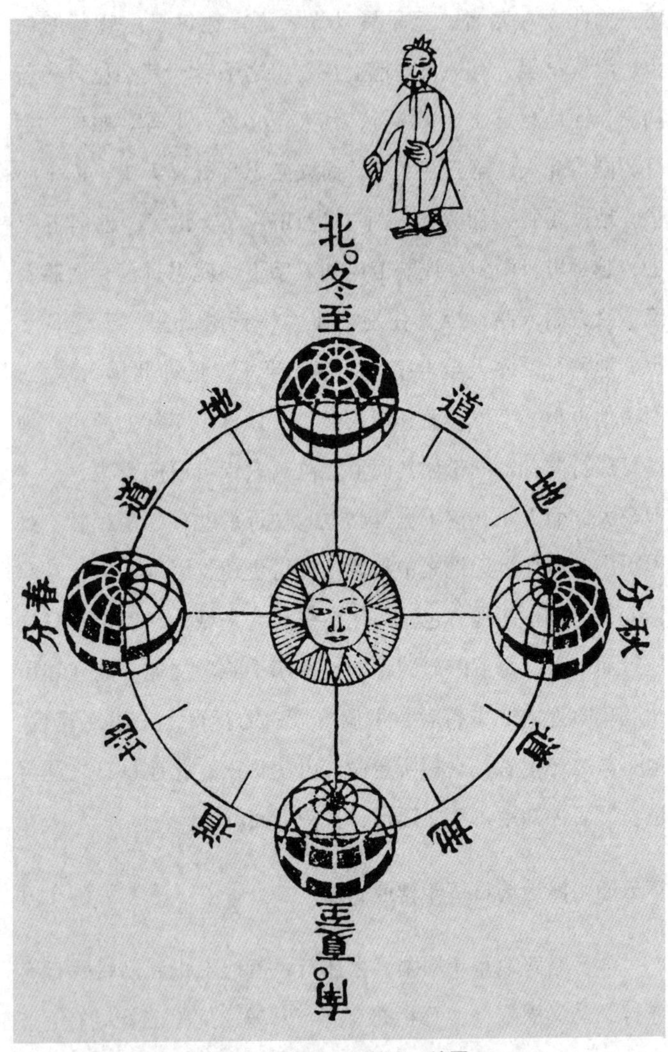

圖 2 地周日每年轉運一輪圖

車周院行於路，一面車之輪亦各周各之軸轉行。又車身周院行於路一圈之間，車輪周自己之軸轉行多圈了，而地亦然。地一面周己軸行，一面亦周日行。再地周圍日每日運行一輪之間，亦周圍己軸卻運行三百六十五輪了。地周圍日運行在乎其圈道，每時辰間約三億五十千餘里快也。地每年之運行者，真神預先所命，以使有四時，春夏秋冬是也。春分、秋分日夜會並一樣長，又春分、秋分之間，日夜會長會短，此皆地周日每年運行一輪所使也。至於地每年周日之運行，學者可察下圖（圖2），或者更明白些。察下圖時，要記二件：一者，地軸之尖，不拘何時，常只指北極，總不指他方，又不直指，乃斜指。其故不能知，神命之如此是也。二者，地之道路雖畫得正圓於圖上，其還實不爲正圓，乃略匾圓，而這裏畫得正圓，欲令學者更易曉，此不可不記。

斯圖上之大圈者，地周日運行之道路也。圈上四個球者，指地於每年四個時候，即春、秋二分與冬、夏二至之時候也。圖當中有面而發耀者，日頭也。自地圈道，向日頭心十二直者，指年間十二個月也。地球上小黑點向北者，曰地軸之尖，又曰地之極也，其常只指北極也。地球下邊一條重畫者，地之中帶也。在圖之上有一人觀下者，說："設或有一人被舉直在地當中之上，甚高者，必看地之光面如圖所顯出也。"在二月春分時，其人必看地之北極始入光，又日耀直墜落地中帶之上，而使日夜平分一樣長也。地進發於其圈道至"南"字下，卻夏至就到了，而其人必看地之北極一總光，此所使日長而夜短也。地又進發至"秋分"二字之下，而秋分卻到了，其必再看日耀直墜落地中帶之上，地之北極就始入暗，而日夜復平分了。地又進發至“北”字下，冬至卻就到了，又人必看地之北極一總在黑，而日短夜長也。惟獨在地中帶之南北，日夜會長短如此，近於中帶，日夜之長短，一年間不差多耳。學者不要估錯了。再者，今所説皆論地中帶之北半，南半與之相反。因北半向日，南半卻就離日，而南半向日，北半卻就離日，而四時不同也。

看書者或説云：地之象爲圓，與地日年之動行，既如此解了，我今略明白，但還有疑狐，請解之。

第一疑狐，上文説地常動行，又説不是日月星自東向西動行，乃是地自西向東動行去。惟人皆不覺得地之動行，又皆想日月星俱自東至西去。夫地若果有這樣動行，難道人常不覺其動麽？若日月星果不自東至西行，難道人皆估錯了麽？答曰：人會估錯，也不奇怪，日日看人估錯如此。至於兄所疑狐，當想地爲大而人爲小，遂不覺其動行。如人慣行船上者，平海、順風，船雖快走，人不多覺其動行，就是各樣的工夫亦會做，船之走水路皆不妨礙人管其各事。夫地比船更大萬萬倍，而若人行船如此小者，既不覺其動行，乃船行間可以做各般事。何況人在地如此之大者，豈非更不覺其動行，而各事可以辦乎？

再者，比如人行船自西向東去者，不見船之動行，乃只見山、樹、岸皆動行向西去。但船上的人雖如此想，畢竟果非山、樹、岸動行，乃實是船動行，而人在地上亦然。地常自西向東轉運行，而因地大而人小，故人不覺得地之動行，乃常看而想日月星皆動行向西去。人雖如此思想，畢竟果非日月星動行，乃實是地動行也。

第二疑狐，上文説地像爲圓的，又地常環運轉行。若果如此，則人住地面者，必一會在上，一會在下。又上面者與下面者，必定脚對脚。又這人之首向上，而那人之首向下。如此，豈不是在下面者立不穩當，將落下離地而去乎？答曰：必不落下也。上下者，不過是一樣的説話而已，人不拘居地之何處，皆看而思地是在脚下，而天是在頂上也，可察下圖（圖 3）。

圖 3　人居地脚相對圖

此圖上之球，指地也。四個人立脚相對者，指世人居地上者也。依我們看者所思，這球有上面，又有下面。又彼人在“一”字下者之頂向上，而此人在“三”字下者之頂向下，又這人在“二”字下者之背向上，而那人在“四”字下者之背向下。依我們所看是如此。倘或有人去問那人在“三”字之下者云：既首向下，則如何立得穩當？如何不落下去耶？那人必定答曰：我不覺得首爲向下，又不覺得有甚麼立不穩當耶。我看，我常頂天立地也。又倘或去問其在“二”字、“四”字下之二人云：既一人面向上，一人面向下，如何立得穩當耶？其二人亦必如“三”字下之人所答而答焉。

看文者或問曰：若果如此，則何故耶？答曰：萬物各共有個中，爲其本所屬者也。天上萬星連地之中者，日頭也。諸侍星之中者，其行星也。屬地面上諸物之中者，地之心也。

萬物之性有二般，賢者所謂引性、向性是也。引性者，各物之中會引扯，凡屬之之物到己來，如磁石會引扯針到己來然。向性者，各物自本會聚向其中去，如水會共向海去然。蓋萬物有這二般性，故所存守海之水於其厓岸之内，所存守各星於其道，所存守各人各物於地面上，不離地去，所存守宇宙常結搆，整齊不落於亂者，即引性、向性所使然也。因此就可知人穩當立地而不落下之緣故矣。

看文者又或問曰：若地與各星皆快動行如上文所言，而若萬物之中果有這引、向己來之性，又各物自有向其中去之性，則不知地如何不被日頭引扯到及其身去？又如何侍星不被行星引扯到及其身去？請解之。答曰：凡會周其中動行之物，又有一般性，賢士所謂避性是也。避性者，是各物周其中動行者會避離其中去，所以地不得到及日之身，又各會周行之物不得到及其中之身也。引性者，所以免動行之物離其中太遠去也。避性者，所以免動行之物向其中太近去也。

問：萬物本來自然有這性，又自會常存之否？答曰：非也。神至上者，原造萬物時，即就加賜之以此性，又神之全能常存之於萬物之内也。若神一少頃取去其全能之手，不承當宇宙，則日必不復發光，天必不復下雨，川必不復流下，地必不復萌菜，四時必不復運，洋海之潮汐必不復來去，人生必不復得其保，又世界必離披、萬物必毀亂也。大哉，神之能也！住天地間之萬人，皆當敬畏神，以榮歸之，又敬崇拜造天地、海與水泉之一真活神也。來月續繼。

第三卷

1817 年　嘉慶丁丑年正月至十二月

古今聖史紀續上年七月。

正月

第六回　論神主之初先許遣救世者

上既解了世間萬人之始祖妣如何得罪了神主、連累衆後人，又因罪當受重罰之事，今且略講神主發恤憐，許後必遣一位救世者降地，救他們與後人之事。

夫神主乃至尊貴、至公平，而人時刻依靠之得生命、喘息與各好。若人自擅背理犯罪，則應當生前、死後受萬苦至世世。此其罪之關係，照理宜如此。然則誰能當得此苦乎？誰能承得神主之重怒乎？誰能居在烈火中，至世世不息者乎？始祖與衆後人因犯罪，應當受此等之苦，又總無救自己之法。苦哉！苦哉！人罪之關係也。若神主留人受自罪之重罰，人亦没得説，是自罪所堪當受也。神主看始祖如此之勢，則大發恤憐，許後救之出衆惡也。故神主嚇唬蛇曰："我將置仇恨在女與爾之中，並在爾種連伊種之中，其將擣傷爾首，又爾將擣傷其脚跟也。"[1] 這節話兩樣解法：一照

[1] 見《創世歷代書》第三章十五節。

字面講，一照字意講。照字面講，即言以後地之蛇，必欲害人，又人欲相害之。這裏講的是毒蛇，其因肚上走，更易咬傷人脚，故經云“爾將擣傷其脚跟”也。人最怕最恨這蛇類，但有遇着時，則或脚、石、棍、刀傷殺之。又更欲傷殺其頭，因頭最有毒，故經云“其將擣傷爾首也”。自彼時至今，亦如此。但凡看人與毒蛇者，自知道大概常如今所説也。照字意講，則蛇及其種者指魔鬼。蓋其曾借蛇形誘始祖犯罪，故文上“蛇”字指魔鬼也。女之種者指耶穌，蓋其降世，肉身乃以聖神風之德，而得生於貞女胎中，其身無父在地上。故經只説“女之種”，不説“男之種”，要給人知耶穌降世，是不照人之生世，因其本貴於萬世人，降而成萬世人所不能成之功，即救世也。經云：“爾將擣傷其脚跟。”言耶穌將降地，代世人贖罪時，必於其之人性，受神主怒、惡人欺、魔鬼害。蓋世人因犯罪，該受這各樣苦，而耶穌來代人贖罪，亦須代他受這各樣苦也。雖宜如此，然經只説脚跟被傷，未説頭被傷，脚跟是人身最下處，若受傷，比頭受傷更易痊。此言獨是耶穌之人性受這苦，其之神性至貴，不受何苦也。經文説：“其將擣傷爾首也。”首者，身上最要處，首傷破，身行得何耶？只數跳就死矣。意言耶穌代人贖罪完，必大勝魔鬼，敗其國，救凡信者出魔鬼之害也。這解與《新遺詔書》所言相合，其云：“神之子即耶穌，現之故乃致敗魔鬼之行也。”〔1〕 神主如此可憐始祖，使他於救世者未

〔1〕 見《若翰之第一公書》第三章八節。

降地先約四千多年，預早知道救世之事。而始祖信之，又望向未曾降之救世者得救也。此乃福音之初，如天之初曉。彼時之前，未有福音宣於世。自彼時以後，神主於代代越顯出真理之光，與世人見之。到耶穌親自降地，則如太陽之升一般。後月續講。

七　惡

依聖書之言，有七般惡是至上神所最恨惡者。那七般，乃如傲視之眼，一也。假言之舌，二也。殺無罪者之手，三也。生惡念圖之心，四也。快走作害之脚，五也。妄言之證者，六也。播争鬬之種在朋友之間者，七也。〔1〕這七般乃爲神所極惡也。有此七惡在世，故多人、多家、多村、多城、多國都不能安樂也。人自小皆有此七惡之根在心，又以自己之力，不能拔之出心來。故我們日日當求神施恩，感化這惡心，使我們爲謙遜、講真實、做善良、懷正念、快走行好、作實證，又助人和睦也。這樣好事，神所極愛也。如此人可以和平過生，而在世界上有用也。神至公，故人今生所行，來生必有關係。若人本身染以惡而使害於他人，則如何可望得安享福於死之後乎？人今生所播之種，於來生必食其如此之實也。在世上行惡，又望死後得福者，如人春播荆棘之種於田，又望秋可收米於之者一般。

〔1〕 見《諺語之書》第六章十六節。

新年論

速哉！速哉！人之生命也。年、月、日、時恒飛快去而不回，如水之流下而不回然，舊年已過矣，新年已至矣。往年間，神至上者保佑我，存我生命至今年始，今跪下拜謝神之大恩也。今日多人生在世上，又已見新年始者，卻年未到終之先，而必死矣。今年始，多有善人現在受艱苦患難者，而年未到終之先，必進天堂享滿福矣。今年始，多有惡人現快樂自在者，而年未到終之先，必落地獄受永禍矣。我豈不可省悟乎！豈不可怕乎！何可悠悠過日乎！我不能先知何年日就必死，今年或者是我生命之終年，豈不當早預備自己乎？豈不當改惡，早歸神至上者乎？豈不當年始即信耶穌救世者，求救於之乎？怎可因循懈惰去悔罪乎？我向來空過日久矣，以後何敢依舊樣乎？我今跪下求神至上者，此年間保佑我與父母、妻子、兄弟、朋友，而若我今年必死，則賜恩受我靈魂進天堂享福也。

寶　劍

昔唊咭唎國君，名以得瓦耳得。初登國位之日，宰相送上三口劍於君面前，以表指其必治三國之政。君曰：“還少一劍。”對曰：“何劍耶？”君曰：“至上神之聖書是也。”用鋼劍者，勝他人。用斯劍者，勝自己。世上多有將軍屢次勝過敵人，而總未勝己慾。蓋人是在外之敵，己慾卻是在内之敵，甚難勝者也。勝人者，其榮暫時；勝己者，其榮永矣。人不拘何往，己慾是相隨，如影之隨形然。外敵是殺身，内敵卻是害靈魂也。給人勝者，失生命。給己慾勝者，卻失天堂世世之福矣。世人許多被己慾所勝，酒、色、奢、賭、傲、圖六者所勝，比劍所殺者更多也，身、家、業、名及心都被此敵所勝、所害。惜哉！

碎 錦

犯罪如食毒一般，雖在口甜，食下肚，則苦矣。世間之快樂如風氣，世人多如隨風捉氣者，遠追、速趕也捉不來。真善人在世，如明星夜間發耀者也。

古今聖史紀續上月。 二月

第七回 論始初設祭神之禮

上回既解了神施恩與世間人之始祖妣，許後遣一位救世者降地，代他與他後人贖罪。今且説神示之殺牲爲犧祭，以預早指後將降地救世者，耶穌也。夫祭是有二樣：謝恩之祭一，贖罪之祭一。謝恩之祭者，是人因大受神之恩，就把田地所生菜物獻之與神，爲感謝其恩之意也。贖罪之祭者，是人因得罪神，知道自己當受死，就把畜牲殺之，獻與神爲犧祭，代自己贖罪。人知道自己難當罪之罰，所以將牲殺之，使之爲代己死、代己喪命、代己當罪，以爲神將受被殺牲之命，而可惜自己命之意，殺牲祭神之本意是如此也。且這二般祭，人要先奉神主之旨，纔可用之。不然，自專而用之，大罪也。我今所言之祭，乃贖罪之祭也。始祖二人先犯罪之後，神至上者大可憐之，不唯許後遣救世者來世，乃又示之知殺牲作祭，爲預早表指後耶穌必以自己之命而祭神，代人贖罪之事。故聖書言："神主以皮衣而穿着始祖也。"〔1〕經文上"皮"字定指牲爲祭而被殺者之皮，蓋當始人常食地所生之菜、物，不食肉。在洪水之先，〔2〕人都不殺牲爲食，只食地所生而已。若殺牲，是爲祭神之意。可見經文的皮字是指牲爲祭而被殺者之皮也。始祖與古聖善人屢次以牲祭神，又每用牲爲祭之時，望向後將自獻與神爲祭之耶穌。蓋犧祭不拘何一等，都本不能自贖罪，不過是預表指贖罪之事。獨是神主之子耶穌能贖罪，故神始初所設犧祭之禮，皆指着耶穌。所以《新遺詔書》指耶穌言，其從世之基而被殺也。〔3〕意言神從當始所設犧祭，皆預表耶穌之受難。代人贖罪之事。且到耶穌贖人罪完之時，各般犧祭皆止息，不須復用之，因其所指着之情，皆於耶穌之死得成了。故人後復用之，不宜也。而謝恩之祭，亦不須復用然。始祖妣有二般，以指耶穌，許一、祭一。許者，上回曾解之。祭者，今所言也。二般所出、所指一也。所出者，神之至恤憐也。所

〔1〕見《創世歷代書》第三章二十一節。

〔2〕洪水之事下幾回講之。

〔3〕見《現示書》第十三章八節。

指者，後降地救人之耶穌也。許者，是内可信。祭者，是外可見。内外二者，相屬相靠，而足使始祖與凡在耶穌未降地之先而居世者，得安樂於心中。其自己可得救，又萬萬後人亦可得救也。今所言犧祭之禮，乃在耶穌未降地之先約四千有餘年而初有之也。後來萬萬國所有犧祭，大概是從這始初之犧祭而出。蓋始初人數爲少，不過始祖二人之家于世界上。而後萬國萬邦之人，都從這一家而出，又于代代漸漸四散滿全地。先滿更近乎本家處之地，而隨滿隨散也。且不拘東去、西去、南去、北去，都同帶在本家所習之禮。父傳之與子，而子與孫。然人越多生於世，而分散至四處，其罪惡亦越多加增起來，致他們漸漸忘記真神原造之者，又忘記那始初被設祭之所指，而隨自己之愚心，自立神類無數，又祭各等。卻不知道人始初所拜而祭者，獨是止一真活神，爲天地人物之大主者，又所獻與神之祭者，獨神自所設而已。到今也有多大國，都在此事錯了。伊所祭者，天、地、日、月、星、山、川、海與神各類，鬼諸般，或善或惡者。又所獻之祭物亦無數，皆是自心所定，未得神主之旨而用也。這各國之人宜想想：我們今與始初如此不同，是何故？如此忘本，而拜祭各類，豈是與天理相同乎？豈不是與民背君，而私設無數之主相似乎？且宜想想：古祭禮各等，既皆指着耶穌，而於其之死曾經得驗成久矣，何須復去用祭乎？這豈是智者所爲乎？豈不當歸神主，爲始祖所事者乎？豈不當望向耶穌爲始祖所望向而得救者乎？

神從始初到耶穌降地時，所設於舊教會内各祭、各獻、各禮，大概都爲當時的表様，又不是因這祭、獻、禮等自能代人贖罪而被設，乃因爲預早表指耶穌之來贖人罪而被設。欲明舊及新經者，當善記此。後月續講。

好友走過六省寄來書

我心甚疼之兄台，請安，請安。於本年十一月十四日，從北回來之後，曾有書數封送至貴處，訴知以在路之間，蒙萬方萬有之真主庇祐無事。在海時有順風，在内河日久，經過多地，水土盡服，賤體加壯，豈不仗蒙宰理世間萬生禍福之獨一全能恩神哉？余狠願把此心時時刻刻念及原造我、常養我、憐我之真神。惟心力甚薄、善念甚難，只得求神以善心賜我纔福矣。

我從出門至回家時，有六個月。走過之路，有六省地方。其山水多爲好看，總是人差一點子，假的多，真的少，不論大事小事，偏要撒謊，哄人家。此不但爲害人，亦是大得罪神也。世間的人，可不知道會撒謊者，不准進天堂之永福。我在外時，見過好幾位大人，自誇爲讀書的，他們也爲不可信的。但人不誠，亦係犯孔門之教。人因何不誠乎？豈不是出乎心地不好？照聖録所云：人心比萬有更爲狡詐，人心最爲惡的等語。人何不記憶，瞞得人過，瞞不過神也？

在楊子江中，有個山名叫金山，最爲好看的。本朝的皇上已經到過，我巴不得兄台親去看一看。其楊子江水流大，上去難，走下有險。我在鄱陽湖時，一天風逆，船不能走，我登岸步走到白鹿洞書院，朱夫子教書之所。此處可愛，可惜仁兄不得親至之。我所經過之各處，除回回之外，未有人拜創造天地萬物獨一真主，都是拜人手所作之泥像之類，致負其真神主也。泥神何救得人哉？此刻不得空多書幾句，特願老兄此世蒙神之子耶穌寵愛，致過世時即陞天之永福矣。

人得自新之解　　三月

聖經云："若有於基督者，即爲新造物。舊情已過，而諸情皆爲新作矣。"[1] 這節聖書上，包有二件在內，我今略解之。

第一説"於基督"三個字之意，"基督"[2] 二字，厄利革之音，其乃被傅以油之意，指耶穌被神父者立爲救世者也。基督者，亦耶穌之别稱也。基者，根基也。耶穌之來世代人贖罪之事，爲萬人得救之基。屋不依靠基，則必不能立。人不依靠耶穌，則必不能得救也。督者，宰督也。耶穌與神相爲一性一體，故天地人物都在其所管督宰制也。于基督者，包四件：

一、信於基督也。人知自己之罪，又知自己不能救自己，乃依靠基督得救，此信於之也。

二、日望向於基督也。不望向自己，不望向人，不望向

---

〔1〕 見《可林多第二書》第五章十七節。

〔2〕 又稱曰"基利士督"。

何菩薩或偶像，乃獨望向於基督得諸罪之赦，得神力足克諸惡、行諸善、耐諸難也。日日依靠之，如屋於基焉、如樹於根焉、如派於泉焉。

三、敬愛於基督也。其乃至尊貴，故當敬之，至恤憐，故當愛之也。凡爲於基督者，常敬之過於敬萬國萬世之人，因其本貴於萬國萬世之人。又愛之過於愛萬人萬物，因其本恤憐於萬人，又休美於萬人萬物也。

四、學於基督之表樣也。宜想其如何行過向神，而即如此行向神。其如何行過向人，而即如此行向人。又其如何行過於己身，而即如此行於己身。此是學基督也。凡人於基督者，是常學其樣，即是行如其所行過也。此大概是“於基督”三字之意也。

第二說爲新造物之意，是指人得聖神風之恩，感化其心，使其棄舊情從新情也。舊者，惡也。新者，善也。

一、其心爲新也。向來其心暗，今卻光了。向來其心污，今卻净了。向來其心逆，今卻順了。向來其心傲，今卻遜了。向來其心爲魔鬼之邪穴，今卻爲神主之明殿也。向來其心所味地上之情，今所味卻天上之情也。

二、其情爲新也。其所愛與所惡、所喜與所憂、所怕與所欲，皆爲新。各皆有新根於心中，而必日漸長到全新，而無舊情留於心中也。

三、其話爲新也。向日其開口，屢次如開久死了人之墓，只發出腐肉壞骨之臭，今卻如清泉發出活水焉。向日其口如蜂尾出毒，今卻如蜂口釀蜜也。

四、其行爲新也。向來之惡行向神、向人、向己，皆改變了。若其向來事假神類人手所作者，以後不敢復事之，乃獨事其真神主，造天地人物者也。若其向來行邪淫之事，以後不敢復行之，乃常懷正念，行潔事也。若其向來説謊哄人，以後不敢復説之，乃常説真、行忠也。若其向來不義而取利於人，以後不敢復取之，乃常以公義交接人也。若其向來行不孝、不悌、不友之事，以後不敢復行之，乃常勉力成人倫也。

五、其友爲新也。向日其所擇之友，皆只味地上之情，不味天上之情。今所擇之友，卻是正經人，味天上之情、尊神主之令者也。

且這感化人心之事，是世人自己之力都不能成，又他人不能使之如此，獨是神至上者能感化人心，而令之味天上之情。故此我世人宜日日求神，替我感化這心腸、潔净這胸中，使諸舊情皆離我心出去，又使諸新情皆於我心生起。心不被感化，則人必不得在死後進天堂享永福。蓋天堂是爲聖潔之處，又居天堂者盡皆爲聖潔之人，故凡心、言、行污者，都不得入彼處也。看文者爾心若何耶？

論合心之表

昔有賢王將及死時，令其三子來面前受教訓，而説云："取這數枝，以索而緊繫之，各子試其力，能折之否？"子領命，各盡其力，竟不能折之也。父曰："釋之而試一試。"遂釋之，乃不費力而甚易折之也。賢王就説云：“此乃合心之表也。”三子同心合志，則國無敵能攻，遺業無人能破也。不然，則敵攻國，人破業無難也。鳥在巢尚相好，而人在本家不相好者，豈如鳥雀乎？

忠人難得

上古在西邊呃唎嗱國之京都啞哌呢啞有一位賢人，名曰地阿知你士。一日白晝時，點燭，把之於手，而進城至市上去。看者皆駭異，而以爲其不自在，遂問曰：“先生尋覓何耶？”對曰：“尋一忠實之人是也。在世人中，詐僞的多，忠實的少。欲得一忠實之友者，不點燭不能尋着也。”此賢所言甚着，處處見忠實之人難得。這因爲人不敬真神，蓋果敬之者，不敢不忠實也。

南海洲被化

在極南海有許多小洲。這洲之一，名吠唏吔，總名南海群洲。住彼之人，本不穿衣服，乃穿樹皮。不建住屋，乃住地穴。不拜真神主，乃拜一木神。他們亦多被巫卜之誘惑，又屢次殺人祭其木神，止其怒之意。向約二十年，有幾位使徒到彼洲去，教那愚民知道真神造天地人物者，又知道耶穌救世者，又知守人倫、行善。那些民久不肯聽從，乃持守惡心，隨自己之木神及巫卜等。惟近來有書至，説那民多被真神主感化其心，致其向來所拜偶像各等，今自將之投入火燒。向所用獻祭與其假神偶像類之臺，今自將之拆下，以其木煮飯。其巫卜等向所用行巫行卜之器，今自將之而於大家面前燒之。向那民無文字，不知讀書、寫字，今卻有設學堂，而進堂習字者許多人，大小幼老都有。向那民不知其真神主，今卻知而事之也。這亦不是人勉强他如此化，是真理使他自然化也。

萬人有罪論　　四月

聖書云："衆已犯罪，而不及神之榮光。"〔1〕這節的意思，説我們世人皆有罪，又自己皆無能得死後天堂之光榮也。我們居天地間的人都當尊神爲萬有之主者，而敬守其凡命我各誡，照理宜如此。可惜！我們大家已多多得罪過神。其所命我們行，總未行之，而其所禁我們行，屢已行之。我世人的心不好，所以致如此。又不唯一等、一地、一代的人爲有罪，乃各等、萬地、諸代的人都一般樣也。

各等人有罪，從國君至庶民，從嬰孩兒至白首人，從最儒者至最蠢者，從極富者至極貧者，都有罪向神也。

萬地人有罪，自最修飾之國至最樸實之鄉、自最順性之民至最蠻逆之黨，皆有罪向神也。在京都、在省城、在鄉下、在衙門、在書室、在店鋪、在茅舍等處，都有人罪惡之迹明現著也。

---

〔1〕見《羅馬輩書》三章二十三節。

諸代人有罪，從世間人之始祖妣二人初犯罪以來，各世、各代的人，都有罪也。世世都有惡念，逆神、凶殺、姦淫、假哄、偷掠、役僞神、邪術、結仇、相怒、相争、相妒、醉酒等惡，在人之間，又這各等惡皆出人之心而來。以世人的惡行，可知其心爲惡也。樹根若惡，則安能結好菓乎？源泉若濁，則安能流清派乎？而人心亦然。心既惡，則安能行出善事乎？要先改變心地，然後人之行可爲善也。亦不須察别人的心行，纔知世人是惡，只須各人察自己的心行，就可明知此理。以人，則可知己。又以己，則可知人。正像人照於水中，看得有個面露出印己面然。且人之罪不止一樣，乃諸樣。心罪、言罪、行罪、隱罪、顯罪、向神之罪、向己之罪、向人之罪、不遵神命之罪，又不謝神恩之罪，都有之。又不止這裏一人、那裏一人，有此諸樣罪，乃凡頂天立地之各男女大抵都有之。若未行之出來，其根還在心。可見“衆人皆已犯罪”也。

上既解了衆人犯罪，而今略説“人不及神之榮光”是何意。

神之榮光者，包二件：一、世人所應當使歸於神之榮光。一、神所賜善人得享於死後之榮光。這二般我們衆罪人都不及也。不及者，不到也，不得也。人所應當使歸於神之榮光者，人敬其大威、遵其命令、靠其全能、謝其重恩、求其恤憐是也。惟我世人未行如此，所以致失神之奬我也。神所賜善人得於死後之榮光者，是德全福齊，榮盛于天堂，至世世矣。然獨是善人可得此榮光而已。但我們世人，又不是善，乃個個都爲不善的，都已犯罪，都未及神之榮光，故都不堪得常生也。惜哉！惜哉！世人之罪。兄看書者，你我二人亦如此也。罪如病，自頭頂至足底，無一處不侵犯者也。然世人一一雖有此病，都不知不覺之。若病人知病之利害，又知自己不能醫之，則必求醫生替他調治免死，而人知自罪亦然。知罪之重惡，又知自己不能救之，則必求救世者耶穌救之。不知自罪者是自瞞，悠悠走惡路而於死日，即落地獄受禍矣。兄看書者乎，亦未免有罪惡，汝曾用何法除之乎？兄若有重病在身上，豈不是千掛萬慮，想如何可得痊免死乎？而既已有了各樣罪惡於身，還能安心樂意乎？這麼久已行過罪惡，而心還不怡哉？這麼多年已隨從魔鬼了，而還未疲倦歟？或十年、或二十年、或四五十年間，已違逆神主之令，而從己慾，豈非太久行惡哉？

神主於聖書，告知萬國人論及耶穌救世者，命萬國人皆依從之。而凡依從救世者，必得救出罪惡之中。不肯依從者，必受罪也。兄因何不依從之也乎？兄若望向別的，欲得救，都虛勞矣。正似人去求油於火石、求蜜於蛇口、求光明於暗中，豈可得哉？

天文續上年十月。

第六回　論月

月者，體亦本暗，乃借光於日，而印之於地上也。月體之量，乃約比日更小四萬三千分，又比地約更小五十分。照人看者所想，月屢比日更大，但此是因月比日更近於地，所以致人想錯。且月爲地之侍星，而於每二十九日六時零一刻餘之間，周地圓行一輪。月每個時辰約行得二萬九千餘里也。月之形狀亦是圓的，故月之這一半向日者，是光的。那一半不向日者，是暗的。月之朔日，人看之有彎形，初七有片形，而望日有圓形。又自朔至望，日日漸大，及自望至晦，日日漸小。依人看者所想是如此，但這是人估錯矣。蓋月體常一般大，不變爲或大或小也。夫月常行於其道，而人所能見，只是月之這面向地之光處。月面向地者之光處，不一般大，或一分，或一半，或一總，受日之光而光。且朔時月乃在日地之際，故人所能看月面之光處甚小，望時地乃在日月之際，故人所能看月面之光處更大也。月之盈虧，二者俱依月面向地者之光處，爲大爲小也。因此人説月會盈滿、會虧缺也。人屢次看月面上，有各色的小不光處。有名之天文士曰："若以上等千里鏡看，則那小不光處有山、谷、海，又火山之形像。"近來有一大天文士説："曾於月上見山發火與烟，如地上的火山然。"不知其實否。月之光皆借來的。有一會算士曰："月望時之光，比日之光更小九萬分。"月之耀無熱，此亦顯神之大智大恩於人，蓋月耀若熱，則人晝間已受日之熱，夜間又受月之熱，必難得生於世上。然日發光連熱，又月只印下些日之光於地上，所以致日裹是熱的，夜裹是冷的，而人爽快生活於地也。日退去而暗布地時，月就出印些光，使人有何緊事略看辦之，此皆真神之智恩所定命如此。〔1〕惟世人雖各皆受此恩之益，卻不知又不謝

〔1〕洋海之潮，是月引性之德所使也。月食與月引潮之解見下幾回。

施此恩者，惜哉！後月續講。

古今聖史紀續二月。　五月

第八回　論始祖妣初生之二子

夫始祖妣生兩子，初生子名曰加因，次生子名曰亞比勒。加因以耕田爲業，亞比勒以牧羊爲業。這二人的心腸、性情大異。[1] 蓋加因心爲惡的，其不尊神、不順親、不仁人也。亞比勒乃少時蒙神主之恩，感化其心，故其心爲善的，其大敬重神，常真孝二親，而爲愛義之人也。他們二人的心行乃如此耳。那時始祖妣與其家屢次獻祭與神主，爲盛賜萬好與人者也。加因與亞比勒兄弟二人，亦各把祭物來祭神主。加因把其田所産之物爲祭，亞比勒乃把其羊群中之初生者爲祭也。[2] 加因獻祭時，無誠意，無悔罪之心，乃以自己爲義，而不望向後來將降地救世者耶穌，故此神無悦於加因，而不受其祭也。亞比勒獻祭時，意爲誠，心知自罪，不敢以自己爲義，乃望向後來將降地救世者耶穌，欲得救，故此神主悦於亞比勒，而受其祭。[3] 神又顯著記號爲外證，以使知其已受亞比勒之祭也。蓋神主爲至聖、至義，故凡人心不誠，或以自己爲義者，神必不受其祭、不允其祈。乃凡

---

〔1〕見《創世歷代書》四章一、二節。
〔2〕見《創世歷代書》第四章三、四節。
〔3〕見《希比留書》十一章四節。

人心誠，而依靠耶穌欲得救者，神必受其祭、允其祈也。夫加因既見神主已棄了其之祭，又已受了厥弟之祭，則大生氣怒、嫉妒之心向厥弟，而心下想道：我是長子，他只是次子，雖然如此，神卻乃受其之祭，而棄我之祭，這豈不是把弟置在兄之先，將幼舉在老之上乎？後來難免我弟看賤我，而彼自高起於我之上，此我怎耐得呢？加因懷此念間，神主自天上責戒之曰："爾因何生怒乎？爾容因何變乎？爾若行善，豈非必被受乎？爾若行不善，則罪必歸與爾也。爾弟必服爾，又爾將主他也。"〔1〕加因耳朵雖聽此責戒，心還執惡意，不肯改，乃其怒日深、妒日多，致魔鬼惑之立意殺其弟。〔2〕故過些時，加因與亞比勒同在田外，無人看之時，加因之怒妒忽起，遂心上想道：這是靜處，無人看我，今何不乘此機會而在此殺之，消我恨，免後患，何妨？且誰能知之乎？乃動手殺死了其弟，卻不知道，人所不能看，神已看之矣。雖無人看見加因行凶之事，神主卻看見了，而極惡之矣。神至公者，又責加因曰："爾弟何在？爾行過何耶？爾手所流弟之血，已從土呼喊於予矣。"〔3〕故神主又審定加因之罪，使之內受良心之痛責，外遇世間之苦難，致作個奸惡鄙陋、遊徙無定之徒於地上也。此後加因處處心不得安，在其胸中有似荊棘之叢、烈火之燒焉。上看，則見神之公怒將及落之。

〔1〕見《創世歷代書》四章六、七節。

〔2〕見《若翰第一公書》三章十八節。

〔3〕見《創世歷代書》四章九節。

下看，則憶弟之血，其無故而流者。四看，則怕萬物起攻害之。獨在時亦惶，同人時亦驚。其生前懼天上之災，想到死後，則怕地獄之苦矣。苦哉！加因也。其之惡，可恨也。其之難，可惜也。加因雖如此，亦未聞其真悔罪，求神赦免也。且加因離父母之家，至一地名曰挼得，在彼建一座城，又管理此世之事，欲消其憂之意也。看書者，由上古此二弟兄之事，可知道在上有一真神主時刻看人，而知萬事者也。爾不拘何往何行，其常近爾，又曉爾諸念、言、行也。以加因之惡心行，人可知斷不可任縱氣怒嫉妒之情，乃覺之動於胸内時，切要克去滅除之，恐日深月益，致或傷人、或死人，故宜常自慎也。休哉！亞比勒之行也。其年尚幼，即大敬神主、大行孝、大爲義。做幼人的，當效法之也。在亞比勒之前未有人死，其乃始死、始下土之人，又始脱世苦、始進天堂之人也。其雖早死，亦無礙，蓋善人越早死，越早得盛福，而此何憂之有哉！做兄弟的，由此二人之事，可知宜常懷和睦相愛之心也。

第九回　論在洪水先之列祖

且亞比勒死了後，始祖妣又生數子女。其間一子名曰西得，西得爲善人。長大時，其立家，而與家人敬神主而事之。西得之子孫至幾代亦如此行。伊在家拜神主，又會在公所拜之，故伊乃被稱曰“神之子輩”，因其拜神而事之也。在西得裔中，四人有名聲。一名以諾革，其乃大善義之先知者，而預早言指世間末日之事云，夫主同其萬聖輩將臨，以行審衆也。[1] 此是神主用以諾革之口，使世人知後來天地世界必窮盡而完，又天地世界完時，必有萬人復活，受審判之事。自以諾革後，凡敬神者皆略知此道理，父傳之與子，而子與孫，待耶穌自天降地時，其方甚明解之也。以諾革乃真善人，故神主活取之，連身未死者，舉上天堂享滿福也。[2] 從開闢天地到今，單有二人免死，即以諾革及以來者。[3] 此二人已得免死，而身尚活，被神主之恩舉之進天堂。且神主用此事，是使上古人預早知善人在復活後之肉身，亦將進天堂，享安樂也。但後來諸國聽聞此事，而這裏説成神仙，那裏説升空中，居天雲等話，不知是從此源頭而出否。若果出此源頭來，則是人估錯了，而自真源成出假事來。蓋以諾革及以來者尚活進天堂之事，與仙家之虛談大不同，今不須講之。在以諾革子中有一名米土色拉。此人之年壽，比萬人之年壽更長，蓋其生活到九百零六十九歲而纔死。在米土色拉子中有一名拉米革，此人爲挼亞之父。挼亞生時，其父指而預先説一句話，後來所得驗成者，云："此子將慰我等，於我手之勞苦，爲主所咒之地也。"[4] 此句於洪水時而得驗，蓋神主立挼亞爲存人類於地上，又爲洪水後萬代之祖也。上古於洪水之先，人

---

〔1〕 見《如大之書》第十四節。

〔2〕 見《希比留書》十一章五節。

〔3〕 以來者，乃在以諾革之後許久之先知者也。

〔4〕 見《創世歷代書》五章二十九節。

生命爲長，有的生至三百餘歲纔死，有的生至五六百餘歲纔死，又有的生至九百餘歲纔死。但從未有一人生至一千年歲，都在一千年之下而死也。世人的生命有的長，有的短，總之，不拘長短，衆人必定死，而宜預早備便方着。或有人問曰：上古人的生命這麼長，又而今人的生命這麼短，卻是何緣故耶？答曰：其故不能盡知。多有大賢說，那時節，世界乃新創的，又世人的風俗、規矩爲樸實的，其所食大概是地所生之菜物，不食肉，又不食酒，所以致其身比今人身更爲壯健，又病更爲少，而生命至長也。再者，那時人不知刻字、作書，乃諸古事皆依靠遺傳，而得流下與後世代知之。但人之生命若不長，則不止平常事難得傳，乃又神主之大事亦難得傳。故神主使長洪水先人之生命，致其可令後世代人知親目所看、親耳所聞神主之大事。又傳之全真實，不似近來的古傳，三分真、七分假也。但除了此緣故之外，還有的緣故，我世人不得知之，是神作主而定命之如此。我們小可微物，何必求知神所隱於人之情乎？夫後來人多增於地時，其之罪更爲大。且不止凡人爲如此，乃西得之裔亦漸漸至如此也。蓋加因之裔，學於其父之惡表，致其乃被稱曰“人之子輩”，因其之惡行故也。伊等與西得之裔多交接，致網誘之。蓋西得之裔見多美女在其之間，則發邪心，而隨自己之慾與之成婚，所以致子孫學於父母之樣，而世代更爲惡。神主見之，則極惡而以洪水罰其罪惡也。欲知洪水如何，且看下回講解之。後月續講。

天文續上月。

第七回　論彗星

彗星者，體本暗，而受光於日也。彗星不常顯著，其亦周日運行於曲直不定之道，蓋其有時甚近乎日而行，有時甚遠乎日而行。近乎日行時，其體甚熱。遠乎日行時，其體甚寒也。彗星有尾似火，自那不向日之邊而發出來者，其尾的形狀如掃把然。彗星有時近乎地來，而因其熱甚大，會使旱於地，此亦不定。彗星的量不定一樣，有的大過月，又有的小過月也。

古時，人皆說彗星爲喪國、崩君、破兵、磨民、饑荒、疾疫等災之兆也。然未必常是如此，彗星之顯隱，皆在先神定着，如四時之運行然。這諸情皆真神所預定命而宰督也。世人多理吉凶之兆，所以其心不安定，乃如狂瀾之海然。善人不好理吉凶之兆，乃雖見天上地下有奇時，不要怕，只安心依靠神方着也。後月續講。

古今聖史紀續上月。　　六月

第十回　論洪水

上回既已說當時之人於世世代代更發惡增罪，今且說神以洪水罰之爲如何。夫上說拉米革之子挼亞，爲聖義人而常遵神者，其生三子：一名是麥，一名夏麥，一名牙弗。其三子各娶妻也。這挼亞與妻，及三子與三媳，共八人，得脱洪水之災，因挼亞爲聖義在神面前故也。但除斯八人之外，無一人得脱彼災，普天下萬處人都溺死於洪水中，因其罪惡爲地重海深故也。蓋神看彼世東、西、南、北之人皆爲惡，其心各念、各圖、各欲，自小兒至長年，皆只爲惡總不善，其言、其行並惡然。當世人中，有一樣人比凡人尤惡者，其本名呢咕哩嘍，譯言即落下之意。因其自毁落於各惡事中，又因其强落他人欲害之，故名。其又稱曰"高大人"，因其身比凡人身更高，又其力比凡人力更大也。這班人膽大，只顧强梁、横行、霸道、搶奪、勝人、虐民而已，故得勇者之名。他們的惡行，使當世衆人之罪多發、增重，致神定盡滅全世間之人也。且神賜恩與挼亞，而早示他知以未曾到之洪水災。挼亞既得知，大驚。[1] 因信神所言必於其時而得驗，故大畏神也。神又示他造一隻啞咡嗶，致他連全家可得免溺死於洪水也。此啞咡嗶乃略似大船樣，但底爲平的，不爲梭底之樣。神自以啞咡嗶之仿佛示挼亞，且挼亞依神所命而做之也。乃用一樣久耐的木，名曰"哦咈木"而做之。夫啞咡嗶之身，長約五引，高約五丈，寬約七丈四尺。其内外都有瀝青抹之，以免水入來。在背上有窗，容光進來，而旁邊有進出之門也。啞咡嗶乃分爲三層，每層分爲許多小房，有的爲挼亞與其家住，有的爲禽住，有的爲獸住，有的爲藏糧草等物與人、禽獸等之食也。蓋神令挼亞做啞咡嗶，是不止爲

〔1〕見《希比留之書》第十一章七節。

存人類於世上，乃又爲存禽獸之類，不致盡滅，故須有如此寬大之啞咡嗶也。神早令挼亞把各生物中每類兩個，又净獸中每類七口，及不净獸中每類兩口，又净禽中每類七隻，及不净禽中每類兩隻也。且這禽獸與另生物，宜每類對對公母相配而進啞咡嗶去，恐致失其類於地上也。禽獸中凡有良性，凡有用於人，與凡爲好用以祭神者，皆曰净。又凡有猛性，凡不多用於人，與凡爲不好用以祭神者，皆曰不净也。禽獸中凡好的，神令挼亞取多，同進啞咡嗶；乃不好的取少，是顯著神之大恩與人。因存留大有用於人者多，而小有用於人者少也。至義神看彼世人極惡，則大不悦，大惡其惡，欲重刑之。然神不但至義，乃又至憐之神，故可憐他，寬耐他另一百有二十年於地上，又命聖人挼亞往教訓、責儆之，勸之棄惡行善。神如此容耐之，無非欲使之自新免罪之意。挼亞乃宣義教與之聽，但他們總不肯從。乃在伊中，有的戲弄挼亞，有的憎恨之，又有的欲捕害之，因其責他們的惡處故也。他們大家齊心，專一理世間之情，總不理神之誡，乃多食、多飲、多樂、多邪，只顧任慾而已。挼亞雖示戒之説："若不肯改惡，則必定遇洪水之災盡溺之。"其也不肯信，乃心内想道：溺死一世界之人都乾净了，豈必有此事乎？自古以來總未有如此之災，我自己未見之，又我們列祖亦未見之。向來既無之，則後來亦必無之。聽這個狂人之言做甚麽？大家作樂何妨？正如此不料何難時，神之怒即落之。蓋當世人之罪既到頭，神就先令聖人挼亞取其全家八人一齊進啞咡嗶内，又那禽獸各等，神使之皆到挼亞而同進啞㗎嗶去。且既皆進啞㗎嗶内去了，神即使天上之水傾下來、海内之水漫上來，又地中之水湧出來，快快漲溢，淹滿全地，不留可放手足之所也。那惡代之人一一盡皆溺死於洪水中，普天下自東至西、自南至北，無一人免得死，男女老幼、富貴貧賤，連禽獸等皆溺死乾净了，獨挼亞與其家及同之在啞㗎嗶之禽獸等，得免死而已。後月續講。

天文續上月。

第八回　論静星

除行、侍、彗等星外，又有一樣星，名曰静星，因人少視之移本所，又常相離一樣遠，故名。静星乃離地極遠，故猶若小，但其本果不小也。其所發之光比行星之光更小，又其光有熠耀的樣兒。天文士分静星爲六等。那首明而更近乎地者，曰第一等。次明者，曰第二等。又次明者，曰第三等。而如此直至第六等也。天文士多有言静星之量，與日之量差不多，而因比日離地更遠千萬倍，所以猶若小也。静星乃如無數，但人若以目細看，則現見者不過約一千餘。若以上等千里鏡看，則現見者約三千餘。鏡越明，人越得見多星現著，故曰静星爲無數也。有大名士以爲静星皆有人居之，像地上然。又有的説，每一静星是個世界。又有的説，每静星是個日頭，而有行星屬之，如我們看的日頭然，但果如此否，皆未可定知也。後月續講。

耶穌代人死論

人敢代人而死，友敢代友而死者，果難得也。倘或有人敢如此者，亦不過是人代人死、友代友死而已。惟耶穌卻代其敵而死，大矣哉，是恩也。國君容犯罪者幾日，准其自預備死，固大恩。免其死，更大恩。親自下代犯罪者受刑，免他受刑，斯恩至也，無所可加也，稀見於世也。倘或有君肯如此行，亦不過是君受人之怒，致救自己之一民，出暫時之苦。而耶穌卻受神全能者之怒，致救萬國之罪人爲其敵者於永遠之苦矣。再者，君代民死，亦不過是人代人而死。蓋君身雖居萬民之上，而自有四海之富貴，卻還是個人，會錯、會病、會死之人，身並靈本與庶人之身、靈相似者。而耶穌卻乃與至上神造天地萬物者，相爲一性、一體，又爲至義、至聖，及自本有宇宙世間萬富萬貴者。而還肯代世間之罪人死，可見其愛憐罪人，果出乎人心所能思到者萬萬倍矣。

古今聖史紀續上月。 七月

第十一回　復論洪水

夫挼亞與其家，既進啞咡嗶去，而那世代的人，盡皆溺死於洪水中。且洪水又恒漲溢起來淹全地，又不止低處被洪水所淹，就是普天下至高山之頂上，亦被洪水所淹焉。蓋水漲起，比至高山之頂，約更高二丈餘也。啞咡嗶乃泛於水面，而被水舉高於地上也。凡屬乾地之人、獸、物，與凡屬空中之鳥各類，盡皆死，不留一也。

且挼亞與其家，共住在啞咡嗶內一全年。蓋其生命之第六百年二月十七日，其即進啞咡嗶去，又於期年就出來也。自洪水來時，一百零五十日間，水恒漲起來。此一百五十日後，神可憐挼亞與凡同在啞咡嗶內者，故使天上水、海內水、地中水皆止息，不准復湧漲起來，又使大風吹過於水面上，而水遂日日漸少也。夫於其年七月十七日，啞咡嗶就安止於亞拉辣山頂上，不復走也。亞拉辣山，屬亞耳米尼亞國地。亞耳米尼亞地，即我中國人現所曰“三角帽人之國”是也。啞咡嗶之遺木，與另多迹，乃許多世代仍存留於彼山上也。

於十月初一日，高山頂始現乾，而四十日後，挼亞就開啞咡嗶背上之窗，又放一隻鴉子出去，擬以鴉之回不回，可得知地爲乾否。鴉子飛來飛去，待地乾了，不復入啞咡嗶也。挼亞就放一隻鴿子出外，而鴿子因不遇可住足之所，故回而得入內來，挼亞就知地還未乾。乃另等七日，而復放鴿子出外去，於晚上，鴿子啣啊唎吪樹葉在口而回來，挼亞纔知洪水已退了。又等七日，復放鴿子出外，乃鴿子不再回，所以挼亞得知地已曾乾了。且次年正月初一日，洪水自地上乾去，而挼亞搬去啞咡嗶之蓋，乃看而見地面卻乾了。於二月二十七日，神命挼亞與其家出啞咡嗶來，挼亞領命，與家屬連禽獸，及凡有在内者，一齊出來，復居乾地上焉。

或有人疑云：上言禽獸各等皆入啞咡嗶內，但禽獸中多有猛性的，豈免得他咬啄，害挼亞之家與那良性禽獸乎？答曰：至能之神原造禽獸萬類，而能造之者，豈不容易暫時服其猛性乎？

或有人疑云：這個洪水之事，怎麼可知果有之？答曰：洪水有三樣的踪跡存至今日，可以之而知果有也。聖書有之，而聖書非自人愚心而傳出，乃爲神自己所使人知道，且神爲萬真之源、萬真之表，而萬真之源、表者豈有言錯乎？一踪跡也。

萬國之遺傳亦證之。蓋未曾有聖書之諸國，亦皆説上古有洪水漲溢，起在各山之頂上溺死人物。這諸國之遺傳，所有言及洪水者略不同，有的説是這樣，有的説是那樣。在這裏説是某皇王的時而有之，那裏説是别皇王的時而有之。他們所説洪水的情形雖不同，但未有何國説無之。若這裏一國又那裏一國説有之，而其别的諸國説未有，則可有疑狐。然不拘何往，或華國、或蠻國，都同一意，而萬國所同有傳者，必定爲實在的。二踪跡也。

在高山頂上，屢遇所屬海之物，像魚鱗、鼈甲及小石以水磨了者，又屢次在地中深深處，遇着有大樹木横倒者，又有禽獸之骨殖雜於土内者，又其禽獸之類有現今世所希見者，這各等，必定在洪水時候，水湧海中之物上來，安於山頂。又横倒之木及禽獸之骨殖，隨潮泥上下，至水流退後，泥層層掩蓋之，故此各物在深泥之中，而存積至今。三踪跡也。

可見向日洪水之事必定有之，而無疑狐之處也。就是我們中國“五經”上，所説洪水在皇王堯之時候，然看來這洪水，大概亦本都是指着此所講洪水之事。因爲上古遺傳不定、所講不一，而其事之大體，則皆一樣耳。

世人以罪而弱論

聖書云："汝等已，以爾罪愆死亡。"[1] 此言罪者因其罪當死，又言其被罪惡之害溺，致其心如死者之尸一般。比如死者，不會行路，不會管事，不會聽聲，不會食飯，不會交友，又不會自復活也，罪人亦然。行直路，管好事，説善話，聽神聲，嘗道味，交仁友及自復活出罪中之事，其皆不會也。惜哉！人皆有罪，而凡所有罪者，如此也。獨神能感其心、正其意，他自己無能自感自正如此者，無能自活自起然。一受神之感其心、正其意，則如死者之被復活然，可以行活者之事也。

罪者，如犯法而在黑暗監牢内，被釘鍊身上者一般，在這一搭兒，其看不見、行不去、出不來，有甚麽喜事美物在外，其亦不知道了，罪者亦然。但犯法被投監内者，没有不願得救出其難來，惟得罪神者不同。倘或有一人於監内愛其鐵鍊、愛其監牢、愛其黑暗者，若從外聽一人説云："在外人皆快樂，享用萬物，豈不美哉？爾怎麽好居監内暗中耶？"其人或曰："在外有什麽好？喜美之事我亦不知道，在外者可享之，我在此住罷了。"這人豈不可惜哉？罪者與他相似也，其之罪爲所攔住他之監、之鍊、之

---

[1] 見《以弗所書》第二章一節。

暗也。宣福音者外大聲曰:“監了、鍊了、迷了之罪者乎,得解也、起也、出也,得光也,得救也,何苦常受罪惡之害乎?”其人亦不理之,待神感化其心,然後大樂,不復愛住罪惡鍊内也。

世人以本罪爲病了、弱了、死了,這不是言其身一定曾病、弱、死,蓋多有人身全而靈病,身美而靈醜,身壯而靈弱,身凈而靈污,又身活而靈死者也。我們世人,不拘身體何一樣,這靈魂、心腸,並以罪爲病、醜、弱、污,而如死者也。若此而叫世人去行善、爲德、走道、守分,豈非徒勞乎?豈不與叫身痛病、跁弱不當體者,快起帶重任而跑路者相似乎?須先調治其痛病,補壯其弱跁,然後叫他起身,帶任跑路可也,而罪人亦然。其心靈以罪有病弱,而不得尊神、行善,須先受神感化其心思,醫其靈病,然後尊神行善可也。

罪人之心靈,如死人之尸,你去尸前説云,怎麽好卧地?速起來飲食、行人事方好。你想一想,那尸會聽而從乎?不能也。你若能令其尸復生,則説他如此可有益,而罪人亦然。若其不先受聖神風之省悟其心靈,使他再生自新,則不能尊神命、行人分也。

或有人疑而問曰:若人果本無能尊神命、行人分,則不尊神、不行善,豈是他的罪乎?答曰:自然是他的罪也。蓋其之不能,多出於其不肯,出於其不敬神、不愛善之因由而來也。尊神、行善並不合世人之心性,這也不是説善事本不合其所以爲世人之性,乃是説善事不合其所以爲罪人之心也。人不愛善、不肯行善，豈是自己之罪乎？

諸國之異神論

八月

在天無二日，在國無二王，在宇宙世間亦無二主宰者也。原造萬有、常治萬有者，神主也。神主止一無二，又其之智、能、恩皆足成萬有、保萬有、宰萬有、養萬有也。在世間之始初，人還未有罪惡之前，人明明知此道理，又常敬重、依靠、崇拜止一真神主，總不重、不靠、不拜別的，當始係如此也。然後來，人心變爲惡時，其即忘記了神主，自專而依自家之痴心，做出來許多神類、許多菩薩、許多偶像，不能紀其數，這麼多了。各處、各等都有了，天上的亦有，地下的亦有，海中的亦有，山上的亦有，河内的亦有，店鋪的亦有，住屋的亦有，廟寺的亦有，街頭的亦有，林中的亦有，路傍的亦有也。這各處的菩薩、神像等都不能自動，亦不能做何一樣的事情。但因爲世上有好多人心迷了，所以多有説菩薩、神像的大能幹，説其會管生、管死、管活世人的事、管陰間輪迴的情、管興祥、管災難也。他們又説，要子女者，宜向這個神求。要長命者，宜向那個神求。要賺錢發財者，宜向這個求。要大進文、昇雲梯者，宜向那個求。要平安走海者，宜向這個求。要身病得醫者，宜向那個求也。人家還有好多話，不能盡説之，這裏講的不過一點子而已。世人講這個話，都是要人家供養、服事各菩薩、神像的意思。卻不知道這菩薩、神像等，不過是一樣的物件而已。聖書云："諸國之偶像乃金與銀，即人手所作也。伊有口，惟不能講。伊有眼，惟不能見。伊有耳，惟不能聽。伊有鼻，惟不能聞。伊有手，惟不能附物。伊有脚，惟不能走。又伊從喉不能出言也。造之之輩亦似伊等。又各人賴伊等一然也。"〔1〕這些菩薩、神像等，大概都如此，都係木、石、泥、金、銀等物做的，亦都是木匠、鐵匠、銀匠等人的工夫。這各等都係異神，而不能保佑世人者也。但世人多被巧言所亂其心，所以棄造萬有之真神主，而去跪下拜自己手所作之物，依賴之。可惜！可惜！雖然如此，有幾種人難改斯惡，因爲其心或迷的、或貪的、或弱的、或惡的也。一種，是略明白的人，自心内知道這菩薩、神像等，都無能、無用，又知人不好依賴之。但因見父母、親戚、隣舍人皆從各菩薩、神像，他亦從。他怕若不從，就有人來欺笑他，説他的長短出來，所以定要從一從。卻不想此是不好事，正如人見朋友、親戚等皆做賊、做盗者，亦且去從之焉，這豈是合理哉？憑人家什樣行，我當先明明問，是着不着？着，我則斷要從。不着，我則斷勿從之也。若别人棄其本父母，拜一塊木石爲父母，難道我就該去學他麼？别人棄神主，而去服事匠人手所作之物，我亦不敢從他也。我斷勿效法這一種水土心的人。我切要遵而奉事止一神主，蓋獨其爲真神也。獨神主能保人、救人，而使人得實福矣。世人所有，每一喘息、每一口飯、每一日的安、每一點的好處，都是神主所賜

〔1〕見《詩書》第一百零十五詩。

與他，又不是什麼菩薩、神像所賜他也。總是多人估錯了，所以說這各等好賚，是菩薩、神像等所給之。惟人不好常常如此的大錯也。又有一種人，或以立菩薩、做偶像，或以賣之爲業，似木鐵金泥等匠者。他們用這事賺錢度生也。若叫他們改變，他就説云："啞呀，怎麽改得？未有這件工夫做，從那裏賺得錢來呢？從那裏得飯食呢？從那裏得家費呢？"他們是如此説，卻不知道做這樣工夫是得罪天地萬物之大神主，蓋其不准世人自專行如此也。比如國中的奸民謀反作亂，而有匠人替他做干、戈、鎗、刀等軍器，你想這匠人有罪未有？是做個善良的百姓否呢？必定是有罪，皇上必定算他爲個不好民，爲個輔反、助逆之徒也，在此一然。神主係普天下萬國之主，故不止一國一處之人當事神主，乃凡屬人類，不論聖凡、貴賤者，都當事之，又不可事别的神類。事别的神類者，爲違逆天，即是行反向神主。又凡做這菩薩偶像，或以賣之爲業，或用别樣工夫來助人拜這假神類者，神主是算之爲大罪人，而必重刑之也。你們做這般事者，宜想一想：在世上有工夫好多樣，又有義業許多樣，都當做，則這樣不義之業，爲甚麽去做之呢？把這得罪神主之業，以過日度生，豈是合理哉？又有一種難改的人，日日在菩薩面前供養役事之者是也。他們中有懶惰的，而以這容易做的事爲業。又有貪財的，而喜替人家立會拜像，欲得些錢。又有的往日多行惡，而因怕輪迴之苦，故日日在這些木頭泥神之前念經、燒香，以爲可能如此贖前罪、免後刑。卻不知道是行惡，而用惡來贖惡，豈有此理哉？又有心迷了，被不正教所哄騙的。他們實不知此事爲不好，乃估是該做的，所以天天在這木頭、泥神前恭敬拜之。但不曾想這皆是虛勞，總無益於己、無利於人也。這般愚人實爲可惜也。又有一種難改的人常説云：這木、石、泥做的偶像等，我知道他自己無能，然我想定有古時大聖、大賢、大將的靈魂，或世尊、或太上之神居在其内，所以令他有奇能者也。但這都係閑談，無憑據的語。蓋世上凡爲聖賢善德者，死時其靈魂即進天堂，享不盡之福，而不願離之，再來住於此污世人之間也。凡爲罪惡者，死時其靈魂即落地獄受永苦，而不能脱出，復至今世也。可見聖善連罪惡者之靈魂，俱不住在這偶像之内也。至於世尊，那個不知其爲世上一個骨肉的人，似我們一樣，正係印度國中梵王之子，而總無勝人之德也。至於太上，請問在周朝老子之先，其何在呢？不須再説之也。還有一種難改的人，比曾説幾種略不同者，其不往廟、不拜像、不事佛，乃只説個虛虛的“理”字，或個空空的“太極”而已，但不能明説這“理”字、這“太極”果如何，果從那裏而出，果有何情、何能，都不得説出來明白。蓋他自己不明白，而不得明告人，亦不是希罕也。且我現在不能多説。看官你若還有疑，請等第二回與汝論一論。總之求汝想一想：何爲好呢？事多多僞神，世人所立者爲好，還事本造萬有之止一真神主爲好呢？事無所知、無所能之木、泥神類爲着，還事無所不知、無所不能之真神爲着呢？棄宰制天地萬物者，而去依靠從事世人手所作之物，豈不差耳？豈不重罪耳？後月續講。

神主無所不知、無處不在論　　九月

神主爲萬有之本原，又萬有之主宰也。世人不知，不敬神主，如子女不知，不敬父母。惜哉！惡人不歡喜想到神主，獨信耶穌者歡喜想到神主。善人當常用好法養善念於心，蓋一日若不想着神主，則諸惡思自生起來。在周朝康王時，如氐亞國有聖人大五得做王，其大敬神主，而屢次默想神之大情。其做了《詩書》一部，共有一百零五十首詩者也。其詩中有一首講神爲無所不知、無所不在的道理，[1]我今不把這詩的白文，乃把其大意講出來。其贊神言云：天地萬物之神主歟！爾曾察究我，又明明認我也。我晨醒夜睡，我起來坐下，俱爾所知矣。我心念還未生起，而神主自遠卻曉之矣。我或外行路，或內偃下，爾常四面周圍我，而明知我諸道。父母親友所不得知，神主卻知之矣。神主乎！我舌未曾説一言一聲之先，無一爾不盡知，故我或向神或與人講話時，斷不可不慎，恐亂出所害人，或得罪神之言也。神主周圍我，在我前、在我後、在我左、在我右然，爾亦置自己於我上。神主之識爲高也、深也、遠也、明也，我小可微物，如何能盡明神主之見識哉？小皿不能容四海之水，我心亦不能容神主之大識也。神爲無所不在，故我出入動靜時，要善記此理。且神主到處而在，我若願離爾開去，也不

---

〔1〕 見第一百有三十九詩。

能。蓋我向何一處可脱爾乎？我向何一方可避而離爾面前乎？都不得逃走。我倘能昇至天上，爾亦在彼。我倘入墓中或自藏地穴内，爾卻在彼焉。我若能取早晨之光翼而火速飛到海末，在彼處爾手尚將引我，爾右手亦守我也。我時時在神手内，願脱亦不能也。我尚欲隱行惡，想道暗必遮我，免爾見我，則黑夜必四面周我，發光明照矣。暗自然不得遮我致爾不見。在爾夜光如日焉，而黑暗與光明兩者爲一也。

張遠兩友相論

第一回

從前有兩個好朋友，一名張，一名遠。他們兩個人同行路間，相論古今。遠曰："我已聽人説，尊駕曾經受了耶穌之道理，而信從之。我看世人論説此事多有不同，且我自己不甚明白。今有兩端，欲求尊駕解之。"張曰："豈敢！相公智深才盛，如何倒來求於愚弟乎？但既是相公自所願，則弟應當盡心遵命，請相公説那兩端出來。"遠對曰："好説了。第一，信耶穌者，是何樣人？第二，信耶穌者，日日之行如何？煩尊駕解這兩端。"張曰："真信向耶穌者，比世人略不同。"遠問曰："有何不同？"對曰："他所食的飯、所居的屋、所穿的衣、所行的工、所守的人倫等，大概都與世人的相同，在這各樣未有什麼不同。但其心、行二者，比世人大不同。"遠曰："其心行果若何？"張曰："看下幾件，方知其心行如何。"

第一，其敬止一真神，而日日拜之，其不敢不如此。遠曰："我看世人多亦敬神，則何説信者比世人不同呢?"張對曰："世人所敬的各神類，不過係自己手所作，無用、無能的偶像而已。這是假神，不是真神。又這假神係無數的，惟其真神止一。可見信者比世人不同。"遠曰："這麽講果是不同了。只怕尊駕若言各神係假而無能的，則人家不歡喜，恐怕有人説尊駕無禮。"張曰："我知道世人不中意聽這個話，從前我自己亦不中意聽之。但是因爲我那時不多明白，後來更明白些，方知這話果實在的，絲毫不錯。且因我已改了，從真不從假，所以多有人毁謗我，説我這樣、那樣不好，但我自己心内有平安，故不怕人之説也。"遠曰："我自己亦聽得人家講及尊駕幾句，我本心亦有疑。今幸得這便機會，當面聽尊駕自講，是心願久矣。"張曰："豈敢！我從前多與世人往來，而與他們同從假神，去飲酒、行淫、説謊、哄人等事，那時伊不毁謗我，不説我不好。但我一改了舊樣，敬事止一真神，就有許多人欺戲我，説我這樣那樣惡。就是本家裏亦有人暗説我云，既已棄了祖先所役各神，是我不孝。然我本心知不是因我不孝，實是因世人不知其真神，而從假的，所以欺我也。"遠曰："欲尊駕推講些，請問真神若何?"張曰："真神者，天地萬物之原本是也。其爲全能、至智、至恩、至義、至聖、至憐。"遠曰："啊，真神莫非與個'天'字同解麽?"對曰："不同也。"遠曰："有何不同?"張將手指向桌子，説道："相公看這一張桌子，是木匠所做的，則桌子豈是與木匠相同乎?"對曰："自然不同。"張曰："而神與天亦然。天是神所造之物，而神爲其工人是也。"遠曰："我明白，只常聽人說個'天'字，是甚緣故？"張曰："多有人亂亂說'天地'兩個字一連，又有的用個'天'字以指神，如人用朝廷以指皇上一般。"遠大奇之，追思良久，就問曰："真神是管天地麽？"張答曰："然也。其爲天、地、人、物之主宰，且萬國之人所應該敬者，獨是止一真神，蓋賜萬好與世人者，真神是也。"遠又問曰："其真神有别名没有？"張曰："有，或曰'神'，或曰'主'，或曰'神主'，或曰'神天'，或曰'天地之大主'，或曰一個'天'字亦皆有，而總皆指着止一真神，此是信耶穌者所敬之神也。"

第二回

張又曰："今且講第二件，信耶穌者，皆知自己的惡處，皆悔罪、改惡歸善。比如他向來行過惡，或是役偶像，或是好酒，或是姦淫，或是說謊，或是做賊，或是凶殺，或是邪術，或是高己卑人，或是結仇，或是謀叛作亂等惡，都是他們所必須改。不肯改者，不真信也。"遠曰："這自然是好，但我世人恐怕難得如此。"張曰："果是難，因爲我世人心是惡的，不是善的，最緊要是知自己的惡。蓋不深覺己罪，則不能悔改。我心内若因得罪神，實覺痛痛的悶，我一定就改。"遠曰："這樣，則令人心不安、不樂，恐怕多人不中意如此之悔改。"張曰："悔改是安樂之開頭。比如前年我左手臂發惡瘡，我叫醫生來看時，醫生說道：‘此瘡根深也，當刺開之，使膿流出來，就得痊。不然，怕壞了手臂。’我是怕痛，久不肯聽。一日醫生苦苦勸我説道：‘你怕痛麽?’我曰：‘甚怕。’對曰：‘汝再三想：若刺開瘡，則不過受幾個時辰的苦。不刺開，則怕不止失手臂，就是生命亦難保存。汝細思之，何一爲好，受暫時苦爲好？還丢生命爲好呢?’我聽醫生言，則大驚，一連兩日夜食、飲、睡皆不得。心又想：早死是難，何不快受暫苦，以長生命乎？於第三日早天將曉時，我打發小童去求醫生。醫生遂來刺開瘡，而不上半月，手臂痊了，而悔改亦然。我世人個個大得罪了神主而該當受生前、死後之苦，然神主有大恩，可憐世人，遣耶穌從天降地，代贖我罪。神主又令我悔改，致受罪之赦。不悔改，則不免地獄之永苦。我請相公想一想，悔改暫憂與死後地獄之永苦相比，何一爲難乎?”遠曰：“地獄之永苦自然難。”張曰：“悔改是入道之要路。欲得常生在天上者，須從此路而入也。天地之大主，於聖書上，令我世界萬國之人悔改云：惡者宜棄其惡事，不義者宜棄其不義事，而俱歸神主。蓋神主必將恤憐他，又大施赦罪之恩與他也。信耶穌者，皆是聽此言，致悔改也。”後月課講。

論常生之糧　　十月

勿勞以得可壞之糧，乃以得存於常生之糧。人之子所將給爾，蓋神父特敕印之矣。此耶穌在世間時所教大衆之言也。看他們皆以今生之情爲重，而不把來生之情在心，故以此理而勸之。可壞之糧者，肉身之食、穿，糧包世上各好都在内，而因世情皆會衰敗，故曰可壞之糧也。存於常生之糧者，人靈魂之救，是包凡能使靈魂得福皆在内，而因靈魂之福不會衰敗，故曰存至常生之糧也。人之子者，指耶穌，蓋其不止有神之性，乃又有人之性，故曰人之子也。敕印者，設立之意，言神主立耶穌爲救世者，而遣之自天降地，贖我世人之罪也。人之子所將給爾者，言靈魂之救福，並耶穌之所賜。耶穌必以神之恩及常永生於天上，賜凡信之者。蓋其從天上降地，特爲賜凡世人尊神者，以是恩惠也。勿勞者，勿獨爲身體之好而勞苦，乃又更要爲靈魂之好而勞苦也。我常看世人處處都慌速理今世之事，不是理這樣，就是理那樣。四方人的千掛萬慮，大概亦爲肚、身、家、名、樂、勢、財、壽八者。蓋爲肚如何得飽，爲身如何得穿，爲家如何得養，爲名如何得傳，爲樂如何得享，爲勢如何得旺，爲財如何得聚，爲壽如何得長也。人心、眼、手俱留於此各情上。蓋世人自正月起，至十二月終，又自早起身至晚去睡，百謀千勞，都爲這塊骨肉，都爲這幾年之受用。而到底這塊骨肉到死，卻是爲蛆蟲所將食，這幾年也卻不能過其之限耳。何等勞苦，何等慌忙，皆爲肉身之生命，卻不知道這肉身内之靈魂亦有生命，比肉身之生命更要緊。蓋肉身之生命有限，靈魂之生命卻無限也。既然如此，則如何只理外形，要他飽暖安，而不理内靈，不管之好不好？神之大恩赦免人之罪，潔净其心，賜其可得死後天堂之盛福者，此爲靈魂之糧。此糧不會舊、不會壞，凡食之者，福必存至常生於世世矣。人肉身之糧，連世間上最好之情，俱乃會舊、會壞，俱不得足人心，又食而用之者，都不能免病免死也。人日日爲身體之糧勞苦無息，而不把靈爲念者，豈是合理哉？以一文銅錢爲重，而輕忽一萬兩真金者，豈是有智哉？輕玉而重玉之盒者，豈算得會分辨乎？人今生之路不能致長，來生之路不能致完，人爲不能致長之路，多備多便；而爲其不能致完之路，無所備便，又不留心念之，豈是與天理相合乎？世人宜心裏想，如何可得神主之恩，如何可奉事神，如何可得常永之生命，如何可致救靈魂。又宜日日讀聖書，祈禱神，而凡有講道理之處，要到彼去聽訓。又要信從救世者耶穌，蓋凡得救、得天上福者，皆因爲耶穌之功勞而得之也。欲得常生之糧者，當勤工盡心救之，蓋今生之糧，不勉力尚且不可得之，況常生之糧乎？如春不播、夏不芸，而秋尚有穫乎？小益不用心尚不可得，而况大益者乎？而常生之糧亦然。不勞心力求之者，必不能受之。人宜日日勤讀聖書，方可知此常生之糧如何樣，又如何可得之也。

論 仁

仁理甚大，無可比也。仁者敬愛神主，又仁愛世人也。敬愛神在先，仁愛人在後，總不愛神而仁人者，未之有也。欲懷真仁者，該多想着耶穌自天降地，代人受難之大仁愛，則敬愛神之念與仁愛人之念，必並生於其心上也。[1] 我今將聖書所講仁理而推解與你聽。夫真仁者，若受人之欺負時，是忍耐而當之，又不敢相欺負人。人若是害他，他必不相害，乃恕其仇，行好與他，就是也。真仁者，看人家比己更有富貴、才能、權勢，則不懷嫉妒的心。看人得好處，他亦喜，似己得之然。真仁者，不以自己爲重，不自高、不自義、不自誇、不自滿、不自恃。他又不以人爲輕，不把人爲無物，無不把人在眼上也。真仁者，常行所宜向各等人，不止向本國之富貴、高位、士儒者，乃向貧賤、凡夫、愚民亦然，又不分本國、外國也。他不以私廢公，乃以公先私。不懷私意，不益己損人。不獨重己利、己安、己名、己受用，乃重人利、安、名、受用然。他又不快發怒、不易生恨。看人有些小不合理的事向他，他亦不留之在心，又不以人之好行善工，爲出假心、僞意而來。又聽人之惡處，則不輕易信也。真仁者，不歡喜看他人之罪惡，就是自己可能以人之惡、人之錯而己取益，他亦不喜，乃寧可己無此益，而看人無罪、無錯也。他大喜於真理。看神主之真理布於世界，則大喜，又不止大喜，乃又盡力相助之更布也。看僞理、邪教之徒，以巧言亂是非、哄騙世人，致使伊錯走，離神主之道開去，則無喜而大憂也。看人行義、行公道，則大喜。看人不敬神主、不孝兩親、不忠待人，則大憂也。真仁者，又是恕人之過失，不喜講人的長短，不立意露出人的惡處，乃寧

〔1〕 見《可林多第一書》十三章。

可隱之、蓋之也。他亦容易信別人的善工，而若是知人行惡，則望其人後來必改惡從善，又替其人求神施恩免其罪，使其變諸惡，致得救也。真仁者，自己遇艱難，則耐之，不發怨，不以命運爲薄也。見人有艱難，則相慈、相施、相助之也。仁者，萬德之首，而比萬德更存得久也。像信德、望德、忍德等皆必止，獨在今世而須用，在來世則無須用。惟仁德永不落、永不止。今世奉事神主者，無不有仁愛。無仁愛，則不得進天堂。於今世，善者之仁愛還未全。於來世皆全，絲毫亦不缺。大哉！妙哉！仁也。人之仁愛，是出神主之仁愛而來，如派之出源然，無源則無派。神主若未發大仁愛與人，則無仁愛於世間。神主之大仁愛，處處而廣發，時時而明顯，無一人、一物不受之，又更明顯於贖人罪、救人靈。若我多想到神主之大仁愛，以萬物而顯，又更以救人靈而顯，則我必定敬愛神主、敬愛救世者耶穌，又常仁愛世人也。若我先無心敬愛神主爲我之大父者，則如何仁愛世人爲我之弟兄者乎？

張遠兩友相論續九月。　　十一月

第三回

張遠二人再相會，遠曰："尊駕前番解悔改之理，我略明白。但尊駕説'信耶穌'三個字，我不知何意，請教。"張對曰："不當！不當！前已解了第一、第二件，信耶穌是第三件，今且解之。先講'耶穌'兩字，然後講'信'一個字之意。”對曰：“多蒙。請問‘耶穌’兩個字何意？莫非人名乎？”張曰：“然也。神子之稱是也。”對曰：“神之子誰耶？”張曰：“真神止一，但在其體有三位：曰父、曰子、曰聖神風，此三位非三個神，乃止一全能神。第二位曰神之子是也。”對曰：“神之子爲何稱耶穌？”張曰：“耶穌是西邦字之音，而援救之意，因神之子來救世人，故名。”遠曰：“神之子是世上一人麽？”對曰：“神子比人類更尊。萬人、萬物皆在其手下也。”遠曰：“啊！莫非是個大聖賢麽？”張曰：“萬聖賢之首，而比聖賢尤尊是也。”遠曰：“比聖賢尤尊，何謂耶？”答曰：“講人、講教、講功，方知其比之更尊。以人而言之，則聖賢雖比凡人更能幹，亦不過是世人，而耶穌卻與神主爲一也。以教而言之，則聖賢所教人之道理，都盡在五常、五倫，故雖是好，而亦不足爲世人之教。蓋還有多端重理，伊未講得到。而耶穌所教皆齊備，一端亦不缺也。人該行向神主、向自己、向世人、向親友、向仇敵、向尊上，又向貧賤都講得到，又不止教修身、齊家、治國之理，乃又教去罪、救靈，而得永福之理也。聖賢所教之道，大概屬今世眼前之事，未講到死後之事。像贖罪之理、復活之理、審世之理、永福永禍之理，皆未曾講之，故似不足也。且聖賢所教之真理，耶穌亦教之，而伊等未講得到之各件，其亦盡講之也。以功而言之，則聖賢以其道而訓其本國人，以其德而導之，但未曾代人受難，未曾捨自己之生命以救人。而耶穌卻不止以教而訓人、不止以德而導人，乃又代萬萬人受難，又捨自己生命以救人之靈魂，又受苦死以免我罪人受地獄之永苦。此苦我世人自己該受，而耶穌自甘心代我而受，因大愛憐我故也。且聖賢未行何出人力外之功，像使瞎者見、聾者聽、病者痊、死者活等，皆聖賢不能爲，而耶穌卻屢次爲之。且耶穌行此出人力外之事，亦非暗中而行之，乃於大衆之眼前而行之。非以法術而行之，乃以神之大能而行之。非爲積財、取好名而行之，乃爲醫人、益人而行之。非欲使人奇駭而行之，乃欲使人明知其實爲救世者。可見耶穌比萬人類更尊貴也。”遠曰：“如此講，自然勝人類遠矣。我心願明曉此理，但向未得如此詳細之解。今甚蒙尊駕之教。”張曰：“相公固願明曉此理，然非人力所能使汝明白，獨神主之聖神能令你明白。我求相公回家時，到静處跪下，拜神主，求神主光照你心腸，方能明白。”遠曰：“奉教！奉教！回舍下時，則如是行就是了。但既已解明‘耶穌’兩個字，再求尊駕解‘信’字之意。”張曰：“信者，人受神恩而信是也。神主之大慈悲、大恩惠，以耶穌之贖罪，而顯著與我世人。蓋我們皆犯了神主之法，而自己當受罪。惟神大施恩與我們，遣耶穌來代我們當此難。又神在聖書上明示我知。凡人實知自罪，又知自己無義、無功勞，又心信耶穌能救他，且不依靠自己、不依靠何人，乃獨依靠耶穌，欲得靈魂之救及永福者，必得救，不致受敗於地獄中。如此行者，是信耶穌也。”遠曰：“不知人自能信，不能信?”答曰：“人仗自力不能信，要聖神使信生於我心中，方能信也。”遠曰：“信耶穌者是何益?”張曰：“其益大也。一則，其人之罪必見赦，不拘大小、暗現之罪，皆神所免。

二則，其人心被聖神風所感化，致使其心爲潔净，又使惡念滅，善念生。三則，受世上艱難時，聖神風是安慰其心，又在至苦難之中而屢令他大喜。四則，其靈魂得救，不落地獄，乃受無盡之福於天堂。不肯信者落地獄，那時，信者之靈魂即升天堂。世人之福，到死日就完了；信者之福，卻不窮至世世，此是信耶穌者之大益也。”後月續講。

古今聖史紀續七月。

第十二回　論挼亞與三子

挼亞與家既出啞咡嗶，復履地上時，其即建一座祭臺與神主，而將净禽、净獸獻之臺上與神，欲謝得救於洪水之大恩。且神主有喜於挼亞所獻之祭而受之也。神主又大施恩與挼亞及其家，而以三誡示之。一者，神命他生子，致再滿地以人也。二者，神禁他食生肉與牲之血，各樣净鳥、獸之肉與魚之肉，若煮熟了，皆可食，不禁。但血是神主當時所禁，因血爲牲獸之生命所靠故也。三者，神禁他殺人。若殺人，則定受報。蓋神爲公義之至。神主當始造人，照神自己之像，而人若任惡性害人、殺人，則壞神主之像，豈非重罪乎？倘有行凶殺人者，神主命在上者重罰凶手之罪，而以命抵命，不要可惜，乃要去惡安良也。凶者定不能脱罪。人若不誅他，神必誅他。今生不罰他，來生必罰他也。

此後神主可憐挼亞及其子，而與之立約言：總不再以洪水而溺世人及世物。神又以記號給挼亞，恒爲證不再溺世之言。蓋神置虹於天雲，立虹爲號，使凡看虹者，皆知神必不再以洪水而敗地也。地必受敗，但以火，不以水而敗。故有賢云：虹色大半是紅，即火色，而爲預早表出地與世界之以火而敗也。天地末，則神之火必盡皆燒地及世界，惟不以水而受敗也。[1] 神又許使四時常順其期而運，言有地存，則亦必有春、夏、秋、冬，又寒、暑等皆順運不輟也。自彼時以來，未見他息。世人雖大惡，神主常記所許，而未使四時止也。

夫挼亞洪水後種園，而園内種葡萄樹。長而結實時，挼亞以實成酒，而飲至酣了。此是他一件不好的事，我們不可於此件而效法之。挼亞雖是個大聖人，亦有過失，况我們乎？可見斷斷要自慎，一時一刻不可不小心，恐致犯罪也。

挼亞有三子：曰是麥、曰夏麥、曰牙弗得者也。三人於洪水先已娶妻，而其妻皆存於啞咡嗶内，不被水溺，故伊生子，而洪水後萬國之人皆由是三人傳下來。蓋是麥爲彼耳西亞，及西利亞、亞拉比亞，及希比留，及印度與另多大國之祖。夏麥爲加南，及腓利色氏亞，及以至比多，及亞弗利加與另多大國之祖。牙弗得爲祖家諸國之祖也。多有賢云，挼亞自己原爲我中國之祖，因他那時之禮儀、規矩等，與我中國古時的禮儀、規矩甚相似故也。若把我“五經”上古事與挼亞那時之事比較，方知多有相似也。

夫挼亞洪水後尚在世三百五十年，而挼亞生命之年連洪水前後並算，則九百零五十載而方死也。

---

〔1〕 見《彼多羅第二公書》第三章。

多有賢言，挼亞與我中國大禹帝非兩個人，乃同一人，在西曰挼亞，在東曰禹，洪水後自西往東者也。蓋其據有四：在禹時有洪水，而於挼亞時亦然，一據也。在禹時初見酒，是臣儀狄所做而送，禹飲而悦之，但因覺其會使人醉，爲害民，故禁之。而在挼亞時亦初見酒，其飲至酣，而知其致害，二據也。禹治水後，開九州，疏九河，而在今言洪水後，地亦分爲各州、各國，三據也。案禹與挼亞同一時而生於世，四據也。有此四據，故多賢言，挼亞與禹非兩個人，乃一人。又今言之洪水與“五經”上之洪水，非二洪水乃一。蓋所説的情影，雖小有異，而其大體一也。學者可比較而自審焉。後月續講。

古今聖史紀續上月。 十二月

第十三回 論建大塔及混世人之言語

挼亞之子孫日日漸多最盛，致不得在一塊地而同住。故有的在父地恒居，又有的離本地向西往，欲尋廣大之地住。離本地者，到飾拿耳山中之平地時，在彼住下。夫當時全地上人的字形、聲音二者，並一樣無異，未有各字、各音像今世不同。且彼時人的意、禮、行三者，大概亦相同也。於洪水後，約二百有餘年，挼亞之子孫於飾拿耳者，心生傲意大謀。蓋神之主意原要他們布開滿全地，惟他們以爲布開，必無大名傳流後代，故此他們乃商量相曰：“我們該用何法得大名，而使我名傳下萬代耶？不如我們合意、合力而建一座城，大而固者。又建一座塔，穩固而高至冲天者。一則，可成大國。二則，可免我們散開於天下。三則，傳大名於後萬代也。”他們意既定，則盡心一連三年備各樣材料，因彼平地無石無灰，故用甎代石、用瀝青代灰也。既已集材料甚多，則開手而一連二十二年恒建不息工，而塔亦未完也。正勤工間，神主看他們的惡意、傲心而怒之。蓋神主打混他們的言語，致他們不知不覺而講各音不同，又大家不能相明白。你若説要甎，則我卻估你説要索，而拿條索與你。我若説要板，則你卻估我説斧，而拿柄斧與我。他人若説要上去，則我估他説下，而即下去。大家如是不相明白，只得息工，伊建之塔亦半途而廢，因此彼塔名曰“吧吡嘞”，即混亂之意。蓋神於彼而打混世人之言語，故名也。此事示萬後代人不可逆神主、不可傲心。蓋逆神主者必敗，傲心者必見羞也。於是他們不得已而相離，布散四處去，亦非亂亂而散，乃分各國、各支、各家而散也。原本他們的言語並一，雖有許多人，亦都成一國家。惟此後，其言語分各樣，或曰伊言語約分七十樣，國亦約分爲七十國，依其言語之數也。今有各言語，有各國、各府、各州等，皆由此而起也。

彼時有甚愛射獵之人，名曰尼麥羅得，因自幼慣打獵，則膽爲大，無所懼。[1] 其集似己類之衆人，自立爲首，開戰隣國，而多取之。遂並爲一大國，自立爲王。乃近大塔而築京都，由塔借名，而名京都曰巴比倫，故其國名亦曰巴比

〔1〕 見《創世歷代書》十章八、九、十節。

倫。則巴比倫大國由尼麥羅得而始也。

至於今言之大塔，昔賢希林曰："伊等所建塔自基至上，乃高一百二十八引六丈五尺，其脚甚寬，而漸上漸小。在邊有一條路，自基繞塔而上去。其路亦寬大，不但容人足步，就是馬車相迎者，亦容往來無礙。又在路旁有人屋、畜圈、花園、禾田。"未知其詳，看書者可自審也。

又昔賢胡知孫曰："建彼大塔，不但爲傳名，乃又爲拜日月星宿之意。蓋當時人類已始離本造物之真神，而自專拜受造之物，致大罪也。彼世人意欲在大塔頂上而建一座廟，在廟常存火不滅，以敬天軍，即日月星宿。故彼耳西人，今散於印度各國者，恒以火而拜日頭，又彼耳西人本出巴比倫而來也。"案，拜天地、日月星宿之事，約由彼時而起。在世界之初未有拜物之惡事，大家獨拜造物之神而已。

第四卷

1818 年　嘉慶戊寅年正月至十二月

張遠兩友相論　正月

第四回

張遠復相會，而叙禮奉茶畢，二人對坐。遠曰："前番蒙尊駕解'信耶穌'三個字，今不知又有何教否?"張曰："豈敢！相好朋友，你我相講就是了。古人説的好，道理是無窮無盡，講到死亦講不完。前幾次已説信耶穌者，皆敬止一真神主，皆悔罪，又皆信從耶穌。還有一件：信者皆以天之情爲重，而不留心於地之情，蓋因地之情不過暫時而存，天之情卻永遠而存故也。"遠曰："請教，天之情何解?"張曰："天之情者有二：善人死後所得天堂之滿福，無窮盡至世世，一也。善人生前所得神主之恩寵、本心之安樂，與凡所需使其靈爲聖潔，二也。此是把今生、來生並合爲一，得其前者亦必得其後，不得其前者，亦必不得其後也。來生是繼今生，汝今生尊神主，則來生必有福。汝今生不遵神主，則來生必無福也。"遠曰："地之情何謂耶?"對曰："地之情者，名、利、權、勢等也。"遠曰："我看世人都以地之情爲重，只要飽、暖、安而已。天之情卻不以之爲念，恐不着罷。”張曰：“自然不着，蓋如此是把人爲禽獸，蓋那禽獸亦喜眼前的事。飽、暖、安等，難道我的犬不以此三樣爲重麽?”遠曰：“不錯！但地之情爲現在的，眼能看之，耳能聽之，嘴能嘗之，手能拊之。而天之情爲後來的，眼不看之，耳不聽之，嘴不嘗之，手不拊之。因而世人以地情爲重。”張對曰：“人多如是，但不想現在的事不能久存，到死日有何益乎？相公意天之情爲遠的，故人不以之爲念。然我想不止因爲遠的，乃又因爲聖的，而人心爲惡的，所以不以天之情爲念。蓋屢次看人於凡常之事，雖遠亦重之。好像今是春天，該耕該種。汝看那農夫，勞苦耕田不息，皆因爲望秋天有收穫，而秋天離春天亦略遠。且那農夫不定知其春所播、所種生長否，結實否，又不知自己從春得生活至秋否，雖然如此，亦不惜工。汝又看那買賣的商人，日日算來算去，設計立法，勞筆勞心，晝不安，夜不睡，而此大半爲望略遠之利。今年所出錢，未必明年、後年皆取回，又未必有利息，或反屢蝕本。商人皆是望賺錢，然不定知所望必遂否。但其有此望，所以勞心勞力，皆爲後來之益。又看學校之讀書人，誰不願做秀才？誰不願中舉人？誰不願升雲梯乎？而此諸般皆爲後日之益。讀書人雖看人得此諸般，然己還未得之，又不能定知果得否，但其有望，所以恒勞不已。則農、商、士並爲略遠，而己未曾看之好處而勞。且伊所願各好未必得之，雖得之亦不能久存，因是地之情故也。這些人在屬地而更輕之事，雖略遠，尚且肯勤工不息而望得，何況在那屬天而更重之事雖遠，豈不更要勞而望得乎？天之情比地之情卻不同，凡實心求之，不論貴賤、壯弱、老幼者，皆定得之。得之，亦存至世世，因而信耶穌者皆以天之情爲重也。可見人不以天之情爲念，非但因其爲遠，正因心爲惡，而不愛個聖福也。”遠曰：“不錯，古者曾言：‘善人死，其子孫接繼其福，不絶於後代。’莫不與尊駕之意相合乎？”張曰：“略不同。蓋善人未必皆有子孫，而雖有子孫，亦未必子孫皆有福。且古者言子孫之福，不過指富貴之類，正與今人所求之福相似，絲毫亦不勝之。富貴之爲福，不能足人心，不能加其德，又不能久存，此古者言善人子孫恒産之所謂也。我今言之福，勝於伊所言之福，如人勝於蟲，如天勝於地，如靈魂勝於骨肉焉。我今言之福，是人死後，靈魂所享於天堂也。”遠曰：“我屢次聽人言，人死靈即消散。若果消散，則如何享得永常之福乎？”張曰：“我也屢聽此言，但是大錯了。蓋人靈永不消、永不散、永不没。身死了，靈恒活，至世世不滅，所以能享常永之福也。”遠曰：“我素聞人言靈、身二者相屬、相靠。靈在則身存，靈不在則身亡。又身活則靈存，身死則靈亦亡。看此與尊駕之言不相似。”張曰：“大不相似。蓋若身死時靈亦亡，則人何貴於禽獸之有哉？而怎能説人爲萬物之靈乎？且若身死時靈亦亡，則因何人常去山墳拜祖先乎？這拜祭死人一定不好，但以人年年如此行，可知人口雖言靈已亡，而其心卻估之還存。蓋若不以祖先之靈爲存，則向誰而獻祭物乎？不講他事，只講此事，則知人人大概都以靈爲存，不以之爲亡也。且人人都本自然而願得個常久之福，不是常久之福，則不能滿人心之本願。夫今世之福不常久，又不能滿人心之本願，而今世既無常久，且無能滿人心本願之福，則知來世定有之，不然，則人豈非妄生乎？汝看那禽獸，他的諸願在世素得滿，而獨人之願常不能滿，是何故？定是因今世是不滿福之所，人於來生有常久之滿福。若果有此福，而人死之日屍下土，身不能享，則必是靈享之，此是靈常存，不散不亡也。”遠曰：“多蒙指教！今纔略明白。常言人爲萬物之靈，一定有靈常存之意在內。但齊朝武帝時人范縝云：‘神之於形，猶利之於刀，未聞刀没而利存，豈容形亡而神在？’此話在尊意若何？”張曰：“依我愚見，此話大錯。蓋刀没而利不存，此人皆知，然靈神於肉身大不同。身有靈則活，無靈則死，此是身靠靈。若刀雖無利而亦可存，此是刀比利更重，蓋雖失其用，其形體尚可存。惟靈之於身，若無靈，則身死形敗，此是靈比身更重也。神之於形，不似利之於刀，乃似鳥之於籠，開籠門，許鳥出，其即自飛他處去，而靈亦然。身死，則靈飛他處去矣。神之於形，又似燭之於燈籠。燭在內，則燈籠有光有用。燭不在內，則燈籠無光、無用。靈在身，則身有生有用。靈不在身，則身無生、無用。此是靈比身更貴之證也。且靈出於身，即如鳥出籠，而可棲别處，如燭出燈籠而可安别處，此是靈常在之證也。”遠曰：“然。但鳥不能常生，燭不能長燃，豈是相似哉？”張曰：“鳥、燭二者，有能看、能拊之材質，而凡有人所能看、能拊之材質者，皆必至壞。惟靈無人能看、拊之質，靈是個靈神，而靈神不得致壞也。”後月續講。

聖書節注

訓四　論神恩顯著

蓋吾神之恩使得救，顯於衆人，訓我等棄不畏神之事，絶世俗之欲，生於此世以廉、以義、以虔。[1] 神者，天地之主宰神主也。恩者，恤憐也，寵惠也。使得救者，使世人之靈魂得救，免死後之苦也。顯者，神之恩，以耶穌之受難贖人之罪，而明顯著也。衆人者，世間所有萬國之人，富貴、貧賤、大小、老幼、男女都在内也。棄者，除滅也。不畏神之事者，敬假神類，人手所作者。又不敬真神主，又説神主爲不公道，又不信死後之報應也。世俗之欲者，好食、好酒、好色、好争，又忿怒、怨恨、貪圖也。生於此世者，平生也。以廉者，言人要克己慾，要守己心、己口、己身，斷勿放恣、勿任性。且在食、衣、家費等，勿亂用浪花，勿過節也。以義者，要人講話真實、辦事公道、約信踐言也。以虔者，敬神主、崇拜神主、遵神主之誡也。

古今聖史紀續上年十二月。　　二月

第十四回　論亞百拉罕

上回所説之大塔其壞了後有一百餘年，約在夏朝王槐帝

〔1〕見《弟多書》第二章十一、十二節。

之時，有一位賢德之人，名亞百拉罕。其父名弟拉，其兩弟：一名拿何耳，一名夏蘭，又其妻名撒拉者也。亞百拉罕屬挼亞子是麥之裔。亞百拉罕之弟夏蘭生一子爲善人，名羅得者也。亞百拉罕大敬神主，而神主有悦於之。亞百拉罕本地乃加勒氐亞之五耳。古加勒氐亞人明天文，過於當世之人，且因心昏迷，忘記本造天地、日、月之神主，不敬不事之，乃自專縱己痴心，而拜事日、月、星辰，又拜天光、天火。故亞百拉罕本地“五耳”，即譯言“光亮”之意，因其地之人拜日月與光火，故名。此敬拜受造之物是重罪，神主所最惡也。亞百拉罕之本族人被此罪所染污，且亞百拉罕自己年少時，亦未免染此污。然神主大施恩與他，使他知真理。亞百拉罕一知真理，即省悟了，因看世人敬拜天地、日、月、星辰，與世上有名人之神魂，菩薩、偶像等事皆與天理相反，故亞百拉罕不肯復從世俗，乃獨敬拜天地萬物之主宰，即神主也。因此亞百拉罕本地人，皆昏迷於此事者，未歡喜他，亦未免捕害他。古馬摩尼弟先生言：“加勒氐亞人看亞百拉罕不從世俗，則大怒，想勉强他拜天火，他不肯，故將他投入火，意欲燒死他。然神主保佑他，不受火之害。”此話真否未可知。亞百拉罕年七十餘歲時，神主示他該離本地五耳，往至加南。亞百拉罕遂將父弟拉、妻撒拉、姪羅得與家小等，皆挈之起程。行路間，到一地方名夏蘭，在夏蘭住下些時。夫亞百拉罕之父弟拉年已老，二百有五歲，死於夏蘭。弟拉既死，神主又示亞百拉罕該離夏蘭。蓋神主令之言云：“汝今該離本地，及本族人等，而往向我後來將示汝知之地。我後必使汝之裔爲大國，我又將盛福與汝，而使汝之名傳揚於普天下，致汝將爲人人所言福也。凡祝汝者，我將祝他。凡咒汝者，我將咒他。又在汝、我將降福與地上之衆家也。"〔1〕此尾句“在汝我將降福與地上衆家”者，是預指將來贖人者耶穌。蓋其降世時，是在亞百拉罕之裔而降。且因其之受難，全地上萬國人，可得靈魂之救及天堂永遠之福。故後來二千餘年，耶穌已昇天上，使徒彼多羅教訓衆人時，引此句云：“神與吾祖所設之盟，而謂亞百拉罕曰‘天下萬族以爾種將受祝’者之話，是指耶穌之代人類贖罪，致令萬國尊之者得真福。”使徒保羅指耶穌曰：“其取與自家亞百拉罕之種。"〔2〕此言耶穌降世自取人類之性時，乃在亞百拉罕之裔而取之。神主既命亞百拉罕離夏蘭，亞百拉罕隨即領命，收拾行李，將妻與姪，及在夏蘭所得諸實開行，取路向加南也。亞百拉罕離夏蘭時，不知該向何方去，但神主曾許他言云：“我將來必示爾知之一地。”亞百拉罕雖未知是何地，然因神主曾許，故其信之而開路也。

張遠兩友相論續正月。

第五回

過九日後，遠晚上往張屋。張屋右邊有一梧桐樹，枝葉

---

〔1〕見《創世歷代書》第十二章一、二、三節。

〔2〕見《希比留書》第二章十六節。

茂蔭甚濃。遠到，見張在樹下坐。張即起迎，兩人叙坐。遠曰："尊駕獨坐於此何故?"張曰："古云:'一日不念善，諸惡悉皆生。'但日裏事多，又常有人來往，致善念難懷，故晚上坐此静想。又月明，天色甚美，我喜觀之。"遠曰："好呀！尊駕曉天文嗎?"對曰："頗曉，但我看天因非要明天文，乃因爲天之雲、月、星等如鏡，而明昭著神主之大德。蓋天既如此美妙，則造天者神主，更何等美妙哉!"遠聽畢，默然良久，如心未曾有這樣念者焉，乃言："我未想到此。我一向如鼢鼠住泥内，未嘗舉念向天，未嘗想着造天地者，只想衣、食而已，可惜之極。"乃流淚，久不出聲。張慰曰："相公不要太過傷心。汝今所言諒必是真，我自少時亦常如此。近來得知聖書，心一明白，則省悟如夢醒人，又覺得有如早之光，照我心内。我驚訝，如瞎者初得見然。憶起向來諸罪，猶若昨日行過，又死後地獄之苦猶若在眼前。三夜不睡，飲食不知其味，我不知如何可脱此苦。一日，天尚未明，我起身點燭，看聖書幾篇，有一節云，耶穌降來此世，以救罪人。[1] 我眼注在此節，如將溺死者注眼在援他者。我淚如雨下，且憂且喜。看己罪爲無數，則憂。看耶穌之仁愛爲無限，則喜。遂想道：耶穌自天降地，特意救罪人，我是個罪人，故望向他救我。隨即跪下，懇求神可憐我，因耶穌救罪者之功勞，赦我諸罪也。此後我心得安，而至今日不再覺得此世之福樂有味。我敢求相公亦讀那書，又望向耶穌

〔1〕 見《弟摩氏第一書》第一章十五節。

得罪之赦，而相公之心也得安。”遠曰：“多蒙了上次尊駕講解靈魂，我略明白。但説及‘死者復活’四字，我不明白，特來請教。”張曰：“不敢！今夜卻將深，怕不能講完，後日是望日，料月必是光，請相公再過來坐講，好不好？”對曰：“如此甚好。”於是兩人遂相拱手而別。後月再講。

聖書節注

訓八　論人死

有定以衆人一次須死，而死後別有審判。〔1〕這節説世上萬人必死，此是神主所定着也。又世人皆不過一次死，必無兩次死，可見無那輪迴。蓋若有輪迴，則不止一死，只怕百千死亦不足。世人身死，靈即有審判，至説陰間十殿閻王，審人生前善惡之話，皆荒唐，哄愚人。今所説審判卻大異。此審判有二：私一，公一。私者，每一人身死，其靈即歸神主被審其一人所行過，而定其得永福或受永苦。公者，到世界盡了，則萬死者復活，大衆人齊至神主面前，同被神主之所審也。萬人必死，富貴貧賤、有學無學、有德無德者，皆必死。離父母、妻、子、親友，入那冷静墓去住。且人不知在何時何處死，或少老，或晝夜，或本國、外國，或海上、岸上，或屋裏、街外而死，亦皆不能先知。可見我世人該早悔罪，信耶穌行善。如此作預備，則遲早、内外之死，都無礙也。

---

〔1〕見《希比留書》第九章二十七節。

官受贓之報

昔彼耳西亞大國之王加麥被洗士時，有一人當有司任者，甚懷貪心，取賄害民。凡人有事來告狀求審者，若無錢在手，則不能得個公道的斷定。就是孤子寡婦，亦被他所害也。有人以之告王知，王大怒，下令將彼官活剥去其身全皮，且將其皮放審官座上，致後來各審官坐於其上，而示伊等皆知不可從私意也。可惜世界上貪心、取賄、吞民之官多得狠，所以下民少得安樂。憑汝國法至好無比，若是在那貪官手，卻變爲利害之至矣。這等官，若汝有錢送他，而肯諂媚他則無所不遂，就係隣舍的頭亦可得也。他能托公、道、義三個字，而亦能依私意變真爲假、假爲真，善爲惡、惡爲善也。這等人，一定得惡報。蓋至上神主爲公義，且最惡取賄枉審之事也。

張遠兩友相論續上月。 三月

第六回

遠既回家，深想張之言，終夜不閉目，且想且哭。到三更就起身，心下道：我今年已二十六歲，自少時總未想此身内有個靈魂，又未曾一次屈膝崇拜天地之主宰。可惜！我一向都如犬馬焉。其又哀泣而在床前跪下，拜神主，懇求云："天地之主宰乎，必明知我這大罪人。我看自己在爾前不比得禽獸，今我心甚亂，疑狐不能解，不知近來所聽之理如何，該信不該信。我罪惡多於叢林之樹葉，不知如何可免地獄之苦，只得求天地之主宰可憐我、可憐我，照於我這黑夜之胸內，使我知此理果由天而來否。又求除去我諸罪。如此，則萬死不足報也。”此時之前，遠總未祈禱也。遠起來到面盆，洗去淚，梳髮穿衣，而天明時，往去辦事如常。但出入動静，不能忘記張之言也。

於望日晚，遠至張家去。近屋前，乃聽得人悄聲，遂輕輕前步至門，傾耳在鎖封口細聽，又將眼窺覻在内。乃看見張與妻及三子，又一個女婢，皆膝跪在地，獨張講，而其餘皆默然。遠方知是拜神，想其家内撞着苦事，或有喜事，故不敢進去，恐有防碍之處。乃遊於梧桐樹下，大奇此事。不一刻，張出來，而見遠已至，曰：“有罪，失迎。”遠曰：“豈敢！特來請教。”張曰：“説那裏話，來坐坐，相談就是了。”遠當晚不敢問張與其家拜神之故，乃言：“尊駕前所説‘死者復活’何解？請教。”張曰：“死者，是生人身死亡。復活者，是死人身又生活也。”遠想久而曰：“我去年開先父的墓，欲洗骨聚入金礶而存留之，我意欲盡寸心的孝。開了墓，看見父親之肢體解離，屍骸已化，則不忍看，乃昏絶於地。傍邊兩個舍弟與一個隣人扶我，使坐在墓側草上。他們洗骨時，我坐泣，而想道：前四年，父親眼看我、耳聽我、口教我、手助我。而今其眼安在，卻獨留虚眶。其耳已壞，只留耳孔。其口、舌、唇皆成泥土，只留牙骨。其手、足、筋絡已無，只留骨節而已。父親！父親乎！何時再見尊臉？

何時又相會呀？至世世不再見啊！舍弟看我如此哀痛，力勸我不要太過傷情，恐衰敗身力，致不能養老母。我聽此言，自勉强略放心，同弟回家。夜夢見父親轉出世，變山羊形，食草在山野。從那時以來，我心不安樂，常想着輪迴。今尊駕講死者復活，我甚願聽。”張曰：“死人轉出世，成禽獸之形，皆虚話，哄騙愚人，相公不可信之。今所言復活大不同。”遠問曰：“死者復活果若何？”張答曰：“你看這蒼天、明月、光星，今晚雖美之至而無可比，然後來皆必致盡而完。於彼時萬死者將復活，其葬在地冢與其没在海内者皆然。自天地開闢至天地窮盡，所有萬萬人，大小、貴賤、賢愚，無一不復活而各人得其本身。且相公所言先尊翁之貴體亦必復活。五官、四肢、百體雖已經壞了，亦必各各得其本當之所，一骨、一筋、一肉都不錯也。”遠聽説及父親，又泣且問曰：“但我看屍絲毫已消，都變爲泥土，則不知如何能復活？”張曰：“我世人之見識有限。日日在眼前屬地的事物，多有難盡知，何况眼未見屬天之事物乎？像前日，我小兒看我放一個美花瓶在貯盛盤上，來曰：‘爸爸，好看！在那裏得這個好東西？’我手携他出外，而將起一塊泥叫他看，説道：‘那個美花瓶本來是泥，同這塊一樣。’他説：‘啊！等我做一個。’其遂將泥在手弄來弄去，我復入屋不管他。過了半個時辰，他來説做不得。我説：‘你不會呀，陶人亞平會做。’小兒亦難信。夫我世人多如此兒，人力所能做，伊信之。人力所不能做，伊不信之。卻不想，在人難行之事，在神主容易。使死者復活，果是出人力外，人不能行。然在人類之上全能神主，無不容易行之。”遠又問曰：“復活是怎麽樣？是每代有人復活？還是萬人同一時候而復活呢？”張曰：“萬人同一個時候而復活也。”遠曰：“死者復活，其身與現在之身相同麽？”張曰：“同而不同。但今夜已深，不能明解，等第二會再説罷。”兩友遂相别而去。後月再講。

聖書節注

訓九　論善惡在死不同

聖書曰：“惡者在己惡中被驅，惟義者在己死有望。”〔1〕此節説，善惡皆必死，但其死大不同。蓋神主令惡人信耶穌，去惡尊神，其今都不肯，反只任慾，故於死日，神即驅其靈魂出肉身，下永黑之獄去。彼日雖求救、悔罪，求神主容他幾日，待信耶穌，神主必不聽准，乃快使他入永苦。等復活之日，愈加其苦。惡者於死日無福無安，無助又無望，欲長命免死，並不能。父母、妻子、親友來床前，欲留之、慰之、助之而皆不得也。善者生前是尊神主、信耶穌，悔罪行善，故到死日必有望，彼時其將離諸難而入萬福。在世間，善人屢受難，而惡者屢有好處，但死後，善者至世世不復有難，而惡者至世世不復有好。惡者死後無所望，惟善者於死後有望。其望得無窮福，望入光明所，望與善者永往來。其死日，神即賜之得福，又待復活之時愈加其福也。

〔1〕見《箴語之書》第十四章三十二節。

公義之鍊

前二百十三年，在印度國有王名曰知恒其耳。其國之京都乃亞耳厄拉。知恒其耳初登位之日，下令叫人造黄金鍊一條，長九丈，有圈六十個者，名曰“公義之鍊”。做成了，縛其鍊之首在亞耳厄拉垣屋之頂上，又縛其尾在近城大河之邊。此鍊乃欲免百姓受貪官所害之意。蓋官若在衙門或在别處，從私意，取富貴之賄，以妄審害民，則恐百姓怕出頭告之，故王令凡受冤枉之人，來摇鍊尾使聲嚮。王一聽鍊嚮，則知有人受冤枉，而即下令會百官，又親自出聽百姓自講，然後依公道而審。受冤枉之人雖小民，若是有情理，亦保他。從私意之人雖大官，若是不公義，亦罰他也。惜哉！小民受冤枉甚多，又受惡官之害亦不少。至上神主常觀世人諸行，而到世間窮了之大審日，必定以義審萬人之事。無論賢愚、貴賤，都不偏待之，乃各人得所宜之報應。看書者要自慎，豈可不怕乎？

張遠兩友相論續上月。 四月

第七回

後四日，遠請張與另幾友食宴。席散後，遠强留張説道：“多蒙尊駕不棄我請，弟實不當。今敢屈尊駕再坐一坐，略推講那晚上所説復活之理，開我茅塞。”張曰：“豈敢！請相公若有疑，則說出來，某當盡心解之。”遠曰：“上會所說復活者之身，比現在之身。同而不同，是何解?”張曰：“說其質、樣則同，至說其情、能則不同。人於復活時之身質，必如今所有之身質然，此是質同。又其亦必有四肢、五官、百體、經絡等皆齊，如今所有之身然，此是樣同。將來復活身之質、樣，與現在身之質、樣相同。比如人播何樣種於田，生起來，則見所生與前所播同一質、同一樣，而於復活人之身一然。此復活身與現在身相同之謂也。”遠曰：“其情、能呢?”對曰：“人現在之身會病、會倦、會傷、會壞、會老、會死，而人復活之身不會病、不會倦、不會傷、不會壞、不會老、不會死。人現在之身是賤的、弱的，又屢次以病傷而醜且臭的，而人復活之身必貴榮大能，且全美好看，此人之復活身與現在身不同之謂也。”〔1〕遠問曰：“於復活，惡者之身與善者的，同一樣美麼?”張曰：“大不同。惡者之身必無貴、無榮、無好看之處，但惡者之身亦必有力。蓋神將堅之以受多苦，亦必不致再死。蓋神將存之以受常苦也。”遠曰：“復活者是再飲食、做工、買賣、嫁娶，像現在的，還是怎樣呢?”張曰：“飲食、做工、買賣、嫁娶之類，都屬今世，到復活皆無也。彼時善者皆不勞力、不嫁娶，乃正如天上之神使輩然。惡者獨常受苦，如地獄之惡鬼輩而已。”遠曰：“然則復活有何意?”張曰：“其意是使萬人之靈各與其本身又相合，致各善者在其本身而受賞。其今所用

〔1〕見《保羅與可林多輩書》第十五章四十二、三節。

事神主、行善的身，必得安，而不是别身。又致各惡者在其本身而受罰。其今所用事魔鬼、行惡的身，必受苦，而不是别身也。求相公細思之。”遠曰：“奉教！今晚不敢煩尊駕多講。”兩人遂相别。後月繼講。

古今聖史紀續上月。

第十五回　論亞百拉罕之遊行於加南

亞百拉罕行至加南，又通走至西革麥，在大橡樹之下住止。當時彼地屬加南人，而因爲他們之大罪惡，神主曾定主意，後來敗其之國，使之歸他人也。亞百拉罕在西革麥，神主自現與之，而許曰：“我將賜爾之裔以此地也。”〔1〕亞百拉罕自己平生未得加南地之何一處，蓋神主不許賜之與他，乃與他之子孫，所以後五百三十餘年，亞百拉罕之裔果得了加南地，依神主所許過也。〔2〕可見神主爲無所不知，已過了萬代之事皆其明曉，未來萬代之事，其亦明曉，則示人該敬神主也。亞百拉罕既蒙神主之恩自現與他，又許賜其地與他之子孫，則愈敬神主，又在西革麥建一座祭臺與神主，早晚會全家人來臺前，崇拜天地萬物之主宰，即神主也。亞百拉罕離西革麥，移至百得以勒及夏以之間，在一山住下，又在彼建一座祭臺

〔1〕見《創世歷代傳》第十二章七節。
〔2〕見《使徒行書》第七章五節。

與神主。在臺前，與家小等祈禱神主。蓋亞百拉罕此人不論何往，常日日拜神主。此是每日諸事一定之一分，又最重之分，此是我世人皆應勉力效法也。

第十六回　論亞百拉罕遊至以至比多

此後加南地有饑荒甚大，人無所可食。亞百拉罕聽一隣國名以至比多有豐熟，故將家小收拾起程，赴以至比多。其國王名法拉阿，爲愛色之人，若見美婦女，雖是人之妻，亦要取之做妾。夫亞百拉罕之妻撒拉爲甚美，行路間，亞百拉罕對妻如此言云："我們今將入以至比多之境，其國王甚愛色。我恐怕其諸侯看汝之美，則贊汝在王面前，致王欲占汝入宮。又怕若知汝爲我之妻，其則必殺我，以爲我没了後，更易成其奸計。故求汝不要自稱爲我之妻，乃自稱爲我姊妹，如此可免我死也。"到以至比多，諸侯大官等見撒拉爲甚美，果然贊之在王面前，故王使人取他進其宮，厚待他，又厚待亞百拉罕，意欲服撒拉之心。然撒拉知是大罪，故總不肯服。撒拉在宮時，神主佑他不被淫污。又因王懷惡意，故神主降苦災於王及其全家之上。王方覺得神主是責其惡意，故不敢留撒拉，乃喚亞百拉罕至，説道："爾曾言此婦爲爾之姊妹，而我今卻知其爲爾之妻，爾因何不以實告我乎？爾今將爾妻而去可也。"王遂令各臣欵待亞百拉罕等其要回本國，則厚禮送出境去。按亞百拉罕往以至比多時，其信德尚弱。蓋其若足信以神主能保佑他連家人，則必不須叫其妻自稱爲厥姊妹。如此則可見，我世人切要依靠神主之保佑，勿懷疑在心也。亞百拉罕將妻及全家出以至比多，望加南去。因其之畜生、金銀、財物豐盛，故不得快行，乃漸漸前進向南方，仍到了百得以勒，即其初建祭臺之處，則同家人等崇拜天地之主宰神主，謝其一路得平安之恩，又求以後日日以保佑也。

聖書節注

訓十　論死者之復活

聖書云："蓋時將到，於是凡在墓内將聽厥聲，而自出來。伊行善者，致生命之復活。伊行惡者，致定罪之復活。"〔1〕此言人身生在世必死。死了後，就有死者之復活。死者復活了後，就有審判。審判了後，就有天堂地獄也。現今在墓内之死者甚多，萬代之人皆或葬墓内，或没海内，身質、骨節皆已化。然到世間之末日，耶穌今在天上者，將乘天雲而來，令一神使者大發一聲，如萬雷合嚮焉，叫曰："死者乎，起也！來被審矣。"時神主亦將出其全能，使死者再生，致此大聲一發，則萬死者無拘在墓、在海内，皆即出來，分爲善、惡兩群。善者復活，是致其身連靈，並被神定其得永生在天堂。惡者復活，是致其身連靈，並被神定其受永罰在地獄也。兩群既復活，則就耶穌審臺前被審也。

---

〔1〕見《若翰書》第五章二十八九節。

古今聖史紀續上月。　五月

第十七回　論亞百拉罕及羅得相和

亞百拉罕有一姪，名羅得。羅得亦有牛羊甚多，又財物豐盛。因二人之畜牲財物衆多，所以其地遂窄，不能容二人同住。亞百拉罕之牧輩與羅得之牧輩，因日日相交、唇齒相連，所以致伊等生事，相罵相争。亞百拉罕看見如此，心實不安，乃對羅得言云："賢姪，汝我又汝我之牧輩，皆弟兄們，皆一神主所造、養、佑，又皆一祖所流下，故在我們中，切不可有相争。蓋一則是得罪神主，二則是招禍來自己身上，三則是使這地之人褻瀆神主也。再者，此全地是在汝面前，請汝四面細看，那一處爲好而擇之。汝若以左邊地爲好，則就左，而我就右。汝若以右邊地爲好，則就右，而我就左罷。"羅得年輕，本當讓其伯父先擇，但其伯父心寬量大，故讓其姪先擇，正爲萬後人之表也。羅得把左右觀看，因若耳但河兩邊爲勝地，又有水派甚多，故擇之而居也。此若耳但河好大，而通過一廣大之平地，在兩邊無大山，故叫做平地。在平地有兩座城：一名所多馬，一名我摩拉。二城内之人，爲甚惡在神主之前，故後來神主滅絶之，根也不留。但羅得擇此勝地時，不曾想着人凶惡，乃只想着地豐盛，以致後來羅得險些兒同其地人受害也。古人説"田地豐盛，風俗下流"之話不錯，又説"好土不如好隣"，此可證也。時亞百拉罕則居加南地，而羅得居近所多馬，二人居雖不同，然到死和睦相交。此後有屬彼耳西亞一國，名以拉麥者之王，其多耳拉阿麥耳引大軍來攻擊所多馬。蓋所多馬原爲以拉麥屬國，而因其王逆不服命，故以拉麥王伐之，勝過他，與另多隣國殺人劫物，又將羅得家、財、物等皆掠去。亞百拉罕一聞時，其即命本家内生之人共三百有十七名，快束刀鎗干戈，星夜飛趕以拉麥軍。趕到時尚夜，殺之甚多，又將羅得與其家小、財畜等，盡皆救回也。後月續講。

張遠兩友相論

第八回

到元宵節晚上，遠往張家，而近屋仍聽人聲，似前會一般，但聲出屋左邊一小房裏來。〔1〕遠乃步至房前，從一眼小藤窗向内窺看，見張獨坐几上燈前看書。看畢一篇，放書在架上而跪下，自言自語。遠不能聽得出，料是拜神，所以離屋往梧桐樹坐下，待張出來。坐間遠心内想道：我前一次來這裏，見他同家人跪下祈禱，今晚見他獨在跪下祈禱，又兩次連神臺、香燭等皆不曾見，此人甚可異也。不上半刻，張自出來。見遠在樹下坐，説道："契友已來此，而弟未迎，實是失禮，求相恕罷。"對曰："説哪裏話，我剛纔方到。"張曰："今晚元宵，我想相公或有請朋友、或被人請、或同朋友遊玩，不料竟來舍下。"遠曰："昔我亦常與幾友玩耍過此節，或點燈、

〔1〕見《馬竇書》第六章。

或結彩、或舞龍燈、或燒花炮等事，但自近來蒙先生之教，無喜於這樣情事，看來都是費時、費錢而已。”張曰:“不錯，我亦看是如此。”遠曰:“我有一件要問尊駕，求尊駕恕我無禮。”對曰:“好話，請説出來。”遠曰:“我往日晚來府上門前，得見尊駕與夫人、少爺、千金等皆跪下祈禱，又今晚再見尊駕於那小房獨在祈禱，不知何意?請教。”張曰:“此都我世人所應當行之事，蓋在上天神主爲我人類之大父，其常賜萬好與我們，而我們該行孝與他也。夫真孝有二分:敬父母一分，順父母一分。敬亦有二分:内一，外一，而在此亦然。外敬者，内敬之證。有其外而無其内者，假也。有其内而無其外者，缺也。夫我或與家人，或獨在祈禱，並欲敬神主之意。”遠曰:“啊!我前來此是十五日，今亦十五日。我常聽説君子的人，每月初一、十五定要拜祖先與各神，諒必先生亦是如此?”張曰:“不然。我所拜者，獨造天地之神主而已。”遠曰:“拜神還是初一及十五拜，還是一年中有拜多少呢?”張曰:“我看祈禱神比飲食更爲重，一日亦少不得。我早晚與家人拜，又凡有閑時獨在拜。”遠曰:“要兩樣拜麽?”對曰:“兩樣有益於人。同妻小家人等拜神主，此是大家同認大家之罪、同求神主赦免，及保佑大家，同謝大家所共得之恩。又是教家内諸人敬神主、行善。且神主看一家如此行，其更加恩與之，故與全家拜大有益也。”遠曰:“請問與家人拜，有何規矩?”張曰:“人齊到時，我就讀聖書幾節與大家聽，或讀白文，或先讀白文而後注解，或自己講解些。如此畢，我就與家人等咏聖詩幾節，然後大家跪下，而我就祈禱也。”遠曰:

“獨在祈禱呢?”張曰:“我凡有閑，不拘早晚，到静處，或在園内、或在此樹下、或在那小房裏，而或走來走去、或坐下默想。又看聖書幾節，細省自己平生之事，再思量每日之行，又跪下祈禱神主，認我一人所有之罪、謝我已所受之恩，又求神賜恩助我去惡從善。且在静處因無人看、聽、講，故方便行此事，心更有安，思更不亂，又神主看人隱祈禱，其則大施恩寵與之，此獨在祈禱有益於人也。”

聖書節注

訓十一　論審判

聖書云:“蓋吾輩皆必當對基督之審臺，以使各獲本身所行，照其所行善惡之報。”〔1〕此節意思説到，世末，萬死者復活後，必被審判也。自天地始至天地終，所有地上萬國人，無論君民、富貧、貴賤、聖凡、善惡等，皆必受審判，無一能脱也。將審判萬國人者，耶穌也。昔耶穌可憐世間人，自天降地，代人類贖罪，那時其受多難多辱，惟到世窮時，其之榮光無限，其將坐審位，定萬人所宜得之報應。在今世，人多受冤枉，善良者屢受奸官所害，暴戾者屢當大任。又受害者不得公道理論，而使害者屢次不受惡報。但到大審日，在耶穌審臺，必不如此。乃各人必受其本身所行善惡之報。萬人對耶穌審臺時，而耶穌就照各人生前之心念、

〔1〕見《可林多第二書》五章十節。

口話、身行而審之，絲毫不差。尊神主者，賜得永福。不尊神主者，令受永禍也。

古今聖史紀續上月。 六月

第十八回 論米勒其西得

亞百拉罕從趕以拉麥軍回來，在路間，撒冷之王米勒其西得將酒飯等物出迎也。此米勒其西得爲至上神主之祭者，其當祭職比後來當祭職者不同。後來當祭職者，每代相授相繼，人受之於父，而傳之與子，子孫繼父祖之職。惟米勒其西得受祭職於神主，而將死不傳之與後人，乃還回神主。據《新遺詔書》所云"米勒其西得爲無父、無母、無生譜、無日子之始，連無生之終。惟成似神之子，常存爲祭者"之話，[1] 是指其職，不指其身。無父母、無生譜、無日子之始者，皆言其不受祭職於人，乃受之於神主。無生之終者，言其不傳職與其後也。成似神之子者，言其爲神之子耶穌之表。蓋耶穌亦不受祭職於人，乃受之於神主，又不傳之與後代。故耶穌升天時，所有地上之祭事皆應該息，不再行。蓋人罪既已贖，則祭無用於世界。但祭有二分：一、代人贖罪；二、代人求神。其一已經完，其二耶穌今在天上行，故云：其常存爲祭者也。米勒其西得迎亞百拉罕而祝之云："願天地之主宰至上者神主，賜盛福與汝及汝全家，我又頌贊至上

〔1〕 見《希比留書》第七章三節。

者神主，因其曾交汝諸仇入汝手下也。”亞百拉罕將其衆物而抽出每十分之一，奉與米勒其西得，願彼代獻與神主，爲謝得於勝敵，及得救回羅得之恩也。〔1〕所多馬之王見亞百拉罕將人與物皆救回，又另帶許多掠物來，其亦出迎慶賀，而曰：“求汝以其人等給我，而其諸物汝己可取而用。”亞百拉罕此去戰，原非欲得利自益，乃欲救回其姪，所以不以掠物爲念，故答王曰：“除我少年輩已經所食，及另相助我三友之分者外，我卻不要受掠物絲毫。恐爾日後云，是我使亞百拉罕爲富貴，惟使我得富貴者，天地之神主也。且我曾舉我手向神主，而發誓不受此物何一件也。”按古人發誓，屢舉右手向天，以天地之神主而誓也。

張遠兩友相論

第九回

遠曰：“亦好，只怕像我貧窮做工的人，不得閑行這麼多事。”對曰：“此事是在心實，不在時久，每日二三刻亦彀。看來别人日日所用説閑話之時，比我日日所用拜神主之時又多。”遠曰：“如此是好，則必致財盛、名揚、後人多，蓋鬼神無私也。”張曰：“此皆未必，且我拜神主，非因欲得財、名、後，乃因欲神主免我罪、潔我心、救我靈、祐我身之意。一個人的心常留滯於財、名、後之類者，似猪常喜居

〔1〕見《創世歷代書》十四章十七節至二十四節。

於泥塗中焉，何足全人之事哉？且富貴之屬，亦不歸鬼神所管，是歸天地之主宰神主所管。今世之福，與善人在復活後所得之福，皆神主之賜也。”遠曰：“説到‘復活’兩個字，則使我憶起先生昨次所施之教，今晚來意特求先生推解些。萬人復活後，不知還有如何？請教。”張曰：“萬人復活，則先分爲二隊。從闢天地以及天地盡，萬代、萬國之善人，皆歸這一隊。又從闢天地以及天地盡，萬代、萬國之惡人，皆歸那一隊，然後有審判。”遠曰：“審判如何？”對曰：“是這二隊人，被耶穌所審其各人生前的善惡，又依各人之善惡審斷之。遵神主而行善者，耶穌將定之得永福於天堂。不遵神主而行惡者，耶穌將定之受永禍於地獄。求相公細想此事，蓋汝我亦必被此公義之審判。汝欲在善隊乎，欲在惡隊乎？”遠曰：“自然欲在善隊，只怕不能得如此。蓋我罪甚多，我心甚痴頑，自己是惡，又四面周我有一惡世界，内外有敵攻我。所以致得成爲善，是天下至難之事。”張曰：“説得甚着。但我人之罪雖多，若真心求神主，則其必因耶穌之功勞而赦我。我心雖痴愚如禽獸，又硬頑如鐵鋼，神主之聖神能感化之。我内外之敵，雖衆且詭且力，神主之大能必助我勝之也。”遠曰：“蒙教，蒙教。”二人講至夜深，蓋張自己心注於道理，喜講之過於喜飲食，又遠雖還不明曉，亦覺得有點味道。其心尚如黎明時，半黑半白，但其願明白，如渴見水，所以二人不疲倦也。要别時，遠曰：“此是静處，又夜已半，人人皆睡，不得見聞，故我求先生在此替我祈禱神，致我以後自更知該如何祈禱。”張曰：“好。”二人遂跪在梧桐樹下，而張舉眼、手向天祈云：“至上帝神主歟，是見我二人在此。我平生之念、言、行，無一神主不明知。萬惡爲神主至恨，而必公義賞罰善惡。我二人略知自己之罪惡、過失，又今認之於神主之前。我們又覺得自心是惡的，我罪人實當受神主之公怒於地獄至永遠。我們在自己實在無善義、無功德、無心力，只得望向神主，求俯視我。我們已聞耶穌曾來此世間，代人類贖罪，故懇求神主看耶穌而因其之名，赦我二人之罪，光我心，潔我思，助我今遵神主、改舊惡、常行善、守本分。又求神主到我二人死日，即救我靈魂。且到大審判之日，祐我身靈並得永福於天上，我心願如此也。”祈禱畢，二人遂起身，施禮而別。後月續講。

聖書節注

訓十二　論永福永禍

聖書云：“此等将去於永刑，惟義者於常生也。”[1] 此節指審判後之事。此等者，惡群也。義者，善群也。耶穌一審惡人，其即就驅之離其面前，投下地獄去受惡報。惡者在地獄所受之苦有二：失一，受一。失者，必失萬好，今世之福與來世之福皆失，而至永不能再得之也。受者，受萬苦，其身自首至足常覺疼痛，其靈心常覺戰兢，四肢、五官、百體皆苦難之至，靈心、七情皆憂懼之至。又苦與憂並受至世世不完，此永

〔1〕 見《馬竇書》第二十五章四十六節。

刑也。耶穌一審善人，其即就引之升天堂得善報。善者在天堂所得之福亦有二：脱一，享一。脱者，得脱出萬難。身體不再病、不再弱、不再倦、不再死也。靈心不再懼、不再慮、不再憂，内惡、外惡、惡慾、惡人、惡鬼都不再攻善者也。享者，享萬福。身常壯力、爽快、好看，又其靈心極平安、喜樂，且智深、德全、福盛，又皆存於神前至世世，此常生也。

古今聖史紀續上月。　　七月

第十九回　論撒利及夏厄耳

夫亞百拉罕雖富貴名揚，又家人多，然其己尚無子無嗣也。[1] 惟其得默照，在默照中神主謂之曰："亞百拉罕也，汝勿怕，蓋我乃護祐汝之藤牌，又我必以重恩賜汝也。"亞百拉罕聽時，且懼且敬，而求神云："神也，神主歟，爾將以何恩而賜我耶？我無子，而他人之子生在我家者，將爲我之嗣，故敢求神照顧我也。"神主再言亞百拉罕曰："他人之子，必不爲汝之嗣，乃汝自身將生之子，必爲汝之嗣。"神命之出外，而曰："汝今仰天，觀各星甚衆，汝豈能紀其數乎？汝今雖無子，然將必有子孫如此天空各星之衆焉。"亞百拉罕與其妻撒利二人已將老，世人往常生子之期已過了。但亞百拉罕知得兒女是仗着神主之施恩，又知神主無所不能，故穩信以神主所許，自必有得驗之時。因信神主之言，

〔1〕見《創世歷代書》第十五章一節。

神主以其之信而歸他爲義也。[1] 那時神主又告亞百拉罕預知，以後來其之子孫必下以至比多國，受暴虐四百年間，而後出彼國來，得加南地爲業，此皆神主預告其知也。[2] 亞百拉罕之妻撒利見己不生子，乃謂丈夫曰："神主未賜我生子，不如爾把我婢夏厄耳爲妾，致我以他而得子，免我家根本後代絶去。"亞百拉罕未細想娶妾爲惡，故從妻之語，把夏厄耳爲妾。[3] 此後因夏厄耳受孕，其就輕視厥主母，致亞百拉罕之妻妾相争。夏厄耳忽略撒利，以其之無子，而撒利難爲夏厄耳，以其之驕傲，以致一家都不平安。夏厄耳不能忍撒利日日之苦磨，所以逃走野地去了。在野地時，神主之神使者現與夏厄耳看，命之回家，服事主母。又告之知胎内有男子，又其子後必得大名也。夏厄耳領命回家，而孕期滿時，其即産子。亞百拉罕名其子曰以實馬以勒，即譯言神將聽也，指神主之可憐夏厄耳在野地艱苦之中也。以實馬以勒生時，亞百拉罕纔四十六歲也。以此件古事而可知娶妾之惡，蓋使夫婦性情爲寒冷、家内無和、子孫相怨等事，多出此因由來。故娶妾者，是親手種家禍之根，親手播子孫不和睦之種。再者是得罪神主，而必被其所罰也。案古人多有此罪，不止往常人，乃又聖賢亦有之。但彼時其不明知是不該的，而後人錯學其之樣也。亞百拉罕九十幾時，神主又自現

〔1〕 見《羅馬輩書》第五章三節。

〔2〕 見《創世歷代書》第十五章十四節。

〔3〕 又見第十六章自一節至十六節。

與他，同他立約，且命他守損割之禮。夫損割，乃上古凡生男子者所守之禮。子生後第八日，須割去勢頭皮一點，此禮之本意有三：爲克諸慾之表，一也；爲分别凡拜真神於拜假神之號，二也；爲人以耶穌而得救之實印，三也。〔1〕此禮存一千九百三十餘年，至耶穌代贖世人之罪時，而就息了，今人不可再守之也。〔2〕凡在耶穌之先而敬神主者，屢次稱曰“損割輩”或“割輩”，而那敬假神類者稱曰“無割輩”，凡欲盡明白《新遺詔書》者，該善記此也。後月續講。

張遠兩友相論續上月。

第十回

遠回家，一路思張在祈禱所説之話，心下想道：此人奇怪得狠，我看他日日行好，又人人都説他是個善良、不多事之人，而他自己祈禱時卻説有罪、説心惡，又説該受天之怒等話，不知何故，第二會我定要問他。三日過後，遠於晚間赴張家裏去，欲聽他推説上晚所講之道理。到時，張已出來，而坐在梧桐之下，見遠來，乃起身作揖，而曰：“相公，請了。”對曰：“有請。”二人遂坐。張問曰：“相公有甚新聞？”答曰：“未有，特來請教。蓋人人都稱先生爲好人，我亦想先生有非常之德。但那晚上，同我祈禱時，先生認了

〔1〕見《創世歷代書》第十七章自第九節至十五節。
〔2〕又見《羅馬輩書》第四章十一節。

罪，説自己心惡等語。夫如我凡夫用這樣話，是該的，但先生這麽善的人用之，不知何故？定要請教。”張曰：“豈敢！人只見外面，不能見内面。惟神主連内外都見得明白。又且人見人與神見人大不同。世人所最愛、最贊之人及事，屢次爲神主所至惡，又世人所最惡之人及事，屢次反爲神主所至愛。故我自察時，不可照人所説及我們，而自審也。我們日日之出入、坐起、動静、行止、睡醒、言思等，都神主所細察，而必見無數之罪在我諸事。不要説我，就是古今大聖賢，若是神主嚴究及他們之罪過，則無一得算爲義，而况我乎？因而我不敢懷自義之心，只得在神主之前謝罪，求神因耶穌之功勞而赦免我也。”遠追想良久，不再問及祈禱之事，乃曰：“先生那晚説審判後，萬善者升天堂，又萬惡者落地獄，請推講些與我聽。”張曰：“死後之事難解，因爲在今世上無禍福似死後之禍福。蓋世上之禍福並有限，不能常久。現在最有富貴、快樂受用之人，不能多年如此，三寸氣一斷，皆休了。又最受貧窮、饑寒、艱難之人，亦不能多年如此，臨命終時，此等苦亦皆息了。惟講到死後之福，是存至永遠世世。蓋在天堂善人之身不再病、不再弱、不再死，乃壯力、爽快、好看。又其之靈心亦無懼、無慮、無憂，無惡念在内，無惡惑在外。乃在神主之面前極平安喜樂，且智深、德全、福盛也。今世所有諸難，善者皆得脱出。又今世心上不能度到之福，皆必得享而俱存之，至不盡於世世。美哉！美哉！死後之福也。勸賢兄細思之。”遠曰：“甚蒙，甚蒙。又煩先生略説死後之苦若何？”張曰：“古者曾云‘惡有惡報’，夫惡報不但在今世，亦在來世。蓋惡人在審判後，身連靈並必落地獄而受無窮之苦。其身體常受苦難之極，而至世世總無安。其靈魂亦常受懼怕憂悶之極，而至世世總無福。其今世所有之好處，必盡皆失，而至永遠不能再得之。其諸罪之罰，都必降落於之，其必同惡鬼相住，而永受神主之公怒。苦哉！苦哉！死後之難也。敢勸賢兄細思之。蓋落入那受惡報之所在者，至永遠不能再脱出，故當早求避之。又升到那得善報之所在者，亦不能再失去，故當早求得之。今彼可避而此可得，惟若現在不轉心歸神主，則兩様未必也。”

聖書節注

訓二　論信有神

惟無信，則不能悦神。蓋來到神者，須信以有神，又以神賞伊等勤求之者也。[1] 無信者，不信有神，不信神是督世間，不信死後之報應也。不能悦神者，神無悦於此人也。來到神者，拜神也。賞者，可憐施恩也。勤求之者，誠意、恭敬、恒心求神也。天地萬物必有造之者與主之者，且其造者、其主者非二，乃止一神主。萬人該信此理，又敬此神。若在普天下，有一人不信此理，不敬此神，則神主無悦於其人，乃定重罰其之無信。人生在世，不能自保全、自避難、自得真福、自得罪之赦，獨神主能以此等賜之。故其該當日

〔1〕 見《希比留書》十一章六節。

求神主，又求時宜想：我雖不見神主，然其見我、知我之罪、知我所需，且能准我所求，免我罪、保我身、救我靈，此我當信。我今來求神主，要恭敬，勿心馳於外，勿怠惰。蓋神主在，而其必賞善罰惡也。

古今聖史紀續上月。 八月

第二十回 論所多馬及我摩拉

夫在那地有兩座城：一名所多馬，一名我摩拉。其兩城之田地甚爲豐富，各好物盛滿生産，無所缺。惟其之人民甚爲暴戾，各般惡滿於心、盈於室、溢於國。輕天、欺貧、邪淫、男色、奢侈、縱慾，無所不至。如《景行録》所云"飽暖思淫慾"之話，果不錯也。天地之神主爲至義，而至惡萬惡，故見二城之人這樣違逆罪惡，乃重罰其人，盡滅其城。但未曾罰之之先，乃預告亞百拉罕知。蓋一日亞百拉罕日午，坐於帳房門口乘凉時，舉目看卻見有三人，在對面站立，不知是何人，心下乃思想：莫不是過路之客，因無寓處，故來求宿？亞百拉罕遂慌忙起身出迎之。視時，乃非常之面貌，遂拜於地而曰："我主也，太受辛苦來舍下，請來坐坐。料走路身體必倦、精神必廢，求在此樹下歇息些時，而我叫人拿水洗汝等足，又送一點水飯與汝等飲食，待力復健，然後可進汝路，望不棄我薄禮也。"三人乃依之。亞百拉罕快入帳房内，叫妻快備食物與三客。伊等坐間，亞百拉罕纔知三客非地上之人，乃天上來之神使輩，故大敬之。伊等不久而起身，取路向所多馬，而亞百拉罕同往，欲送之去。路上神主以其神使之口，而告亞百拉罕知所多馬及我摩拉將及被滅之事。蓋神主曰：“所多馬及我摩拉人輩之罪惡甚大，我明知之，而必不再容之也。”時其神使輩進路前去，惟亞百拉罕待在神主之前崇拜。亞百拉罕心内憶其姪羅得與厥家，又思想：所多馬及我摩拉之人雖狠惡，我料未必個個都惡，在内中諒有幾善人，神必保祐之。又想神主是大恤憐，或者肯可憐那兩處之人，也未可知，不如我替伊等求神主。亞百拉罕遂大敬而拜曰：“天地萬物之造者、全地之大明審司者，神主歟，敢求惜其二城人，在其内之善者求保全之，或者可有五十善人在兩城内。神主豈是肯敗善同於惡乎？豈不是因其善者而恕惜兩處人乎？”神主謂之曰：“我若遇五十善人在衆惡之内，則我就爲伊等而恕惜兩城人也。”亞百拉罕又祈曰：“我只爲地塵而小可微物，我欲再祈，敢求神主不發怒向我。或者在兩城内可有四十五善人，而神主豈不是肯因伊等而恕惜二城乎？”神主曰：“若有四十五善人，則我爲伊等而恕惜二城也。”亞百拉罕又曰：“在其内或者可有四十善人。”神主謂之曰：“若有四十善人，則我爲伊等而恕惜全處也。”亞百拉罕又曰：“在其内或者可有三十善人。”神主謂之曰：“若有三十善人在内，則我不敗其二城也。”亞百拉罕又曰：“在内或者可有二十善人。”神主謂之曰：“若有二十善人在内，則我亦不敗二城也。”亞百拉罕又祈曰：“我願再言只此一會，求神主不怒我。或者在其兩城内可有十善人。”神主謂之曰：“若只有十善人在内，則我亦肯恕惜全處也。”

可惜所多馬及我摩拉中之人雖狠衆，而亦未有十善人在內中，獨有一善人，即亞百拉罕之姪羅得而已。[1] 羅得住在所多馬，因日日見其人之惡行。聽其人之惡言，則心甚被憂磨，勸伊等改惡，伊亦不肯聽，故神主要敗所多馬及我摩拉時，其憶亞百拉罕所求，而可憐羅得，故先遣二神使去，救羅得及其妻及其兩女出惡衆來。[2] 羅得之兩女各有丈夫，羅得將離城時，其勸二女婿亦同去，惟伊等不信其所説及二城必將被敗之言，又不肯同去。次早其二神使乃催羅得，叫其將妻女快奔一高山去。羅得怕路遠，恐不能脱到彼山，故求神主准他入路邊一小城名娑亞耳者，得保全。神主聽准羅得，又因他而惜娑亞耳不敗之。夫羅得到娑亞耳時，太陽有出，布散黄耀，明照全地。其早天色清朗無雲，甚是好看，且所多馬及我摩拉之人都依舊樣行惡。而不料此最明朗好看之早晨，爲大禍之前驅者，亦不料未到晚而大家必皆死。蓋大家心安無怕時，神主乃由天空即使硫黄與火，似雨下在所多馬及我摩拉及周圍全平地之上，[3] 把衆人男女、富貧、老幼，及衆物獸畜、草木、菜禾，及衆土屋、室、城等，盡皆燒滅，無一留存，獨羅得與其二女三人得脱出而已。蓋其早，城還未敗之先，羅得逃去時，其妻亦同去。但因路上心發貪，回頭看

[1] 見《彼多羅第二公書》第二章七節。

[2] 見《創世歷代傳》第十九章。

[3] 在那平地有五座城：一所多馬、一我摩拉、一亞馬德、一西波以麥、一娑亞耳，此謂平地之五城。除娑亞耳外，餘四城皆被滅。此獨言所多馬及我摩拉者，以二城爲最大也。

城，則想着所留各財物，而心捨離不得。故神主怒罰之，變爲似一鹽柱，常存爲警戒萬後代，示伊等不可懷貪心也。敗壞所多馬及我摩拉此古事，以三件而示我今世人：一示我知道神主爲至義而必罰惡人。神主屢次容耐惡人，欲使他們悔改，他們若不肯悔改，則必不脱。蓋惡到頭來終有報，高飛遠走也難逃。今世不報，死後定有報。勸君勿行惡，一件也。又示我知道擇處時，不可和合惡隣，恐怕日後難脱其所累。蓋羅得僅免同所多馬受敗。勸君勿輕交人，二件也。又示我知道神主常保全義人，亦聽義人之祈禱。蓋神主聽准亞百拉罕之祈，而救義人羅得免受禍。勸君謹祈禱，三件也。

聖書節注

訓五　論信者得救

其又謂伊等曰："爾往普天下，宣福音向各人物者。信而受洗者，則得救。惟不肯信者，則被定罪矣。"〔1〕其者，耶穌也。伊等者，其之使徒也。福音者，神主之真理也。洗者，凡真信耶穌者，初信時，被教師灑些水在其上，爲入公會之禮也。得救者，得諸罪之赦，及死後永福也。定罪者，受神主之怒，與死後永苦也。耶穌因愛憐世人，自天降地，受難受死，致代贖人罪。其死後第三日乃復活，而後四十日復升天上去。於升天日，其集五百餘人，而對其門徒如是言

〔1〕見《馬耳可傳福音之書》第十六章十六節。

云："我今日復升天，你們該把我道理到萬國去宣之與萬萬人，明告他知，我曾代他受死，以救他靈魂。凡人聽你等講此理者，若心信之、身從之，又去惡遵神，則必得永福。惟聽而不肯信從，不肯去惡遵神者，不拘何處人，都必受永罰也。"

古今聖史紀卷之二 九月

第一回　論以撒革及以實馬以勒

夫所多馬被敗之後，亞百拉罕之妻撒拉氏生男子，名之曰以撒革，照神主曾許之。以撒革生時，其父之年紀一百歲，其母九十歲。〔1〕以撒革生後之第八日，其父亞百拉罕損割之，〔2〕依神主曾所命也。撒拉見已獲嗣，則甚喜曰："神主大賜恩與我，使我大樂。"且使凡聽及此事者大奇之，誰料已到九十歲之婦，能哺嬰兒哉？到斷以撒革乳之日，其父親大設宴，請諸親友赴席也。後來那前說的夏厄耳之子以實馬以勒，戲笑以撒革。撒拉見時大怒，謂亞百拉罕曰："該逐此妾與其子出我家門去，不可給此婢之子與我之子同嗣。"亞百拉罕聽時，心極憂，不知該如何行。蓋前娶此妾時，未料此一件事，日後必致生一家之禍。神主乃看顧亞百拉罕，謂之曰："勿因這件而憂愁太過，汝妻所說諸言，汝

〔1〕見《創世歷代書》第十七章。
〔2〕損割之解見上卷第十九回之終。

從之。蓋以撒革爲汝之嗣，且後來必降地救世人者，將由以撒革之種而生也。至於此婢之子，我亦將使他爲大國之祖，蓋因其爲汝之子也。”亞百拉罕遂令備些清水與麵餅、行李等與夏厄耳，叫他將以實馬以勒離其家，往他方去。夏厄耳起程，走到大山野，其山野甚熱，且無清水、無井泉也。夏厄耳走間，其所帶來的水用盡了，母子二人覺得熱在外、渴在内，甚難當。以實馬以勒精神悉衰了，不能走，其母盡力扶他到一小樹蔭之下，叫他偃在那處，得樹枝遮熱。以實馬以勒饑渴近死，其母不忍看他死，只得離他些，於對面處坐下苦哭。二人將要死時，神主恤憐他，命天上一神使安慰他，説云：“夏厄耳也，汝有何事耶？不要傷心，不要怕。蓋神天已聽汝子之聲音，[1] 且施恩與汝，汝去扶以實馬以勒起，蓋神天必使一大國由他而出也。”神天之使者，乃示夏厄耳知於近有水井，夏厄耳看井大喜，而去取水與以實馬以勒飲。既飲水時，以實馬以勒精神復，而漸次得力，時他母子住下於那山野地。以實馬以勒因無田耕，乃習打獵射箭爲業，母子把其所獲鳥獸之肉爲食也。長大時，以實馬以勒之母令他娶一以至比多來之女爲妻，以實馬以勒遂領命娶之。而後來生十二子、一女，其十二子每一人爲一枝派之祖，則由以實馬以勒有十二枝派之人發出來。其十二枝之人漸次生多，四散滿其野地，而立一大而且固之國，名曰亞拉比亞，即今回回國是也。以實馬以勒至一百三十歲方死，其

---

〔1〕 神天者，神主也。

子孫習父之業，以打獵射箭爲活，不多耕田。伊等亦横行霸道，而爲甚利害向各隣國。且周圍與遠近多國，代代有攻戰他，而到今時亦未能服他，此亦驗神主之神使者昔所説。蓋以實馬以勒還在母胎時，有一神使者預説其母云："今汝胎内有男子，其子必爲野人，其手將敵各人，而各人之手亦敵他也。"〔1〕此二句指以實馬以勒及其子孫將住於野地，又爲利害向隣國，常被多國所攻，而亦不被何國勝服之事也。〔2〕夫耶穌之使徒保羅已説，此撒拉及夏厄耳爲在先表指後來之事。蓋夏厄耳爲指古教，即摩西之例爲難守者。而撒拉爲指新教，即福音爲易守者。且以撒革爲表指善人，而以實馬以勒因戲笑以撒革，故表指惡人，爲捕害善人者也。後來多世，假師謨罕驀德爲回回教之祖，由以實馬以勒子孫而起，以謊詐哄彼世人，動干戈殺死無數之人，勉强多國從其教，不肯從者即殺之，真大不合天理也。夏厄耳去後，亞百拉罕在比耳是巴而種樹林，在樹下拜神主爲永神者。此"永神"兩字意深，言未有天地萬物之先而其真神主在，又天地萬物窮盡後，其真神主亦在也。按古聖人多愛樹林，而屢到其中默想、拜神天，是因其處爲静又凉的，而方便行此緊要事。後來世人忘記萬有之真原，而自專造出無數之神，且屢置之在樹林中，以爲學古人。卻不知雖執意從古人所拜之處，然棄古人所拜之神天矣，豈合理哉！

---

〔1〕見《創世歷代書》十六章十二節。

〔2〕見《厄拉氏亞書》第四章二十二節至終。

爲勸我們世人行善幾樣論法

一、在生前只是好人爲福，此係一個緣故。

二、以人做善，乃天老爺的主意。[1] 凡行惡者，則自招天老爺之怒。此係第二個緣故。

三、天老爺曾可憐我們世間的罪人，業已派過了天之子耶穌代贖我們罪，好使我們悔過，而得了個恩赦。倘若我們背理，負天老爺之大恩，仍然爲犯，則是逆於天之惡賊而已。此係第三個緣故。

四、此三個緣故，只是説到生前之事，但還有論法説到死後之事。年年月月有同鄉之朋友或本家之親戚，永别了我們而過世去了，但是死後止有個永福或是個永禍。天老爺豫先給我們知道，好使我們悔罪改過，信向天之子救世者做善。此係第四個緣故。

過數年，我們不得不陸續死了過去，又不知道那一個先去。我自從來廣東，死了一個父親、三個兄弟，又死了好幾個朋友，外江的也有，這個廣州府的也有。你們各人在十年以來之間，也死得好幾個朋友了，或他們靈魂在天上與否？我們不知道，亦不敢亂講及他們，只是應該自家豫備豫備，誠恐未曾豫備了。天老爺看我們仍然不改悔，則一下命我們死了去矣。

故此，今天我甚切勸你們聽我的話，即日心下悔過改

---

〔1〕 天老爺，即指神主也。

過，信向天之子耶穌好的。

天老爺免你們罪，或者今年死過去了，則可升在天上永享不盡之福矣。

世人昏昧之緣由

今世人昏昧於明德及反逆不遵天意，惟上古元蒙天老爺初生之人心乃靈，聰明明德，止於至善。但獲罪於天後，則爲氣禀所拘，人欲所蔽，且常時而昏焉。是乃拜偶像，與不畏天老爺，及不奉天之子救世者聖教之真緣由矣。

古今聖史紀卷之二續上月。 十月

第二回 論亞百拉罕之獻以色革

此後神主願試亞百拉罕而堅固其心，所以神主命之曰："汝今要將汝獨子，即以色革，爲汝極愛者，而往到摩利亞地，且在其地之一山上，要獻他爲燒祭也。"〔1〕亞百拉罕聽之，則心未免憂慮。蓋神主曾有許，必使亞百拉罕之裔爲大在世間。但以實馬以勒已去，不知何往。且除了以色革外，亞百拉罕另無嗣，又夫妻已經年老，不得望再生子，不知神主所許如何可得驗。又也，以禽獸爲祭是照常，若以人爲祭，則不照常矣，必定有個深意在内。而亞百拉罕未必知此

〔1〕 見《創世歷代書》第二十二章。

件事之所指，所以不得不慮。只因是神天之命令，故亞百拉罕不敢違之。其亦明知神天爲至恩，而常以好賜人，乃心下想道：此事果非常、果難行，然是造我、養我之神天所命。而我今雖不知其意，然其定有好意在内，諒日後我亦得知其意。今只遵神之命，爲所應該的。我小可微物，何敢不順至上神之命令也。亞百拉罕遂即備便各物，清早起身，備鞍在驢上，將柴爲燒祭，叫兩少年人跟隨，且携其子以色革開路而去。走到第三日，亞百拉罕則遠遠而望見那山，乃令其兩少年人曰："汝們及驢止在此，而我與我子往那山去崇拜，然後回來。"其少年領命。亞百拉罕將刀連火在自手，且叫以色革負柴在肩上，父子乃進路。然以色革不知此去爲何意，乃料想其父親必用或牛或羊等爲祭，不曾料自己必爲祭物，乃問於其父説道："我父今有火及柴備在此，但當祭時，該用的羊羔安在?"亞百拉罕答曰："我兒，神天必自備羔爲祭物也。"二人到定處時，亞百拉罕建一座祭臺，排柴於臺上，且將其子以色革綁縛，而放之在臺面柴之上，取刀伸手，正要宰其子時，自天上卻有一位神使呼曰："亞百拉罕也，亞百拉罕也。"對曰："有。"神使曰："汝勿下手於汝兒子身上，勿行何事與他。汝今所爲，是足顯汝果有敬遵神天之心。蓋以色革爲汝之獨子，汝所至愛者。然神天之命令到時，汝尚未惜汝至愛之獨子，而況凡更輕之物乎？今明知汝果是敬神之人也。"亞百拉罕乃觀望在背後，而卻見有一頭公羊在小樹中，角已被樹枝夾住，致不能脱。亞百拉罕一看，則大喜，乃前去取其公羊，而獻之爲燒祭，代厥子以色革。亞百拉罕名其山曰“唧啊呃唉嘞”。此句有兩樣解：一言在神主之山，必看見。一言在此山，神主將自顯著也。照前一解，則指其公羊爲神主早備在山爲祭，代以色革，而言在急難間，神天必施恩扶助凡依靠之者也。照次一解，則預早指後來降地救世者耶穌。蓋亞百拉罕死之後約八百八十餘年，以色耳王所羅門在此山而建一座大禮拜堂與神天，而神天屢次顯其大榮於此堂内。按此堂是在周朝康王之時而建也，且在所羅門崩之後一千有九十餘年，耶穌亦在此山上被釘十字架，代萬國之人受難，贖人類之罪。故亞百拉罕説“在此山，神主將自顯著”之話，爲預指後來之事，而言神主耶穌必在此山上代人類受難也。

按亞百拉罕獻以色革此件古事，都爲後情之預表。蓋以色革被縛而置在祭臺上，指人類因其罪而該受難者。其公羊爲祭，代以色革者，指耶穌以自己之生命爲祭，代贖人之罪也。亞百拉罕獻祭畢，神主之神使自上天又呼及亞百拉罕曰：“神主云：‘我以自己而誓，因我之命到時，汝就肯捨汝至愛之獨子，則我必使汝之種世代加增，而爲如天上諸星之多、如海邊沙之衆，且在乎汝種，地上之萬國，俱將被祝也。’”種者，子孫也。“在乎汝種”此一句，預指耶穌。蓋其自亞百拉罕之種而來，又以其之受難而贖萬國人之罪。所以説在乎汝之種，地上之萬國，俱將被祝也。〔1〕祝者，福也。亞百拉罕與以色革回到其二少年人處，而與之皆

〔1〕見《希比留書》第二章十六節。

回家去。此件古事，示我們今世的各人，該遵神天之命令，而信其之言。又示諸人子該孝順父母，蓋神天所命，雖非常且甚難行，然亞百拉罕不推諉、不遲緩，乃於清早起身，盡力遵行，而我們亦該當如此。且不止在易行之事，乃又在最難行之事亦然。神主已説必使亞百拉罕之子孫爲大於世界，而其信之。且神主命他獻其獨子爲祭時，他也未曾不信。蓋明知神主已所許者，必於其當時而得驗，且就是以色革死，神主亦能復活之。亞百拉罕之信爲穩固，所以得稱爲諸信者之父也。我們亦該信神主之言，不可疑也。蓋一最善德人之言，尚且該信，何况神天之言乎？再者，亞百拉罕獻以色革時，自己曾老，而以色革卻爲壯年人，若要違其父親，則有何難？但以色革總不違父意，總不發一怨言，如今做兒做女的，該當學之而爲孝也。

論神主之愛憐世人

蓋神愛世。[1] 蓋神者造化天地萬物，督理世間之主神也。愛者，慈憐之意也。世者，宇宙也。神見世間上萬國之人，上至君，下及民，富貴、貧賤等，日日行各事，善的少，惡的多。因此罪惡，以致獲罪於神天，依理本當受神天之罰。世間人的罪惡，又因其罪惡陷害了自己寶貝靈魂，但

[1] 見《若翰》第三章十六節。

世上人其靈魂雖被罪惡陷害，而世間上的人，卻不知此關係，正如瞎眼的人走錯路途一般。言世人不知怎麼樣救脱自己寶貝靈魂之意，所以神天大發慈悲，可憐世上的人，自天上降下一位救世者來世間，救世間萬國人，代贖世間人之罪，指示世上痴迷的人知道自己之罪惡，教化世間人悔罪、改惡、行善者，可能救脱自己寶貝靈魂之罪也。

致賜己獨子。致者，恤憐之極也。賜者，施恩也。己者，神也。獨子者，言神之體有三位，曰神父、神子、神風是也。這三位中一名神子者，同神一性、一體，故稱獨子之意也。又地上世人所稱者，即是救世者耶穌也。神賜他來世間三十餘年，把真理而周行教化世人，又行多少神迹與世人看，令世間人悔罪、改惡、從善者，不致失了寶貝靈魂之關係也。

使凡信之者，不致沉忘，乃得永常生也。使者，令也，又以致如此也。凡信之者，凡在世間上的人，信從救世者，依靠他贖罪功勞，得救出諸罪之污，日日全心全靈敬畏神而奉事之，不拜世間人手所作之菩薩、偶像等物。又用心、用力遵神之誡，孝順父母，守本分，行好與人，改惡從善，在世間上日日得神恩賜福與他。而到生命終之日，其寶貝靈魂不致沉忘，乃得永常生也。沉忘者，地獄之永苦。行惡不肯信從耶穌之人，於死後受惡報之所在也。常生者，天堂盛福之所在也。這是世間上不論何國之人，信從耶穌而行善者，依靠他贖罪之功勞，可得永常生於天堂，享無窮之滿福也。

古今聖史紀卷之二續上月。　十一月

第三回　論撒拉之死

凡做人父母所最願者，莫如見其子女生長成人。但神天屢次不遂人所願，反屢次使人母一產子就死，也有的一斷孩乳就死，也有的一見孩兒入學就死。此亦未必因其有罪，過於長壽之人，乃因神主定如此。蓋在世多有惡人生至老，亦多有善人半生而早亡。若是人父母蒙神天大恩，存留其生命，待至兒女生長成人，則是其心所最欲，而亞百拉罕之妻撒拉乃得如此。蓋生以色革時，其約九十一歲，其又在世有三十六年，親自撫養以色革，教導他，見他生長成人也。夫亞百拉罕有牲口甚多，而因比耳是巴地有好草場，所以其在彼處牧牛羊，乃留撒拉在於希百倫管理家事，希百倫離比耳是巴乃幾十里路。夫撒拉年紀已有一百二十七歲之老，而其丈夫在外時就死矣。亞百拉罕一聞妻已死，則愁之至，乃快奔希百倫去哀哭之。夫此地非亞百拉罕之本地，所以無墳墓，無葬妻之處。若要借地做墓亦不難，惟此事乃其心所不忍，恐怕日後其地主不惜屍骸。故而亞百拉罕甚願買地做墓葬妻，所以向其地之人説道："我爲旅客寓在君等中，自己無做墓之處，求君等以葬處而賜我，致我就可葬我之死者，蓋不忍再留之在眼前也。"其地之人原大敬亞百拉罕，而以自己最好的墓肯借他，故對曰："君在我們處，爲大尊之人，就是我們頂好的墓，亦求君隨意而葬已死之妻在其内，我們中定無一人要禁住也。”亞百拉罕乃深深作揖説道：“多蒙君等厚意相待，甚爲不敢當。然君等若不棄我，則願買一葬處，只望君等於王以法倫處爲我先説數語，求他賣厥田内那穴處與我爲墓，就萬謝矣。”王以法倫本爲洪量之人，一聞及此事，其願白白送之與亞百拉罕，曰：“君不須買，我願以其田及田内之穴俱送上，望君不棄微禮。”亞百拉罕拜於地，而於衆人面前答王曰：“君上大恩，我何能望得盡報哉？本當遵令跪謝而受，但君上若不棄我，則我寧願買之。”王看亞百拉罕心不忍白白受，乃曰：“君若要如此，則我無可説，只依你也。此田我諒約值得二百兩銀子，但此在你我之間不相干，君可取田也。”於是亞百拉罕盡還其錢，而那田與凡屬田者，俱王以法倫所定與亞百拉罕爲業，在凡進城門者之面前，而此田爲亞百拉罕及其子孫之業。且除了此塊田地外，亞百拉罕在加南地，平生無何田地也。既得田與穴，亞百拉罕就葬其妻撒拉氏在穴内也。按上古之人，以厚葬死爲禮，如我中國的規矩差不多。但拜山墳、祭祖先，此一件他們就不敢做。蓋以此爲逆神天，而凡爲逆神天之事，不算爲孝，反算爲罪，故不敢自專而爲之也。按古加南人迷於拜各神、各等菩薩，而凡要葬死人的時候，則大鬧熱，又多虚事。所以亞百拉罕不肯在伊等之何墓内而葬其妻，恐怕被伊等引誘，從其地方人之惡俗，既買了葬處，則爲自己的，可能依己意而行無妨也。按上古西方多國，其在城門出入處而常種一様大枝葉之樹，且凡有甚麽告狀冤枉等事，則大家到城門大樹之下，去聽國王或都督、或城長、或審司者伸理斷定。凡國家事，亦都在此處審於衆人民之前，如在我中國現今的衙門一般。所以亞百拉罕得那田時，國王在城門於衆人之面前而定付之與他也。古時先知與聖賢教訓人時，亦多在城門大樹之下而教之，因是人多的所在。到今時西方諸國有衙門，如我中國的衙門差不多。

悔罪論

悔者，改悔也。罪者，惡也。言人未聞真理之先，其心如黑暗一般，不知有罪惡在身，又不曉有甚麽寶貝靈魂在内，而且難分善惡。但後來得聽真理之時，其心略略感動，然後心内有些微光，所以覺得有罪惡在身。蓋人初覺得之罪惡，不過數樣大罪惡而已。然日久其人多聽真理，勤讀聖書，又得聖神風暗助，光耀其心，使他知在身内有個寶貝靈魂，又助他明白聖書上永福、永禍關係之意。故此其人越發看得自己罪惡無數，此時追想從前，年年、月月、日夕之間，一舉一動都是罪、都是惡，不知積累多少大罪大惡。又想就是生前神天不罰此罪惡，而亦難免死後來生地獄之永苦，我今正是如犯了王法的罪人，過數日就斬首一般。其人想到此時，心内痛苦之極，眼中淚如雨下，自己心内默想道：今我若死了，必定落地獄受永苦。想到此際，越想越苦越痛，上亦無人救，下亦無人救，前後左右都無人能救出罪惡之中，不知有誰能救出此罪惡之關係乎？忽然想到聖書上有一位救世者耶穌，來世間救悔罪改惡之人，其書云：“信而受洗者，則得救。乃不肯信者，必被定罪。”又想道：今有救世者來世間，救世間人，我現今不求救、不痛改，則難免我罪惡之罰。”於是回心轉意，日日用心用力痛恨前非。一舉一動、言行之間皆留心着意，學善學好，親近善人，遠避惡黨。又專心勤讀聖書，學習善理，日日全心、全靈、全力祈求神天，求神天可憐他、助他後來得耶穌之救，大發慈悲赦他之罪，免他生前受各般横禍之害，救他寶貝靈魂免受死後地獄之永苦。如此者，所謂悔罪之意也。

古今聖史紀卷之二續上月。　　十二月

第四回　論亞百拉罕替以撒革娶妻

亞百拉罕年紀已有一百四十歲之老，而其子以色革曾到四十歲尚未獲配，故亞百拉罕願替他娶妻。因想加南地之人，皆不知神天，乃迷於拜事人手所做所立之各神，又想人壯年時，易被誘惑從世俗，所以不敢取加南地之何女爲媳，恐怕其女或其女之親友惑以色革拜伊等之各神，致得罪神天也。若要得錢則容易，蓋加南女之父母，多有富貴的，但亞百拉罕明知要尋淑女爲媳，該以德爲重，不該以錢財爲重，故立意在其本族人之内而尋媳婦。然亞百拉罕本族人居於遠地，而因年老，自己不能走到那遠地去，無可奈何，須托他人代去聘定媳婦。夫亞百拉罕有管家一僕，名以來以士耳，此人已服事亞百拉罕好久，而在家内如兒子一般，其甚忠厚，且敬神天之人。亞百拉罕喚以來以士耳至，而命之曰：

“我今已老，不能久在世，且我子以色革還未娶妻。我若能替他成此一件大事，則心無他慮也。汝今往我本地取良女，爲我子以色革之婦，切不要取此加南地何女爲他之妻。汝今要發誓，必行如我所言也。”以來以士耳領命近前，將手放在亞百拉罕大腿之下，且以天地萬物之主宰神主而發誓也。以來以士耳謂亞百拉罕曰：“倘若我去彼地，而無女肯來此，如之奈何?”對曰：“如此則汝今所發之誓，不關汝事也。”按上古如大輩中，凡要發誓者，放手在其夥伴大腿之下，而對神天發誓也。以來以士耳收拾行李，同帶駱駝十匹，爲負人與物，又帶幾僕人，起程望米所波大米亞地而去。此地爲亞百拉罕之本地，而其之弟兄拿何耳住在此地之一城，名曰下攔。以來以士耳走間，一日將晚時，乃到下攔城外。在那處有一好井，其城之婦女常來彼汲水，而因其地爲熱，所以在清早日尚未出之先，或於將晚日已落之後，而來取水也。按彼地之規矩，凡人之婦女，無井在家院者，常出外井汲家內所用的水，到今時在西邊亦然。且婦女走於屋外如男人一般，西方之人自少時慣熟如此，所以不算得爲不好，不過是一樣的規矩而已。以來以士耳至井處，叫人與駱駝皆歇息，他自己乃敬拜神天，求令他今所走之路順遂、今所去管之事通達。蓋當時諸聖諸善人，凡要管理大事的時候，必先拜神天，求令此事順遂，我現在的人，都該學此善表也。夫來汲水各女之中有一女，以來以士耳看之，心以爲若可得聘定之，則甚好也。其女回去，以來以士耳隨之，到其父比都以勒家，此女乃名利百加。以來以士耳乃在比都以勒家内，代以色革而聘其女利百加定爲以色耳之妻。女之父大設宴，厚待之。後以來以士耳將女與服事他之小婢數人，及行李等，皆放在駱駝背上，起程仍望加南地去。一日將晚，正到以色革處時，忽見他在外走於草田默想。蓋古時的善人有此規矩，屢次於黄昏行走於外，一則天氣凉而爲身體好，二則方便爲細心默想恭敬拜神主之緊要事，三則此時天上各星始顯著，令看者大敬造天地萬物之神主。嗚呼！今人愛於黄昏遊玩閑談，不知乘此機會默想、養心、祈禱也。利百加見以色革時，不知是何人，因問以來以士耳。以來以士耳對曰："汝之丈夫是也。"利百加一聽，則快下駱駝，將罩自遮，而與其之各婢走前施禮。以色革亦施禮，然後携利百加入厥亡母撒拉之帳房内，令住下。過幾日後，諸事既便，以色革乃娶利百加爲妻，甚疼愛之。但約一連二十年，未有生子。到第二十年，利百加受孕生雙子，爲大名聞於當世之人。下一回再推講其二人之事也。

論人該潔心事神善良於人

我專務潔净心事神，毋害於人。[1] 我世人本分乃二：以潔心事供神天，乃一也。毋使害於人，即其二矣。"潔心事神"四個字包括許多道理：一要專心明白神之理，一要敬畏神天，一要聽遵神天所吩咐我信之理、行之善也。

---

〔1〕 見《使徒行傳福音》第二十四章十六節。

有人駁云："人道不能盡，何必言及神道乎?"斯言似有云友兄弟之道不能盡，何必講孝父母之道乎?誰不知以誠心孝父母，則必致越友兄弟?且論及神天之理，亦係如此。有個人誠心事神天，則該人必越做好事於人。倘有人以事神借名而不行善與人，則可見其事神有不明白了，又不實在矣。我常常與你們説云：以真神乃一而已，天地之造化者、元生人類者也。現在世界之所呼叫天命，只是神天之主意，賞善罰惡，係他所定了之例。天上上帝，是至尊者，人心所不能測。惟於上古世時，上帝啓示人心，且至人類變了作惡，心靈被人欲所敝，及成昏昧，不明明德時，復多蒙上帝，降以耶穌代贖人罪，且教人以真神之道也。今我們該當知道以有個天上真神上帝，且以心供他、拜他，至其餘所有天下之各菩薩，皆然不理他們，斷斷不可拜他們。爲甚麽呢?曰：因爲未有兩個上帝。又世人自家立菩薩，是不恭於其真上帝，又是叛逆天上之真主，而以别物立爲個主也。世人自擅立菩薩，或做個偶人以像天神兩樣，是大犯罪於上帝萬有之真主者也。論到拜神者，必先明白神是何也。偶像不是個靈物、不是天上之上帝，何得拜偶像乎?男女死了過去，又不是天上之上帝。設使關夫子一個武官、佛氏一個外邦的人，其來歴不甚明，亦不是天上之上帝。又觀音菩薩，原來一個女子，並不是天上之上帝。該男女都爲我人家之同類，斷不以他們爲上帝真神也。怕他們亦不必，賴他們實不可也。總是以潔心敬畏崇拜上帝而已。我所云"上帝"兩個字，不是言及玉皇上帝，又不是言及玄天上帝，乃是元始造化天、地、人、萬物那一位無始無終、不可測之神也。是一位或稱神天、或稱天老爺、或稱真神、或稱一個“主”字、或稱神主、或稱天地之主、或稱全能者、或稱天父、或稱上帝，皆言一個神，且其之外並非我人所可拜之別神也。這一個神，我們必以心供之，且不要行香，不要祭禮，乃以我靈心必誠實而拜，又必以潔心供神也。若心不樂善，纔是不潔也。凡以潔心供神，並不使害於人，方成得君子。慎之慎之。

第五卷

1819年　嘉慶己卯年正月至十二月

天文續丁丑年六月。　　正月

第九回　論日食

夫日月之食，乃一定而不易之事，且非因天上有何狗、何獸先食而後吐之，此愚者之錯見耳，學者不可信也。至於日食，常在月朔，即月之初也。蓋日、月、地三者皆各周行於其本道不息，而凡有月直經過於日、地之間，那時有日食。蓋月遮日之光，致不得射到地來，所以住地上之人，見日或一身黑、或一半黑、或數分黑。此黑處之大小，是照月

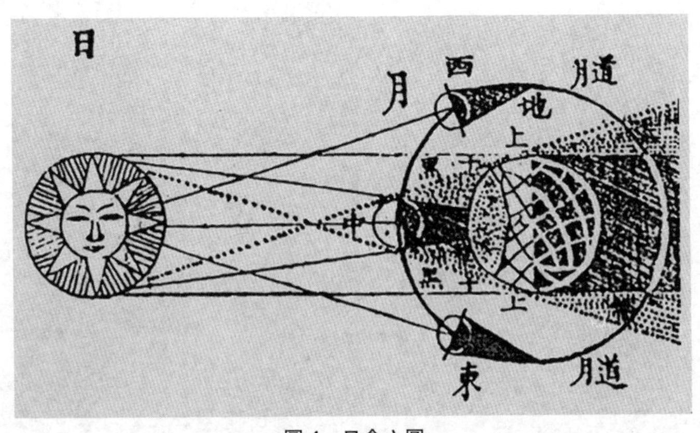

圖4　日食之圖

之高低經過於日、地之間。若略高而經過，則遮日之上邊數分。若略低而經過，則遮日之下邊數分。若於中道而經過，則遮日之全體。學者可細察上邊之圖，庶乎略明白也。此圖“日”字下之球，指太陽。“月”字下之球，指太陰。“地”字下之球，指我人住之地也。夫太陰乃自西向東，而常周地圓行於其本路，曰月道也。〔1〕 圖上“西”字下之球指月，而“東”字上之球亦指月也。夫太陽全身周圍都光，而常自其中心而直直射出其耀向四面，所以圖上三直畫，爲自太陽之中心而出，一至“西”字下之月，一至當中之月，又一至“東”字上之月者，都指日耀之爲直射也。地之身與月之身並爲圓，而只其向日之半爲光，那不向日之半爲黑，所以圖上地球與三月球，乃畫一半白、一半黑。那一半爲黑的，是發影向對面處。且凡平平而發影之物，有兩樣的影，一厚一薄。其厚影是尖樣，即自大而漸小者。其薄影反之，自小漸散而大。所以圖當中之月發一厚尖影、又一薄散影也。發影之物如此，但在對面處而受影之物，其影之樣，則如發影那物方圓之樣。所以地球上在月影處之外邊有一圓畫，指月影到地者之有圓樣，如月之本樣也。月在“西”字下時，其影斜發向上，不遮地何處，所以無日食也。月前進至“中”字時，則日、月、地三者共交會，而經過那自日中心徑穿月及地中心去之直畫，所以月之影直直發向地。而凡住於地在月尖影所遮之處，即與“人”字平者，都不見日之身，故説有

〔1〕 月道非正圓，乃如卵形。

全食。但住於地在月散影所遮之處，即與那向西之“十”字平，或與那向東之“十”字平者，見日身之一半或幾分爲光，而有一半或幾分爲黑，故說有一半食或幾分食也。月又前進至“東”字時，其影乃斜發向下，不遮地何處，所以無日食也。再者，因月身小於地身，故月之影不能遮全地，乃住在地球上最高處者有光，所以在兩“上”字之間乃晝白的也。古者與今多無學問之人說，日食爲凶之兆，是因爲不明曉天文，不知日月星與地行走之理，所以說錯了。日月之食，乃神主預定之如此，且年年常常有之。嗚呼！世人於日食時去打鼓、鳴金欲救日，最愚之至矣。正如早上滾石向東，欲免太陽出，焉能免哉？

腓利比書一章二十節

保羅曰：“聞耶穌之福音則死者，利也。”

孔夫子曰：“朝聞道，夕死可矣。”

朱夫子曰：“道者，事物當然之理。苟得聞之，則生順死安，無復遺恨矣。”

程子曰：“言人不可以不知道，苟得聞道，雖死可也。”又曰：“皆實理也。人知而信者難，死生亦大矣，非誠有所得，豈以夕死爲可乎？”

程子說得甚是，他說道死生亦大矣，不是一件小事可嬉笑而講及也。又無人能說得云是事不關我，乃死生之理，是關富貴貧賤、老幼男女各等，又是天堂、地獄之關，豈非大乎？

子曰：“朝聞道，夕死可也。”其意思乃如此説：一人耳朵聞、心裏明，確實信從，力行本分之道，及事事完全，無不明天理，無不體行之，則死亦可矣。即是倘若一人無獲罪於天，無不善於人，死纔可矣。惟若是人不明知天道、不體行善事，則該人未曾可死矣。如此論來，我們各人那裏説得自家夕可死矣？至天道，我們未曾十全明之，至誠實體行天道，而得事事完全、百善皆足，斯才德，我們未曾有之。我們自問己心，而惕然自深省，向來從小平日所作之事、所懷之念，則必覺得自家之無知，有惡小人之妄爲不少也。倘若止仗賴自家之功，豈可夕死乎？向來平日我們多不畏天、多不畏聖人之言，多拜假神，木頭、石頭、泥、銅等物做成神像之類，致得罪真神上帝，無形無像之天老爺。又我們心内曾懷邪念、貪圖私利，致講謊言而獲無忠信之罪。如此論來，我們那裏可夕死而對天老爺，被極公之審判乎？惟若是有人説云：我平日明知天道，常常體行之，無一事缺等，説，尚且止説得夕死可矣，獨是一個可字而已。

但保羅曰：“聞耶穌之福音則死者，利也。”又云：“我情願往過世去了，斯道大矣。”甚可玩味。死者，利也。我願死往也，是乃耶穌之福音所致矣。

耶穌者，天之子也。福音者，天之子代贖衆生之罪，好使凡悔罪之人，悉然得罪之赦，即成天之民，盡其良心，待死了之日，即升天上，同耶穌及萬善過世之靈永居焉 。故此保羅云：“聞耶穌之福音則死者，利也。”豈非利哉！豈止言可也乎？

但是一個"聞"字看得重，不是耳朵聽一聽纔算，乃依程子論道所云，"聞"字內有個"知"字、有個"信"字、有個"誠"字。且聞其福音時，必貫通明曉之，必信其之真實，必誠有而堅持所得之福音矣，是乃"聞"字之重看也。

如此死者不但可也，乃算利矣。神天者歟，伏求賜我們皆欣然聽聞確信，誠持耶穌所傳之福音，致我們或夕死亦可矣，亦爲利矣。我心願懇求者，誠然如是矣。

茲請你們各人再三思索福音之美，用心明曉之，拔力固信之，平日盡良心體行之。如此蒙天老爺之鴻恩，夕死甚可以矣。

天文續上月。　　二月

第二回　論月食

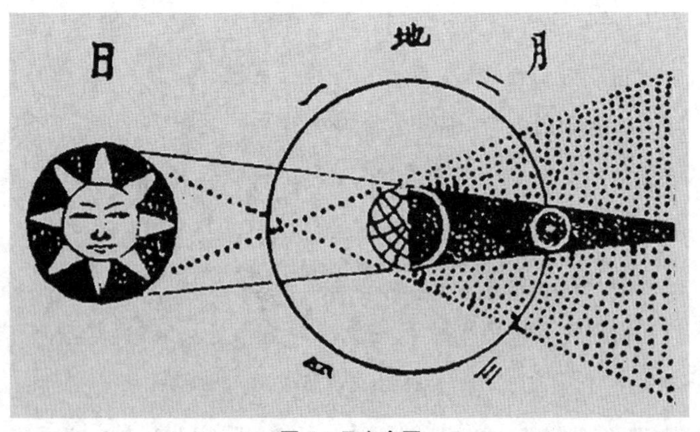

圖5　月全食圖

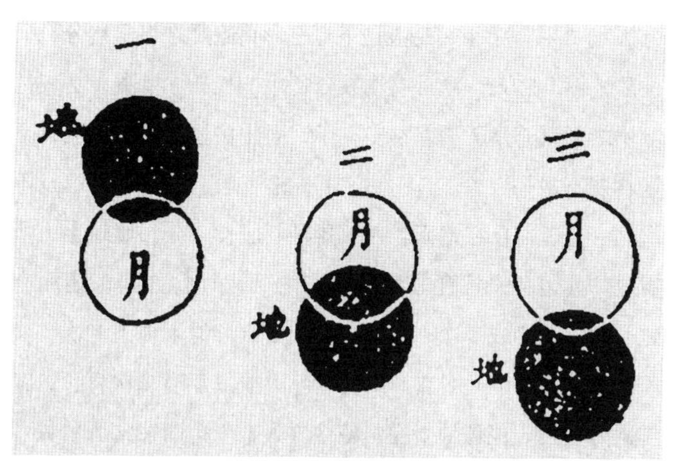

圖6 月食差分圖

月食亦非因天上何狗、何獸先食而後吐之，乃日月之食同一理。蓋日、月、地常各走行於其本道，而地在日月之間那時，就有月食。蓋此時地是遮日之光，致不得射到月也。夫月本無光，乃借光於日，故日光被地之身所遮，則月身爲黑也。月食是在望而有之，蓋此時日、月、地俱平直相對，而地經過於中間，學者宜細察在上二圖，或可略明月食之理也。先看月全食圖，夫圖上“日”字下之球指日頭，“地”字下之球指地，“月”字下之球指月，在一、二、三、四字間之圓畫指月道也。夫望時，地月相對，而月過於地之影去。月到地之厚影，則全黑，即有全食。月到地之散影，則有一半或幾分食也。月全食圖既察，則宜看月食差分圖。此圖上三黑球每有“地”字在左側者指地，其三白球有“月”字在當中者指月。而因此三白球皆有些黑，則指月食之差分。蓋“一”字下，是表地下邊之影爲遮月之上邊幾分，而住於地面上之人，見月上邊數分食也。“二”字下，是表地上邊之影爲遮月下邊差不多一半，而住在地面之人，見月下邊食差不多一半也。“三”字下，是表地上邊之影爲遮月下邊之一分，而住在地面之人，見月下邊食一分。照地上人所看是如此也。夫月食非每望而有之，又日食亦非每朔而有之，乃一年間或一次、或四次、或七次。但不能上七次，又不能下二次，即一日食、一月食。大概每年有二次日食，又二次月食也。但住地上在一處地方人，一年間往常所看見者一次日食，又一次月食也。

日、月食是明顯著神天之大能，而我人凡看日月食時，該大敬神主也。古者與今無學之人，多常説月食爲不吉之兆，而因怕天狗盡食下肚去，所以打鑼、擊鼓、點燭、燒香，周圍救月臺邊，走來走去念經，欲救月的意思。卻不知道此月食是神天預早所定着，而世人若欲止住之，豈不是自擅違逆天哉？再者，此救月之事皆虛然。正如人放足在黄河，欲止其水之下流。又如伸手向天，欲使雷不嚮、使電不閃，此各事何能得成哉？而欲救月亦然。

［論］弟摩氏第二書一章十節

夫恩目今昭著，因吾救主耶穌基督之現，以神音敗了死，而明表生命及無壞永遠之福。

天老爺從開闢天地萬物以來，屢次啓示我們世間的人，到耶穌降生時候纔示人最明白了，又天老爺並無不時賜世人以大恩典，處處東西南北皆蒙他的鴻恩。只是到賜我們以耶穌降世爲教我們，又爲代我們受難贖罪，爲至極之恩惠矣。

因爲耶穌之一來，纔曉明天老爺之恩，設個法子爲我們不做惡事、不受永苦也。是真算爲佳音之極，有這個消息，實應當視爲大福，令人欣喜接之信之。或不然，豈不是悖逆於天老爺，辜負他的大恩典，而自招天怒？致將來近死亡過去那時，想悔罪或者悔不及，世人多多爲如此，甚可惜矣！或問："福音之道理與我何益？有了甚麼好處呢？"答云："福音敗了死，而明表生命，及無壞永遠之福矣。"人喪命死過世，是免不得的，一身死了是人人所怕的，喪命乃世間第一不福之事情。山墳有叫是"永宅"兩個字，何可以敗壞了那個死亡呢？不令人家害怕，這個道理是這樣講，我們世人因爲曾經觸了天怒，所以必要喪此生命。且我們過世最可怕的，是過世後還受天老爺之遺怒。我們世人不是脱於浮生，喪命而完了事情，尚且有想那個靈神遊那裏去了，是爲最要緊一件的大段矣。倘若我們世人喪命之中間，没有天怒，纔可以算得輕些。且倘若我們喪此命中間，有天老爺的好意，豈不拔出那個喪命中之凶，而變成個吉事？倘若我喪此命之後，我靈神還受天之大怒，自然是害怕之事。惟倘若有與此相反，而且我喪此命之後，我並非受天老爺之怒，乃蒙他使我靈神遊升天堂之永福，豈不去了喪命之苦矣？自然是了，而喪命之凶事變成吉事了。美哉！美哉！天父者之鴻恩，及天子耶穌之極愛憐矣，代我們世人自喪己命，爲去了我們喪命之苦，而賜我以永享天上生命之福也。你們各人務須賴着從天降地之耶穌，悔罪做良心的人，方可得此大福也。再者，依耶穌福音之道理，山墳並非爲永宅。但賴天子之大能，於世界之末日，凡在山墳、海中之死過的人，必再生活起來。其惡者爲受永苦，其善者爲享永福矣。你們各人快快丟開心所戀之惡念、口所講之惡言及手所行之惡事，而信向耶穌，奉了天老爺之命降世救萬生矣。我最怕你們遲延了或病了，而心亂不明人事，或忽然死了而悔不及。蓋過世去了後，斷無悔罪之理。乃是時天老爺已經正法了，悔罪遲了，無益矣。嗟哉！遲緩不即日悔罪，是魔鬼害人之第一術，戒之戒之。

古今聖史紀卷之二續上年十二月。　三月

第五回　論牙可百及以叟

夫以色革之妻利百加既受孕，其腹內甚動，不知是何故。乃往祈問於神主，神主應曰："在汝胎內有兩國兩種之人，此一種爲力過於彼一種，又其先所生者，將事其後所生者也。"後來此話得驗，蓋其二子之性情大不同，又其果得爲二大國之祖也。產期滿時，其先產者之身皆紅色，又全身滿以毛，猶若毛衣掩身一般。其次產者，乃快出胎，致手取看先產者之脚根。其先產者，名之曰以叟；其次產者，名之曰牙可百也。其先弟二人至生長，以叟愛在田外做事，而會打獵之人。牙可百質乃更弱，而常居於（帳）［帳］內之

人。以色革愛以叟，而利百加愛牙可百，此偏愛兒女，是爲父母之常病，而不免主一家之禍出來。夫二子到十五歲時，其祖父亞百拉罕已一百六十七年紀而死，而被葬於其前所買爲墓之穴也。亞百拉罕之子以實馬以勒居於野地，生十二子，其十二子生長時，每人爲一國之首，此驗神主先所許過亞百拉罕云“以實馬以勒必生十二君”之話也。以實馬以勒到一百三十七歲，而死在其親友之間也。夫一日，以叟在田外做事回家時，乃困倦之極而近於死。此時其弟牙可百剛纔有煮熟一樣紅飯，以叟求牙可百給之以此飯食。牙可百曰：“你若肯以爾之嗣業，即長子之業給我，我則肯以此紅飯食汝。”以叟之餓最急，等不得，遂慌忙説道：“我今卻瀕於死，我嗣業何與我也?”牙可百曰：“如此則要發誓與我，明言汝之嗣業必歸我。”以叟乃從之，而爲一餐飯，棄賣厥嗣業，不想到後來之關係，遂造次發誓。牙可百乃以紅飯給其兄也。夫到以色革年老眼昏時，其叫以叟來而謂之曰：“我兒也，我今已老，死在旦夕，平常之物不能食之。故求汝將汝之櫜鞬、弓箭等，而出到田野去獵獸，拿些好肉與我食，致我未死之前，而可言祝汝也。”以叟領命而去。夫以色革同以叟説此話間，利百加氏聽之，乃喚其所愛之子，即牙可百而對他説道：“汝父親已老，瀕於死，且我願汝得長子之業，而受汝父親之祝。故汝今快去羊群，取山羊羔兩頭來此，而我就煮些好味之食物爲你父吃。且煮便後，你帶進去送你父親食，致其未死之先，而可以祝你以長子之業也。”牙可百對曰：“我兄身多有毛，我卻爲滑身之人。我父或者要撫我，而見我身滑，則必看我爲詭詐之人，不止不祝我，反必咒我也。”其母曰：“我兒勿怕，我有法。”利百加乃將以叟之衣着在牙可百身上，又以其兩頭羊之皮着在其兩手上，叫他將那好味的食物進室送其父，其父因眼矇不得辨明，被牙可百所瞞，致以長子之業祝他。以色革一祝畢，以叟卻自野地回來，進室欲送野味與父，求父祝他。其父大驚曰：“你弟卻用計已來取你之祝，我不能易。”以叟聽時，大聲苦哭，頻求父祝他，然其父已曾行祝牙可百，而不得易也。後月接講。

聖書節注

訓一　論只耶穌爲救世者

其外無他可倚以得救，蓋天之下無賜他名吾衆所以能得救也。[1] 其，指耶穌也。天之下者，普天下也。此節言至恤憐之神主，已施其大恩，遣其獨子耶穌降世間，替我們受苦，代贖我之罪，致救我之靈魂也。我們若把此至寶貝之靈魂，托在耶穌之手，依靠他，則必得諸罪之赦與死後之永福，蓋耶穌無所不能也。惟我們若依靠自己，或祖宗，或世上何菩薩、何人、何物、何事，想可得救，則必不能。蓋神天已定耶穌爲救世者，古今後在萬國中，獨耶穌設爲救者。耶穌受難之功勞，足救普天下萬國人，萬國人該信從之。蓋除其外，無誰能救者。今奉勸大家，望向神天所設爲救者。你們都有無數之罪在身，有至

---

〔1〕 見《使徒行》第四章十二節。

寶之靈在內，有永福在上、永禍在下。你若不信耶穌，則從何得罪之赦？從何得救汝之靈魂？從何得免永禍而享永福耶？勿依靠自己，因説云："我日日行善，求救於己就好，何必要求之於外呢?"蓋你已經有無數之罪，且你日日的善行，恐怕不足滿每日本分之事，而豈贖得往日之罪乎？又勿依靠古聖賢，而説云："就是我有些小罪，聖賢之大德必相助我，令天地寬恕我。"蓋古今全地上所有稱聖、稱賢、稱善德之人，無一不有罪，無一不須求救於耶穌。其自己尚須求救，而豈能救人乎？勿依靠世人所做之壞偶，説云："其大慈大悲的菩薩必救我。"蓋這各等的菩薩，總不能給你們此世上一點兒的好物。此世上之好物尚且不能給你，而還救得你之靈魂麽？我勸你各人勿自瞞，勿被人所瞞，説此能救、彼能救。蓋神天只設耶穌爲救人，且除其外，天上、地下、人中，總無誰能救你也。你們若信從此救世者，則必居天堂，同萬聖者交往，得永福。若你不肯信從，則雖坐皇上之位，雖得四海之富，雖有聖賢之才，亦必不得免那地獄之惡報，乃定落永禍矣。

古今聖史紀卷之二接上月。　四月

第六回　論牙可百遊下攔

夫以叟既見牙可百取去其長子之業，則追想其爲那紅飯，[1] 而賣長子分之日，乃痛悔前時之造次。但已遲，悔

[1] "紅飯"見上回。

也無益。此聖徒保羅言“以叟要嗣祝時被棄，而遇後悔處”之所謂也。[1] 以叟爲惡者之表，蓋惡者常以眼前的好處爲重，不把死後之滿福在心，如以叟之爲些紅飯而棄其長子之業焉。又多惡人生命臨終時，見壽不能長，又恐地獄不能脱，則苦哭力求，而亦屢次無益，正如以叟之痛悔，而亦不能再得長子之業也。可惜世人多因暫時之樂，而棄天堂之永福，此真所謂因小而失大也。勸君現今盡心求死後之永業，不可太過留心在今世之情，不可因暫時之邪樂而丢去汝至貴之靈魂，恐到死日痛悔爲晚耳。與其日日任慾滿罪，致惹神天之怒，而使自己于死日悔不及，何如早早回頭棄惡、信從耶穌，致得平安過世爲好呢？求讀者思之也。夫以叟甚懷怨向牙可百，立意要殺他，蓋心下想道：待我父親之喪至期滿時，我則一定殺我弟也。有人以之告利百加，利百加大驚，叫牙可百來説道：“我兒，你之兄言要殺你，今不如你快離此處，逃避下攔去，同你舅父拉班住下。待至你兄之怒已息，然後我必使人携你回家來也。”利百加乃説其丈夫以色革曰：“以叟已娶了此地之女爲妻，必致誘惑他行惡，我心實爲不安，恐其弟牙可百看樣，而亦去娶此地之女爲妻。若如此，則我生命有何益與我哉？求夫君思之也。”以色革不知以叟已言要殺牙可百之事，乃聞利百加之話時，看之甚爲有理，遂唤牙可百來，囑咐他曰：“我兒，萬不可娶加南地何女爲妻，恐其惑你離道，錯走於惡路。我已老，不能替你

[1] 見《希比留書》第十二章十七節。

做此件大事，惟你今該往下擱地去，在拉班諸女中娶一女爲你之妻。我且願全能之神主祝你、賜福與你，又使你之種加增于地，而爲大國也。”牙可百領命，辭父母起程，望下擱而去。行路間，到一地方，本名路士者，因日已落，而牙可百身已倦，故於田野止步宿一夜。牙可百無多行李，所以把那處一石爲枕頭，偃下而睡也。睡時而夢，其於夢中見一架梯子，其梯脚放在地，其頭上至天。又見神使在梯上下去，又見神主立在梯之頭上，而神主言牙可百曰：“我爲汝列祖之神主也，汝今所偃之地，我必賜之與汝之子孫。蓋汝子孫必爲如地塵之衆，且布散向四處，且在於汝之從裔，必有一人起使萬國之人得福者也。我卻偕汝，而必保佑汝，於汝凡所走到之處，我斷不離汝也。”牙可百自夢中醒起，大敬而曰：“神天卻在此，而我未知之矣，此果是神天之家，又天堂之門也。”夫牙可百在夢中所看見之梯子，爲後情之表。一者，因梯子頭至天，而脚放在地，把天地相連，故表指耶穌降地，取世人之身靈，合之與神天之性體的事。蓋耶穌把神天之性與地人之性相連，其又贖世人之罪，而以凡信之者薦與神天，此是以天地相連也。二者，因有神使者走上走下於梯子上，故指神使者被神天之命來地，護祐諸善人者也。又因有神主在梯子頭上，則示我們知神天爲在萬有之上，宰制萬有，且爲尊於天地。蓋宰制天地者，自然比天地更尊，可見世人以天地爲至尊者大錯也。牙可百早晨起來，將油斟出在那枕其頭之石上，其又名彼處曰百得以勒。即譯言：咟得者，家也。以嘞者，全能之神也。四字合言全能神之家，且以後神主之禮拜堂屢次稱曰神之室，又神之屋，又神主之家，意思説善人在其禮拜堂内是拜神主，如孝子之於其父家内焉。夫牙可百乃起程前往至下攔，到時乃見井，又那地人之牛羊群來井食水，井口上有置大石免水被污，而管牛羊之人滾石去井口，待汲水畢，然後又滾石復在井口上。牙可百問其人等曰："列兄何處人?"對曰："我等下攔人。"牙可百曰："兄等認得拉班否?"對曰："認得他。"後月接講。

古者以人祭太陽

神主始造人類時，伊等都只拜神主，而不拜別的神，但不久如此。蓋人心壞了後，伊等任意又造出無數之神，像天神地鬼、山川之神，江海之神等。如此背天理，實爲大罪也。今時常看愚人拜而祭人手所作之偶像與死人之鬼，此實算得已離了天理甚遠矣。但人類先離真道之時，未知如此之大錯耳。先拜太陽，而漸次致更壞之處，無所不至也。蓋上古不止拜，乃又祭之，且不止以牲物爲祭，又以人祭之。乃在亞米利加，即我中國人今所名花旗國之南，有比路及米革西二地之人，甚迷於拜太陽之事。蓋比路之人，屢次把自己兒女殺他爲祭太陽。其國王身病時，伊等以自四歲至十歲之小孩子，而斬他或溺他，爲祭太陽，求愈國王之病。又若有人父病重，而那地的和尚來説他，恐怕今不免死，則屢次把其病人之子殺之，獻與太陽，求太陽惜父之生命，而以子代之也。米革西可之人，出戰勝敵時，若擄掠人，屢次祭之與太陽。其先築一座四方的泥臺，在臺面放一大尖角石。臺既成，有幾個和尚前來。夫彼時那地，還未有鐵鋼之刀，只有利石代之，所以其和尚之首人，執一大利的火石在手，爲剖開其被擄掠者之腹。又有一和尚手拿一條蛇樣之木，爲卡其將受死者之頸也。另有四個和尚在那祭臺前等候，要祭的時節，乃使其被擄之人出來登臺。一登至臺頂，其四和尚之二即捉一人之頭，那二捉其脚，仰而投他在臺面尖角石之上，其手拿蛇木之和尚以之卡其頸，免他摇動。那爲首的和尚即用其大利石剖開其人之胸，以手將心肝出來，舉上獻與太陽，然後把其人之心抛向一近立的偶像，以其血糊其面，且自臺上滚其屍下於地也。上古西氏亞，即今滿洲國人，亦拜太陽，而以人祭之。現今彼耳西亞國人多拜火與太陽，但不獻人爲祭也。我們該拜神天，不可拜受造之物也。

釋疑篇　　五月

此《察世俗》書，今已四年分散於中國幾省人民中，又於口外安南、暹羅、加拉巴、甲地等國唐人之間。蓋曾印而分送與人看者三萬有餘本，又另所送各樣書亦不爲不多矣。但看此各書之人雖非少，然在内中未免有難明白所講之道理者。或因從前未聽此道理，或因書文有些不順，或因所看的書本不過是講一條理之半，而講那半的書本未曾看見，所以有疑狐，不能解。因此愚今想做此釋疑之篇，或每月，或凡有人告疑的時候，而就盡心解釋一二。因自己不得多出門，無閑與人民交接，所以人間所有疑狐，我自不知之，故此今求各大名之師相助。在遠者可細説自己之疑或所看於愚人中之疑，而寫書信寄來。在近者有疑，可隨便親口來説或書信來説，均好。我曾蒙一位有名之師應許如此行，必爲助德不少也。但今雖只説名師，然亦願凡看書者，無論彼此，都説出心裏之疑，我自必該當盡力釋之。求大家相助予之不及也。

第一疑：有一友看聖書，而見耶穌受萬苦，則心生疑，説道："我看耶穌爲至善至聖之人，怎他在世間不但不得享人間之福，而且反受人間非常之苦死，何耶？"

解疑：世間之善人，多有不得地上之好處，反多有受難且受苦死的。蓋此地非滿福之所，獨死後天堂爲滿福之所，善人之靈魂到彼所時，則有盛福。講人類中之善人、聖人等是如此，且因其未免亦有罪過，所以神天用此世之難以責其不善，而使其前發於善道。但至於耶穌，則如此講不去。蓋耶穌雖取人之性，而其原本亦爲在人類之上，且自己總無罪無過，而不須神天之責，因其無有不善故也。可見耶穌受難、受苦死之故，比别人受之之故不同。蓋善人、聖人受苦難，不是有責其不善之意，就是有使其前發於善道之意。而耶穌無可責之處，又道德至極，則此苦難無須施也。如此，則明知耶穌受苦死，非因自己而受之，乃代人類而受之。蓋耶穌所受之諸苦難，只有代世人贖罪之意而已，所以聖書云："他係爲我等之各愆惡而被傷，因我等之各罪而他被擊也。能使我等得平安之責懲，皆置在他身上。且因他之傷，則我等得醫矣。"[1] 他者，耶穌也。傷、擊、責懲，俱指耶穌之受難也。爲、因者，代也，替也。言我們罪人原本該當受萬難，而耶穌願代我等而受之，致救我等之靈魂也。平安、得醫者，指耶穌贖人罪，而使人得救得福也。今所引來之話是先知者，在耶穌未降地之先七百有餘年，而所說及他之言也。保羅曰："基督爲吾輩之罪，被付也。"被付者，被付以受難也。又云："其原爲豐富，而爲汝等作窮乏，使汝等以其窮乏得豐富也。"[2] 其者，耶穌也。在上之豐富，指耶穌爲與神天同體之本榮。在下之豐富，指耶穌所施與人之救也。窮乏者，指耶穌在地上爲窮且受難也。爲字，替也。聖書上又屢次言耶穌代吾輩受難，又爲我等而死，又爲多人而流其血等語，都言耶穌苦死之緣故無他，只爲贖人罪、救人靈魂之意思而已。

第二疑：又有一位朋友疑狐問曰："世間爲善之凡夫生前不得享福，可也。生前受苦而死，亦可也。但是耶穌卻與凡夫不同，蓋其與神天一性一體，又爲至聖、至義、至尊、至貴之身，則其生前何可使他與凡夫之爲善而受苦者的一般樣乎？"

解疑：耶穌受難，非因有勉强而使他受者，乃是耶穌自己大可憐世人，而甘願當如此苦死，爲贖人之罪耳。耶穌親口有云："我因羊而捐本命。"又云："無人奪我命去，我自有勢捐之。"[3] 捐者，拚也，捨也。是指耶穌以自己之性

---

[1] 見《以賽亞書》第五十章五、六、七節。
[2] 見《羅馬輩書》第四章二十五節。
[3] 見《若翰福音》第十章十五、六、七節。

命，而獻之與神主爲祭，以代贖人罪也。羊者，信者也。奪者，强也。言神父者未强耶穌拚命受難，又無人能强他如此也。勢者，能也，甘也。言耶穌甘心代人類受苦死欲救人也。兄仍有疑，則待後月方解。

少年人所作之文章　講敬天之爲要

朱子曰："事親必深愛之心。飲食之是力所可勉，未足爲孝。"供奉神同是一理，且供奉上帝真神必深愛之之心。行香等事是力所可勉，未足爲供奉神也。

孝侍於親者，乃人子之當於盡心也。夫人子知能養，不知能盡心者，何所謂其孝矣？而孝所以盡心者，皆由存心之主敬也。孝於親之心如此竭力，而全能者豈不該重敬哉？人於存心之功，莫如主敬。所謂敬者，德善畢集毋自欺也，所以敬愛真神者，不以貌敬而以心，不以虛文而以實行。虛文、容貌者，皆由外假之事也。然人之真敬者，各自安心，樂而誠服也。

論不可泥古

子曰："君子之於天下也，無適也，無莫也，義之與比。"[1] 此言君子應天下之事，心無私而聽於理也。天

---

〔1〕 見《上論》第四篇第十章。

下事都有至當道理，不可先有意必之私。如心主於必行，謂之適，適則凡事之不可行者都要行。心主於不行，謂之莫，莫則凡事之可行者亦不行，此意見之私，非義之當然也。倘言及古今之事，亦是一理，不可先有意必之私，或泥古或尚今，兩下不着。義當行便行，義不可行便不行，是非可否，惟義是從。古未嘗全是，今未嘗全非，故君子未主於必行、於必不行，乃大公倚義而聽其理也。

講小人

子曰："君子懷德，小人懷土。"〔1〕朱子曰："懷，思念也。"懷德，謂存其固有之善。懷土，謂溺其所處之安。君子、小人，趣向不同，公私之間而已矣。尹氏曰："樂善、惡不善，所以爲君子。苟安務得，所以爲小人。"

合講曰："君子、小人，人品不同，而心之所懷亦異。君子所懷者在德，其於本然之善常切思維，而欲其存諸己而不失。若小人則不知德之可好也，惟於意所便安之地係戀不舍。其所懷者，惟土而已。"

聖若翰論耶穌："自上來者，在萬有之上。由地者，乃屬地而言及地也。"

聖保羅曰："小人之終乃沉亡，厥神乃肚也。其榮在自

〔1〕 見《上論》第四篇第十一章。

己之羞醜，其玩味地情也。”

聖者米士曰：“若是爾等心裹有苦嫉妒争論，不要榮，不要攻真理而説謊。此智並非自上而下，乃是從地者。慾者、魔鬼之智也。”

懷土、玩味地之情，係小人之心所懷也。

懷德、玩味天理，係君子之心所懷也。

小人，係從人慾、貪利、尚虚名等事。

君子，係克己守貧，棄慕人知。

小人之心，係溺於世界生前之土情。

君子，係仰望來世永福之天情。

小人，非孝敬施生天上之神主，乃日獲罪於天。

君子曰：“想孝敬施生天上之神主，且以獲罪於天爲極惡也。”

小人自遮掩己罪，不招認，不痛悔，不肯求天恩免赦，則忽略天之子救世者耶穌。君子痛悔而自招己罪，求天免赦，又心感天恩賜以天之子耶穌代贖人罪，欲救天下衆生矣。或駁曰：“我貧窮人難過，日養家，不得不常念生前土事，我們那裹得間念及來生天理之事乎？”

答曰：貧窮君子，日慮及衣食養家之事，尚不宜忽略上天，並不宜亂求各偶神、菩薩之類。

我們世人生命康寧，悉在天老爺之主意。世人不畏天，則苦慮萬謀，皆然不濟事也。其正道理，是在上則畏神天上帝，在下則慎謹苦勞盡人事，如此上下皆全矣。貧窮君子亦要痛悔己罪，仰求神天念耶穌代贖罪之功勞，而緣之施恩感化心地，不致爲小人懷土之思念矣。如此方可免天怒於永世也。慎之，慎之。

與羅馬輩書一章三十二節

六月

伊等雖認神義，並知以行此惡之輩該死，不惟自行之，而且久悦他人行是惡也。

子曰："君子成人之美，不成人之惡，小人反是。"

合講云：君子存心本厚，而所好又在善，故見人行一好事，便誘掖之以引其進，獎勸之以堅其守，而成人之美。見人行不好事，規正之使知所懲，沮抑之使不得遂，而不成人之惡。若小人所存者薄，而所好又在惡，故見人之爲惡，則迎合容養，以成其爲惡之事。見人爲善，則詆毀忌刻，以阻其爲善之心。蓋反是焉。君子恥獨爲君子，小人喜同爲小人，故如此。

既有了個天地、人、萬物，則可知有了個使造萬有之造主真神也。雖真神是不可見，尚且可見神所造之物，一個天地。我們看天地，纔知道神之大能大德，且本當敬畏真神也。惟我們世人現在蒙昧，心似顛狂，自言有見識，而真似狂。今不拜真神，乃自作人像、木泥等物而去拜之，致觸上帝之大怒。因此神任人自爲，且世界滿以邪淫下作，世人彼此凌辱己身，又人多傲心，相挑唆妒嫉、誹謗相殺、多謀惡事、不孝父母、未有信實、常講謊言、利己損人，狼心不使慈憐與人。又有一惡，不但自行惡，且歡喜引別人做惡，大欺負上帝真神也。即是不成人之美，乃成人之惡也。

現在多蒙上帝真神以耶穌降世，爲教人不要供奉木頭等物做的偶像，不要自做惡，並不要成人之惡，乃反是自悔己罪，改向來之惡，盡力成人之美矣。幸蒙耶穌代贖人罪，則凡人信他、賴着他，將被神主免罪，而認以爲天民矣。神之子輩矣，這樣纔真爲君子也。

小人自悖逆真神與真理，自做惡，並喜别人同做惡者，永受神天之罰罪，係應當之報。况且我們罪人聽天子耶穌之福音後，尚不肯悔罪信真理更改，則死後必受永苦也。是衆生可信之真矣。

西賢教子之法

從前在英吉利國有一位賢人，名比弟者，欲試其長子能不教而自然知天地萬物之受造否。遂至園内，修好一塊地，用手指寫長子姓名在彼塊地土面上，然後將菜種而播在所寫字畫内，以土掩之而去。等待菜苗起時，乃攜長子進遊耍於園中。正遊間，長子忽視自己姓名之字在於菜苗所生處，乃大奇，向父曰："我父也，爾看卻有我姓名，皆正而生在此塊地上，是從何而來呢？"父欲試他，曰："莫非自然而生如此？"長子曰："我從來不曾見人家的姓名，自然而生在地上如此，不能，不能。必定有個人先畫我姓名在土，然後其生如是也。"父曰："汝既知此小事不自成，乃必有個成之者，何况天地萬物之生乎？"其子遂乃省悟，而心下想道：果然是。此大天地定有一造者，乃得成如此。

六月察世俗總詩

其一

世人蒙昧似顛狂，不拜真神拜偶像。
邪淫嫉妒相謀殺，損人利己常説謊。

其二

君子不與小人同，實認神義行善工。
喜引人善戒人惡，不是真理必不從。

其三

西賢教子有良方，姓名畫土菜苗長。
小事俾知需做成，可悟真神宰上蒼。

其四

上帝降災非偶然，都因人世慢神天。
但願衆生遵神誡，災害必定離汝前。

聖書節注

訓二　論失羊歸牧

蓋向你們如羊錯走的，乃今歸於爾靈魂之牧及監督者也。[1] 羊者，世人之表。蓋羊是易錯走，而世人亦然。錯走之羊者，罪者之表。歸牧之羊者，悔罪者之表。牧羊者，養管羊之人，是指耶穌爲人靈魂之牧者也。耶穌養、管人之靈，如牧者養管羊然。監督者，是牧者之首。牧者多得狠，凡宣福音者算得牧者，而其皆爲耶穌所使。故耶穌曰"監督"，即諸牧之首也。我今把此節略推之，先講其向日爲若何。

一、夫羊本屬羊群，而人亦本屬事神主者之群。當始神天生我世人時，心全正，無罪、無惡、無舛錯，乃屬神主之家，與神使之群相爲弟兄。惜哉！現今大不同也。

二、羊錯走了離牧，而走於不宜之道者，亦未必皆從一條路，各隨己意而走，而罪者亦然。普天下之人，皆已離了神天爲其之大父大牧者，而犯了重罪。但伊等亦未必皆走於一路，乃於各路。像拜假神一路，好酒、好色一路，傲心一路，説謊、作僞一路，自義、自善一路，貪心一路，各等人有各等錯路，上下中三等，又士農工商、富貴貧賤，皆各於己所欲之路而錯走。自古至今，未有不錯走之一人也。

三、羊錯走必有利害，其不能得牧者之料理、涵養、保佑，且又或落地坑、或遇野獸、或餓死於路等難。而罪人亦然，或被罪慾之害、被自惡之誘、被魔鬼之惑，又若不轉改，則必落地獄。蓋此各錯走之路，都向地獄去。地獄爲坑

〔1〕 見《彼多羅第一公書》第二章二十五節。

也，深而黑，廣大而可怕也。凡墜落此坑中者，不能得救出也。信耶穌者，未信之前是如此。今且略説其現在如何，其已歸群，故比向日不同。

一、夫是牧者尋其失羊。蓋那羊雖會錯走，而不能歸至羊群，非牧者去尋之，則自不能歸。牧者遇着羊時，其或已被傷害，不得起，不得走，牧者惜之，或置之於自己肩上帶回，或救之出狼口來，而罪者亦然。人自己能走惡路，惟自己不能轉改。耶穌親自曾來世間以尋我們，救我們出魔鬼之口，又今以其之道理來尋我們，要我們歸到神主，其屢喚我們回來云："罪者乎，罪者乎，汝爲何錯走？因何害自己？我昔從天上降地，代贖汝靈魂。我已經代汝受萬難，代汝流我血，又今使我牧者叫汝悔罪，叫汝來受永福，而汝不肯聽我，不肯信我。汝因何離我去乎？汝那裏能得別的救世者乎？汝看我手足，都爲汝而被釘於十字架上。看我身傍，爲汝被刺。看我頭，爲汝戴棘冕。汝因何不改惡？因何反快至地獄去乎？"

二、牧者既尋着羊，乃帶之歸到羊群，而耶穌與罪者亦然。耶穌是賜他以悔罪之心，且攜他入公會，使與諸善相交，致神天爲其父，神使爲其兄，而諸信者爲其弟兄也。

三、羊既回到群，則得牧者管養、引導、保佑，而悔罪者亦然。耶穌赦其罪，正其心，引其走善道，管其平生，養其德，又救其靈。看書者，汝至今尚如失羊乎？有歸大牧者否乎？

識大道者宜訓家隣

夫人靠於生命者，不可朝夕怠忽真神之誡也。蓋世上無有一個人不有罪，是所謂人即當時刻甘心謝罪，省克愆尤，最不可以一時自滿之性，失脱將來之福樂矣。神者，無所不在，極公正也。所以天之子慈憐我世人，欲護祐我愚人，故死而三日復生，亦因要感化萬處人民，遵守天之真理，而分别神像之假者，都因至上者之真神，爲發生萬物、養活我等者，大施恩，遣其獨子耶穌來贖人罪，教訓萬國以福音，示知趨善避惡之報也。大哉！世之感善者，莫不祝謝基督之大功勞者也。可惜多國不識真神者，將來恐不得靈魂之福樂也。人之生命，不過幾十年，或幾年，或一年、一月、一日、一時，皆不自知終於何時。何不早即懇切心力，趨向大道？勿致失足之日不及望也。蓋人身，父母所生，我靈魂卻靠天賜我生用者也。但求憶真理者，須以誠實堅心向念耶穌之福音者。既是真理，孝義之最緊要。則敬神者，該教其全家齊望一真神之道，又令及其隣、其戚皆易明白分别神像之真否者也。將來德業源源，遠惡親賢之路，品行端方之爲，斯心常常祝謝至上者，拔我之罪愆，改去我之蒙昧，漸漸悉明實在之真理，仰望將來之善道。惟神者見人如此實心，越加體恤我們，就將得其真理之穩當矣。

仁義之心人所當存

夫仁義者，在乎君子之心所務也。蓋人不順義理者，皆出人慾之流弊然，是故學者必先正其心，後正其身，務以誠心守善，耿耿斯心於不厭息也。惟人生於塵世，瞑然不理善事，不達大道福音，而悠悠度歲，無知無覺，則到遇終時而想挽回，亦難及矣。惜哉！人不知父母之饑寒，不識仁義之好處，不細明天子之福音，不思想感化萬國、萬民、萬物者，皆由蒙萬有之主宰所賜之盛福也。惟世人若不執蒙昧之心，乃崇祝天之子之大功德，則將得永福，不然，則必定罪矣。

洗心感化之成皆仗神天白施之大恩

夫居地上之萬物者，惟人最靈也。但今可惜人心多糊迷於各神之類，獨不識至上者一真活神也。哀哉！勸世人早須洗心，細想基督之聖導，自表忠實之心，誠向全能者之至善，可獲將來之福，不致靈魂落於地獄也。蓋人受於惡者，因其斯心，不遵於基督之律誡，所以天下獲福者鮮矣。且有人心裏誠敬至上者之一神，又出於行至善之道，如此，死後神主定加福矣。蓋人身在世無久，死後之福，大於現世之福也。故萬處之人，該當知神主賞罰之至公道者，必要早回頭洗心謝罪於神主之前，懇求救世者耶穌赦我之諸罪，感化心裏明白福音之道理，庶乎就近教會之人也。

張遠兩友相論

第十一回

夫張既説畢天堂地獄之道，遠則告辭回家。當夜不能睡，乃出門至花園中，且走且坐，深想“永福永禍”四個字。心下道：今世之福不長久、不盛滿，且雖得而未必能彀幾日享，亦未必能彀傳之與子孫。憑子孫得之，亦未必有大益於其身，反恐怕有害也。我曾求世福已久矣，而至今日尚未得，何故又要再求之？我一向只以此身爲念，都未有思想我不死、不滅之靈魂爲貴，真爲可惜也。遠乃舉目向天，心下又道：在此青蒼之上，在此各星宿之外，離日月甚遠，有滿福之所、神主之殿。萬聖萬善都必至永相會在彼所，而常贊神主不息。其身無難，其心無悶，無罪過，無害怕，其之德成全，其之福無窮，真真爲可愛之至矣。只怕我此大罪人，不得進那青蒼上之天堂。其是潔凈處，凡有罪染者，定不得住於彼。而我一身一心都是罪惡了，都是染污了，如何得去此罪惡？如何得雪此染污乎？我面手污，我衣裳穢，則用水、用竈灰、用鹼、用人力而可凈之。然我此心、此靈，那有能凈之之水、之竈灰、之鹼、之人力哉？遠又走來走去，如半生半死之人，心甚欲在死後得升天堂，而亦不知道如何則可。其又想道：若在死後獨有福而無禍，則死易，而無用怕之。然又有那地獄即滿禍永苦之處，而未曾得赦罪之萬死者都在那裏，必受苦，受不盡於世世之禍。惜哉！惜哉！恐怕我不得免此苦，恐怕我無脱此禍之路。嗚呼！今世之苦不幾久就完，來世之苦乃世世不完矣，不完矣。我若不得罪之赦，乃到氣散時，我此寶貝之靈魂即墜於那永禍之處，則比禽獸更不堪。馬牛生無罪，死無苦。而我一生卻都是罪，而想到死，亦怕難免那苦罰。福哉，你飛於天空之鳥也，汝一死，就歸土而完，苦禍並不怕矣。福哉，汝喂於草野之畜獸也。汝一死，亦就歸土而完，苦禍亦並不怕矣。福哉，汝游於洋海中之鱗介也。汝一死，亦歸土而完，苦禍亦並不怕矣。汝各類之肚飽則安，無記前非，無慮後禍，無良心之責，無落地獄之懼也。不像我此罪人，時時有過犯，而至死日必入永禍者。哀哉！哀哉！我若曾死於母胎中，豈不爲好？因何得長命，致罪惡日深、月增、年累乎？我若原爲石、爲木、爲禽、爲獸，則比我今有人之形、人之靈，而至死就必入那永不滅之火者，更好萬倍。我這幾年有何益於我？豈非只爲積累後禍而已乎？我豈如此園内之菜、之花，今無過、後無苦之好乎？一年受苦，人都以之爲難，十年、百年、千年常受苦，而無一時一刻之安，甚爲可怕。然則千萬年之苦，雖可怕之至，而亦不算得無窮無完。蓋那千年必有個末年，那萬年亦必有個末年，而那千萬年間所受之苦，亦必有末而盡之日。然永遠之世世有誰能算之乎？其到何時而盡哉？到何時而至半哉？地獄之苦到何世而減少乎？至何日而完畢乎？我此首上之髮、那山林樹之葉甚衆，爲人類所難算，而亦不爲無盡無限。蓋此首上之髮、那林樹之葉雖多，而其數亦有限，不説得無盡。惟獨永遠之世代，月年之數，真爲無限無量。正如戒指，無首無尾，轉來轉去，總不見其盡頭也。遠終夜如此思想，不知不覺而天就曉，周圍山頂、樹梢、屋背漸顯，不久而太陽初臨，霞光布護，向西山高頂射出輝耀，散開黄金，真爲可愛、可美矣。然遠之心不安，故不以此爲悦。蓋其怕天堂不能得、地獄不能脱，所以心下又道：此大美何與我哉？不數年而我目必不再見光亮。我此得罪天之人一死，即落那苦獄、那永黑無光之所。嗚呼！我果不如未生者矣。遠怕人知覺其終夜在園内之事，故回屋洗臉换衣，去做工夫，且自勉强飲食如常。但手雖勤攻而亦不想所行，口雖飲食而亦不知其味，且行工且歎惜。想到晚上，必到張之家去説他知其心事。後月接續。

濟困疾會僉題引

蓋聞衆擎可以易舉，集腋可以成裘。有濟人之心，而欲行濟人之事者，固不可不有同心爲善之人，協力共成其事也。愚觀呷地之唐人，富厚殷實者少，貧窮困苦者多，心每憐之。而貧窮困苦之中，又更有身耽殘疾，竟不能謀升斗以度日者，睹之愈覺情傷。斯輩若無仁人捐資以周濟之，則其轉徙於溝壑也必矣。愚甚欲略爲資助，無奈綿力微薄，難以支持。因於今立一周濟困疾之會，隨人力量，任人樂助，每月或出三舫、二舫，或十鐳、五鐳。責成忠實無私之人，每月出力，照名歛收，存聚一處。俟每月之初，則儘所有之銀鐳，量人疾苦，斟酌周濟。其一切舉行章程列載於簿。此一舉也，不得謂盡貧窮困苦者而人給之。然無親朋可依，且兼殘疾不能謀生之輩，或可少救其一死，亦未可知。現在有數君子，聞愚言以爲是，即喜而從事焉。孟子云："惻隱之心，人皆有之。"兹仍望諸多仁人君子力所能及者，亦各踴躍趨義，共襄此事。於每月略破微資，則既不傷於己，而大有益於人，且可得神天之恩祐矣。是爲引。中國各省寄寓麻六甲好善樂施諸仁人君子同鑒。

嘉慶己卯年巧月日，愚弟米憐謹白。

今現有幾位同事君子，共相商議本會施濟章程，開列於後，以便各位查觀。

呷地中華濟困疾會章程

一、會名：濟困疾會。

二、立會之意：要助給貧窮困苦殘疾之無倚賴者。

本會所助者開列於左：

（一）老年人。

（二）無父母之子。

（三）寡婦。

（四）被難之人，如走海破船者、房屋被燒者、墜跌損傷各等。

（五）殯埋窮死。

（六）不拘何省何姓之窮人，皆可受周濟。

本會所不助者開列於左：

（一）凡不孝者。

（二）凡好酒者。

（三）凡嫖者。

（四）凡賭者。

（五）凡懶惰者。

（六）凡好争鬬者。

以上六條，原不該周濟，但現今已無此諸惡，則首事輩可自作主意可否濟之。若既濟之後，伊等仍復一染舊惡，則即除去其名，以後不得再周濟他。

三、施濟一定之法：

（一）所施之人，除其衣、食、居住、藥餌等必需之外，不得另給之；又其人自能謀生之日，不得再給。

（二）助葬窮死，除其粗棺材外，不得另給。

（三）來受濟者，必須會中樂助者二三人書字到首事輩，查其確實該濟，方得給之。

（四）在月之半中間，忽然遇有該周濟之人，則首事輩中有三人合議，即可濟之。待至下月，首事輩集會之日，共議可否續施給之。

四、管理本會一定之規：

（一）每年立首事八人：英國二人、福省三人、廣省三人，管理會事。

（二）八人中要選一人爲首事輩之總理，又選一人爲掌貯銀鐳，又選一人爲書記簿數。

（三）首事輩每月初五晚上七點鐘到英華書院會集，講論會事。倘初五是禮拜日，則於初六晚會齊爲便。

（四）凡會中有首事輩不能合一之議，則聽總理者擇取何説而行。若多人説者，則總理該從多者爲是而行。

（五）凡所聚之銀鑪，交付書記者登簿後，即交掌貯者收存生放利息，爲添會内之用。

（六）掌貯銀鑪者手内所有之銀鑪，必須書記者與首事輩三人名字來到，方可取給，不得任意支出。

（七）斂銀之期，每月定於初二日。

（八）發濟之期，每月定於初五日早上八點鐘，常來領濟者齊到而發，過此時候，須待下月方發。

（九）首事輩管理會事者，要自捐工，不能於會中得勞金，惟於每月斂銀之期，准在會銀中雇小工一人，爲一日使用。

（十）設立會簿三本，寫出首事輩各名、樂助輩各名及銀鑪多少數目，又受濟者若干人，其每人係何病、何難、何苦，兼其人之年紀、姓名、省地。

（十一）每年正月初五日上午十一點鐘，凡曾經樂助此會者，皆齊集到英華書院，首事輩將上年所收、所發銀鑪之數，核算報明衆人，以便衆人另舉首事辦理本年，或仍選上年首事輩接續管理，聽憑公議。

（十二）每年首事輩要保其所管收存銀鑪，毋使絲毫虧缺。

（十三）凡會中所有需用一切紙、筆、墨、簿，俱准在會銀中支出買辦。

五、樂助之法：

（一）凡每月出一辛鈁以上不止者，其名常存簿内。

（二）但凡有人初先一回出銀五元以上者，可以每月隨意於首事班中議事。

（三）或會内二三樂助人可送窮苦者，來到首事輩，令其查核可否周濟。

（四）凡樂助者，有一連二月推托不出銀鐳者，則書記者塗去其名於簿内。

六、自八月列名起會：

總理：米憐

麥都思

財庫：西心鏡

書記首事：許希賢

陳光鼎

陳素面

鐃湏戌

釋疑篇續五月。 九月

第三疑，論獨有一神天無二之理。有人疑曰：比如君王是用百官助他治國，而我們所敬之各神、各菩薩，何不可算之爲神天之臣乎？

解疑曰：臣助君治國，要先奉君之命，然後可行。若自立，或民不稟君而擅自立之，則並犯法也。夫神天不但未命此事，乃反已嚴禁之，可見是大罪，大不合理矣。

第四疑。有人疑曰：造此大世間，養萬萬人、萬萬物，又宰制天上、地下與宇宙内無數之人、之物、之事，豈非重事哉！神天獨在單一個，何能當斯事乎？神天豈不需用各神、各菩薩等以助他，如君王之用百官乎？且若神天果用之如此，則我人難道不可以下等的禮而拜之，如民之百官麽？

解疑曰：君王獨一人不能治國管民，所以没奈何而用各臣助他，蓋君王自己之智、能並有限，不足當這麽大之事。惟神天全智全能，故不需用何聖人、何神、何菩薩助之。此大世界之萬物萬事，在神天甚易治，因神天無所不知、無所不在、無所不能故也。國君以其爲軟弱，而需用臣助之，但神天以其爲全能，而不需用誰何助之者。神天若何時用人以成事，非因己爲缺而需用之，乃因仁愛人而用之。但我看此各神都不能助人，反每每需人去助他，而還助得神天麽？

第五疑。有人曰：神天雖不用各神、各菩薩助之治世間，然人何不可用之、拜之，且求之代人而祈禱神天乎？人最小，神天至大，若有各小神在神天及人之間做中間者，豈不是好法麽？

解疑曰：不好法也。蓋神天未立之行此事，且其本不過爲世物而已，在神天之前何能代人祈禱哉？我今講一件古事與爾聽：昔有一佃人，該納田租於田主。因久受人之虐，又家中兒女漸多，食用日增，故此無租納主。其佃人心内甚是恐惶，想道：此事如何方好？若不求主寬恕，必定受責罰。若要求主，而主乃尊貴者，我貧賤之人，何敢直求呢？其遂日夜愁悶思量。忽一日心尋出一路，説道："田主有個管賬者，而管賬者又有個幫理者。不如我先去求於幫理者，求他仝管賬者説一句好話，到田主處代我轉求也。"於是就對幫理者説了此情。他口裏卻許允代求，而總未同管賬者説此事。佃人甚苦，没奈何，遂又自向管賬者説知，懇其代爲求田主。其管賬者亦許過，而又不向田主説一句。如是佃人真是無可奈何。時值田主在家閑空無事，佃人遂直走至田主面前，跪下説道："小人耕主人之田，不敢不勤工。因爲受人之虐，更兼小人家口漸增，食用多了，以致田租無完，並非小人浪費，故意不肯還也。求主人寬些時，後來一定清還也。"那田主見他如此窮苦形狀，即發慈悲之心，謂佃人曰："據你所説，甚是可憐。我今不獨寬你，且准你所欠之租一總不完罷。"佃人聽了，喜歡至極，拜謝主人。主人引佃人通看堂屋之中，彼處設有好多古聖賢之像。主人向佃人問曰："你知放此是何意?"佃人曰："不知。"主人説道："此皆古聖賢之像，我立此爲我祈禱之用也。蓋我們世間人都多有罪，豈不該祈禱神天赦免我罪乎？但我們世人，不過小可微物而已，那裏敢自己直向至尊、至貴、至大、至能之神天而求乎？故此我立各聖賢之像，望其薦我之祈禱於神天之意也。"佃人聞説即曰："此事在小人之愚見，則以爲不好法也，即如小人今日之事可比矣。小人欠田租，初時恐主見責，我心内恐惶，又想主是尊貴，我不敢自己直求，故先求到於主管賬者之幫理人，他許而不代求。後又求到主之管賬者，他亦許而未代求。因此小人無路，方自直求於主尊面。故今日受主之憐，不但寬恕容耐我，而且又免我以所欠之租也。夫神天曾説救世者耶穌爲在神天及世人間作保。祈禱時該靠他，以爲我等代求，不然神主必不受我等之祈禱也。"

無價之寶

人之身如箱，人之靈魂如珠玉也。比如在此有箱，其箱外木板做的，箱內有珠玉。人非看重箱外之板，乃看重箱內之珠玉，又非因其外板而守存內珠，乃因內珠而守存外板也。人靈魂亦然。身者，箱也。靈魂者，珠也。我世人不可因身而看重靈魂，反該因靈魂而看重身。蓋身原本爲輕而靈爲重，我們若理身而不理靈，豈不是以輕爲重，而以重爲輕？以賤置在貴處，而以無價之寶丢下在泥塗哉？

貪之害説

古者設喻曰：向有隻犬銜一塊肉在口而渡河去者，見自影在水下，而以爲是别的犬亦銜一塊肉在口，乃想：我若得此一塊，就有兩塊，豈非好？遂忙忙哈影，而自己本所有之那塊肉卻墜落於水底，而兩無一得也。

解喻意

此喻之意，言凡世人今有好業在手，乃心不足，而看他人有點好處，則眼紅起來，遂丢其本業而學他人者，必有失而無益也。蓋自己的業已丢去，而他人之業未必學得熟，亦未必有利，此豈非以二而並失哉！

忙速求富貴之害論

古者設喻云：昔一少年人有一隻最好鵝，爲日日生黄金之卵者。少年人甚喜，但因心急，要快快得大財，遂心下道云：每日生一黄金卵亦好，總是甚慢。若不等待數年，則不能足我所願也。一日，忽然得計，乃大拍掌想云：有了，有了。不如我今剖開鵝，而黄金之卵一下取出，即盡皆可得，不用等待數年方爲富貴，即今日我心願可滿矣。乃立刻手執刀而剖開鵝，忙尋黄金卵。然尋着，都是一團卵種而已。見時乃省悟呆立，手足不動，大哭自造之孽。蓋鵝與金卵俱失矣。此喻教人不可忙速求財，蓋忙速求財者未必能得所求，反屢次失其今所有之業也。

張遠兩友相論續上月。

第十二回

夫遠到時，張纔畢晚飯，遠坐。張乃將他一看，見他面有悶色，乃問曰："相公金體與府上都平安麽？"對曰："托福，只我一人心内不安。"張曰："有何不安？"遠乃以昨夜園内之心事説他知，且又泣如雨下。張慰之説道："請相公放心，勿怕。我看汝園内之心事，真爲佳日之初曉，如刺瘡必先有痛，膿血出，則瘡始醫。夫真願永福而不能得之者，未之有也。真懼永禍而不能獲脱之者，亦未之有也。蓋神已定一大路，要萬人從之，致可避逃永禍，又可進前向永福。

夫凡真願永福、真懼永禍者，無一不喜從此路。不肯從此路者，則其之願、懼並非真也。”遠曰：“我今如盲者，黑中摸索尋道，而不遇之，求先生指教。”張問曰：“相公以爲此心事由何緣而出？”遠對曰：“我看都是因想我罪惡之爲多。我此小可微物，曾多多得罪神天。神天至義至公，我此罪人實該受神天之大怒，我又怕神天不肯免我罪。又有一件，倘若神天今日赦我、照顧我，則我以後自然該當行善。然而我覺得在此胸中有個惡心，不能免之不發，我恐怕不久而我之罪又加一倍。”張曰：“相公向日有此樣的思念否？”遠曰：“都未有。”遂將手指着張之狗子而又説道：“我一向都如此隻狗子一般，肚飽身暖就安。天之大道，又永福、永禍與自己靈魂等，我總不以之爲念。因近來蒙先生之教，纔略悟。向日我常想我一人如他人一樣善，且比隣舍之大半還更善些。蓋那時我心下以爲我此人有甚麽大惡？不曾殺人之命，不曾偷人之物，不曾欠人之錢，不曾燒人之屋。又也我不曾不孝兩親，我亡父母並已安樂下土，且我不曾溺女，亦不曾作亂、煩惱於村中。人人都説我是善良的人。我向來有這般樣的思念，而現今我卻看自己之惡，爲過於周圍諸隣舍人之惡。且我所有行幾件善事，今不以之爲善，蓋行之之時，我心意屢次不正。在普天下萬國人中，若有該當受那永禍之一人，我就是其人。不知道我向日之思念，比今日之思念，爲何如此大不同。”張曰：“向日心暗，今日心略明，是此故耳。比如夜間走於黑暗中之人，其身若有污穢，其自不知覺。等待天曉時，那穢污之處就始露，而日越光，其穢越露。而相公亦然，非因汝今有多罪而向無罪，乃是因汝今知自罪，向不知之就是了。我世人自少時都有罪，而知己罪者甚少。我恐怕多有人平生不知自己之罪，待其死時，靈魂即落地獄受苦，方知其罪，但此是遲了。那時要求赦，不能得赦。要求得出其永禍之所，不能得出。要求得到天堂，不能得到。今汝略知覺自罪甚爲幸，蓋只生前有救，死後則無救也。”張未講畢，忽有個隣人，姓東名知，有點事來求見者。張對遠道：“今有個朋友來，要同我說話，求汝進我屋左邊的小房坐下看書，我就回來。”遠乃走前，入小房而坐，細想張之言，而心又更不安，想道：生前可有救，死後則無救。但我此生命不定的，或明日死亦未可知。且我今晚若不得罪之赦，至明日則不知如何，此關係甚爲重矣。不久張進來道：“古人云：‘君子以書爲友，以静爲財也。’相公有何妙思?”對曰：“我無妙思，只鄙陋之思而已。我心實不安，我罪爲重擔，就是泰山亦不比此之重。先生若知去罪之道，則求指教。”張見其心如此急迫，乃自書架上取下一部八本書，名曰《新遺詔書》，而説道：“我頗看過古文、時文、經書、子史、綱鑑等書，而雖多有好在其内，然自首至尾未有明説去罪、救靈魂之道。除此一部書外，我未曾見何書能明講此兩件。在這書之第四本，有幾句求相公細看之。”遠取書看，書云：“神愛此世，致賜己獨子，使凡信之者不致沉忘，乃得常生也。”〔1〕遠曰：“我不大明白，煩先生解之。”張曰：“我不知相公在那一處有不明，求汝説出來，我雖不才，亦當遵

〔1〕見《若翰福音書》第三章十六節。

命。”遠遂問曰：“‘神’字是鬼神之神，還是怎麽説?”對曰：“不指鬼神，乃指造成天地、萬物之神主也。”遠曰：“‘世’字是世代之世否?”對曰：“這裏不講世代，乃言世間之人也。‘愛’字，汝知其意否?”遠曰：“是親愛之意嗎?”對曰：“略不同，是恤憐之意。言神天大發其恤憐與世間之人也。”問曰：“怎麽樣發其恤憐呢?”張曰：“底下之字語是其解，即所云‘致賜其獨子’。”遠曰：“其獨子何解?”對曰：“其，神主也。獨子，神主之子耶穌，就是我前幾日同汝説的救世者也。”遠乃恍然有記，又説道：“‘致’字呢?”對曰：“致者，至極也。言神主所發之此恤憐，真爲無限、無量，在天、在地、在人間，總無可比。”遠曰：“‘賸’字是神主賜好與其子麽?”張曰：“不是，不是。這‘賜’字，言神天大施其無限之恩與世上人，而賜其子耶穌降地受難、受苦死。”遠曰：“爲何死?”曰：“其欲代我人類贖罪，而使萬人中凡信從之者，不致死後没淪於地獄，乃得永福於天上，此其受難之意。”遠曰：“我之罪太過重，恐怕神天不肯赦我，又不肯賜我得此永福。”遠曰：“汝要依靠救世者，勿疑、勿違神天之令，則必得救也。”

聖書節注　　十月

訓三　論死如夜賊之來

蓋主之日將至，如盗賊於夜。〔1〕主者，神主耶穌也。

〔1〕見《弟撒羅尼亞書》第五章二節。

日者，時也。神主大罰惡之時，又救善人出其苦難之時，又至天地窮完審判萬人之時，又令人死之時，都曰主之日。言此各時候，神主以罰惡而明顯其之公義，又以救善而明顯其恩典也。盜賊於夜者，言速，而於人不料之時也。今把此理推論之，求衆位聽也。惡人今世上之禍，屢次如夜間盜賊之來。夫人在夜大概深睡，不料何害，不防何敵，故盜賊乘此機會來破屋殺人劫物。若是屋主早料此事，則必預備提防，只因未料想，所以受此重禍，而惡者亦然。蓋放恣、任慾、瀆天、害人間，而屢次神天忽然降災與之。像上古洪水時，人都只管飲食嫁娶，放恣亂説亂爲，雖有挼亞戒之勿如此行，又示之言神天不久而必罰之，然伊等總不肯聽，反愈加惡行。一旦伊不料之時，洪水忽然漲溢，遍滿全地，將那世之人盡數掃去，都溺死於洪水中，只有那聖人挼亞與其家得保生命而已。又像古時所多麥及我摩拉人，雖有羅得日日責伊等之惡行，教伊等悔罪，伊等亦不肯聽，乃專一飲食買賣、耕種建屋，只管任慾，不肯信惡報爲不遠。忽一日太陽升出後，甚光明、照耀，人人喜觀，總不料有何難之時。而神天忽然由天空降火與硫黄如雨，下於二城，將城及人與物都燒盡，獨義人羅得與其二女得脱也。又像古時巴比倫王比勒沙撒耳設大宴，賜厥大臣一千位，而自己同之飲食，且王與其諸妻妾、諸官員所用之飲器都爲黄金。伊等力飲，而贊美人手所作那金銀銅鐵木石之各神。正快樂間，忽然有如一人之手顯在壁上，寫幾字，言爾國被權而缺重，即不再顯。衆人見時大驚，王之面失色，心甚惶，骨節似解，兩膝相擊，而大衆之樂變爲憂。且彼夜間外國之兵衝擊，破巴比倫京城，殺王取國。又像耶穌説那貪心的富貴人，其田地生物豐盛時，其乃甚喜，心上道云：我諸物日增甚盛，我各倉廩都不够容藏，不如毁倒此倉廩而另建更大的，在彼内藏我諸物，則必足爲多年之用，而我至大壽不見缺，乃五福常臨門，此豈非大好長樂之事哉？其卻未想不上二三時辰，而此諸物皆歸他人，蓋彼夜其即忽然而死矣。夫洪水時人、又所多麥人、又巴比倫王、又其貪心富貴人等之禍，俱如夜間盜賊之來。且代代亦有惡人如此受禍，或同人相争間，或酒醉，或偷掠間，或謀害間，或姦淫間，或瀆天間，又或安樂間而忽然死。惡者如此死甚爲可怕，蓋其今生活在此，萬事如意，不料何事，而未到半點鐘，其身無氣息，其靈已在地獄矣。夫在惡中雖多有得長壽盛財、大名，平生不受何非常之難，到底其死日亦如夜間之賊，於其不料不備之時而來也。又也，不止惡之禍如夜賊之來，乃又衆人，不分善惡者之死日，亦屢次在伊不料之時而來。至善者既曾信耶穌，已受罪之赦，則其事之大條預備了，忽然而死，不能礙其永福。但大條雖已備便，還有小條，未必常預備，所以斷要醒守謹慎，日日思想死與死後之大事，常如已收拾行李而便行路之人也。我們都必死，但不知何年、月、日、時。蓋人中有出門而總不得進家的，亦有夜間睡時而死的，亦有或看書、或行工間而死的，且你我並不知死時、死處。故該盡心悔罪，又望向耶穌得救，又求聖神净我心。此三件爲我世人事之大條。不得此三者，必不能受死後之福。得此三者，其靈魂妥當，必不受死後之苦。然亦有教家人、又發善表、又管理事業、又備便遺囑、又日日進德、又心思觀望天堂之福等小條，不可不看重。此諸小條若預備，則死不但有益於善人，乃其將大喜而死也。此若不預備，則善者雖必不落地獄，然亦不能忻然而迎死，可見其大條、小條並不可失一。蓋不得其三大條，則不能入天堂。不求其各小條，則不能忻然迎死也。

人死［論］

夫人生在世總不能免死，此爲神天所定之理。惟死有早晚不同，有的少年死，又有的到老年七十歲、八十歲纔死，此都照神天之主意。人之生命雖長短不同，然大概講，均勻少老而總算，則一代之人都不過三十年而生活在世。如今在地上萬國之中，約有十萬個萬餘人，若是從今年起算，到了三十年，就將有十萬萬人過了世。若是每三十年有十萬萬人死，則每年有三千萬人死，每日有八萬六千四百人死，每時辰有七千二百人死，每一刻有九百人死，又每一分有六十個人死。但凡看文者，求你心內細想之，你讀敝文此須臾之間，即有六十人已斷其生命，離其親戚朋友，而入那冷靜的墳墓去了。從昨日太陽起，到今日太陽起，已有八萬餘人死離世間，不再見太陽，不再同世人往來者。從昨年春到本年春時，已有三千萬人過世，不再耕種，不再收禾，都入於來生。其善已進天堂，其惡已落地獄。短哉！短哉！人之生命也。速哉！速哉！死日即來。世人不能久在地上，每世每代之萬萬人，不過是幾年現出在於世上，略看世樣，略行世事，略受世苦，則就一總必離其本所，讓之與别人。而每人自己必入來生，立於神天之面前，而照他的審斷，受其本當之報應。此爲大重而緊要之理，我們世人豈不該時時刻刻深深默想之？世上的人數雖多，而亦多有人死，本年本月本日，有這麽多人死，不知明年明月明日，我不在其中乎？我曾爲之預備否？我的罪有見赦没有？我有改惡没有？我若不逾時即會死，則我將爲如何？或是因預備了，我心將安樂，欲去見我之造者神主及我救者耶穌，同之享福乎？或是時因不曾預備，我的心將惶懼，恐怕落那永黑永苦的所在，同惡人惡鬼永永受苦乎？求列位各人看文者，這樣查問自己，則大有益於汝也。

天球説　　十一月

天球係用爲看天空上各星宿出入等事也。在廣東省城要北極出地二十三度後，看晚夜何時辰，而放天球南北正向，則可以天球對天看出星宿何名及出入等事。

英吉利國新造的天球，星宿共計分九十三宿：内其黄道有宿十二個，天球北半有宿三十四個，天球南半有宿四十七個，則與《漢書》内云二十八宿殊不同也。亞拉比亞國即是回回樂國，有月宫二十八，與《漢書》内云二十八宿同也。

由英吉利國來之天球上的字音，係周朝幽王年間起的羅馬國字音，今稱拉定話，或稱拉體納話是也。周朝夷王年間，西邊夏朝起的厄利西亞國始作天球形，而以各獸物像呼其各宿也。天星並非成何獸物之形像，只是夜看星者比喻想出個様子而呼每宿，好易分別而已。

現在西儒以每宿内各星加一個厄利西亞國字呼之，則曉天文各儒以某宿某字呼各星，而一下分得了然，明白言及者係何星也。

現在西儒皆云，各星每一個爲個太陽，然只是離開我地極遠，則看見甚小也。且伊推其理云：大哉！開闢天地、萬星宿、萬物之上帝者也。

近來西儒皆宗試學一門。伊不泥舊、不慕新，乃可試之事，務要試過纔信也。故此天文、地理、格物等學，一百餘年由來大興矣。又且西邊讀書人與工匠相參，我心謀，你手製作，故此弄出來最巧助學各様儀器，量度天星等是也。

黄道内各星宿西音漢義列于左：字音要官話讀。

一號西音亞利衣士，〔1〕義訓公羊也。

二號西音道路士，義訓公牛也。

三號西音者米尼，義訓雙子也。

四號西音干素耳，義訓螃蠏也。

五號西音利阿，義訓獅子也。

六號西音非耳我，義訓童女也。

---

〔1〕“利”字要似清文用的“嚕”字讀用，漢字不能得西音之十分正也。

七號西音利比拉，義訓天平也。

八號西音士可耳比阿，義訓蝎子也。

九號西音撒之大利五士，義訓射箭者也。

十號西音加比利可奴士，義訓山羊也。

十一號西音亞挂利五士，義訓挑水者也。

十二號西音比西士，義訓魚也。

天球北半星宿：

十三號西音門士米拿路士，義訓米拿路士之山嶺也。

十四號西音素耳便士，義訓蛇也。

十五號西音素耳便大利五士，義訓挑蛇者也。

十六號西音道路士波尼亞道士其，義訓波尼亞道士其人名。之公羊也。

十七號西音士古屯所比衣士其，義訓所比衣士其人名。之藤牌。

十八號西音亞挂拉或稱安氏奴士，義訓神鷹也。

十九號西音衣古路士，義訓小馬也。

二十號西音利阿米儺，義訓小獅子也。

二十一號西音可馬比利尼西，義訓比利尼西，人名。之髮也。

二十二號西音加尼士未納氏西，義訓獵狗也。

二十三號西音波阿地士，義訓鬬義也。

二十四號西音可羅拿波利亞利，義訓北冕也。

二十五號西音素耳比路，義訓三首犬也。

二十六號西音來拉，義訓琴瑟也。

二十七號西音富利比古拉同安素耳，義訓狐狸同鵝也。

二十八號西音撒至打，義訓箭也。

二十九號西音地里非奴士，義訓魚名也。

三十號西音比加素士，義訓飛馬也。

三十一號西音安多羅米大，義訓一位王后名也。

三十二號西音土來安古龍，義訓三角形也。

三十三號西音土來安古龍米奴士，義訓小三角形也。

三十四［號］音母士加，義訓飛蟲也。

三十五號西音五耳撒米，義訓小熊也。

三十六號西音五耳撒馬卓，義訓大熊也。

三十七號西音可耳加羅里，義訓加羅里，人名。之心也。

三十八號西音地拉可，義訓龍也。

三十九號西音素古奴士，義訓鸕鷀之屬也。

四十號西音拉素耳打，義訓守宮也。

四十一號西音西非五士，義訓一位古王名也。

四十二號西音加西阿比亞，義訓王后名也。

四十三號西音比耳西五士或云米土撒加不，義訓古時菩薩名也，米土撒，□之首也。

四十四號西音加米羅巴耳大路，義訓鹿屬也。

四十五號西音亞利加，義訓御車也。

四十六號西音倫士，義訓狼屬也。

天球南半各星宿：

四十七號西音西土士，義訓鰲魚屬。

四十八號西音衣里大奴士，義訓河名也。

四十九號西音阿利翁，義訓人名也。

五十號西音摩儺西路士，義訓單角犀牛也。

五十一號西音可奴士米儺，義訓小狗也。

五十二號西音希地拉，義訓五十首的怪物。

五十三號西音素士丹，義訓圈線六分器也。

五十四號西音米可羅士可逢，義訓顯微鏡也。

五十五號西音比西士儺地五士，義訓南魚也。

五十六號西音阿非西拿士古比多里亞，義訓雕刻的店也。

五十七號西音父耳拿士其米可，義訓考物性之爐也。

五十八號西音比闌丹布至素比士倫，義訓王之圭柄也。

五十九號西音里布士，義訓兔子也。

六十號西音儺亞其可倫巴，義訓儺亞之鴿也。

六十一號西音可奴士馬卓，義訓大狗也。

六十二號西音布素士瑙地加，義訓羅經盤。

六十三號西音米其拿鈕馬地加，義訓成氣空之器也。

六十四號西音革拉土耳，義訓爵也。

六十五號西音可耳父士，義訓烏鴉也。

六十六號西音先大路士，義訓人騎馬之形。

六十七號西音路布士，義訓狼也。

六十八號西音儺耳馬，義訓矩也。

六十九號西音素耳西儺，義訓規也。

七十號西音土來安古龍亞素德拉里，義訓南邊三角形。

七十一號西音革路士，義訓十字架。

七十二號西音亞比士，義訓蜜蜂也。

七十三號西音可米利翁，義訓變萬色守宮也。

七十四號西音亞拉，義訓祭臺也。

七十五號西音地羅士可比翁，義訓千里鏡也。

七十六號西音可羅拿亞士土拉里，義訓南冕也。

七十七號西音印度士，義訓天竺人也。

七十八號西音厄路士，義訓鶴屬也。

七十九號西音巴父，義訓孔雀也。

八十號西音亞父士印地可，義訓樂園之雀也。

八十一號西音阿其丹士，義訓圈八分器也。

八十二號西音父尼士，義訓自燒復生之鳥也。

八十三號西音河羅羅至翁，義訓自鳴鐘也。

八十四號西音里地古路士，義訓網也。

八十五號西音布土路士，義訓水蛇也。

八十六號西音土千，義訓米里堅地鵝也。

八十七號西音門土面西，義訓嶺頂上平桌也。

八十八號西音比拉西地里士，義訓雕刻之刀也。

八十九號西音衣古里五士比其多里五士，義訓寫像之牌也。

九十號西音多拉多，義訓劍刀魚也。

九十一號西音亞耳我拿父士，義訓亞耳我船也。

九十二號西音比西士父蘭士，義訓飛魚也。

九十三號西音羅布耳加羅里，義訓加羅里之橡樹也。

西儒製的天球星宿名目終。

隨覽批評（求净心）

聖書云：“神天歟，於我内造以净心，且於我内新作以正靈心也。”[1]《訓俗遺規》序云：“古今之治化見於風俗，天下之風俗徵於人心。人心厚，則禮讓興，而訟端息矣。”等云。治化風俗皆根於人心，倘若心善，則行爲善也，未有心善而行惡之理。故此詩云：“求神天於我内造以净心，又新作以正靈心也。”蓋聖書云：“人心比萬物較詐，並爲絶惡也。”等云。此證真是人心詐僞絶惡，則願修德之人，須求神天於己造净心，且新正心。《朱子綱目》曰：“諸惡皆始於一念之忍。”又書曰：“以羞惡之心决爲人之機。未行惡先不忍，已行惡後羞之，或可救該人之病也。”《大學章句》序云：“自天降生民，則既莫不與之以仁義禮智之性。然其氣質之禀或不能齊，是以不能皆有以知其性之所有而全之也。”夫“天”字不可指形體之天而言，乃指神靈之天言方是也。於上古神主原造人於地，是則莫不與之以仁義禮智之善性。但人生在世以後，致獲罪於天，而善性變惡，則隨生子孫之性，亦與父母同然。是乃世界滿以性惡者之所由也。惟或上天以己靈賦一人，使其新，而命之爲億兆之師，亦出於天之恩，非人力所能自作也。聖經云：“神天原造人性正直，但世人多尋着人欲之虚謀矣。”可見世人始原性善，今變於惡，則必被新。

---

〔1〕 見《詩書》五十一首十節。

入德之門

程子爲宋朝名儒，已去世今有八百二十九年。他在河南講書時，極悦人心。故當下有云“立雪程門”等語。此程子曰：“大學爲入德之門也。”德是何耶？或云：德只是善行。惟行何耶？或云：不使害與人就是善德。或云：不使害與人，而使益與人，則爲德行。今余看來，此言皆可，只是尚不説盡。因世人蒙上天生養，又蒙天之子代救，故有德之人必畏神天，必愛尊天之子，兼行仁及他人，方可稱有德之人矣。故此我説：敬畏神天，是乃入德之門也。

止一神止一中保者

聖書云：“蓋神惟一也，神與人之中保者惟一人，即耶穌，其自付爲衆人之贖罪也。”〔1〕世人説云：有百千萬億佛，恒河沙數佛。又云：有菩薩盛多，不識其數也。〔2〕我云：惟依神天之正道，止有一個神，即天地萬物之主而已矣。又若論到救世，大慈大悲、憫念衆生者，則在神天與世人間爲中保者，止有一位，即耶穌，被神天上帝所命充救世者也。凡信遵之之人，未必得救於世界之難，乃必得救於惡

〔1〕見《弟摩氏書》一章五、六節。
〔2〕見《佛説高王白衣觀世菩薩》。

行、得救於天怒、得救於死後之永苦矣。凛之，凛之。

負恩之表

古人設比喻云：冬天有一農夫，在路逢一條蛇，近凍死，農夫可憐之，把蛇來抱在胸懷中而回家。蛇既暖，則發其惡性，甚咬農人。夫此蛇，乃負恩者之表。蓋世上多有人受人之恩，而不但不報，反害其恩人者也。

聖書節注

訓 論過年之道

聖書云："宜知吾儕該自眠醒起之時已至。"〔1〕眠者，睡也，言其心以惡而昏頓了，不會行善，如睡者不會行工。醒起者，覺悟前日之過，棄之而盡心爲善，如早上醒之人，爲捨昏而勉力從事者也。言我人以前多空廢光陰，懶行善，然以後切要作新人，日日年年遵神進德也。夫諸位朋友也，今年將盡，來年已近。大家應當追思己過，忖度未來。夫除夕者，一年間諸晚之盡末也。至此夕，人人俱算賬目清楚，欲把今年之諸事都團圓無缺，此爲正經好事。至於那飲團年酒、拜已死之先人、守歲送年等風俗，恐怕其害多益少。若於除夕，以此等俗變爲省心看書、祈禱神天，而如此以我今

〔1〕見《羅馬書》第十三章十一節。

年間善惡之賬目算得清楚團圓，則必免後日之悔也。

今且把追思已過之年略説一番。夫若走海之人，已上船開水路，其在後面，有本家、本地山嶺等皆漸漸遠離，就將不見。在前面，其有無量之大洋，深水高浪。其躊躇思想，心内放下不得後面之所留者，而免不得懸懸觀望前面之所有者。至過年時我等亦然，宜憶念上歲，且思忖來年，而如此送往迎來也。

（一）該想今年間之各變動。蓋自年首至年尾，多有變動，多有壯身之人已着病，又活人已爲死、富人已變爲窮、貧人已得財、小國加地、大國失位都有，此等爲年年之常事。在我本家或隣家中，豈非今年多有如此之變乎？某家喪親父，某家死兒女，某人死心腹之友，此皆示我等明知在世界無恒業、無穩固之福，故該越求死後天堂之真福也。

（二）該追思明察各人自己今年間之多罪。蓋於一日間我尚有多罪多過，何況於一年間乎？若不細心自察，則雖有不可勝數之罪，亦必不知之。且我等雖忘記前日年之罪過，又未悔未改之，然神天卻不忘記之。而我等若不悔，則至死日，神天必以我平生及以我今年諸罪惡之賬目，排開於我等面前，豈非可怕之至哉？我豈非該自察心行，早改而免後禍乎？與其等到惡滿而悔已遲，何如預早每晚省本日之罪，又每年省本年之罪，而求赦呢？若我於年尾如此自察，則必使我爲謙遜而愈加慎也。

（三）該追思我今年間所受之好處。蓋神天於本年有養我保我，照顧我身、我靈、我家、我國。神天在一日所施我人類之各好尚爲無數，何況於一年間乎？我今年間或有受幾種艱難，然其何比得我所受諸好之數哉！且我之艱難都爲自罪所招來的，然我所受之諸好，則非我自之功勞所堪，乃是神天因耶穌之功勞而白白的賜我，我豈非該贊謝神天之大恩哉！若至年尾如此思，則使我生謝恩之心也。

（四）今年間既已有多變動，又我已犯了多罪且受了多恩，則於年尾該當認罪，謝神天之恩祐，求他以我本年之諸罪都抹去，不使之於來年爲如重擔在我肩上。且求他於我，在我生之諸年諸日盡完後，而賜我得常生常福於天上。若在除夕上如此送往年，則爲迎來年之好引頭也。

二、説忖度未來。夫上年既過，而來年已至，該想此新年之事。夫元旦者爲四時之首一早晨，又每年所入之門，新歲之初日也。此日人人都早起身，穿好衣服，相往來人家，作揖恭喜，見面對説好話，都合禮而無害。但除此外，我看人迎來年之其餘風俗，多無益且有害，使空廢光陰、過用錢財、傷害人心，而無助德之有也。若你願善迎來年，則該如下文所言：

（一）該思此年間亦必有多變動。夫每年間之變動，亦有一定的，像四時之運行、人物之生死，此等我年年所料必有者。亦有不可料的，像是何一人將死、是何一家將有難、是何一國將生事，這等爲我所不得早知也。此新來之年十二月之間，多有子必喪其親、父必死其子、國必崩其君、夫必死其妻、妻必死其夫。又新建屋，而已建之屋失其主，新開墓而今日尚活之人死，被放於其墓中。又多人之喜變爲哭，多人之憂變爲樂。多惡人今日大作樂者，必入地獄；多善人今日有悶者，必進天堂，此各樣今年間都必有。若我年始細思之而定心向神天，求那天來之實福，則我本年間或有變或無變，都必不有害於我。蓋此各樣變動，照世人看之，雖有猶若偶然來的，然神天爲主宰，而使其各變依次序而來，且使之都有益於凡愛他者也。

（二）該思我每一人今年必有該勤行的新本分、該當忍之新苦難，又該克的新誘惑。像今立家的，必有家主之分；今年將有死喪之家，必有當忍難之分。今年出世界辦事者，必遇有誘惑。夫若我年始忖度此等而爲之備，則其來之時必越易行、越易克也。

（三）在元旦我該思想此年或者爲我生命之終年。我今年或必死，離此世而入那死後之大且可怕之世界。我今年或者必閉目，而至世世不再見此地上之人、之物、之財、之榮等，有誰知？我之富貴、我之大爵、我之學問、我之少年、我之多友等，都不能免我死。若天所定之時一至，則我必捨此諸般過世，入死者中，而永不復與地上之活人交往也。我曾預備乎？我有悔罪乎？有信耶穌乎？心有被潔净乎？有求天堂之福乎？有齊家之事乎？

諸位中之各少年人也，我勸你細思此過年之篇，不可因年尚輕就不理此事。今世上無永紅之花，必有衰落之日。夫人中之花者，少年人也，其之美容壯身人人都喜。然此等亦都有衰落之日，又多僅萌而被此世之難踐下，如花被獸足之所踐踏然。你們若已始事神天，則要恒心，勿半路廢。若未然，則該於此元旦定下一永不易之主意，以後日年常敬神天。若如此，則在生諸年間，神天必照看你，如父之於子然。又至離生之日，必以天上之永榮、永光、永壽賜你也。

諸位中之老年人也，我求你想一想：少年人或者有不久在世界，但你們則一定不能久在世，你已近於生命之限，你之白首、你之縐面、你之蒙眼（下闕）

凶殺不能脱罪

十二月

夫在世上人之生命爲最重，而凡自盡己生命或殺他人之生命者，並不能脱罪。蓋神天爲至義，而必重罰如此之大惡也。然多有殺他人者，幾年或幾十年而隱其罪，久不使人知之，但神天後來屢次以不可測之法，而露出伊等之罪。像昔在極西至耳馬尼亞國，有兩個人同事於酒家，一姓但，一姓求。一日二人在釀酒房相争，但大怒恨間，下手殺死求，將其屍放在酒鍋下而盡燒之。至明日，人不見了求，乃問於但，但曰："我實不知，我昨日看他醉了回家，諒必過橋時，其有倒在河而死也。"因從前二人不相仇恨，所以無人疑但爲凶殺。後來七年，但仍在其酒家釀酒。一日，心裏記念在前所行，而道云："今已七年，而無人知道此一件，甚爲幸也。"至夜於夢中，其囈語云："今已滿七年。"時在房内另有一人同眠，聽但説那半句，乃問曰："汝前七年行的是何事?"但於夢中答曰："我放他在滚酒鍋之下也。”其人甚奇之，想來想去，而憶得在前有個姓求的，無人知其如何死，乃心下道云：不知但是指此人否？至明日其人去地方官，説夜間之所聽。官乃令捉但解至衙門審問。但初只説己無罪，但後在官前盡認此罪，而依國法受死也。

前十二年，比耳五西亞國軍中有一兵丁，娶了妻後，乃隨軍出戰。在交戰間，其被苦傷近死，而人人都以他爲果死，且此新聞乃傳至兵丁之本鄉。其妻聞之而想其丈夫實死，故後來乃嫁别人。夫那兵丁卻還未死，乃被法郎機軍虜去。至傷痊了時，其又隨軍出戰，在吕宋三年後，乃得准其離軍而忽然回家。見其妻尚活無事，其則大喜。其妻初見他亦佯喜，以飲食送之，但不説已嫁他人之事。至晚，兵丁飲食後，乃覺身上甚倦而去睡。其妻與厥新丈夫相謀殺他，見兵丁深睡時，遂並下手絞死之，將其屍放在袋裏。等夜中，方拿之去，欲投在河，不使人知道。然在路上，因屍爲重其裂了袋，而死人之一脚乃透出來。其婦人用針縫着，但因慌忙不小心，所以將厥新丈夫之衫與袋同縫着。而至河邊時，其丈夫要出全力投屍在急流深水之所，卻未料己衣爲同袋縫連。故大出力投屍之時，屍乃拉他下水去。河水乃湧流，將屍與其人並下去，其人只能存頭首在水面上而已。那婦人不想此事要默然，乃因怕其丈夫溺死，所以大叫喊。隣人聽時，都慌忙來看，而見河裏有人將溺死，則二三人乃自拚己生命去救之。要援他出時，覺得有個重物在水下與他衣相連，乃都並援上河岸。開袋而見屍，則疑凶殺者必是此夫婦，遂解之到衙門。地方官審問後，夫婦並認己罪，而照國法受死也。子曰：“人爲不善，天將報之以禍。”此二條事可證也。凶殺者只欲隱其所行之惡，不使人知之，但其屢次所用匿之之法，反爲神天所用以露之，而使凶殺者受所當受之罪也。可見神天無所不在、無所不知，人可以瞞得人過，惟神天卻無人瞞得過。求衆位細思之也。

蝦蟆之喻

古人設喻云：有一小蝦蟆爬行於草野時，見一大牛，乃生怨心而道云：“我如此之小，你如此之大，何耶？我看我自己同你一樣好，爲何不與你同一樣大呢？我定要與你一般均大也。”蝦蟆遂大出力鼓氣，欲使自之身與牛之身同一樣大。蝦蟆之子看時，則曰：“你斷不可如此。蓋雖盡出力鼓氣，致自身裂開分碎，亦不能與牛同大也。”蝦蟆不肯聽，乃越鼓氣，致其果裂了己身而死矣。

解　喻

世上多有人懷驕傲、嫉妒之心，見人有些過於自己的排場，則心内日夜不安，怕此人之笑，懼彼人之欺。遂將自己家業奢侈浪費，欲我屋、我衣、我家伙同他人一樣，而我之業或未有他一半。如此，則必須臾傾家蕩産。可知人該守業安分，就無此害也。

古今聖史紀卷之二續四月。

第七回 論牙可百娶親而回本地

夫牙可百在井上立間，拉班之女兒拉至利同厥父之羊來井。牙可百見她時，心大喜，且以己爲厥姑母之子説她知，又親嘴她。蓋彼地人中，親戚朋友或初相會、或久别而復相會，乃相親嘴，彼地人之禮如此也。拉至利快去説她父親知。拉班慌忙出迎，行禮畢，乃引牙可百入家。牙可百以其所遇之事，俱告拉班知。拉班曰："勿怕，你爲我骨肉之親戚也。"牙可百住於拉班家一月後，拉班謂之曰："你在此事我，不該爲你無益，我將以何而賞你耶?"夫拉班有二女，利亞及拉至利，而因牙可百愛拉至利，故對拉班曰："以爾小女拉至利給我爲妻，而我將事爾七年。"拉班曰："好，給之與你比給之與他人更爲美也。"牙可百遂七年事拉班，爲得拉至利。且其因十分疼愛他，故此七年不過如數日而已。至婚期時，拉班大設宴，請多少客赴席。且至晚上，乃用計騙牙可百，把其長女利亞暗然入内室。至明日，牙可百纔知中了計，而對拉班曰："爾爲何騙我耶?"曰："未曾嫁長女之先，則不可嫁小女，我們這地方的規矩如此。但你再事我七年，而我亦以小女嫁爾。"牙可百至疼愛拉至利，遂滿其期，而亦娶他。蓋古時彼地之人中，有的娶兩個妻。牙可百因甚愛拉至利，故利亞生怨而嫉妒之。且因利亞先生子，而拉至利無子，所以拉至利亦相妒利亞，而對牙可百曰："給我以子輩，不然，則我必死矣。”對曰：“生死在天，我何能以子給爾乎？我豈是神天，而有生死之權在我掌内乎？”拉至利乃以厥婢比勒下而給牙可百爲妾，蓋其想道：我自己雖不生子，若我此婢生子，則我將算之爲我子一然。比勒下生二子與牙可百。且後些時，神天可憐拉至利，賜他自己生一子，名之若色弗，即後來往以至比多而爲彼國之宰相之若色弗也。夫既居在下攔地已久，且其子輩已多，則牙可百想要回其本地去，遂告拉班知之。拉班見牙可百爲忠人，又見自牙可百初到己處以來，神天大增己之財物，故不願牙可百離己去。遂求牙可百再住下，管其各群。牙可百對曰：“我已事爾久矣。我初至此，爾財爾群並爲少，今卻增多而豐盛了。爾今有大財，但我尚未曾備何與我妻子。我幾時得備積爲我本家乎？”曰：“我該以何賞你耶？”牙可百曰：“今准我通走群中，而將各雜色的牛、各椶色的羊又各雜色的山羊都移去，算之爲我之畜、我之工錢，且我將搬之他處而喂之，又牧爾群如常。且日後爾來查時，若在我此各畜中遇何一不雜色之牛、不椶色之羊，則可以之爲偷的，而以我爲賊也。”拉班曰：“好，如此行就是了。”夫牙可百之畜日生多，不久而多如拉班之群。但拉班的子輩見此時，大不悦，乃造出假話，説牙可百暗然取伊父之牲口，匿之在他己之群中。拉班略信，而不待牙可百如向日之好。時神天示牙可百，命之回其本地去。牙可百以之告其二妻，而就定意，將家小與畜物都搬至其本地。牙可百怕告拉班，恐他不准，故拉班出外時，牙可百乃乘此勢，把其所有人與物隨即起程。

夫下攔地人多有不拜神天，乃拜人所作各神像者。且拉班雖爲拜神天之人，然因其隣人都有偶像在屋，故其亦略被此罪所染污。其有幾個神曰“既啦嘛唛”，即家内放的神，如我中國的財神、門神之類。夫拉至利要起程時，乃暗地偷其父之家神，亦不使牙可百知之。牙可百既離拉班處，遂取路望加南地而去。

此一回所記之事，以三件示我：一示我知，我各惡必或今世或來世而有報。蓋牙可百向日騙其父親，致得長子之業，而其自己亦被拉班所騙，致易其初所聘定之妻也。二示我知，娶二妻或一妻與一二妾，非閨門之福。蓋牙可百之妻妾相妒，而使一家不安也。三示我知，得生兒女全靠神天，而非人自所能主意，亦非人所立何一神之能爲也。後月又講。

第六卷

1820 年　嘉慶庚辰年正月至十二月

凶殺不能脱罪

昔有一金匠，姓牛，爲好品行，而頗有錢財者也。其有個跟班，姓良者。牛出門，同帶良與多少寶物而遊遠方，欲賣之。良見這麽多貴物，乃萌出貪心來，暗謀殺□□□在路上。其主人下馬了，叫良執之。須臾，主人往路旁，欲就回來。良乃乘此機會，以短鳥鎗擊死了其主人，把大石縛其頸上，而投之於溝内。且快乘馬，將諸寶物，而逃至遠地方住下。初因怕人得知，故做小小的生意，不多出門。但其生意漸次加增而大，其錢財豐盛，又其多年佯爲廉節道德之人，以致其地方人都中意他。而有一大體面之人，以其女兒嫁他爲妻。又因他爲有禮貌而會説話之人，故被王封攝都督與審司之職。他多年當此任，而存個好品行。但一日，有人解一犯至衙門，而告官言此犯有殺其本主之罪。良乃登位審問之，而見有證，又其犯果殺了厥主，則要斷定其受死罪。然良之本心實覺不安，其面三四次失色，人人都看之，惟不知是何故。良乃自審司位下來，而與其犯者同立在審案前，在衙裏之人都奇之。良對衆大小官曰："諸位觀看我，我比此犯更有大罪。蓋前三十年，我亦殺了我的主人，而得脱至此，且無人知之。惟今日，至義之神天使我心内自責，而我不能不認己之罪。神天已容我三十年間，惟今罪到頭，且時辰到了。我只得求衆位亦定我與此人同受死罪。若不然，則我心永不得安也。”衆官聽他細細認罪，則無一不驚惶，互相觀看而奇之。伊等原本雖敬良，然得明知此大惡，則不敢不定其死罪。良遂痛悔，懇切求神天赦罪，免地獄之禍，而就受死，以抵其前三十年而所行之罪也。

以此一件，則可知有個至公義之神天，常常管理世人之所行，且必於其所定之時辰而罰人之罪。就是無人看見他行此惡，而無人作證，然神天常見他，而能令他本心猶若爲面證一般。古人曰：神天在此世不盡罰人之諸惡，恐人就想在死後無報應，又不盡無罰人之惡，恐人就想世界無主宰也。若神天於此世盡放過罪人，則人必有言不公道。若盡罰之，則人必有言無那大審判、那苦地獄之事。故見神天久容惡人，平生不罰之，則可知在死後定有報應。見神天重罰罪人，則可知世界實有至公之主宰也。

驢之喻

古者設喻云：昔有一驢、一猿、一鼢鼠三者相會，而各各以其怨歉之處説與己諸伙伴知。驢曰：“我是無角，甚爲可憐也。”猿曰：“我是無尾，甚爲不可當也。”鼢鼠聽其二説完乃云：“噯呀！那有此樣的話麽？你們二人並有目，而我卻無也。”

解　喻

在世上多人，以其自己之不受用處，爲過於他人之不受用處，開口則說我有這樣那樣的不便，而別人未有。此人彼人並爲安樂無事，只我一人大不便。我命運甚爲薄矣，卻不想地上有千萬人之苦、之不受用、之不便過於自己的。且我若能與他人易地而住，則必知他人亦有大不便之處，而非只我一人有之而已也。

勸世文

論人信神，以實心爲重、爲敬，以誠意爲先。孝敬於神，以忍耐望之爲主也。故此我們不可少刻懈惰於事真神，宜該以一日間之事省察所行，可有合乎天理否？有則敬謹，無則改悔。夫如是，則斯心將有兼於四彝，耶穌秘授真理，亦得感化於五内矣。神乃造天地之萬物者，惟萬物之首，以人爲最靈。人致得罪之赦，皆賴天之子基督也。故此萬國之人，該以耶穌爲赦罪之恩父也。亦該當並皆一心以真理，朝祈禱，夕祈禱，相合樂舉，頌贊神主之寶名與耶穌代人贖罪之功勞。故此世人不必大慮生前之事，要大預備將來之爲緊要也。生前乃世俗瞬息之福，何也？乃因我們不知何時過世，倘其間遭休，則諸福皆然無用矣。是以我們既知道此理爲緊要，即該急急回首，改悔斯心，望想天之子耶穌代贖己罪，此後恒敬謹依神之律，不可少怠而復致招重罪也。

論古時行香奉祭等禮神天今皆已廢除了

神主天老爺有如此云："你們各奉神禮宴之日，我恨之。又你們各聖日行香時，我不肯聞接之。又你們的各祭物爲爾所獻者，我不肯收之。因爾等爲自拜之用，而所做了各樣偶像，並行不義、不公及各般惡事也。[1] 伊食祭神像之物，並行姦邪宿娼也。"[2] 是各事皆然爲犯罪之端，故並不可行也。神主曾令伊等曰："爾等不可敬畏别神與各菩薩之類，並不可俯首跪下而拜奉事之，或向伊等獻祭物。但神主者，曾救了你們之神，則爾等必敬畏他、奉拜他，並該向他獻祭物也。"[3] 惟該人不聽神主之諭，且照舊而行，並仍然奉事伊等之雕刻偶像，連父母子孫皆然矣。神主曰："我不要因缺爾各祭物，而責罰你們。蓋天空之萬鳥、地面之各獸，悉然爲我物。我倘覺餓，則不告訴爾等，我不要食牛之肉，不要飲羊之血，你們不必獻祭，但以心中之感謝，獻與神主，並於艱難之日，則求向我而我拯援你們。"[4] 神所願接之祭，

〔1〕《亞麼士》五章二十一節。
〔2〕《現示》二章十四節。
〔3〕《列王傳第二書》十七章三十五等節。
〔4〕《神詩經》五十首八節。

乃人悲哀自痛悔之心，如此之祭，神主不忽略之矣。[1] 耶穌代我們已經受死，獻爲祭物也。[2] 故此我世人只當以靈心誠感神恩、良心悔罪行善而已，此就爲神天所願接之祭矣。凡有行香、點光燭、劏牛羊鷄魚等物，今神主悉然不要了。

試論言及冥間行審等事

大凡有僞物原有其真物，設使銅錢既見人造成其假，就知原來有其真，且論及道理亦如此。至於冥間行審一事，多有怪誕不足信之話。雖然如此，人不可則言云，來生被審一事皆然不可信。蓋既然有其假論，則想原來有其真理也。且神天書内明言以天之子耶穌於世末時，將公審生者與死者皆然。因於當日，其萬代曾死之人將被神天之大能令之復生，從墓、海各處上來，爲被審及其在世之行作或善或惡也。善者即進於常生，惡者即下永苦矣。

看官，你不可駁言云：佛家言樂國在西，道家言蓬萊在東，何得信其來生福之理者乎？等云。自然其兩家論及來生之福，而言西言東等説係怪誕、不明曉之詞。雖然其詞假，其來生之福、之苦尚是真的。如聖書云："其善必進於常生，其惡必往於永苦也。"何必分東西南北等語？

---

〔1〕 又五十一首十七節。

〔2〕《可林多輩一書》五章七節。

蓋四極上下六合，皆爲神主原造天地人萬有者之處矣。他要賞福時，自然未缺一所在，且他要加苦時，公審之主亦未缺一處也。

真神與菩薩不同

無始、無終、無上之真神，元造天地、人、萬物，且爲天地之主者，與後世所封爲神、爲菩薩等總不同也。真神，天地之主，原來造生世人，現在管理世界，將來要審問衆生，爲生前在世所行之各事，或善或惡，而後擬定何人得享永福，何人受罪於永苦。真神怒我們，就是禍。真神喜我們，就是福。我們人既獲罪於神天，豈可以我們同類之人看作爲神哉？豈可以那在其死後被世人所封神者，而信其能救得我們哉？救我之神者，係天地之主，則可信他、畏他、仰賴他。蒼天上之日、之月、之星宿，皆被他造成。厚地連地上、海内，凡有之物，亦是被他造的。他不是甚麽西竺生的，如釋迦佛。他又不是一個宋朝福建女人，如天后似的。世人所稱菩薩，悉係有了天地之後而生的。真神係未曾有天地之先，永遠而已經在的，即是未有始初且無終之神矣。看官，爾幸勿棄真神，取其會死的人類當爲神，又幸勿棄使造蒼天之神主，取被造之有形之天，而當爲天地人萬有之主也。家人豈可棄家主，而輒取被瓦泥建起之家爲主哉！請思之。

引聖録句證神元造天地

神當始創造天地也。[1] 以神主之言，而天本被造，及天之諸軍，以神主之口氣被作也。[2] 我等之祐助在乎神主之名爲造天地者也。[3] 神主造天地、海與凡在其内者。[4] 活神作天地、海及其間之萬物者。[5] 神乃作天地萬物者，其爲天地之主，且不居於人手所造之廟。其無所需，而非人手所敬崇者也。蓋其給衆人以生命、以氣息、以萬物，其使人類皆從一血出而普居地面，又其裁定人之各宜時，與伊居之境。因欲人索神主，或可索着之。雖神不遠離吾各人，蓋吾輩活者、動者、自有者，皆在於其内，即如爾詩士云：“我等亦爲其種也。”既然我們當神之子，不可想擬以神體爲似金銀石等物，人工隨意所雕者也。向來神不注究此往愚之時，但今令人到處悔罪。蓋其定公審萬民之日期，又定一人行此審判，則從死輩中復活之，以示證於衆人矣。[6] “一人”兩字，言天之子救世者耶穌，奉命爲衆生之審司矣。

---

〔1〕 見《創世傳》一章一節。

〔2〕 見《詩書》三十三首六節，諸軍言日月星宿。

〔3〕 見《詩書》一百二十四首八節。

〔4〕 見《詩書》一百四十六首六節。

〔5〕 見《使徒行》十四章十五節。

〔6〕 見《使徒行》十七章二十四節。

三疑問

前幾日，有一位姓胡者，寄書信至記此《察世俗》書者，問云:《孟子》書常言性善無惡。[1] 又言，人爲善，如水之就下。但聖書言:“神天見以在地各人之惡爲大，以致其心之各念圖，常常獨係不善而已。”[2] 夫此兩書之話似乎不合。蓋若人果信其爲善無惡，則《孟子》書之言爲是，而聖書之言爲非。若人心獨常常爲惡，則聖書之言爲是，而《孟子》書之言爲非。恐怕不得二説並立也。夫我不知此二書之言果否本爲異，還是讀者看錯? 故今求看你此《察世俗》書者中，有能人略解之，則不勝謝矣。”

又有一位姓龔者，寄書問云:“四書上多處有言祭先，又言‘事死如事生’。又《孟子》言:‘不孝有三，無後爲大。’但聖書在數處嚴禁人祭死、拜先。像《詩書》第一百零六詩二十八節，是責以色耳人，因伊食所獻與死者之物。又先知《以賽亞之書》第八章十九節上，亦責其世人，因伊等尋向冥間死鬼云。豈要從活而尋向死者乎? 又在另數處言，人該獻祭獨與神天而已。夫此二書之言亦似乎不合。蓋照四書言之，則祭死、事死爲大德。若照聖書而言之，則祭死、事死卻反算爲大惡。所以弟實不能解之。若在看先生此

〔1〕 見《下孟·告子》章句上。
〔2〕 見《創世歷代書》六章五節。

《察世俗》書中有能明解之，則萬謝矣。”

又有一姓鄺者問云：“聖書常説修德、行仁全要依靠神天，求聖神風入人心内幫助，纔得成仁。若獨依賴自己，終徒勞而無功也。但《論語》書有曰‘爲仁由己’，又有曰‘我欲仁，斯仁至矣’。此二言皆爲孔子教門人之言，豈有以孔子之聖，尚有不知神天之道哉？然照此則明與神之聖書不合，未知何故？請教。”

今看其三位有疑者，有囑愚傳其疑與衆位看書者。故愚敢求兄台細心思之，而若有何位釋之，則可寄字來愚處。而其字若合理，則後月必印刻之給大家知也。

古王善用光陰

前約一千年，英國有一大道德之人在位，名曰亞勒弗利得者，其甚知光陰最爲寶貝，且分每日夜之十二時爲三分，每一分有四個時辰。又各分有其本當之事，像一分是爲辦國之正事，一分是爲看書、寫字、拜神天，又一分是爲飲食、睡眠、行走、乘涼等。當時未曾有做時辰鐘表之屬，故此王命做燭以定時辰，每一燭要足燃四個時辰。蓋欲如此量度其光陰，不至空廢之也。

三　寶

古聖人言有三寶：一者，人靈魂也。二者，聖書之道也。

三者，生命之光陰也。此三者實爲無價之寶，而我等該善用之也。

三清。夫清者有三：神天，一也。天堂，二也。神使者，三也。

三不敬古聖

王音先生曰："不敬古聖人有三樣：一、不細察古聖之好書。二、不改變古聖之過失。三、不效法古聖之善表。"蓋若不察其之書，則是使聖賢之才能爲無益於後代也。若不改其之過失，乃反存之在書上，又飾之以贊譽，則是使萬後世人知其過失，而必致大不敬之也。若不法其善表，則是使聖賢之德，爲無用於後世也。學者宜甚思之也。

古皇恕人

在漢朝時，西邊羅馬之皇帝弟士師，總不肯加刑於那毀謗己者。蓋其曰："我若果無毀謗之處，而伊亦要毀謗我，則我寧該可憐伊之愚，而不刑之。我若果有此毀謗之處，則伊所説爲着，而若刑之，必爲不義也。"

十不可

一、不可輕易發誓也。二、不可取壞人爲友也。三、不可乘他人窮乏之勢而虐之也。四、不可欺笑殘疾之人也。五、不可輕忽外國之客也。六、不可在怒間而決策也。七、不可造次行事也。八、不可忘記前日之恩人也。九、不可游手好閑也。十、不可費過度之錢也。

默想聖書

聖書云：勿愛此世連世間之物，若有人愛世，則父之愛不在其內。〔1〕世間上之物，如財、如名、如樂之類，都只數年之事而已，在乎死後，無用之有也。我斷不可以此等爲心，蓋若以此爲心，則知我之大父神天必不愛我，又知我自無敬神天之心也。惜哉！我以世俗、世物爲念太久矣，今求神天助我以後不爲如此也。

英國土産所缺

夫天下之地土有多般，有高有低，有寒有熱，而所種之物宜合乎其地土也。此國産這樣，彼國産那樣物，非偶然之事，乃是造萬有之神天所定如此，致教諸國存相通交往之理。此國所産多之物，可用船搬運到彼國賣，又彼國所産多之物，亦可用船搬運來此國賣。彼之餘可補此之缺，又此之餘可補彼之缺。如此則非但以四海爲一家，乃以普天下萬國

〔1〕見《若翰第一公書》二章十五節。

爲一家也。夫西邊英國地土所不産之物略列於左：

一、不産茶也。有人屢次種之而試其産否，但未聞有生長成樹也。茶獨在我中國而盛産，别處亦有，但爲不多，不足用，所以今英國與有羅巴列國，又花旗國，都來中國買也。

二、不産蔗也。蔗者，人所以成糖也。此國之地土不合蔗，故其用的糖，大概由屬亞米利加那方之西印氐亞各海洲而來也。

三、不産煙草也。前時在東邊印度各國與中國並無是物。到尋着亞米利加地時，則有羅巴列國與東邊各國人方知有烟草。現今此物布散於萬方，凡有合宜烟草之地都種之，且在多處此烟差不多與人食之飯同緊要。前約二百年，英國人少看此物。蓋當時有一英國人往亞米利加而回時，乃同帶些烟。一日在房内吸烟，其跟班拿洗面水進來，而見有烟出其主之口來時，估其主腹中着了火，乃慌忙投所拿之水向其主之面，欲息其火也。在英國今亦有人種烟，但所産不多，其所用之烟大概半由亞米利加來也。

四、不産棉花也。在印度列國，多種棉樹。又在中國山東、河南、陝西、山西、湖廣各省，亦種棉樹。但所産的都不足爲國人之用，所以年年買孟雅拉、孟買等處，港脚船所帶至廣東之棉花。加拉巴亦産棉花，又暹羅産的爲甚細，如蠶絲之細。英國用的棉花之大半由孟雅拉、孟買等處來也。

五、在英國少種桑樹，少養蠶蟲，所以無多絲也。上古，獨中國有桑蠶，别國都無。當時中國人所織綢緞，乃發至西邊比耳西亞國，且由彼國通入有羅巴列國。後來有兩個番人，在竹管中而帶蠶，由中國通於印度、比耳西亞各國，以至有羅巴。所以現今西邊數處種桑、養蠶，但所得之絲不多，故而年年有有羅巴列國，又花旗國船來中國，買絲與紬緞等也。

六、不產藍草也。夫藍草者，所以成靛而染藍色也。此草熱地纔產的，像印度列國、又加拉巴、又南亞米利加等地之氣爲熱，而其多產此草也。英國所用的靛，大概由印度列國來也。

七、不產鴉片烟也。此物多生於印度列國，又於土耳其國，但孟雅拉之栢拿地所出之鴉片烟，爲上等好的。中國亦不產鴉片烟，乃年年買之於其來廣東之港脚船。此鴉片烟爲物，若善用之，則爲好藥。用之過節，則會毒死人。其甚利害，過於酒也。

八、像椰、黄梨、柚、宫蕉、荔枝、柑、橙等樹，都爲英國地土不產。此各等愛熱氣，所以盛生在近乎地中帶之各地，如馬拉客等，但不生於寒地也。至於黄梨、柑、橙等，英國之園丁亦有種之，但先須要在園内用馬糞成一堆，而以（破）［玻］璃屋蓋之，然後種此樹方生。然所產的没有幾多，故其價錢甚貴，有時一個黄梨果要賣四大元價錢也。

上所説之八樣，不止英國不產，乃又屬有羅巴多國亦不多產之也。

默想聖書

聖書云：“主神，全能者，爾功乃大乃奇也。聖輩之王者，爾道乃公乃真也。”〔1〕

大哉！全能神天之功也。其自無而生有。其本造天地萬物，又管理世界上之萬類也。其爲天上地下諸善諸聖之主，而其凡降災而罰惡人、惡家、惡國之時，都爲極義極公，而總無偏無私也。神天所言、所許、所嚇三者，皆必於其當然之時而得驗成。蓋神天之道乃真也。我該大敬此全能之神天。我今定意，要以後拜之事之、尊之賴之。神天歟，施恩也，可憐我也，助我常守爾之大道也。

聖書之大益

聖書云：“蓋爾自幼識聖經，其以基督耶穌之信使爾知以獲救，其全經係神默示，而有用於訓、於示自知、于責、于誨義，以致爲神人，爲全備於諸善功者也。”〔2〕

夫春天爲一年中最緊要的時候，倘若其農夫錯過春時，不耕田，則至秋時何得收斂禾，爲養己及家衆人哉？一個人之幼年，即是後生緊要的時候，可比得春天時節。《三

〔1〕見《現示書》第十五章三節。
〔2〕見《弟摩氏第二書》三章十五節。

字經》説的甚是，云：“幼不學，老何爲?”設使一個孩子不學字、不學工夫，將來如何做得生意呢？還有個意思爲甚要緊的，倘若幼時不學天之道理，則如何成得良人家?如何能得克己之人慾、勝世之惡俗哉？又且人爲個靈物，這個肉身内，有個寶貝之靈魂，可受永遠之賞或永遠之罰，故此《勸世文》説得好，莫謂死便了賬也，等云。蓋這個肉身體死了，過世之後，人之靈魂永遠尚在。

這個道理於古時多聖賢不大明白，只是感謝耶穌示知顯明到極，以過此世後，還有個永遠之生世也。故此幼年後生之時候，不但有關係與此一百歲之世界，乃又有關係與百千萬年無限永遠之時候。此道理甚大，不可一日不念之矣。今在上已讀過聖經白文之題目。聖保羅對弟摩氏云“爾自從幼年時間識得聖經”等云，其所稱聖經何耶？其所稱聖經，乃神天老爺所默示如氏亞國内各聖人知而該人書寫之經。該國聖人與天下聖人不同。蓋伊等受神諭之托，即是神天老爺默示伊等知道這個世界原來如何受造化，又世祖如何獲罪於天，又因此大變壞人性，以致照《大學》注所云：“人所得乎天之虛然不昧之靈，後來爲氣禀所拘、人欲所蔽。”等云。又神天老爺示如氏亞各聖人知道，神天有何主意論及救世，即以降天之子耶穌，明訓世界以天之道理，勸世人悔罪更改，又代贖人之罪惡，好使天老爺不傷乎義而救人罪等事。如此題目所稱聖經，與天下古今之經書大不相同也。此經係天地之主神天老爺自家啟示，以自家之意給我們世人知道，天所要我們信從之真神如何，並要我們如何悔前惡、改前非、望救世者，以致蒙天赦免，及知如何可作新人等事。除此聖經之外，天下所有之經書，皆爲聖賢輩推論性理而作也。其内多有要緊之善論，言及人在此世之事，只是内中亦有多處推不明，不足使世人知應當如何敬神天、遵之、拜之等事。故此世上有人，或不信神天，或亂信壞偶、菩薩、山神、龍王、天后、觀音等之妄誕，致人心不定也，及愚民無所不當爲個神也。石頭當爲神，一塊木頭當爲神，黄泥作之物當爲神，皆爲祭之，跪下磕頭拜之。則世人多處之國君大憲、士農工商皆然，幾乎廢了真神爲天地萬有之原造主宰者也，豈不可惜哉！人豈不可踴躍趨向其發出天道之光明理者耶穌，與天默示之聖經乎？現在有光明臨世間，但天下多處之人情願黑暗過於光明也。其故何哉？因人之行作不善故也。

其聖經原來爲如氏亞國字出的，其别處的字若有此聖經，則皆是從本文譯出來的，則有時或一句或幾句譯的文理不順，諒必有之，但其大概緊要之意思，未有幾何看不出，且凡人家情願學天之理，恭敬謙遜，越讀越看之者，則得明白曉然矣。

此題目云神天默示之聖經有六般之用處，於凡人讀之，或幼年、或老大皆然。其用處即訓，其一也。示自知，其二也。自家被責，其三也。人得誨以義，其四也。人致備以行諸善事，其五也。且終者得信神天之子耶穌，而爲智識於獲救自家之寶貝靈魂，不落永苦，乃升天福，其六也。是爲其六件之用處矣。

雜　句

在善者，其死爲出諸難之路，而進常生之門也。在惡者，其死爲離諸樂之道，而入永憂之户也。

全地萬國紀略

夫神天所造普天下萬地，今賢分之爲四分：有羅巴一分，亞西亞一分，亞非利亞一分，又亞默利加一分。我今把斯四分之史，照次序講其大略與各位聽。

論有羅巴列國

夫有羅巴，唐人名之曰祖家者，此分約長一萬三千餘里，又約寬九千四百餘里。有羅巴之人數，約有一百五十兆口，即約一萬五千萬人也。有羅巴各國之名與每國京都之名，今列于左：

一、波耳土加勒，即西洋國。其京曰利士本。

二、士扁，即大吕宋國。其京曰馬得利得。

三、法蘭士，即佛郎機國。其京曰巴耳以士。

四、厄得耳蘭士，即何蘭國。其京曰百耳五士勒士，此國舊京曰亞麥士得耳大麥。

五、應蘭得，即英吉利國。其京曰倫頓。舊時三國，今合爲一國，都共此名，又共名曰格烈百耳以單。

六、士未士耳蘭國。此國無王，乃爲列諸侯所治，故無一定之京都也。

七、士未點，即瑞國。其京曰士托何勒麥。

八、顛馬耳革，即黄旗國。其京曰個便下斤。

九、那耳歪國。其京曰革利士氐亞尼亞。

十、耳五沙，即我羅斯國。其京曰比得耳士布耳革。此國地之半不屬有羅巴，乃屬亞西亞也。

十一、百耳五是亞，即布路西亞國。其京曰百耳林。

十二、波蘭得，即波羅尼亞國。其京曰個寧士百耳革。

十三、撒旬以國。其京曰得耳以士顛。有三小國，均名撒旬以，即上、中、下撒旬以是也。

十四、阿士得耳以亞國。其京曰腓然亞。此國亦名者耳馬尼，但此是個總名，包數國在内。

十五、未士得法利亞國。其京曰門士得耳。

十六、巴法耳以亞國。其京曰母尼革。有三小國均名巴瓦利亞，即上、中、下巴瓦利亞。

十七、紅加以，即江亞利亞國。此國分爲上下江亞利亞，上者京曰百利士布耳革，下者京曰布大。

十八、數亞比亞國。其京曰巴顛。

十九、摩耳亞腓亞國。其京曰阿勒末字。

二十、波希米亞國。其京曰百耳噯革。

二十一、土耳其，即度爾格國。其京曰根士但顛阿百勒。此國之半亞、西亞之分，一半在有羅巴也。

二十二、撒耳氐尼亞國。其京曰加革利亞利。此國管下另有四十個小海洲。

二十三、西色利國。其京曰巴勒耳摩。

二十四、意大利亞國。其京曰羅馬。

二十五、尼百勒士國。其京曰尼百勒士。

二十六、嗳阿尼安嗳勒士，即七洲國。其京曰可耳付。此國地有七海洲，皆合爲一國，而其朝政乃由其各諸侯而發也。

二十七、利土亞尼亞國。其京曰未勒那。

二十八、得耳安西勒反以亞國。其京曰黑耳滿士達。

除此二十八國外，還有甚多小國，又此二十八國中，一大半都有屬國，今不得記其數也。

至論有羅巴列國之朝政，大概算之，則有君王二十八位。在其二十八位中，有三位稱皇帝者，有十一位稱王者，又有十四位稱君者也。像上所説第十、第十四又第二十一之國君，俱稱皇帝。又上説之第一、第二、第三、第四、第五、第七、第八、第十三、第二十二與第二十三之各國君，俱稱曰王也。除其各皇、各王外，另有十四位君，爲比王更小者。且不論是王是君，都自有發政之權，不用奏其三皇帝之何一也。但因其十四位君之各國不爲大，而難得保存，所以其中數位，或與其三皇之一，或與其十一王之一而立約，以致有外國來犯其境界時，其所與約之皇或王者，乃出軍助之拒敵保國也。在西邊又有一樣朝政，比上三樣不同。像士未士耳蘭國，非有皇，亦非有王，亦非有君發政，乃爲國中之各諸侯，每年一次會集，商量國事，由其自中乃立一議班，而定一位做總理，以管國事也。上所説之各國，不論大小，都有公、侯、伯、子、男等爵，又有各部與各品之官員，又有取餉税，又有出兵等事，如中國一般，只名有不同耳。後月接續。

論世人都有難處

世上不論何等人，而又住在何方者，俱有些艱難，未有一人不如此。故而人遇着何患時，不可想自己的患重過别人的患。蓋不但是你我有患，乃連最聖、最賢、最才能的人，亦皆有患，或同我此樣的難，或比我更重的難也。無人活在世上而不受苦，無人能得遂其凡所願意，又無人能免其凡所欲免之難。人欲如此，惟天未然也。世人雖然是遇着這樣多艱難，而他亦是只把此世的暫福爲最好的，而常常求之。他的千計萬謀、辛苦勞力都是因爲欲賺些錢、得些受用、享些快活在世。卻不知道此世的福，是輕微得狠，而又最難得者，所以多有盡心求之而亦不能得者。又雖然得此福，亦有難守之，必十分用心、千思萬慮，方只能守之須臾而已。真像一個水泡，求之難得，而一捉之即就歸無了。耶穌之言真是，蓋其云："人之福不在於其所有之物爲盛。"論及此世的物，得少者有患，得多者亦有患。得多得少既並必有患，寧可我安心，而以所有之物爲足。且舉念想及那更貴、更大、更固之福，爲於天上者，以此爲望，以此爲樂。蓋此天堂之福無人能奪、無時能壞也。

論善人安樂而死

“生死”二字，乃字典諸字中之至緊要。蓋我人類至世世得福或受禍，並靠着我如何生與如何死耳。若我之生爲善人之生，則我之死亦必爲善人之死。而我之死若爲善人之死，則於死後之永世界，我必得善人之報，蓋善有善報也。我等若細看善人如何生，則知自己該如何生。若細想善人如何死，則知自己可以如何死也。夫我今以古今幾善人之死，而略説與諸友聽，求神天賜諸友之死爲安樂，如下文説的善人之死一般。

一、牙可百將死時，乃喚其諸子來牀前，而教訓伊等，又求神天祝福伊等之間。其曰：“神主歟，我已俟候爾之救也。”〔1〕既命伊等論及己葬事畢，乃安然出魂而死也。

二、若色弗臨死，乃喚厥諸弟兄來，而曰：“今也我死，然神天將以其恩降下與汝曹也。”〔2〕諸言既畢，其亦安樂而死也。此若色弗爲大敬神天，大孝大悌之人，而其如此安樂死，則看書者豈不該省悟、發奮而自勉哉！

三、摩西將死時，乃喚以色耳各支派之首輩來，而依此祝福之。彼時其對那世之善者云：“夫總無比得神天爲爾等之助，且騎在天及於厥美榮在青天之上者焉，自永遠而在之

〔1〕見《創世歷代書》四十九章。

〔2〕見《創世歷代書》五十章二十四節。

神天爲爾之庇所，又在爾身下有永遠之臂矣。”臂者，指神天之能。摩西講如此畢，乃辭别衆人，肅然獨自登尼波山而就死也。[1]

四、若書亞將死，乃會集以色耳之諸首人等，教訓伊等、勸戒伊等好久，言如此云：“你等今日必該除人手所造之各神離汝中去，又穩定汝之心向神天也。”既教衆人，而使之回家畢，若書亞爲久已事神天者，安然而死矣。

五、王大五得臨死，乃云：“我之家雖不如此與神主，然其曾與我而立永遠之契約，爲在諸件依次第陳列且穩固者。蓋其雖不使他長大，抑我諸救諸願都在此約也。”[2] 大五得又囑其子所羅門説如此云：“今也，我將死。蓋死爲一路，而普天下之人都必走於之也，故爾該堅心成人，常安神天之命戒，走於神天之諸道，安神天之各例、各令也。”言畢，大五得即安然過世，正如人晚上去睡，而望至明日之早晨將復起也。後月接講。

默想聖書

聖書云：“不公道者，任他仍爲不公道。污穢者，任他仍爲污穢。義者，任他仍爲義。聖者，任他仍爲聖也。”[3] 此節指審判之日，而言到那時，萬人必被神天公義審斷其

[1] 見《復講法律傳》第三十三章二十六節，又三十四章第一節至章終。
[2] 見《撒母以勒下卷》第二十三章五節。
[3] 見《若翰現示書》二十二章十一節。

生平之事，使善者必得永福，使惡者必得永禍，且總無復有改變也。我世人皆有罪，所以非公道、亦非善義、亦非聖潔，但今可以得爲公道、得爲善義、得爲聖潔。蓋神天爲至恩，而我若懇切求之，則神天將賜其聖神與我，感化我心，則我得爲公、爲義、爲聖也。然神天有限定此世爲此事，若我現在勤求，則必得之。若我現今爲懶惰而廢此大事，且至死日爲無公、無善、無聖，則必至永遠世世爲無公、無善、無聖又無福。蓋在死後來世，無赦罪之恩、無化心之法、無改惡之道、無得救之路也。我臨死若善，則至永遠爲善而福。若惡，則至永遠爲惡而禍。蓋死後總無改變之有也。我今日懇求神天可憐我此罪人，潔我心而救我靈魂也。

知之用

夫能明知事物，是人所欲也，但該合其用方好。一個農夫，若能盡其力量敬神愛人，是好過那最會讀書人，爲只知眼前事，不想神天，不知自己者也。實知神天之大能、洪恩、至恤憐者，則必常盡心敬愛神天，在各事從其命。知自己原無何德、能、智者，則必全依靠神天，以光明助祐他，致自心内爲謙遜也。我之知若不到此兩件，則無用。雖然凡在天地間者都在我見識内，若我不知神天之大、自己之小，則我心只是驕傲過人而已。又我於世末被神天審判，其必不審我所知，但必審我所行也。

人有兩樣之知識：一、能使靈魂得常生滿福於天堂，此爲最緊要，先該曉得；二、能使得快活名聲在世上，此只爲肉身暫時之用，非若靈魂必活到萬世也。敢勸看文者，先務其一，後務其二，可也。

全地萬國紀略接上月。

至論有羅巴列國之話，其爲甚多，不能細説，只可説其大概而已。

一、西洋話。二、佛郎機話。三、士扁話。四、意大利亞話。

此四樣之話，俱由拉定話而出，又俱用拉定字，但其聲音與文法則俱各别耳。又其每國中有各省、各府、各縣之土音，如中國一般。

五、者耳馬尼話。此者耳馬尼亞話有文、俗二樣之不同。六、法利米寔話。七、何蘭話。八、㖶話。九、黄旗話。十、英吉利話。十一、撒旬以話。十二、那耳歪話。十三、嗳士蘭話。

此九樣話都由歌氏革話而出，又有人言，其俱由丢多尼革而出也。此丢多尼革字甚古的，今人不用之。

十四、波蘭話。十五、利土亞尼亞話。十六、波希米亞話。十七、得耳安西勒反以亞話。十八、摩耳亞腓亞話。十九、今之萬大利安話。此一話，現在路撒是亞及百耳五是亞等地而用的。廿、革耳瓦氏亞話。二十一、我羅斯話。二十二、加勒謨格話。

此九樣話，俱是由斯格拉分以亞話而出。斯格拉分以亞原本之意，言奴才之話。因上古在有羅巴之北，有買奴才爲自東邊各國來者。後來此奴才漸次生多，迨得權勢時，遂爲橫行而散開於此北方之各國住居，而其話亦遂流行焉。但此斯格拉分以亞現今之意言尊也、貴也。

二十三、加力即以耳士話。二十四、未勒寔話。二十五、嘓耳以寔話。此三話俱在英吉利國而説的。二十六、巴士白耳以打英話。

此四樣自色勒的而出。

二十七、土耳其話。

此一樣由亞耳亞比亞即回回話而出。

二十八、現今之厄利革話。

此一樣由古厄利革話而出。

二十九、希比留話。三十、古厄利革話。三十一、拉定話。

此三樣話現今少有人説，但在國學中，文墨人爲學此古話。希比留一話，原本不屬有羅巴，乃屬亞西亞，而因爲聖書本爲在此話而寫的，所以此話得入有羅巴也。

除了此三十一樣話外，還有三十二樣土話，爲在有羅巴東北各地與近乎他之亞西亞地而説的。又現所説的三十一樣，每一樣亦有其土話，其字之形像不過有七八樣不同，但其話之聲音則甚多樣也。非是每一國有一樣話，蓋有三四國共一樣話的，又有一國而用三四樣話的。至於此各樣話，則與中國的話大不同。蓋中國的文字大概有四萬九千餘，但此有羅巴列國話中，每樣文字皆在三十之內耳。像厄利革話有二十四字母，拉定話有二十二字母，斯格拉分以亞話有二十七字母，何蘭話有二十六字母，大吕宋話有二十七字母，意大利亞話有二十字母，英吉利話有二十六字母。此字母互配而成話，凡萬國言語、萬事、萬物，俱可由此而説出。但此字母不是每字有聲音，比如英吉利話二十六字中只六字有聲音，即如曰亞、以、哀、阿、汝、威者，其餘字要説出，則須借此六字之一方能説出。用此二十六字互配成文，則能有四萬餘言，足爲世用而不窮矣。以西邊之字與中國之字相比，則爲甚少，但以其成出之聲音，則又比中國爲更多也。

至於祖家列國之天氣、土産，各有不同，照其地之方向而爲寒熱。若查現今普天下之史，則知有羅巴此分爲勝於餘三分。蓋此一分現今文學百工、建造禮儀等事，俱爲超出其那三大分之上也。

至論有羅巴列國之禁，除了交戰時禁人交往外，在平時則不拘何國人到其地，俱准他在國内出入、往來、學藝、遊觀等事。人若在其地不犯法，則無禁之有也。因有羅巴之方爲寬大，又國數爲多，所以其人之居住、飲食、穿衣、行作、交接之規模，皆各略相異也。

論有羅巴人所從之教，上古大概都是拜各菩薩、各偶像，如現在中國一般，但今其大概都信於耶穌。惟在數處尚有回回之教還未除去，又在數處有些如大那種人尚從其古教，即摩西所設者，而還未轉向神天者也。

現今在有羅巴之地甚重學校。蓋有縣、府、省、國等學，又有家學、鄉學、義學，又在學校中有四等選士之級，如中國有秀才、舉人、進士、翰林之由下而升上者一般。其學校中除學習六藝外，還有學醫、學文、學武、學道等學，大概其各地甚重學校之事也。

上古有羅巴列國人爲樸陋、無學、無文、無禮義、不習技藝，蓋在其中有的不居屋，乃掘地住在穴、洞等處。有的穿畜獸之皮爲衣，有的出戰時乃畫其身以禽獸、星宿之様都有。但今大變了好。他古時亦有一最惡的規矩，即每年一次或二三次殺人爲祭，獻之與其菩薩。其所獻之人或爲戰時而所虜之人，或爲人父母自獻其子，想必爲大家之好，或是犯國法之人、或是國主所不喜之人，亦都有。此大不好之規矩，約二千年已息了。而今在普天之下，無有守人倫、重人生命過於有羅巴列國之人也。

(該)［論］剛毅克己

“我兒乎，汝則剛毅，賴基督耶穌之恩祐”〔1〕此節之“我”字，係聖保羅自稱也。其“兒”字，係言弟摩氏。保羅乃耶穌之老使徒，弟摩氏爲傳道之幼年人。其傳教時，未免受辛苦，所以令他爲剛毅，賴耶穌之恩祐，又吩咐他效勞當耶穌之好兵等云。在耶穌之聖訓内常時有此意，言我現在之世界，因獲罪於神天，則致爲辛苦艱難之地。又因人心術

〔1〕 見《弟摩氏第二書》第二章二節。

壞了，是少不得有克己之工夫。故此常有言：一個人信從真理、慕望天福者，内外有敵，故此必日夜防範。不然，則誠恐未免致獲罪於天，或被人欲勝天理，或被邪魔誘惑致犯罪，或被惡世界不正之俗逼迫，令我們附從也。倘我不肯依他，則或被他譏笑，或被他毁謗，或被他設暗謀害我，或被他明出頭使權陵辱害我身也，其甚至喪命亦已有過了。因此聖保羅勸弟摩氏當爲耶穌之好兵而效勞，剛毅、忍耐、辛苦也。論到這個意思，可引《禮記》一句話説得甚合，云“臨難毋苟免”等語。何以叫得“苟免”兩個字？蓋譬如一個當兵的人，下戰塲時，因怕被身傷或被殺死，則轉回逃走，是爲臨難苟免。惟耶穌之道理不是勸人當兵，乃是勸他把好兵之心而當行善之辛苦。譬如一個小孩子，因錯事怕父母尊長之責罰他，則捏詞撒謊，想遮掩自己之過，這就是臨難苟免。又或者我們怕别人，則跟隨他行不善事，是皆爲臨難苟免之類，不是效勞，當耶穌之好兵也。聖書一處，以將軍比耶穌，不是爲打仗行殺，乃是爲攻世界之惡致死此身，而亦不更改也。所以在此章十一節有云“我們若與耶穌同死，亦將同之活”等語。耶穌豈不是爲攻世界之惡，致被那如氏亞地方官陵辱殺死，而三日後復活昇天乎？且聖保羅曰：“是乃信誠實之言云，我若因作善而被人陵辱殺死，亦必同耶穌復活，至永遠在天上。”且如此，我們不是徒然效勞，當耶穌之好兵也。只是最先之工夫，要自家克己，歸神天，要自家聽遵天之子耶穌，自悔自改，棄凡有不善之念、之言、之行者也。

默想聖書

書云：“惡輩將被使歸地獄，及凡忘記神之諸國，一然也。”[1] 此節是示惡者而警戒他，欲他早悟，棄惡爲善，致免死後地獄重罰也。然誰算得惡耶？蓋凡不敬、不拜、不遵神天，與凡知福音之理而不信之，凡自忍爲何惡者等，俱算惡輩。忘記神，言常不思想及神天，不記念神天之大恩也。凡如此，不拘一人，或一家，或一國，或萬國之衆人，都必在其死日而落地獄，且其富貴、權勢、衆多等，皆不能免此苦。我今要早自察，果屬此等人否？勿自瞞也。

全（世）［地］萬國略傳接五月。

上既已說有羅巴分之列國，今且講亞西亞分之大略爲若何。

論亞西亞列國

夫亞西亞之分乃約長二萬餘里，而寬一萬四千餘里也。其一分之人數，乃約四百五十兆口，即四萬五千萬人也。此亞西亞分之地氣、土産、風俗、國政等甚異，且此一分富於其餘三分也。神天初造人類，乃原在亞西亞分而起造之，又

---

〔1〕 見《詩書》第九詩第十七節。

挼亞、亞百拉罕、大五得、耶穌，又堯舜、又孔子、又佛祖、又回回祖等人，俱在亞西亞分而生也。亞西亞分之國甚多，今不得詳之。其現在有名之國與每國之京都，大概如列於左：

一、俄羅斯國。其國之半在有羅巴，見上有羅巴列國之第十。其在亞西亞之俄羅斯國地，乃分爲九大省，其地甚大，其人數甚少，不過三兆五億，即三百五十萬人也。

二、土耳其國。其國之半亦在有羅巴，見上有羅巴列國之第二十二。古如氐亞國今爲土耳其王所治也。在亞西亞之土耳其地，分爲十大省，而其人數約十兆，即一千萬人也。

三、彼耳西亞國。其京曰以士巴罕。此國分爲十三省，而其人數約十兆，即一千萬人也。

四、亞拉比亞，即回回國。其京曰默加。其國分爲三省，其地非小，然其人數不多也。

五、亞弗安以士但國。其京曰加布勒。

六、希印都士但國，即是五印度國。其京曰加勒古大，又曰孟雅拉。此五印度之各國原來甚多，又各國有其王，然今其之大半爲英吉利國所治。其離英吉利國甚遠，由英吉利國至加勒古大來，最少要四個月之水路方可到。英國在五印度所管之地乃分爲三大省，即孟雅拉、馬大拉士及孟買。其各省有個總督，然其在孟雅拉者爲其餘各總督之首。英國在五印度國旱路上，而所治之人數約九十兆即九千萬也。

七、巴拉麻，即瓜哇國。其舊京曰亞法，新京曰五米耳亞布拉。其國分爲十幾省，而其人數約十五兆，即一千五百萬人也。或曰此國之城邑等，大小俱算，則有八千座，不知是真否。

八、氐畢，即是西藏國。其京曰喇薩。此國分爲中、前、後三藏，而總分爲九省，其人數未詳。

九、韃靼國。其國分爲四，即其耳古士，其京曰大拉士。又加耳以士麥，其京未詳。又大翁加里亞，其京曰撒馬兒罕。與小翁加里亞，其京曰加實厄亞。按今此國地，有屬俄羅斯所治，有屬彼耳西亞所治，又有自設王而治者也。其地土廣大，其人數甚少也。

十、尼巴勒國。其京曰加得滿都。此國分爲二十餘小省，其史未詳也。

十一、巫來由國。其古京曰滿剌加。巫來由地分爲多小國，如甲老、其大、比拉、撒冷我耳、滿剌加、耳五麥包、若何耳、丁幾宜、巴更亞及巴但以十國等。其地甚長，但未有幾闊，而人數亦未多也。其各國有個君，均稱耳亞茶，即言王也。又在其間有一稱數勒但，即言皇也。今滿剌加與周圍之地爲荷蘭國所治也。

十二、西亞麥，即暹羅國。其京曰如地亞。此國分爲十省，其人數約二兆，即二百萬人也。

十三、安南國。其京曰龍奈。此國分爲十七府、四十七州、一百五十七縣。其人數未詳。屬安南有占城，又東京等國也。

十四、中國。其都即北京。中國分爲十八省，而其人數約一百四十四兆，即一萬四千四百萬人也。在口外，又在東及南之海洲，中國有多屬國也。

十五、滿洲國。其京曰盛京。此國爲中國所管，其地爲三分，而或曰其人數約六七兆人，然未知其實也。

十六、朝鮮國。其都曰漢城。其國分爲八道，即八省也。

以上十六國都在旱道上，又別有多多小國，亦在旱道，且屬亞西亞分，還有許多海島之國，不能細記之。下文是略記其海島國之最要者也。

本末之道

《大學》曰："物有本末，事有終始。知所先後，則近道矣。"這一話説得甚是，或論小事、大事皆是也。設使養個兒子，或個女兒，若獨是與他好飯食、美衣穿，而不着意教他知禮義等事，就是不知本末先後之道理。又或者，一人拜神天的時節，則留心、盡力爲洗身，穿乾净之衣服，首上戴帽子，就算完了本分，惟總不着意思索神天之可畏、可敬，不盡力痛悔己惡，不立意更改等事，那人亦不知本末先後之道理。又一個人不慮及臨終死後一個寶貝靈魂之大關係，乃止慮及生前肉身之所涉者，則那人亦不曉本末先後之大道理也。我們世人，蒙神天生在世界成人類，則自應最先尊重天理、修善，想悦神天之聖心，免獲罪於天。又也，既獲罪之後，則一個根本至要之事是痛悔速改，信賴天恩施赦，斷不可以此爲後末小事。又也，信天恩、賴天所命救世者耶穌之功勞，望自家可爲天之民，而可以神天當爲父者，後必以修善、感謝神恩爲至切要，恐怕褻辱聖教，而令世人欺吾主耶穌之聖名也。這些爲根本極先之要事，其所食、所穿，世人喜我與否，皆爲後末細故、不大緊要之事也。

相勸之道

聖書多處教人相勸行善，像云："爾弟兄或有得罪爾者時，爾則去同他獨在訴他之過。且他若聽爾，爾則獲己之弟兄也。"〔1〕"爾宜慎己，或爾弟兄得罪爾，該責之。其或悔，則免之。其或一日間七次得罪爾，又七次回説我悔，爾則必免之。"〔2〕又云："乃日相勸，恐汝内中有何人以罪之哄騙而被堅硬。"〔3〕又云："諸弟兄乎，吾知爾足以相勸。"〔4〕又云："勿共黑暗之妄行乃更責之。"〔5〕又云："吾請列弟兄責詠妄動輩，慰怯劣、扶軟弱，以容耐待衆。"〔6〕又云："勿擬之如仇，乃責之如弟兄也。"〔7〕這幾句皆教善者勸世人，又各各相勸爲善去惡，敬神天、丢世俗，勉力助凡有急者。蓋若果如此行，則不但能自善己身，

〔1〕見《馬竇》十八章十五節。
〔2〕見《路加》十七章三、四節。
〔3〕見《希比留》三章十三節。
〔4〕見《羅馬》十五章十四節。
〔5〕見《以弗所》五章十一節。
〔6〕《弟撒羅尼亞》五章十四節。
〔7〕《弟撒羅尼亞二書》三章十五節。

乃又可助他人亦爲善，且可使多辛苦困窮者略得受用而安樂也。

世之真光

神天之子耶穌爲世界之真光也。引經書於左：耶穌爲真光，照凡來世之人也。[1] 其定罪之故，乃因光已來世，而人愛黑暗過於光。[2] 且耶穌復謂伊等曰："我乃世之光，隨我者不致行於暗，乃必獲生之光。"[3] "神之怒昔降於無順天理之子輩，則汝不可共之。蓋汝昔爲暗，乃今爲光於主也，則必行如光之子也，並勿共黑暗之妄行，乃更責之。蓋伊暗間所行之事，至言之，亦爲可羞愧也。"[4]

此幾句話，俱言世人該求真光，即真道，又該由救世者而求之。若如此，則必得之，而免死後地獄之永黑也。

上帝神天作主之理

神者，宇宙之父，乾坤之主宰，以生化萬物，而發無量之心智、至極之能德、無限之慈愛也。神元造天地，及於天上、於地下各類之生物，即在天上無肉身、止爲靈物之神

〔1〕見《若翰福音書》一章六節。
〔2〕見《若翰福音》三章十九節。
〔3〕見《若翰》八章十二節。
〔4〕見《以弗所》五章六節至十三節。

仙，在地下有肉身、附靈心之人也。在天空之各類禽、在地面各類之獸、在河與海内各類之魚，悉蒙神主制造。又各方之山水、地氣之寒暑，皆被神主齊定也。各方所有無多不同，則可見以彼此有無交易，爲神主之意也。且若論及同類之人，有聖、賢、愚三等不同，則以彼教此學，顯然爲神之意矣。即如山東省古時魯國被神主生下一位孔夫子，教以五常之道，而以是理，可謂萬世之師。但因何於山東之魯國出一個孔夫子，而别省之各古國無之乎？既然天無私心，因何這方爲禮義之國，那方爲無知之蠻民乎？顯然是神天之主意，要我世人以有無交易，以彼教，以此學，致廣傳以己及人之理也。倘若一方並無出金之類，而該方之人云“天不與我方出金，故此你别方之金，我不肯接之”等語，則成何話哉？既然那出金之山則常米少，而無金之平田則常米多，則何不以金米相换，以有無交易，而體遵上帝神天之至意哉？何必做背理逆神之罪人乎？於凡事其爲宇宙之父，即造天地之神者，理應爲主也。既神情願以睿智賜賦一人，成之爲億兆君師，惟與彼方之人，未曾賜以是之睿智，乃使之在君師聽教學習，有何不可乎？世人何得傲氣駁神天乎？既神元造生萬有，豈非萬有之主乎？其獨一真活之神明，以己見爲主意固然不錯，並無不公不義之定制也。果然塵世之人不能測天地主宰之淵志，且有時神所作之事，在我世人不能解。若有此數，則非因其事無何解，乃因我等如昨日生之嬰兒，不能曉大人所作之事也。我世界數十歲的人，何能盡曉其從永遠而有之自然神明者乎？其至聖睿智之師，不能明曉神主千萬理之一也。又天上其無肉身，獨靈體之神使輩，伊亦皆然不盡曉神主之妙作也。妙哉！妙哉！天日月星宿、地山河海洋，萬有真神之無數大奇之作矣。人應思索崇拜、凛遵敬畏而已，何得駁嘴傲逆天地之獨一真主者乎？

於堯舜洪水之後，約有四五百年，世人多謬於神之道，致以偶人而像天之神。故此神主特選西天一位人，名亞百拉罕，且以之爲如氏亞國之祖，後托此一方人存守神主之聖志，録之篇册之内。及漢孝帝時，天之子耶穌降生，傳盡神天上帝之主意，言及我世界人類，示知何可得罪之赦及死後免天怒，蒙恩昇享天福矣。此各件神意載《舊遺詔書》二部聖經，是經書非揣摸猜度之意，乃天之子耶穌特傳神父者之確實主意，要續宣之於普天下萬方通知之。今人都該細心敬看此聖書，且以之爲心、言、行之法也。

願　死

古者云，使人甘願死有二樣：一、知天堂之福爲如何。二、知我將得享此福。凡知此二者，則無不甘願在其宜時而死也。

懼　死

古者又云，使人懼怕死有三様：一、見生前之罪未赦免、未洗去。二、知死後有個可怕之地獄。三、不知自己如何得免此地獄之禍。此三樣足使人都懼怕死也。

兩大要之問

生人各各該以兩件自問：一、問我該如何行，以致不妄然而生，乃致有益於世人耶？二、問我該如何生，以致臨死，就可得安然過世耶？

法蘭西國作變復平略傳

於乾隆五十四年七月十四日，法蘭西或稱佛郎察國民作大變，迨於五十五年正月二十一日，國王號盧義第十六代者，在該國京城巴利士被亂臣擬斬而弑也。於嘉慶二十年六月十八日，法蘭西大軍被周圍列國合義軍全敗，又當年以前被弑王盧義第十六代者之兄即登國位，今稱盧義第十六代者也。從其國王受弑，至斯朝復位，有二十六年之久。

法蘭西國之大變之緣由，非易詳。大概傳説是因其國政不公也。然其第十六代之盧義王，並非虐政。惟在國内有爵位、大權者，多壓下民，又有其國之儒教人不好，調引國人上不畏天、下亂世，以美政爲名，乃致大敗仁義。其變之故不一，其事凶至極矣。

於那二十六年間，亂臣、武官之盛名不少，只是有一個蓋世之名，從古至今罕有可比者。其名呼破拿霸地，又呼拿破戾翁，兩名可單使，又可雙用云“拿破戾翁破拿霸地”，他自稱云“大皇帝拿破戾翁”也。於乾隆二十五年間，此破拿霸地乃生在中地海内一海州，名呼戈耳西加。他父爲訟師，或云其母與武官苟合受胎而生他。拿破戾翁年輕時，到法蘭西國京城攻武學，十幾歲時做守大炮小武職。法蘭西國民作大變時，亦想招四面各國民，悉皆學伊等同作變，故此友羅巴之列國合攻法蘭西國，意欲平其亂，不想佔其地。此後其國内亂臣相殺，外軍相擊，流血如江，史傳之不忍細詳，只長歎可惜世人不畏神天，則似虎相害也。

破拿霸地數年交接亂臣，令出邊外，率軍屢次獲勝，漸成大名。後回巴利士京城，以武勢自立爲亂臣之首，令殺一位公爺名呼丹堅，因其爲已經被弑王之親。殺公爺七日後，破拿霸地即僭自稱法蘭西大國皇帝。此後其屢次親率大軍攻周圍各國，多次獲勝。佔荷蘭國，以親兄立爲國王。又佔以西把尼亞，或稱大吕宋國，以自弟立爲國王。又因想佔波耳都基，或稱西洋國，乃派大將軍出去攻伐之。其時有英吉利國將軍姓威嶺頓者，率軍防範該國地方，而屢次獲勝。將法蘭西兵趕逐，護救了西洋國。當時破拿霸地要攻俄羅斯國皇，其皇名阿賴山德，該地冬天天甚冷。於嘉慶十八年間，拿破戾翁自率大軍四十九萬三千，想攻伐侵佔俄羅斯國。該國皇自率大軍防範。時彼此屢戰，惟法蘭西多勝。時俄羅斯各將軍相議漸退，且退時，其盡燒房屋、食物，致敵兵進發時無居處、無糧食。俄羅斯一城名叫斯摩連士戈，先被法蘭西兵攻破，惟俄羅斯未出之先，乃盡燒着城内房屋，敵兵無所掠。俄羅斯次將其國之古京没斯溝盡燒之。且當時冬冷已至，敵兵無居無食，冷餓，日死多人，又被俄羅斯兵合與塔塔兒之哈薩克各種人回頭復攻亂殺、日夜趕逐，時該法蘭西兵退去逃走。其所受之苦，字不勝言、意不勝念之。發其兵原有四十九萬餘，而得回本國之兵不過二萬之數。惜哉！世人任情無道，若好勝而尚高位，則何凶不致也？此後拿破戾翁即逃回法蘭西京城。惟南有威嶺頓率軍進其邊界，北有俄羅斯皇與布路西亞國王各親率軍進其邊界，夾攻屢勝。直至京城，即令破拿霸地退位，出國外，給之以海島居住。遂以前被弑國王之兄登位。時列國之各君想今已幸復得太平，乃以各軍退散。誰知過一年之久，破拿霸地復到法蘭西京城，逐國王，自復篡位，集兵成軍，復攻北邊。其邊外列國合軍時，威嶺頓率所合軍約七萬五千人。於嘉慶二十年六月十五日，破拿霸地自率一十一萬人，猛擊威嶺頓之七萬五千人。兩軍用有二百門大炮，三日間交戰，殺人難數。至十八日晚，破拿霸地大敗退逃。當下布路西亞國有名將軍姓布路基耳者，率助軍即至，星夜趕着敗軍斷殺。次日，威嶺頓合軍同趕至法蘭西京城，又有布路西亞國王與俄羅斯皇各親率軍，趕至巴利士京城，復立其國王。破拿霸地無軍可使，只得獨身逃避，自願往米利堅國，當爲民過日。亦無船可駕，背後怕國王追趕，面前有大洋，進退兩難。忽望見海上有英吉利戰船，即定意投誠，遂下船，帶同數人，以便使喚。時英吉利國王年老身病，傳位與太子代政。破拿霸地即寫書云“英吉利向爲我最强並最義之敵，兹情願投誠，正是”等語。英吉利國太子不答，乃諭令“將破拿霸地帶到海島名叫三得喜禮拿安置，勿害”等諭。遂揚帆順至該島，即令破拿霸地上岸，給以大屋，供食，限十許里路任便騎馬納涼，止派一位武員相陪，免其逃走。現不准其復稱皇，乃以將軍稱之。布路西亞國王同俄羅斯皇及公爺威嶺頓，在巴利士議妥法蘭西國王事後，彼兩國過去英吉利京，拜會英吉利國太子。看國内書院、山水各處，纔彼此握别，回本國，乃畢其事也。今荷蘭與大吕宋等，現已得復國發政如前，且友羅巴列國亦太平安享。惟前二十六年之久，當亂世時節，多喪人命。現有父母兄弟孤寡多憂，雖武功盛大，則從何慰之哉？

友羅巴列國甚重古畫與古國石像、古典等，於破拿霸地雄旺時節，其侵佔列國，多掠此物，盛集於其京城大古典堂内。其敗了之後，各國到京城，各取回其前掠之各樣古物。有人看破拿霸地實比得三國之曹操，爲甚有才無德之人。又云：“天用之爲罰淫惡世界。”此樣看來，頗似是也。作亂之前，居上者以下民當爲無物，現在清議甚重。現其國内無拷刑，審人乃以言，審明定罪後方動刑。又現其國内連國外悉不准以人爲奴，不得以錢易人，又現不以拜神教門而罪人。倘人無逆、無賊及似此不法之事，則任人自意見而拜神天也。此數件算因禍而致福也。以此大變之凶事而看，則知在各國做君王者該憐憫下民，做臣僚者該忠事君王，做百姓者該爲順道善良。果能遵上、務業、敬天之人，則國有太平，而合家世代無事矣。

曾息二人夕談

前三月有兩個人於晚間閑坐，一名曾，一名息。曾曰：“照耶穌之道理，則不可拜人手所做之各偶像，及古今世人所立之各神。夫我雖未受耶穌之教，而亦看這拜菩薩、拜已死了的人，實在爲糊塗之事，不知爲何世人不盡丢去此無益之事？兄想人不棄之是何緣故？”息曰：“這個事情不可明言，恐怕有人去告官府。如此則你我二人雖無犯法，亦難免受累也。”曾曰：“自然在百姓中有那一類愛錢的小人，常以人的口語告於官，但今不要怕，只有我二人在這裏。”息曰：“照我看，則人不棄此拜塐偶等事有六個緣故：

一、有多人不知此事有什麽不着，所以不改之也。

二、有多人因見此事是自上古傳下來的，且又上古大名望的人有行此事，所以不改之。蓋伊等不曉得分辨古時人行的善惡也。

三、有多人以此事而賺錢過日，所以不改之。就是此等人明知道是糊塗的事，他們亦要做，非因敬菩薩，乃因愛錢之故也。

四、有多人因喜看見菩薩身上之修飾，與每年各節時和尚擡菩薩出去巡行、乘凉的排場處，及鬧熱做戲等事，所以不改之也。

五、有多人因見每節時，或在廟或在他處，大概有多好飲食之物備便，所以不改之。蓋其雖不愛各神，難道不愛飽其肚以好物麽?

六、有多人因見衆人與大小官員等都行此，又因怕若不從衆，就有人笑他或害他，所以不改之也。照我的愚見，其故是如此。不知兄台之意若何?”曾曰:“我想你説得不錯，諒必其故不外此也。我前月聽一個儒門的照先生説云:‘我衆人差了，不該當行此無益的事。’他又問云:‘那各菩薩有何用?那已死了天竺國之各佛，何能助得世上之人呢?’”息曰:“是。但我們的儒教人自己亦拜偶像，蓋古時大聖賢之像，若非偶像則算爲何耶?”曾曰:“都是一樣。然我有看此等人，常常笑百姓之愚笨，奉事壊偶，而他們自己卻反行此事，是何故耶?”息曰:“此我也解不出。但我們不要説他人之短處。”曾曰:“着!着!兄長想有人實在恭敬壊像等，還是假意拜之呢?”息曰:“我不敢説都爲假的，或者有實意拜之者，亦未可知。”曾曰:“若如此，則拜偶像豈非一段好事?何害之有呢?”息曰:“有實在之心自然好，但要看其事是該不該，該則實意而行之，則是大功，不該則實意而行之，更大錯也。所以不得以人之有恭敬實意，而知其所行之事爲着否。”曾曰:“如此則以何而知其着不着耶?”曰:“該依天道論之方可知也。”

少年人作之詩[1]

金造銀雕不是神，諸國因何叩向身?

〔1〕 見《神詩》一百三十五詩十五至十九節。

有口不能談善義，有目難觀萬國軍。
耳有不聽真是否，有手何能助爾靈？
五内並兼無力氣，俱然偶像是虚文。
造者倚之爲一念，豈知無用罔欺神。

又作

敬神神濟賜恤憐，消除邪念洗光鮮。
聖主純靈無不在，并無遷往到何邊。
萬物始根神主造，普濟吾儕數萬千。

全地萬國紀略續六月。

十七、日本國。其京曰熱多。此國分爲五畿七道，又細分即爲七十省，又其周圍附庸海島之各小國，或曰有一百餘。其國人數甚盛，然未實聞其數若何也。

十八、琉球國。其京曰波羅檀洞。此地原有三王，惟至今其地已並爲一國，而爲一王所治也。其之分與其人數，未聞其詳也。

十九、臺灣國。其國今爲中國所治，爲福建省之一府，而所屬有四縣也。

二十、海南國。其地爲中國所治，其爲廣東省之一府，管三州十縣也。

二十一、小吕宋國。其京曰馬尼拉。此海島之大半爲有羅巴大吕宋所治也。周圍有甚多之小海島，共總稱曰腓利比因之各島。或曰共算腓利比因島則有一千一百個島，未知果否。

二十二、西利比士，即馬加色耳國。此島在中國南邊之海中，其島分爲十一小國也。今荷蘭國有此海島之一分也。

二十三、蘇禄各海島國。其共有六十餘島，古時其有三王，今不知若何也。

二十四、美洛居各海島國。此地分爲多島，其最要者有十三個，今美洛居爲荷蘭國所治也。

二十五、波蘭國，又曰文莱。有羅巴人名之曰波耳尼阿。此爲甚大之海島，蓋其約長三千一百五十餘里，約寛二千一百餘里也。此島分爲許多國，未知其數，其内之地有蠻民。波羅出金與另外之寶物，未詳聞其地如何分，但其今有名之處即撒麥巴士及本地安阿，及便茶耳也。今此島之一分爲荷蘭國所治也。

二十六、扭何蘭得國。此地在中國東南之海中，且離中國有二三月之水路也。其地有有羅巴列國四分中三分之大，所以有人已説，其爲一連之旱道，如亞西亞及如亞非利加也。扭何蘭得爲全地上第一大之海島，自東至西其約長八千里，自北至南其約寛五千九百餘里，即比中國全地更大幾分也。其地雖如此廣大，然其土人不多。今英吉利國治此島與周圍幾島。

二十七、巴布亞國，又曰扭其尼亞。此亦爲一甚大之海島，爲次於扭何蘭者，而在中國東南之海中也。周圍巴布亞有多小海島，至今未細聞此大地之若何。其人與其話，則與巫來由之人與其話略相似也。

二十八、扭百耳以但與扭以耳爛等海島。此各島内有蠻民，未細聞其爲若何之地也。

二十九、扭希百耳以氐士各島。其島共有十九個也。

三十、扭加利多尼亞等海島。此島有多，但未聞其詳也。

三十一、扭西爛國。亦是大海島，有二島共一名，而以窄海隔别者。此島内有蠻民，會食人者。今有數英吉利國人在扭西爛教其地之人，而其今已略化也。

三十二、凡地滿士爛國。此亦爲島，而近到扭何爛，且爲英吉利國所治也。

下所載之各海島，西邊人名之曰波利尼西亞，即譯言多島也。其皆在中國東南海中，且爲甚遠也。

三十三、彼留各島，又曰巴老士各島。前此各島之王有送一島與英吉利國王，今未知其若何。

三十四、拉得倫各島，又曰馬耳以因各島。“拉得倫”三字即盜賊之意，因其島之人常劫掠凡近其地者故名。其島共十三四個，然不過三四有人居之。在其海有一大石，直直高去有三十五丈也。

三十五、加耳阿林各島。此島共三十個，而只三爲無居人，其餘各島之居人繁多，但未聞其詳也。

三十六、散末之各島。其共有十一島，只二爲無居人也。其地生之甘蔗，有的圍度之則是一尺一寸，算爲至大也。

三十七、馬耳歸撒士各島。此島共五個，今有教師，以耶穌之道而教其各島之人也。

三十八、所師氏各島。有人云，此名包七十個島在內，未知其詳也。其至大者即大希氏島。今在其數島有多教師，以耶穌之道理教其居人也。其王與百姓中多人已棄了各菩薩偶像等而歸神天矣。

三十九、弗耳因得利，即譯言朋友之各島也。其島共有六十餘，在其中幾島有蠻民也。

在南海之各島既已略說，今該回至其更近乎亞西亞旱道之海島而略講之。

四十、牙瓦，即咖喇吧國。此海島分爲三國，其在西及沿東海邊之地者，爲荷蘭國所治，而其京曰巴大非，此是分爲十八縣也。其在南之國，爲色數拿麥即牙瓦之皇所治，而其京即所羅，又曰數耳亞其耳大。其在東南之國爲數勒但所治，而其京曰人牙其耳大。色數拿麥與數勒但二君，雖各有其京、其位、其政，然皆爲荷蘭之屬國也。近於牙瓦有一小島名馬都拉，此原分爲三小國，今亦有此三分，然都爲荷蘭之屬國也。牙瓦與馬都拉二島之人數約五兆，即五百萬人也。牙瓦至大之埠頭，有巴大非、及色馬良、及數拉拜五也。寓在牙瓦及馬都拉之唐人，男有五萬一千三百三十二，又女有四萬三千一百零九人，共算則有九萬四千四百四十一人也。

四十一、巴利國。此島在牙瓦之東南，而爲巫來由人所治也。其分爲七小國，而其各國有個王，其全島之人數約八億，即八十萬人也。

四十二、蘇門搭剌，即亞齊國。此島約長三千六百七十餘里，約寬五百七十餘里也。此島分爲多小國，其至大者是亞齊、及米能加布、及西鴨、及牙麥比、及百利麥邦、及拉麥崩、及萬古累即便古攔也。今萬古累爲英吉利國所治，而百利麥邦屬荷蘭也。蘇門搭剌是出金、錫等物也，其人數未詳也。

四十三、布羅品能，即新埠。此島是以窄海隔於其大地，其本屬其大王。但在乾隆之第五十年，其大王賜之與其女兒，爲嫁與個英吉利人名來得者，而來得乃歸之與英國人，而其自被封爲此島之初督也。因英國弗欲其大王失其之稅，所以酌定賜他年年以六千員爲代稅。至嘉慶之第五年，其大王乃以在新埠對面之一地方，約長六十里、寬十餘里者，而歸之與英國。英國人遂酌定賜他年年以一萬員爲代稅也。在前此地甚爲荒凉，近此數十年被英國人管治，今新埠之人數約三四萬人也。其中有各種人，像英吉利、荷蘭、西洋、花旗、回回、巴耳西、革令、巫來由、布其士即西利比才、呱哇、暹羅、牙瓦、五印度及中國等人。所以其地雖小，而亦有名，且其之生理亦大也。

四十四、尼可巴耳之各島。其島是在榜葛剌之海港内，此島甚多，但有十二個略大的。其人數甚少，未聞其詳也。

四十五、安大滿之各島。其亦在榜葛剌海港内，其島有二。其人數亦少而爲蠻。其地多出燕窩也。

四十六、錫蘭國，又曰姓下拉。此島約長二千餘里，寬二百餘里也。錫蘭原本分爲三小國，後皆爲一統，而干地爲其京。彼時其地分爲五大省。後來西洋國取錫蘭地幾分，又過了幾十年，荷蘭人取之於西洋人手。至今全島爲英吉利所治，而以古龍波爲其京。在嘉慶二十三年，干地王叛逆，又戰不利，所以給英國勝之，而取其地，今其地在英國權之下也。此島所産，多有好而且貴之物。其人數約五兆，即五百萬也。

四十七、馬勒地腓之各島。其在錫蘭之西。此島都爲小，然其數甚多，其分爲十三省，而馬勒地腓王乃自稱曰馬勒地腓之皇，十三省之王，又一萬二千島之君者也。後月接言。

論人［要］知足之道

聖書云："夫虔孝果爲大利於知足，蓋我們毫無帶來此世，毫無能帶去，弗可疑也。且有飲食、有衣身，吾以之爲足矣。"〔1〕此言世間上萬國之人，但凡存心敬畏神天，能孝順父母而仁愛人者，其心中和順安樂，常常知足，無憂慮之事也。蓋世上多有人心常不足，以致時刻不能得安樂也。有人貧乏不堪，朝不計晚，饑寒不過，上無片瓦、下無立錐之地，窮苦之極。其心欲想得足衣足食、免受饑寒之苦就是好了，還望甚麽大富大貴之事乎？然到有衣食充足、不受饑寒之日，其心又想道：現在雖是衣食已足，惟我門户低微，時常被人輕賤、受人欺侮，並無人喜愛，比不得那大財大富之人，高樓大厦，穿紬着緞，出入有侍婢、僮僕跟隨，人人歡喜，個個逢迎。若得到此地位，真是心足而享安樂也。又那

〔1〕見《弟摩氏一書》六章六、七、八節。

大富之人，看那做官宦之人，出入車馬紛紛，鳴鑼唱道，威風凜凜，志氣驚人，堂上一呼，堂下百諾，何等威風，何等體面。我今雖富，那裏比得有權有勢做官宦之人也？但世上人大概都是貧者欲富，又其富者欲貴，千思萬想皆由心不知足而來。所謂知足者貧賤亦樂，不知足者富貴亦憂，正謂此也。故這數節聖書之意，言世上之人，無一人不是赤身出娘胎而來，又無一人不是空手而入那墳墓之中。何必癡心忘想？蓋世上富貴榮華之事，正如人在夢中作事一般，但醒覺時，兩手皆空，故我世人，不必以此爲慮也。然我世人既生在天地之間，不論蔬菜淡飯，以飽爲足；不論粗布麻衣，但以暖爲足。倘欲求常生安樂者，當在心中而覓，不必向外而尋。蓋你心中該時常存敬畏神天、依靠救世者耶穌、孝順父母、仁愛世人，則定有常生、安樂、永福之報也。若心中不以敬神天、孝順、仁愛等爲念者，則恐難免受永苦之報也。奉勸世人各宜省察，勿以世俗之論而害心靈也。

不忠受刑

古時西邊羅馬國京之督官有個女兒，名大耳比亞者。當時有撒便國軍來與羅馬人交戰，既至京城前，那大耳比亞暗地賣其城與敵人手，云："你等若肯以你各人左手上之金鐲而給我，則我必開城門與你入來。"撒便之王親自率大軍者，聽而大喜，遂如此行。大耳比亞自來開門，而王先入。然雖大喜以得入城内，其亦思想此賣國京之女甚爲不忠之至，故不但以其手上之鐲與他，乃又以其藤牌放在他身上。其軍皆會意而照樣行，以致那不忠女大耳比亞受壓死於撒便軍手鐲及藤牌之下也。

全地萬國紀略續上月。

四十八、我亞，即小西洋國。此海島是在孟買之東南，約八百七十餘里。其爲長約八十里，寬約二十里。其島雖小，然古時其有名，至今其則非大要之處也。

四十九、所渴耳亞國。此島屬亞拉比亞國。其約長二百八十里，約寬八十里。其京曰大馬拉也。

五十、巴林島。亦屬亞拉比亞也。

五十一、帥百路士島，爲近於西利亞之地。其約長五百六十里，約寬二百五十里。今爲土耳其國所治，而其京曰尼可西亞。上古此小島大有名者也。

除了上所載五十一國與其各島外，所屬亞西亞還有多小國、小島，今不能記其數也。

論亞西亞列國之朝政

夫亞西亞列國之朝政大概歸二樣，即皇帝發之政與國王發之政。在亞西亞分稱皇帝者有三，即中國帝一、日本帝一、五印度帝一。今此一帝只有名無權也。在亞西亞分稱王稱君者甚多，其數未詳也。

論亞西亞列國之話

亞西亞分之文字約有十幾樣不同者，然其人所説之各樣話甚衆，不得詳言之，只説其各樣話之大概而已。

一、土耳其話。二、現今之厄利革話。三、俄羅斯話。四、希比留話。此四樣話在有羅巴有用之，又在亞西亞之西北亦有用之也。五、之阿耳至亞話。六、亞耳米尼亞話。即三角帽國之話。七、西利亞話。八、亞拉比亞，即回回話。其文字今在中國有人用，回回教經、是文用此文字。九、彼耳西亞話。十、西耳加是亞話。十一、布寔都話。十二、古士耳亞氏話。十三、巴耳西話。十四、馬下拉大話。十五、根亞拉話。十六、大母勒話。即革令人之話。十七、姓下拉，即錫蘭話。十八、得令加話。又曰地羅古及真都話。十九、阿耳以撒話。二十、山士革力話。此話最古，且爲今多樣話之所由而出者，即是波羅滿，今只大學問士用之而已。二十一、榜葛剌話。二十二、五印度話。二十三、巴利，即西藏話。二十四、母革話。二十五、呱哇話。二十六、門，即比古話。二十七、太，即暹羅話。二十八、勞國話。二十九、安南話。占城及東京二國，俱用安南之話。三十、中國話。三十一、滿州話。三十二、韃靼話。三十三、朝鮮話。三十四、日本話。三十五、琉球話。三十六、臺灣話。三十七、大加拉話。三十八、比帥話。此二樣話是在小吕宋及周圍之海島而用的。三十九、南海各島話。此話甚多，不止幾十樣，然未聞其詳也。四十、布其士話。即馬加色耳人用之話。四十一、地耳拿地話。四十二、波羅尼話。此大島之話有多樣。四十三、巫來由話。四十四、牙瓦話。四十五、巴大話。

四十六、尼可巴耳各島之話。四十七、馬勒弟腓各島之話。

除其四十七樣話外，尚有多樣話，未明知其數也。

此各樣話之文字歸二樣：一樣是由字母而生者，一樣由字部而生者。其由字部而生者，像中國字，其字部二百十四，其字總數約四萬九千餘，且每一字有個意思在內，不必須常用二三字以成個意思也。我中國字之聲音非由其文字而生，蓋看字者不得由字之形樣而知其聲音，乃只由先生之口而學之。且今中國話音，由西邊字母切音之法而借來的也。安南、東京、日本等都用中國之文字，但其聲音、其文法則各別。又有寫字時，用筆畫或多或少俱有，然其筆畫盡皆爲如中國的。比如安南人寫“天”字，是寫“天上”，其音大味。“地”是寫“坦”，其音大革等。看此二字之筆畫，則知其爲由中國字來的也。除中國外，其餘各樣話大概都由字母而生。其每一樣話之文字都爲少，不過二三十字母而已。此字母中，大概要二三四字合攏方可成音，又成個意思。其字母互配成文，則能盡事物而無窮也。

論亞西亞列國人所從之教，有的信耶穌教、有的信回回教，又今其大半是拜各菩薩，如儒、釋、道等也。

亞西亞分之天氣、土産亦大不同，照其地之方向而爲寒熱也。在亞西亞列國中有文華的、有質樸的，有順民，又有蠻民。然若以其現今之勢而比上古之勢，則知其皆越順越文也。

至於亞西亞列國之大禁，則除中國、安南及日本國外，其餘之順國中，大概不禁番邦之人入其境交往貿易也。

照上所説亞西亞分而看，則知其國甚多，其民甚繁，其物其事俱不勝數。而神天亦主宰之、養之而施恩與之也。雖然如此，在亞西亞分多有人不知此大神天，又不敬之，乃反自專背道，棄神天而敬山川、風雨等神，與人手所作之各偶神，甚爲可惡可惜也。諸位朋友爲屬亞西亞列國者，豈非該猛悟而歸其大上帝神天乎？因何如此輕慢天地萬有之大本，而敬重古今愚人所設之各虛物哉？

今已略説有羅巴及亞西亞二分之列國，還有亞非利加及亞米利加二分在下要説。望看書者設心又同我去略察地面之其餘各國、各方、各種人、各樣話、各般規矩，且在萬方敬看神天之大功也。後月再言。

聖人在獅穴中保安

在周朝，于景、靈二王之間，西邊巴比倫國有王名大利五士。其有一百二十位諸侯以理國事，而在此各位諸侯之上，立三位宰相。其三中爲第一者，名叫但依理。此但依理原爲如氐亞人，因巴比倫之前王尼布加尼撒耳戰如氐亞人時得勝，取其國而虜其民，故彼時但依理亦被虜到巴比倫。其爲聰明大德之人，而彼國之王命他與他三夥伴學習巴比倫之文與書。因他學得快，又因神天曾賜他以達未來之心，故不久而王封他爲首一宰相也。然此但依理原爲外邦之人，而巴比倫本地人見王尊他如此，則嫉妒他，又千思萬想如何可害他。惟但依理爲人也大智、大忠、大德，而其之動静行止，各各合禮合法者，故而但依理之同僚久久不能得所以害他也。然巴比倫全國之人都拜那假神，如木、石、金等物做的神像，不知其造萬有之神天，而但依理獨敬神天，不肯自辱以拜世人背天道、自專而所立之各神也。於是那嫉妒他者，俱商量相云：“除了此人拜其神這一件事之外，則我等另無何可告他之因由，該在於此一件而尋計謀也。”伊等遂酌定主意，要禀王，求他限定三十日，在於其三十日内不准全國人拜何神、何人，獨拜王而已。又言若有何人敢不遵上諭者，則該令投之於獅之穴，給獅吞吃之也。王聽時，因不料伊等有暗謀在裏頭，遂從之。下諭命全國人，無論大小者，都要依那各臣所禀而行，敢不從者，必投之與獅食也。王親手簽其諭，致其總不得易。蓋彼國有一大不好之規矩，即王所簽、所封之諭詔，不拘何等利害於百姓者，總不改變之也。夫但依理本爲忠臣，大敬其君，專心爲國家而無私之有者。然在於此一件，其則不敢順王命，蓋因王所命爲背天故也。但依理遂在其本家日日三次跪下崇拜神天，如常也。於是其之仇敵暗來偷看，而見但依理求神天，伊等即皆去，以之告王知，求王出令刑罰但依理，照諭上之所言也。王聽時則大驚，自懊悔，因造次出其諭，且直至晚上，專一欲尋計可救但依理，蓋王大愛之。惟各臣强求王，言其諭斷不可更改也。王不得已而從之，遂令把但依理投之於獅之穴，且慰但依理曰：“你所常事之神將救你於獅之害也。”於是伊等投之入穴内，而放一大石在穴門口上，以王之印及各諸侯之印而封之。時王回殿去，全夜守齋，不得睡，蓋爲但依理甚憂也。待次早黎明時，王即快去穴而大哀聲呼曰：“活神之僕者，但依理也。你常事之神果有能救爾於獅之口乎？”但依理對曰：“萬萬歲也，因我之神見我於他之前，又於王之前爲無辜，所以我之神有遣其神使者下來，閉獅之口，致不傷害我，我在各獅之中得保安也。”王乃大喜，命人取但依理出穴。而既出穴上來，則王與衆人都見，因其依靠神天，故未受何害也。時王出令，叫人捉那謀害但依理之各臣與伊之妻子，而皆投之入獅穴内。而既被投下去，則其衆獅猛躍在伊上，折碎其諸骨、吞吃其諸肉也。王見時，則大敬其保祐但依理之神天，而即下諭，命其全國内之各種人皆敬拜之。蓋王曰：“斯神爲其活神，而自永遠至永遠常在者也。此神天能援能救，且衆生者之萬事，俱在其手内所管也。”

不忠孝之子

昔在羅馬國有一貴臣犯法，而受定罪者，然其得避而自匿。當時羅馬有三大臣成班，合議發政而治國，故曰“三人班”。其三人班見那犯法之臣已自匿，遂出告示云：“凡能明説該犯臣所匿之處者，必大賞之。”那犯臣有個不肖之子，見其告示，乃往三人班，以其父之匿所告伊知。那三人班遂以所許之賞而賜他，然既見他如此不忠孝，伊等則出令，將他而自城至高之處，倒懸投他於地去，致折他之頸，云：“我等爲國家之安而已賞你，且今爲你之無孝無忠而殺你也。”

全地萬國紀略接上月。

論亞非利加列國

夫亞非利加分之地，乃約長二萬餘里，而寬亦差不多約二萬里也。亞非利加地之形像乃如尖峰之樣，在北爲寬，在南爲尖也。此亞非利加分在北與亞西亞分相連，在數以士有個窄地方，曰數以士之頸者，爲連着其二分。此頸是在紅海及地中海之間，而約寬三百餘里。古時有一王始掘鑿個閘河，欲通其二海，而容船搬運貨物。若此工有成，則必大有益於世人。蓋如此，則有羅巴列國之船，可以由地中海通紅海，而徑直來至五印度國，又至中國，而不必須如現今，周沿亞非利加之南邊。如此則可省得其海路之一半，來中國不須四五月，而兩月則足矣。然其閘河之工夫未有得成，故要由紅海搬運貨物至地中海者，必用駱駝而搬運之也。亞非利加地有一半在中帶之北，又一半在中帶之南，又其地十分中有八九分在北帶、南帶之間，所以其氣甚熱，不生於其地之人，則難當得其熱也。亞非利加之地乃分爲東、西、南、北、中五者，我今自其東北角起，而沿其北西南東各海邊之國講去，然後講其内地之各國也。

屬北亞非利加之列國乃如下所記：

一、亞比西尼亞國。其京曰根大耳。此國分爲十六省，其户口約二百萬餘也。其地之山爲高，而有數大河由之而起也。見《地理便童》第七回。

二、奴比亞國，古曰以氐阿比亞。其京曰大耳夫耳。此地分爲數小國，然未聞其詳。其山野及沙地爲多，人數則少也。

三、以至比多國。其京曰該耳阿，或曰加希耳亞，爲亞非利加全分中至大之城者。以至比多分爲前、後、中三分。其户口約二百五十萬，但未聞其各省之數如何。以至比多爲最古之國，而在各古史書上爲大有名。其多尚華彩文墨，而爲西邊諸國中之初做紙者也。古時在於此國，牙可百之子孫住四百年，然後出來，而往加南地去。以至比多之王親引大軍追趕之至紅海，而因見紅海水開一條路與牙可百，之後人通走，王亦擅自引大軍趕入其海中之路。然至海中時，神天使海水復回本所，淹蓋王與其軍，皆溺死了，不脱一個。乃牙可百之後人，通走海中，如走於旱土一般也。見《創世歷代》自三十七章至五十章，又《以所多書》一章至十五章。以至比多地少有雨落，然其有一條大河曰尼路士河，此河每年夏天四、五月之間漲溢，而盡淹以至比多之平地，以代雨而淋之。有一史記曰：此國每日用二十萬牛以拉起水，爲淋其高處各田園，尼路上河中之鱷魚甚衆，且甚大也。其地有多古蹟，像其陵及巖洞，今不得詳言之。見《地理便童》第七回。

四、得耳以波利國。其京亦曰得耳以波利。此國進貢與土耳其國，然未聞其國分爲如何。

五、丟尼士國。其京亦曰丟尼士。上古此國名加耳大之拿，當時其權極大，然現今其爲小國，無大名於世也。

六、亞勒至耳士國。其京亦曰亞勒至耳士。此國小，而其居人出兵時戰得甚猛，又屢次結黨，在旱土又在海上，劫掠人物。其京城築在山額上，而其市廛民居相次成行，如梯級之樣也。

七、巴耳加國。其地之大半爲沙野而已。

亞非利加北邊之各國是如此，今且說其西邊列國若何：

八、摩耳阿戈國。其京亦曰摩耳阿戈。此國君乃稱曰皇帝。國不甚大，然其山極高，而其地分爲三國，其户口約一千五百萬也。

九、腓士國。其京亦曰腓士。此國分爲九省。腓士人尚文墨，其用亞拉比亞國之文字，而其京有二座國學。

十、茶羅弗國。其京名未聞。其地分爲幾小國也。

十一、否拉國。其京曰弟麥巴。其地分爲幾省，但未聞其詳也。

十二、公我國。其京曰山撒勒瓦多耳。

十三、其尼亞國。未聞其京之名。此國地好大，又出金及象牙等物。英、荷蘭、佛郎西等國皆在乎此地有貿易之行。其尼亞分爲前、後二國，其省又多，但未聞其實也。

十四、便佞國。其京亦名便佞。

十五、羅洋戈國。其京亦名羅洋戈。其爲盛地，而每年三次收割黍米，其又出象牙、銅、鐵、錫等物也。

亞非利加之西乃如此，今且說其南邊列國若何：

十六、加百古得何百，又曰何頓多得國。其京曰加百城。此地好大，但人數爲少。此地之山極多又高，又其沙野地廣大，猛獸與毒蛇並多而利害也。此地之居人有五種：一曰何頓多得人，二曰拿馬瓜人，三曰布實人，四曰戈耳亞人，五曰荷攔及英吉利二國之人也。荷攔人先治何頓多得人之地，但今爲英國所治也。其内地之布實等人爲蠻民，然近來有善人去以耶穌之真道教之，已化了多人，又望不久而其全地人都順道也。何頓多得人，男女皆穿羊皮衣也。

十七、加弗拉利亞國。此地之勢若何，尚未聞其詳，但前年其作叛，而犯何頓多得地境，乃英國之軍去平其亂也。

南亞非利加地是如此，今略説東亞非利加若何：

十八、摩加冷亞國。其京曰馬得羅安。此地爲寬大，而人數爲少，未聞其詳。

十九、生久以巴耳國。其京名若何未聞之。其地分爲數小國，而大西洋國人在之有貿易之行也。

二十、摩撒麥必國。其京亦同名也。此國爲大西洋所治，其京築在小島，爲近於旱道上者也。其在旱土上之地爲不小，且出象牙、銀、銅、蠟等物。

二十一、貴羅亞國。其京同名。未聞此國之事也。

二十二、母麥巴撒國。其京同名。今此地爲大西洋國所治也。

二十三、麥林大國。其京國。亦爲大西洋國所治也。

二十四、馬加度撒國。其京同名。其出蠟、金、象牙等物。

二十五、亞聽。其地爲好大，而分爲多小國，但史書少言其事。

二十六、亞地勒國。其京名亞五加古耳以勒。少有雨落於此地，然其河爲多也。後月接講。

山野之船

在亞拉比亞，即回回國，其地河少，又雨亦少，乃沙地甚多。要走到遠處做生理者，必用駱駝。因爲此畜有大力，能負大擔，能久走而亦不倦，且雖八九日無飲水而亦耐得。所以人名其駱駝曰“山野之船”，因其在沙海搬運人與貨物，如船之於洋海焉。神天如此備便各地人所需用：有海有河之地，神天在彼而生樹木，爲好做舟船之屬。無海無河之地，神天在彼而生大力之畜，爲便搬運人及物也。

通走亞拉比亞沙海地方，欲往他國做生理者，屢次有四五萬人成一群同行。其駱駝之數又更多，蓋其路上所用之物與所去買賣之貨，都爲駱駝所負帶者，且衆人間或有一人用五匹、或十匹駱駝者。那沙地多有匪類，常常搶奪人與物，所以凡欲走彼路者，必有大群人同走，方無害。其往常之群約一千人。然每年有一大群由以至比多，又有一大群由西利亞，並往墨加，有爲做生理者，有爲見回回宗之墓在彼處者也。

雜　句

人心如黑夜，而真道如日光，爲能消此黑者也。猪牲愛居於泥塗，而其貪心人之念，亦愛居於此塵世之物内也。

告　禱

聖書云："蓋我室將得稱云‘告禱之室’，爲各種人也。"〔1〕昊天上帝乃衆生之父，不論聖人、凡人，皆本當稟禱。神天初生人時節，人性爲善，人原來所得乎天者，爲明德也。惟原上古人類之原祖獲罪於天之時以來，人性乃變惡，所以世人往往不知有個神天，即是神主爲衆生之父者，而且不敬他、不畏他、不事他、不稟禱他、不祈求他也。凡明知神天爲天父者，則早晚必是心内告禱、謝罪、求赦等事。世界上多有人要向各等菩薩求福，此“求福”兩個字與信耶穌天來之道理大不相同。世上的人以好食、好穿當爲福，但信耶穌者所慮爲道，不慮爲食也。他所害怕係天怒，並非多怕此世之辛苦，所以他務必向天招認己罪過，而求神天赦免。又既蒙天恩赦罪，他最怕再致犯罪於天，故此日日告禱神天感化惡性，變爲善性，致使己好明明德、固守天理、絶除人欲等事。又告禱時，他要最先感謝神天爲准天之子耶穌代贖人罪，好赦免而賜人以常生在天上之應許。如此之人，平日作事必心内望着上帝告禱以心事，求神天明己心、堅己志、發己善念、助己力行善、祐己身體，遠除惡神魔鬼之誘惑也。是數件事最先，代他人求則在後。我們必要

〔1〕見《以賽亞書》第五十六章七節。

誠實之心悔罪、更改，然後告禱於天，而既有耶穌曾經贖過人罪，則可信以神天必肯赦免。得了此道，晚間死亦可矣。

何以爲神主之室？謙遜人之心，就爲神主之堂也。於古時周朝年間，如氐亞國京城有個大而極華美之堂，是原來爲神主之室，但如今毀壞了。信神天之道者集會之所，此亦爲神之室也。經云："此室乃爲各種人告禱。"此各種人，言不論高下、大小、富貧、有功名無功名、做官與不做官，而且各處、各邑之人，皆然准之告禱神天也。世人何以自外乎？惜哉！人之子不肯認己天父也。天之罪人不肯認罪求赦，世間之苦人不肯求向而告禱於其無不可救拔之昊天上帝，反是要去自立個福建的女子，妄稱天后，或立個泥像跪下告禱，向人手所作那不知不覺之泥木等物做的偶像，豈非惜哉！

寶　珠

古時極西國羅馬皇如利五士西色耳，乃以一寶珠送與百耳五都士之母西耳非里亞。其珠價甚大，即十九萬三千八百二十大員也。又其國有一貴女，名其里阿巴得拉者之耳環兩珠，值得六十四萬五千八百三十二大員之價也。

全地萬國紀略續上月。

亞非利加東西南北四海邊之各國是如此，今且略説其内地之各國若何：

二十七、馬大麥巴國。其京名山馬利亞。

二十八、大耳夫耳國。其京曰戈比。其地之民面色甚黑，其亦多有蠻民，但未聞其詳也。

二十九、多麥僕都國。其京同名。此地非小，其出米、金沙、象牙也。

三十、波耳奴國。其京同名。此地廣大。史曰此國中有三十餘樣土話，未知果否。

三十一、尼厄耳阿國，又曰尼厄利氐亞。其地甚大，其居人之面色爲黑，所以回回人名其地曰瘦但，即曰黑人之地也。有多外國來此國，或爲買人，或爲搶奪人，以之爲奴才，甚爲大獲罪於天也。

三十二、戈耳多凡國。此國之事，未曾聞其詳也。

三十三、古麥古麥國。此地之民爲蠻，而其出戰之時，以所獲之俘而食之。

亞非利加内地之列國甚多，不得細説之。今宜略説亞非利加之各海島國若何，先講其東邊之海島：

三十四、比麥巴島。此島周圍度之，則乃約三百五十餘里。其有王，乃進貢與大西洋國之人也。

三十五、戈摩耳阿各島。此共有五島，即印數安、馬若大、摩希拉、我摩耳阿及若下拿。此若下拿島略大而有王城，其山高而地盛也。

三十六、某利士島。其大城曰波耳得雷。其周圍約四百八十餘里。先荷蘭人取此島，次弗郎西人取之，而今其爲英吉利國人所治也。此島雖爲小，而其之生理卻大也。

三十七、布耳本島。其周圍約三百二十里，而有一大火山，爲常噴發火烟，弗郎西人治之，其户口爲少也。

三十八、馬大加士革耳島。此甚大，算爲普天下第二或第三大之島。其長約三千五百里，寛約一千里，而其户口算有四百萬也。其之居人面黑身高，而其頭爲卷髮。此島人中有的尚未順，又未知文字，未習乎耕種者多也。今弗朗西及英吉利二國，並有生理行在此島，又有善教師以耶穌之道而教是島之人也。亞非利加東海還有幾小島，然未聞其詳也。

三十九、三得喜禮拿島。此島已二百年在英國所管。其周圍約八十五里，其之居人約四五千。那前幾年做法蘭西國之皇，今安置在三得喜禮拿。因有羅巴列國以他爲篡位，所以合戰攻他，取他而流他放於此島。其有大且美之府，而數侍臣服事他。但有英吉利守班兵看守他，不准多人與之交往，見上七月本。

四十、亞先順島。此島爲荒，不知有人住於之否。

四十一、三得馬賓島。昔有大西洋人居之，今聞無人居於之也。

四十二、亞拿本島。其周圍約一百餘里，而爲大西洋人所治也。

四十三、三多馬士島。其京曰巴五亞三。此島周圍約三百里，其山高谷深，而天氣不多好，大西洋人治之。

四十四、百林士島。其周圍約三百餘里，亦屬大西洋。其居人未及四千。

四十五、非耳南多波島。其周圍約三百餘里，地土爲盛，然民不順。大吕宋治之。

四十六、甲百非耳得之各島。此其十餘島，其至大者曰三茶我，此一島爲大西洋所治。

四十七、我里島。其雖小而生理大，其爲英國所治也。

四十八、干亞利之各島。斯島共有七，而其京曰巴勒馬。其七島中之一，名弟尼利弗者，有一至高之山，自海平面而直直度之，則爲高一萬四百五十二尺。要登此山頂則甚難，未有幾多人已到之。此一島盛生葡萄，而白酒多由之而來也。

四十九、馬爹拉島。其京曰分沙勒。此島盛生葡萄，而馬爹拉酒之名揚於各處。其島之户口有六七萬，大西洋人治之。然英國有大商行在於之。其島無惡獸、惡蟲也。

五十、亞所里士各島。其共有七島，都大西洋所治。此各島亦無惡獸、惡蟲也。

亞非利加之海島大概如此也。

論亞非利加列國之朝政

亞非利加之分有侯國、有王國、有帝國，又有多小國未有一定的朝政者。凡有大勢者則隨意治之，待至有更大勢者起，奪其之權而行治也。亞非利加旱道與海島，多爲有羅巴列國人所奪而治之也。

論亞非利加列國之話

一、亞比西尼亞話。二、以弟阿比亞話。三、以至比多話。古時以至比多國的文字爲像形之字，甚如我中國之篆字，且有大名之文墨人説中國字本來由之而出，不定知是否也。四、非土話。五、摩羅戈話。六、回回話。多有用於亞非利加。七、何頓多得話。八、加弗拉利亞話。九、尼革利氏亞話。

除此九樣話外，亞非利加尚有數樣話，但未聞其詳。亞非利加多國又多島，有人講有羅巴列國之話，像英國、大吕宋、大西洋及法蘭西等國之話也。

亞非利加列國中，多有奉回回教，又有奉神天耶穌之真教。又還有其之多人，至今日背天而服事世人手所作之偶像等物者也。

亞非利加地雖廣大，而其人數卻少，且内中有好幾種人爲蠻的，不居於屋、不穿衣、不識字也。亞非利加列國中，有的甚被他國所害。蓋曾有人發船至斯地，特爲暗地偷亞非利加人，或强奪之，欲帶之到别地，賣之爲奴才，正如人賣馬牛一般，真真爲大罪！大罪！而其至義之神天必重罰行如此之人也。今此大惡事略止息，而我甚願在乎普天之下，總不復有一個奴才至永久也。蓋上帝初生人在地時，乃立之爲萬物之靈、萬類之首，而我世人若擅自把何國男女老幼之人當爲貿易之物，則豈非大逆上帝乎？又也，我們自己亦非願他人行如是向我身、我親、我子、我友，則知若行之與别人，真真是以己所不欲施之人也。而此豈可乎？後月再續。

孝

昔有羅馬國人作叛，其皇阿革大非五士親自往撒摩士交戰，大敗敵軍，多獲俘人。在其俘中有一甚老人，長鬚、披髮、破衣而難動行者，名曰米地路士。因皇軍遇米地路士在叛軍中，所以其必受審，該被誅也。夫米地路士之子名但者，現做皇臣，當審司之職。而諸官會集要審問所獲之各叛犯時，但亦同在審位上。諸犯既入衙門内時，但未料有其親父在伊中，然審問間，但忽注目於一老年人身上，疑是似其父。久看則認得真，果然爲其親父。但忽起來，慌忙跑去，兩手抱其老父，而雖有皇帝於衙内，亦免不得高聲大哭。又回到皇位前，俯伏禀曰：“萬歲爺，臣父已作叛逆，該受罰。臣身乃蒙浩恩封官，略有微功，或該頗頗受賞。今也萬求天子看我而赦我父，不然則萬求使我與我父同誅也。”諸官見之，則無一不哀其父之苦，無一不敬其子之孝，連皇帝亦哀亦敬，遂赦了米地路士之罪，而大善但之孝。學者豈不該自勉爲孝乎！

諂　媚

昔英國王名加奴德者，出京巡行天下。而一日走海邊時，有數大臣相隨。其大臣中，有幾人甚諂王，説他非但及得古聖、古勇、古才者，乃又有智、有德、有權，皆與天相同。王聽時，心中不悦，蓋其爲人也大敬天，甚謙遜，而極惡諂媚者也。然其爲温和，不輕易生怒，故雖不悦，而亦無人能知之。其尋思如何可責此諂臣，心内想出一計，然不以之告何人知。其遂命拿一座，放在潮水漲退之所。彼時潮水退了，而其處爲乾。座既便，王乃登上面坐下，待至潮水復回，而翻滚前來，王就厲聲威嚴對潮水云：“海乎，汝爲我國之一分，我今坐之土亦然。汝皆該聽我命，自我治四海以來，未有逆我命而得脱刑者也。今也我命汝之浪勿復滚前、勿近我坐之位、勿濕我王衣、勿逆汝之主也。”海浪仍滚前如常，將王之足、衣、位都濕了。王就忙起，而謂其諸大臣曰：“汝看此浪水不理我、不聽我命，乃湧上滚前，如無有王在此一般。以此汝則可知，天地間至尊人之權有限，就是治天下又定四海者之勢，真不足禁住海各浪之一不翻前來也。望各位以後總不復出諂言也。”

又古西利亞王安氏阿古洗地弟士爲大智，而甚惡諂媚之人也。一日，其出打獵，而因離衆獨騎馬，遂迷失其路，不得回到衆來。騎馬良久後，其忽見一莊家，而往屋前下馬，求莊主賜已宿一夜。莊主依之，然不料想此爲國王，只想是過路之客而已。至晚上食晚飯間，主及其家内之人乃與客人相講，有時講往常事情，有時講國家事情，又有時講其君王爲如何品行之人。主僕皆對客曰：“我此國王是個愛德而憐憫百姓的好君子，但有兩樣不好處：一、甚愛打獵，常常不在朝，以致國之政事都廢了。二、甚信其各侍臣，以致其臣所恨之人，總不得公道之審斷也。”客聽乃默然。至次早，王之各臣尋王，而遇之在莊家内。各臣與王諸侍者都來，莊主則大驚，而認得其客人卻爲國王了。王乃回朝，而路上以莊家人之言俱説之與諸臣，而責伊等云：“自我封各位官爵以來，未有衆人之一説真言論及我已之品行，只昨晚上於那莊家内，聽其鄉下人説真而已。”

敬　天

聖書云："不畏神的人，變神之恩爲邪欲，又咈獨有之主神，連我主耶穌基利士督。"〔1〕或云基理師督，世上的話云，天心乃愛，即是神天無不憐憫世上的人，且既然神天以天之子耶穌給爲代贖人罪，則其憐極明見矣。有了耶穌代贖救我們，則凡人一悔罪、信道、改過，則可得往年一生各惡之赦。福音，即是俗話云好消息。神天以此降給我們，是乃神之極鴻大之恩矣。但不良心的人，不敬畏神天者，既聽聞及神天之恩，猶堅惡念，自云："既然神天肯赦人罪，我則可隨意犯罪行惡。"如此之人，即是把神之恩變成爲邪慾也。惟神已賜我們以一個憐愛，倘若我藐視不敬之，心下暗自云，仍然做惡不防，則天之恩必變成爲天之怒也。從古以來見多多如此。

《敬信録》內"改過之法"一篇説得好。改過要三心：一曰恥心，二曰畏心，三曰勇心。我説還要個第四心：曰感恩之心。

其一曰恥心，即是思想古之聖賢與我同類，我們亦當學法他。其二曰畏心，言我該當畏怕天之怒。三曰勇心，言我不可因循退縮，乃務須奮然振作。一來爲免落永苦，二來爲慕望得天上之永福也。又不可云將來亦不遲，蓋何人不知道以塵世無常，肉身易殞，一息不屬，欲改無由矣。如毒蛇嚙

〔1〕見《如大書》四節。

指，速與斬除，則無絲毫凝滯。不然其毒必致喪命，雖良醫靈藥，皆不可救也。其毒指罪惡而言，示我們知以信天理、悔改，是要立刻定主意。其四曰感恩之心。言神天同天之子耶穌大發憐愛之心，應許若我們信悔改，則必赦免我及認我們當神天之子輩，後來要給我們以永遠之天福等事。我們何不感答天之好意，即刻回頭，聽尊謝恩及後樂行善，爲悦神天同我主耶穌救世者之心乎。

全地萬國紀略

論亞默利加列國

亞默利加分之地乃約長三萬三千餘里，而寬一萬一千餘里也。見《地理便童》一帙，又十六帙。此地之分爲甚大，差不多有全地之一半，然其中壙無人居之地亦甚大也。此亞默利加分稱得新世界，因爲古人總不知有此地。至明朝，約在成化王之時，有一個占奴亞國人，事大吕宋王，而名叫戈龍布士，爲個大明曉海道與天文者。因看地之形爲圓如球，所以其心中思想：五印度與中國雖在有羅巴列國之東，然若由有羅巴開水路而向西直行，則船可到五印度等國。主意既定，乃以三隻船而開行。不上三十三日，其卻偶見山地，其近前而上岸，見有居人住之，其地名巴下馬島。戈龍布士又進水路，而行不數日，再見山與旱地，近前上岸時，見其地爲盛、其民爲和，乃名之曰希士板以阿拉島也。戈龍布士遂放下其尋東方五印度等國之意，而既留下幾人在彼地後，乃回大吕宋奏王知道。王與全國人大喜，而以高爵加於戈龍布士也。王下令備十七隻船與一千五百兵卒，又文武官員大小幾十位，又諸樣器皿之類。乃封戈龍布士爲衆船衆人之首，又爲其所將遇各新地新島之總督，且又命他將其幫船與人及物，皆帶至巴下馬及希士板以阿拉，而在彼開地築城也。戈龍布士領命而去，且各事既成，如王所命之後，其又由巴下馬等處去往尋新地。乃至古巴島，而因見此島爲甚大，又不明知還是海島，還是一連之旱道，所以沿着其岸邊而行船，以至遇着另外許多島，爲都有居人及盛地者也。史曰：在一日間，其見着大小島共一百六十個。戈龍布士因遇不平之海路，乃回希士板以阿拉。夫在大吕宋多有官員，因見戈龍布士之名大揚於國之内外，遂生嫉妒之心，四下尋計害他，造出謠言毁謗他，欲爲自得上己名之路者也。戈龍布士聞時，乃回吕宋辯白己事。既辯白後，其再去尋新地。迨久尋而未遇之後，其一日看見海浪大相攻激，又其水活動之貌爲比往日不同，不知是何緣故。細思良久，乃想必是有甚麼大河之浪與海之浪衝激，以致其貌活動爲如此。其遂直前行，而不久就見果有淡水，且因見其淡水盛多，則想此盛淡水諒必不由何島出來，蓋至寬大島之河未有如此之大，一定是由一連之旱道而出也。戈龍布士又前進，果遇着亞默利加分之大旱道，而其遠在海面，而曾所見那大淡水，乃爲阿羅挼戈之大河流入海者也。因船上之食物缺了，不得已而回希士板以阿拉，於是亞默利加初被見遇也。那上説爲妒戈龍布士之人，乃越尋計害他，造出多少惡端而告他，致他之敵捉他、鍊他，而解他回吕宋被審問。既審問明白，則見戈龍布士爲無罪，而其遂復得王之恩典如前。且王又命他行船，另尋新地。但此一行爲不吉，海上遇多少不便，故回來，而既已五十九歲之年紀，乃死於吕宋也。夫戈龍布士之名，與其所遇各新地之事，既揚聞於有羅巴列國人中，則伊等亦發那去尋新地之意。故當時大西洋國人亦尋着了百耳亞西勒地，今爲伊最盛之地者，而在彼開地、築城、立國。又英吉利國之一人名加不者，行船而尋着亞默利加之北邊，且英吉利國之人亦在彼開地、築城也。又意大利亞國之弗羅耳言士城有個大謀之商人，行船至亞默利加之南邊。而他雖實非爲初尋着亞默利加之人，然因其爲伶俐，所以使衆人想他是初遇着亞默利加之地者，故以他之名而呼此地。蓋他之名曰亞米利我，所以名其新地曰亞默利加也。然至今無一人不明知初遇着亞默利加之大地者，寔是戈龍布士也。有話説得好，此人勞苦而他人受贊也。後月接講。

焨舟論

水焨之力甚大，在有羅巴國與花旗列國俱有之。其法須動各樣大機關，但焨機雖是許多層疊，必定要合正，則容易運動。故機巧越多，則其勢越動，所以水之焨，寔在易於運動也。前幾年，有一能人在花旗國内，忽然一日，此人心想要做一隻船，以水焨動去，不用帆而可以行得者。因此其即做了一舟，無帆，而舟之中只放焨之機關而已。在舟之兩邊，其放兩輪，烰機動，兩輪亦轉也。在那兩輪有插數短楫，此短楫與輪同轉於水之内，就可使舟駕行，如有風帆一樣也。此能人及得做成此烰舟時，別人遂接續他的款式，亦能照樣做之。故而現在英國並花旗國人，多用這等舟也。此烰舟所駕駛者，有大的，有小的，大的能渡兩百餘人過水。此舟如小船一樣，倘遇逆風頂潮，在一點鐘之久，可行六里。若有順潮，在一點鐘久，則能行十一二里。能日夜行不止，行頗穩當，不多摇擺。因此人人喜之，多要此舟渡過水也。

狼忍之人

在西勒地比利亞地有一諸侯，名亞勒布是五士者。其僕婢雖未行何惡，而其亦屢次苦打之。有人諫他，然他總不肯聽。因云：“我今有間，但恐到伊等行惡時，我則無間，所以我是早打之也。”

元旦祝文

神主歟，於山嶺未造時，於未造地及世界之前，即從永遠且至永久。汝乃神也，汝爲天、地、人及萬有之主宰者也，神於萬代而自在焉，乃余世人即似緑草然。於朝間萌出盛長，及於夕間被割下而就槁也。人也者，乃一陣風過去而不復回也。則求神恩示余知覺以己之衰弱、以己衆年日總數之少，好使我專心痛悔往年之罪愆，致可以本年盡心竭力修善，凜遵神天之命令矣。余往年之罪過今招認之，懇禱施赦，非爲余己之功可補之，乃爲救世者代贖罪之大功矣。神主歟，於此元旦，余代本家各人而求神施之以慈悲，免伊之往罪，拯拔之出於將來之凶及於永苦也。余求神特使之信從天理，感謝天恩，及令世界各國、各邦悉皆歸於天所示之正道也。玆敬虔望神主准接余心祈之誠祝者，心願誠如此矣。

論生命之爲短弱

人之生命可以衣服比之，又可以玻璃比之，何也？其衣服或用之與否，漸致舊而破壞了，人生命亦是如此，一個人免不得日月年而漸老至衰而終。又玻璃既然爲一種物最易打爛的，人生命亦是如此。年年有多少人身力健壯之時，逢着想不到之事，而一下致喪命了？故此我們生命比得衣服，亦比得玻璃，不是漸老而衰，即是一下打爛了。所以我們各人不可志滿自大，乃務宜心懷“敬懼”兩個字，敬畏神天，懼怕獲罪也。神主歟，教我等自算己生命之各日，致我好專心向智也。“智”字言明曉天理也，既蒙天教，則可知道己命之爲短、爲軟弱，而可專心曉天理而修善德也。蓋一個人要行善，未有多少光陰，何反做惡乎？

論侮聖言之人

從前在土耳其國之內，有個教學先生。一日，偶有一侮聖言之人到來，向伊説道："我要問先生三句話。一是聞説真神爲無所不在，如何我看不見呢？請老師現出真神在那裏。二聞説世人凡所行者皆由真神。若既如此，則人何以還該受其罪之刑罰呢？三聞説魔鬼是火所造。如若魔鬼是火造，則神主刑罰他在地獄之火内，有什麽相干呢？"那先生已聽此三問，遂拿了一塊土，而以之打此人之頭上。其人乃往官府前去告，説彼爲如何用土塊擊痛我之頭。官府隨即叫那先生來問曰："你爲甚麽不答此人之問，反將土塊搥此人頭上，是何緣故？"先生對曰："其被我土塊一打者，即是我所答他者也。蓋此人已講頭有疼痛，他若與我現出疼痛，我就與他現出真神。又既然我之所行者，即皆由神主也，則此人爲何要來告我、訟我？又人原是由土而受造，以土擊土，豈能生疼苦哉？"官府聽了此言遂大悦，乃令先生回去，但此來告之人已滿面羞慚也。以此古事而看，就知道若是有何合理之事，則不可因是目所未見者而遂不信之也。

新年詩

其一

每年一度到新年，今朝猶是舊時天。
光陰不老催人老，立德立功快向前。

其二

桃符户户掛當門，英華各自樂新君。

都緣上帝恩澤廣，萬國同該拜至尊。

其三

昊天上帝臨八方，總總蒸民賴生養。

誅鋤惡孽無能脱，賞報善人福日長。

其四

普天萬國歷新正，凡有生長悉自神。

若人虔孝遵真道，祈禱方可達純靈。

第七卷

1821 年　道光辛巳年　正月至十二月
1822 年　道光壬午年　正月至三月

全地萬國紀略續上年十二月。

上既已説亞默利加分如何初被遇着，今則言其列國若何。夫亞默利加地之旱道乃分爲二，即北亞默利加與南亞默利加，又其之海道有大小島甚多，今依次而講之。

論北亞默利加之列國

其各國之名乃列於左：

一、革耳煙攔得國。其地甚大而其人甚少。至今世人尚未得明知此爲島，還爲與亞默利加之旱道相連也。其地甚寒冷，雪與霜甚利害。史曰：其地冬天霜之力，有時裂開大磐石。又曰：革耳煙攔得海上有浮游之冰山，長三四里，而高十多丈者也。其海有那一類大鰲魚，其中等大之鰲魚者，身長八丈，寬二丈，又其舌爲長一丈八尺者。又古史曰：在回回海有鰲魚長三十丈，又在大南海近乎地之南極者，今有之長二十丈也。此魚好用以做油，大概一尾中等大之鰲魚，身上之肥肉能做八十大桶之油，而共值得一千二百個花邊。在乾隆之第五十年，英國發船一百五十三隻，又荷蘭國彼一年亦發船六十五隻，皆往到革耳煙擱得海捕鰲魚。以此而知此魚做之油，在西邊爲大要之貨物也。此地今爲黃旗國與俄羅斯國所治也。

二、拉百拉多耳地。此地亦甚寒而人少，且在内地有蠻民也。

三、户得孫士拜地。在明朝終，有一船主名户得孫者，在海上偶然遇着一大港，而以己名則名之，曰户得孫士拜，即户得孫之港也。在此大港邊之地叫户得孫士拜地，今爲英國所治也。其地亦甚寒，而其民少也。

四、加拿大地。其地今分爲上加拿大與下加拿大，其上之京曰貴百，其下之京曰若耳革，其地爲大且盛，其山及河爲多且大也。三德老耳因士之河爲足容一百隻上等大之船，然此地於冬天爲甚寒，且其居人雖年年加多，而亦尚未過四五十萬之數，蓋因爲新開之地也。加拿大地約長六千二百里，寬七千餘里，今爲英國所治也。

五、紐百倫士域地。其京曰弗里地城。其地約長一千里，寬四百里，亦爲英國所治也。

六、挼瓦士戈是亞地。其京曰下利法士。其地之大小與紐百倫士城差不多，但略小些耳，亦爲英國所治也。

七、花旗國。其京曰瓦聲頓。此國原分爲十三省，而當初爲英國所治。但到乾隆四十一年，其自立國發政，而不肯再服英王。如此看則知，其年年來廣東做生意那花旗船之國爲新國，蓋自其設國至今道光元年，只有四十五年。但雖爲新國，而其亦有寬大之盛地也。其民人年年繁殖加增，蓋初立國時，其人數未有三百萬口，而至今其人數卻約有八百萬之口。在四十五年之間，此算得爲甚大之加增也。花旗國今分爲南、北、中三地，而共有十八省也。日後此國諒必爲亞默利加全地之最大者，蓋其人有智有力。其今所有之地爲寬大，好爲耕種，又盛生各物。又其海邊之港爲多，且方便爲船出入做生意。又其内地之河甚多，又爲普天下諸河中之至大者，大小船隻甚易通於花旗全地行去。且其地之林爲多、樹爲大，而好用以做船或屋之材料。又居於花旗國之西境與南境之民，即其地之土人爲蠻而無順之輩，諒不久而必被花旗國所服也。如此照其勢看來，則雖未有先知之才，而亦可預早料度，此國於後之世代必爲大也。

八、麥西戈，又曰新吕宋。其京亦同名。在明朝莊烈帝之二年，水大漲起，淹蓋此城，溺死城内四萬餘民人。此地分爲七省，其地亦廣大且盛，而又多出金銀也。在其野地，有野牛甚多，有時在平原之野，人能看其成一大群，約爲有四萬之數，同於一處尋食者。當時大吕宋治此地，然其土人因不能當所受之苦虐乃作亂，今不明知其被吕宋所平定，還是自立爲一國也。麥西戈有大生意，年年有貨船通於南之大平海，至小吕宋或至廣東爲買茶葉與紬緞等物也。北亞默利加大概是如此也。後月接言。

論神見人也

你神見我。[1] “你神”兩個字指真神，乃天地萬物被

---

[1] 見《創世歷代書》第十六章十三節。

造者也。“我”者，是我自己，又人人也。言神主是無所不見者，世人做事，神主皆見之也。口講的話，心的思想，神都曉得。夫於我舌上未有一言，就是心一有思想，乃你神主亦無有不斷然明曉的。大家想一想，又各人自問：我在神主前是聖人、善人否也？我之多罪有受赦了乎？至死日後我將得昇於天堂乎？大家各日各夜要做事講話，俱常常要思想你神見我也。神主算第一尊，且爲無所不在之神，所以各國、各代、各等人，做惡不做善者，神已看見，又必將刑罰他。又那些人行善了的，神亦看見，又必將報應他。因爲耶穌即神主之子，有代世間人之罪死了。衆人信耶穌者，日後他即將昇上天堂。而不信耶穌者，即落於地獄中受永遠苦楚。予勸大家謹記：神知我見我，又該想我是真信耶穌的人否也？蓋你日夜所行者，坐下起來、食眠動静，神皆知道，神在黑夜射光如同白日一般。世間的人豈不該敬畏神主乎？

論上年嗎啦呷濟困疾會事由

自己卯歲呷地創設濟困疾會以來，於今已歷二年。每年樂助者日益加增，足見樂善好施，人有同心。兹屆新歲，所有一切管理本年此會事務總理及各首事等人，已復照會規，在於正月初五日，當衆公舉更换妥人辨理矣。至上年所有樂助若干人、受濟若干人、所收樂助銀若干、所發施濟銀若干，合並刊刻成書，俾遠近樂善君子悉皆知之，致人皆向善，盡體天地好生之心，豈不美哉？

計開：

庚辰年樂助者，共有五十九人。

庚辰年領濟者，共有十二人。

庚辰年收存上年留餘銀壹百六十四元零壹钫。

庚辰年新收銀五十九元零壹十五钫二子，又新收唐山寄來英國人名革羅米林公樂助銀二十五元，又本年正月十七新收英國船主名準士敦者樂助銀二元。

庚辰年共去發濟銀七十七元零三钫六子。除發用去外，連上年共存銀壹百七十三元零一十二钫六子。

計開庚辰年領濟者各名：

一名楊斗伯。福建人，年八十八歲。住東街蚋，無親可依。自庚辰正月初五日至十二月初五日，每月領銀壹元。

一名許钫。福建人，年七十八歲。住東街蚋，無親可依。自庚辰正月初五日至十二月初五日，每月領銀壹元。

一名鄞珠伯。潮州人，年五十九歲。住東街蚋，無親可依。自庚辰正月初五日領銀壹元，至正月十六日身故。

一名洪亞妹。廣東人，年三十三歲。無親可依。自庚辰正月初五日領銀壹元。正月十四日身故，發出埋葬銀叁元。

一名曾亞統。廣東人，年五十八歲。病脚，無親可依。自庚辰正月初五日至十二月初五日，每月領銀壹元。

一名陳碧伯。福建人，年七十六歲。住觀音亭前，無親可依。自庚辰二月初五日至十二月初五日，每月領銀壹元。

一名郭丙。潮州人，脚跛，無親可依。住書院內。自庚辰六月初五日至十二月初五日，每月領銀壹盾。

一名陳寡婦。福建人，女，住小城門口。庚辰六月領銀叁元，又庚辰十一月領銀壹拾五鈁二子。

一劉培蚋娘。福建人，女，年七十八歲。無夫無子。自庚辰七月初五日至十二月初五日，每月領銀壹元。

一名鄭有。潮州人，年六十歲。盲眼，住王家厝對面。庚辰七月初五日至十二月初五日，共領銀五元零十鈁。

一名姚静。福建人，年六十二歲。脚殘，無親可依。自庚辰九月初五日至十二月初五日，每月領銀壹元。

一名吳亞雄。潮州人，年五十九歲。盲眼，無親可依。自庚辰十月初五日至十二月初五日，每月領銀壹元。

依我們首事班看來，現今困苦貧窮者甚多，日日有人求濟。既然多蒙各位好善者已有樂助，還望各位樂助者越要常常幫助，方使此濟困會之受濟者不失所望也。倘有遠近之君子，願寄些小銀錢幫此會者，其銀錢可寄至總理米憐及首事許希賢，均可收入發濟。

道光元年二月初五日，濟困疾會總理米憐、首事許希賢謹告。

全地萬國紀略續上月。

論南亞默利加之列國

夫南亞默利加乃以一窄地頸而與北亞默利加相連。若自北至南度之，乃約長一萬六千餘里，又約寬一萬二千里也。此地之山與河算得全世界上之最大者。蓋近波耳亞撒嶺，自海之平面而直度之，乃高二萬有二百八十尺，且周年有雪遮其頂，常常世代如此，故曰永雪，因其不消也。亞馬孫河自其源至其流入海之處，乃長一萬一千一百五十里，海潮乃漲於此河内有二千餘里，其河口爲深一百餘尋，又在内地離河口約一千里，其爲深三十尋。那流入於此河内之他河者，共有二百大條，以是而知此河之大也。南亞默利加諸有名之國乃列於左：

一、地拉非耳馬地。其京曰波耳多彼羅。其地爲長三千六百五十餘里，寬一千二百餘里，而分爲七省，其多出金、銀、銅、鐵、珠、玉等物也。原來此地屬大吕宋，今不明知誰治之也。

二、紐革連亞大地。其京曰彼我多。其地爲長四千七百八十餘里，寬七百四十餘里，而分爲二十四省。其地之火山多，又屢次噴出火與燒石爲鎔了而成如水。有時此火汞湧流似大河，而塞着其所遇之水河，且成湖，而遮蓋所到之城與其居人，甚爲可怕也。至其地土則爲盛，而滿生各好物。其人數約一百萬，此地原亦爲大吕宋所治也。

三、比路地。其京曰利馬。此地爲長六千六百餘里，寬一千七百里，其乃在西海邊，且分爲四十多小省，其人數有一百萬餘也。其地爲盛，而多出金、銀等物，但有多火焰山。其地昔爲大吕宋所治，然今其自立國發政也。

四、只利地。其京曰三茶戈。此地分爲二只利，其第一者尚屬其土人所治，其第二者爲大吕宋昔所治，但此第二今被其地之土人所治也。其地分爲十三省，至其第一之只利地，未聞其詳。其火焰山甚爲可怕。在乾隆之第三十七年，有彼地羅亞火焰山忽然開新火口，而猛然裂開一大山爲近乎之者，分之爲兩段以至幾十里之長。只利地亦爲盛而多出金、銀等物也。

五、巴大我尼亞地。其京曰三主利因。此地爲在南，其長三千八百里，寬一千一百餘里。巴大我尼亞爲其土人所治，其人穿皮爲衣。但至於此地之各分與人數等事，則未聞其詳也。

六、拉百拉大，又曰巴耳亞貴地。其京曰本阿士噯利士。其地爲長五千三百里，寬三千五百里，而分爲六大省。其人數約一百萬餘。此地亦爲盛而多出金、銀。有一山名波氏阿西者之礦，雖已二百六十多年之久，常出銀甚多，而亦未少也。拉百拉大昔爲大呂宋所治，今不明知誰治之也。

七、百耳亞西勒地。其京曰利阿賺以羅。其地長九千里，寬二千五百里。其地分爲十六省，且多出糖、烟、金與玉等物，其人數約二百萬。其地之金礦年年所納與王庫之税者，有五百萬大員銀子。又其玉礦年年所納之税者，有一百五十萬大員銀子。以此而知其地之爲盛而富也。大西洋國治此地，且因前十多年祖家有大交戰之事，故大西洋王移轍至百耳亞西勒地住下，而自彼發政也。

八、亞馬所尼亞國。此國是在南亞默利加之内地。其長四千九百餘里，寬三千里。其爲盛地，而爲其本土人所治也。那今已説之大河曰亞馬孫者，乃通流於此地也。其京、其人數與其地分都，未聞其詳也。

九、鬼亞拿地。其地長四千八百餘里，寬二千三百餘里也。此地分爲三分：大西洋國治一分，法郎西國治一分，又荷蘭國治一分也。其内地之土人中，有的在樹上做其屋欲免其雨之所害。蓋每年之四、五月，常有大雨落於此地，而日夜不已也。今不明知荷蘭有治其分，還有與莫國人相易之否也。

十、亞老加拿地。此地分爲四分，而每分又分爲四省，而每省又分爲九縣，其地之土人治之也。

十一、加耳亞加士地。其地今分爲幾省，昔屬大吕宋，而爲與氏拉非耳馬地相連。今估爲其土人治之也。

南北二亞默利加旱道上各有名之國及地，乃如此也。今該略説其海道之各島若何。

論南亞默利加之各海島

一、紐分蘭島。其京曰百拉先是亞。其約長一千二百里，寬七百里。其島爲寒，每年五個月間有雪蓋其地，其人數爲少，其所出之貨物者魚也。英國治之。

二、加百百利頓島。其京曰屢士布耳革。其長四百里，寬二百六十里。亦爲寒地，居人少，而其所出之貨物者魚與獸皮。其亦爲英國所治也。

三、三占島。其京曰茶耳利士頓。其島長三百五十里，寬一百餘里。此小島亦多出魚，而爲英國之所治也。

四、比耳毋大各島。其京曰三至阿耳之。其島共有四個，其人數未上一萬。其亦爲英國所治也。

五、巴下馬各島。其京曰拿掃。此各島甚多，約共有五百個，但都爲小，在其中間只有十二個爲略大的。其地所出之貨物有棉花及幾樣好木。其各島亦爲英國所治也。

六、茶米加島。其京曰經士頓。其地長五百餘里，寬二百餘里。此島分爲三省，而共有二十縣。其地土好爲生甘蔗，所以此島多出糖，又出酒與另多樣好物。然其屢受地震與大猛風之災，像前一百二十九年，有一大地震爲摇動此全島，地忽然大開口，而咽下一城與二千人爲在其内者。自其地口有大水湧出，倒落凡所遇着之人。又有五六千畝地在須臾之間亦被咽下去，不復見其城、其地之何一踪跡也。又有幾山被裂開，又有一種甘蔗等物之莊地被地震所移出其本所，而安在三里半遠之處。雖然如此，而那以貿易而求利者，亦多入此島，蓋其生意爲大也。在乾隆之第五十三年間，此小島貿易貨物，乃值得八百六十四萬五千七百六十八個大員銀子。其島之總督每年之俸禄乃有四萬大員，此爲一小島極大之俸。其島亦爲英國所治也。

七、巴耳巴多士島。其京曰百耳之頓。其地長七十多里，寬五十里。此小島分爲五縣。在明朝天啓之第五年，英國人先至此島，彼時其盡爲荒，無一居人，無一野獸，無一菜、一果爲人之所能食者，然其地土爲好，而樹木爲大，故有數商人禀王，而奉旨住下於彼島，年年有人附之。又其買多奴才，以致自其初開島以至二十五年後，其居人之全數爲十多萬口。又地土盛生各菜與各會養人生命之物。

其小島之生意亦不小，但其屢有地震與大猛之風。其亦爲英國所治也。

八、三革利士多弗耳，又曰三吉士島。其京曰巴士地耳。其地長七十里，寬二十五里。其多出糖、酒、棉等之貨物。其人約四萬幾千口，亦爲英國所治也。

九、安氏瓜島。其京曰三准。其地長七十里，寬亦七十里。其人數四萬餘。其所出之貨乃糖，此小島每年出之糖有一萬六千大桶的。因此地無水泉，其居人必受天雨，而裝之於器内，以爲飲之用也。安氏瓜亦爲英國所治。

十、尼非士及門西耳亞得二島。其一之京曰茶耳利士頓，其二之京曰百利没。其每島周圍乃四十五里。其二島之人數約二十萬二三千口。其亦出糖，而爲英國所治也。

十一、巴耳布大島。其長七十里，寬四十二里。其地土爲便以生米穀等物。其之生意小，且其人數未上二千，亦爲英國所治也。

十二、安貴拉島。其長一百十五里，寬三十五里。其居人爲少。其地爲平原，無山，亦便爲生米穀等物，而爲英國所治也。後月再講。

嗎　嗱

此二字希百耳之音，譯言斯何物耶。昔以色耳之衆人，久居以至比多之國，神命之離彼地回本地去，通過大曠野，路途之間，伊等因缺食生怨。神主憐之，以神迹養之，蓋其自天空降下一樣物，似乎小種子爲食與之。衆人嘗其物，不知其名，相問曰："嗎嗱?"即謂斯何物耶?以後"嗎嗱"爲其名也。嗎嗱爲白色，小如冬天之霜，又如白椒種。其早晨與露共降，周伊等營帳，而露乾去後，嗎嗱還居留於草上。而人皆聚之，共集之爲一堆，而各人遂量一啊唦咡，[1]爲一日之食。伊等舂之臼中，或磨之於磨石之内，而亦烘之，既成餅，就好滋味、好養人生命也。日日所降約足養三百萬人，獨於第七日其不降，因此日爲聖日，蓋神天於第六日降下加一倍，所足爲兩日之用，而禁人於第七日去取之，故凡彼日去取者，必不遇何也。今日若不食完，所留明日者，常臭而生蟲。獨第七日，雖自第六日留者，亦不臭、不生蟲，因神天存之爲甘味也。神天四十年間，常降嗎嗱養以色耳之衆。待伊等到加南地，食其舊禾，嗎嗱就息，而不復降也。神天命以色耳人守存嗎嗱一金罐，世代留之於其中間，以使伊等連萬後裔，皆憶記神天之大恩也。[2] 神天降嗎嗱不止爲養以色耳人之身，乃又爲預先表指耶穌。蓋嗎嗱自天空降地，爲人之食，而耶穌亦自上天降地爲人之救。嗎嗱好養人身，而耶穌之恩卻養人靈。食嗎嗱者，暫時而生。受耶穌之恩者，可永久而生、永久而福矣。耶穌實爲自天降之真餅，永養善者之靈魂也。[3]

---

〔1〕 啊唦咡，量禾之器，見他篇"啊唦咡"之解。

〔2〕 見《以所多之書》第十六章，又見《算民數之書》第十一章七節，又第二十一章。

〔3〕 見《若翰傳福音》第六章三十二又三十三節。

父子親

昔在極西邊，有人父名我耳古，與其子名加麥巴路者，其二人甚存父子之道。蓋一日，加麥巴路走路間，忽然看周圍有盜賊伏候，欲殺他而劫其錢。其乃大驚，而不知何爲。那時其父我耳古騎馬而經過，加麥巴路以此陷害而告其父知。我耳古聽時，乃自馬上跳下來，叫其子即登馬，命之跑入城内脱害。但加麥巴路不肯，反求其父自己跑於馬上脱命，而不須以子爲念。我耳古見其子如此親親之心，又更不忍留他陷於盜賊之害，乃又命又求，且又哭泣而求其子上馬逃命。然子越不肯留父陷於其難中。父子相哭相求之間，盜賊衝於伊等上而刺死之，於是父子二人同時同處而死也。

夫婦順

在厄利革國之京亞天士，有一位大將軍名扶是因者。國家一連四十次擇他於諸將中，而封之爲軍帥。其妻以此爲大悦大喜之事。一日，有一位大富貴之夫人，爲寓在扶是因之屋者，將自己之耳環、手釧、戒指與各樣寶貝珠玉，矜誇而擺開之在扶是因之妻之前，叫他看此修飾之美物。看了後，扶是因之妻乃以謙遜之貌説道：“我無他寶物，只有我丈夫，爲二十年間一連四十次被封爲軍帥。我以扶是因爲我之寶珠，又以其之功勳爲我之美飾也。”

奢　侈

昔羅馬之皇帝希利阿加比路，爲最浪花之人。蓋所有放在其桌上之食物、飲物，都爲由極遠之地來的。若非由遠來，又若非重價之物，則不准放之在桌上。其宮殿、其御房、御床等，皆用黄金繡之布而飾的。其要出於車時，乃命人先以金沙而撒其路，爲在御房及御車之間者也。其殿所用之各物各器，像桌、箱、椅、壺之類，皆細金做的。其之衣必最華，且修飾以重價之珠玉珍寶等。又每换衣時，必以新衣穿，不肯穿第二次之何一件衣服或戒指。其所用飲食之器，皆爲黄金的。而帝每日食晚飯後，乃以本日在席所用此諸器，而賜之與其賓客及侍事者。其屢次不但以穀、以錢而賜與兵民等，乃又以金銀之器、以珠玉、以寶石等而賜之也。再者，其命以由美花而釀的水及酒，而滿其各池。此狂帝又封其馬爲王，而以王爵之服修飾之。又以鵝之肝而養其犬，以乾葡萄果而養其馬，以美鳥而養其獅、虎等獸，且以孔雀之舌與鸚鵡等鳥之腦漿而待其最喜之賓客也。史曰：羅馬全國之富，不足供此一人之費用也。其以其妾輩立爲議班，以致國之政事皆廢而民作亂，斬此惡君，新立他人爲帝也。

雜　句

耶穌曰：施與人，爲好過受於人。又曰：就是一人能得全世界之富貴，而若至永遠失其靈魂之福，則何好之有哉！又曰：凡恨爾者，爾該愛之。凡咒爾者，爾該祝之。凡欲害爾者，爾該爲他而祈禱也。又曰：凡施恤憐與人者，福矣。蓋他必將受恤憐也。又曰：爾必只敬拜神天爲爾之主宰者而已。

所羅門曰：以言責智人一次，而其言必深入於他，過於以杖打無智者一百下。又曰：無柴之處，而火自滅。無搬鬬人之是非者，則相争之事亦自息也。又曰：世人之路道，既爲由神天之旨意而出，則人何能早知其日後之事哉！又曰：懶惰於其工夫之人，爲浪花者之弟兄也。又曰：於上帝降災之日則錢財無益，然義事乃能救人於死也。又曰：勿爲自智，乃敬上帝而離惡行也。

全地萬國紀略續上月。

十三、多民以加島。其京曰耳拗所。其地長一百里，寬六十里。此算爲緊要不可少之島，但亦未聞其詳。其亦爲英國所治也。

十四、三文先得島。其京曰經士頓。其地長六十里，寬三十五里，其地土最盛。其之土人爲勇，而出戰時若獲俘輩，則常殺其男而存其女，伊本來有此不好規矩。今英國治此島。

十五、革蘭亞大島。其京曰三至阿耳至。其長一百里，寬四十五里。其土便爲生烟、糖、木等。英國治之也。

十六、多巴戈島。其京曰士加耳波羅。其長一百餘里，寬四十餘里。其地亦盛，而英國所治也。

十七、古巴島。其京曰下凡亞。其地約長二千五百里，寬三百十五里。此大島之地爲盛，而便生多般好物。大吕宋國治之。但其地分、人數等，俱未詳聞也。

十八、三多明我島。其京曰三多明我。其地長一千五百里，寬五百多里。其地甚盛，而有金礦。此島今爲其本土人所治也。

十九、波耳多利可島。其京亦同名。其地長三百五十里，寬一百七十五里。其地便爲出米、糖、薑、綿、金、銀等物，而爲大吕宋國所治也。

二十、得耳以尼達島。其京曰波耳得士扁。其地長三百里，寬二百餘里。其地出烟、糖、綿與果等物，而爲英國所治也。

二十一、馬耳加利大島。其長一百四十里，寬八十多里。昔大吕宋有此島，今不知誰治之。

二十二、馬耳地尼戈島。其京曰三得彼多羅。其地長二百里，寬一百餘里。其地盛，其人多，但未詳聞之。法蘭西國治之也。

二十三、瓜大路百島。其京曰巴士地耳。其地長一百五十餘里，寬一百三十餘里。其地土甚好，且有多溪，又有一大火焰山曰硫磺山也。今我想亦爲法蘭西國所治也。

二十四、三得路西亞島。其約長一百里，寬四十餘里。亦爲法蘭西國所治也。

二十五、三得巴耳多羅某等島。此島有三：一屬法蘭西國，其二屬英國，其皆小，而未聞其詳也。

二十六、三得士大是亞島。其周圍約一百里。此小島爲最盛的，而爲荷蘭國所治也。

二十七、加拉掃島。其長一百里，寬三十五里。亦爲荷蘭國所治也。

二十八、三得多馬士島。其周圍不過四十餘里，而爲英國所治也。

二十九、三得革耳阿亞島。其京曰巴士因得。其地長一百餘里，寬三十五里。其出糖，而爲瑞國所治也。除了此各島還有許多小島，然不足講也。

論亞默利加之朝政

照上文看，則知亞默利加之大半爲有羅巴之英與大吕宋等國所治，而此各國所治之地之朝政，乃與其國爲治之者之朝政相同也。至於花旗國之朝政則不同。蓋其無王，乃爲國内大富大才之人所治。其有兩個大議會。屬其第一會者，有一位尚書或曰總理者，又出每省有兩位大官。其總理者在任只四年，每四年必立一新總理者。其各大官在任六年，然後致職而他人當之也。其總理及大官等，皆爲衆百姓自所選而立者也。屬其第二會者，有大官二百位，即全國内每四萬人中出一人以入此會。若日後國内之民生多，則每五萬人中必出一人以入此會。屬此第二會之官都只兩年在任，伊等亦爲各省之百姓自所選也。凡國内之大事，要先送之到第二會，此會之各官商量後，又要送之到第一會，然後可定論。既定論明白了，則總理乃簽之，而就發之通於全國也。這樣的朝政雖然爲似乎不治，到底其甚有次序，而花旗國少有作亂，少有暴虐也。在南亞默利加，那背了大吕宋而自立國之各地人，亦設此樣之朝政。其餘各地爲其土人所治者之朝政，未明聞之也。亞默利加列國大概都不禁番邦之人入其境住下貿易也。

論亞默利加列國之話

其大地分各種人所講之話有多樣，但未細聞之。有羅巴中那最大各國之話，像法蘭西、大吕宋、荷蘭、大西洋及英國等之話，皆通行於伊在亞默利加所治之地。其土人之話各各不同，有好幾十樣，我未聞其名也。花旗國之居人，乃本由英國而生出，所以用英國之話，讀英國之書也。亞默利加各國中，有蠻的亦有順的。其蠻者，乃其地最内之土人，爲昔不重學、不修文者。但至今有多教師，以救世者之道教之，以致伊中多有變爲順，而又且行德者也。其順者，似花旗等國，甚重學而修文，如有羅巴之列國差不多也。亞默利加列國人所奉之教大概有二，其人之大半已奉耶穌之教，而只敬其造化天地萬物之止一神天，即上帝，爲萬有之主宰者也。其餘者乃敬假神，像太陽、太陰、山川、風雨、土等神，及菩薩諸般偶像各類。此諸樣神爲古今背逆上帝之人自專而立者，此爲伊等所敬所事。且此諸樣神雖然一一盡爲虚物，而不能見、不能聞，又不能絲毫助人，而其亞默利加之人亦依靠他，因其錯想世人惡心所設、世人手工所造之神類爲能保祐人。惜哉！惜哉！世人之無智也。

夫《全地萬國紀略》書既看畢，則知此地上各旱道之國爲多，及此海道之各島爲多，又知其國其島之居人爲多，又知其土、其話、其俗、其法皆各別。雖然如此，而其各地、各國、各島，亦皆爲一上帝原本所造、日日所宰治者。又其之居人各種，亦爲此一上帝原本所造、日日所宰治也。故而全地萬國之人，都該合心而敬、合口而讚、合力而事此一全能之上帝，爲無所不在、無所不知、無始無終者也。

愛施者

昔有一諸侯爲甚愛施濟與貧窮，以致人人都稱他爲貧人之助者也。其每月四次臨朝，而那四次上朝者，獨貧乏之人而已。一日，在上朝者之中，有一貧寡婦，將其十五歲之美女兒來。那位諸侯既入堂，而聽其衆貧人中各各所求後，亦叫其寡婦來，問她所來求是何事。而因見其母女皆爲温遜，有廉恥之貌，乃命之細講出其心中之意，不用怕。那寡婦遂泣而曰：“大人，我欠少我屋主五大圓銀之租錢，而今無法還之，我屋主說要强取我此女爲妾，待至盡還租錢。但我敬天，且常以道德而教我女，故不敢忍背天理，而給之與人爲妾也。萬求大人對我屋主講，叫他不再逼迫，乃遲緩些時，待至我二人以自己之手工，而賺錢還之。”那諸侯見其婦人之德如此之大，又見其爲廉節而不多求，乃大喜，隨即書下一條字付之與婦手云：“汝至我管賬者，而他將賜汝五圓，爲還汝屋租也。”寡婦不勝其謝遂拜下地，而就至於管賬者，授之以其主之字。管賬者看了字，遂算出五十大圓銀子。婦奇之，而因想是算錯，故曰：“大人親口只説五圓，而汝今給五十圓，恐有錯，我不敢受之。”管賬者又再看字而曰：“不錯，不錯。明明五十圓，大人是可憐汝，汝取錢而去，罷了。”對曰：“不敢，不敢。就是字上有寫五十圓，諒必因大人那時爲慌忙，而不覺得錯筆而寫五十圓耳。”管賬者曰：“好，汝同我去見大人，而我就當面問他也。”既進堂了，管賬者以此事説他知，那諸侯既聽，則大奇此婦之廉節，乃曰：“我錯了，給字回我，而我改之。”遂在字上寫下五百圓，説道：“汝此樣大德不該爲無賞，今我賜汝以五百圓，汝受之，勿怕。先還汝租錢，而所有餘者，可留之爲汝美女兒之奩錢也。”

服　氣

昔在厄利革國，有一聖人名彼和革利者。一日，國内之各大臣相會商量國家之政事，而其人亦在内也。彼利革利一入會内，有個暴戾性情之人即起來，大聲罵他，欺笑他在衆人眼前，説他是這樣那樣不好，然聖人不理之。到衆臣散了後，彼利革利回家，而那人亦於路上步步的跟着他，詈罵無已。既到了家，聖人亦不責他，乃轉身向他而言云：“賢友，今晚甚黑，路途難走，若汝黑間退，恐怕遭害，不如我的僕手拿燈送汝回去，照汝之路也。”此一件古事，爲後人所該效法，該爲温和相恕。蓋上帝在聖書有命云“勿自復仇”。又云：“爾之仇敵若餓，則汝該給之食。若渴，則汝該給之飲也。”

假神由起論

夫上帝原本生人類在地時，人不知何神，只知生萬物而爲天地主宰之上帝。〔1〕那時，天神、地祇與山川、社稷等神，人都未聞其名。人未背本之先，實如此。然到人得罪了上帝，而忘記其本之時，則人性之本善就失了。而其年年代代漸次越離真道，越走於邪路。以致人照其自己愚頑逆天之心，而造出無數之神。且此諸樣之神，雖個個都假的，又無絲毫之用於世人，而人亦以之而滿天、地、海。又非只在彼此之國爲如此，乃在普天下萬國一然。且凡能起一新神者，算得爲大名之人也。

有賢曰：拜假神之事，在洪水之先而起，但此無實據。到洪水後些時，而人類狂然勤於此事，猶若想日年爲不足以背天，而因代代增此事。所以終致敬事木、石做的神，與地上爬行之蟲、及生起之菜、及粗石各類。然世人非在一二代之久，而到如此鄙陋之地位，又當時諒必未料想伊所起行之事，必致陸辱人類如此之深。但罪惡是詭詐，而能騙人。蓋常見人若忍行一件小不善，則不久而行個第二件，以致不知

〔1〕上帝者，與“神天”又“神主”通用也。

不覺而行大惡，又爲其本來不忍爲之惡也。比如由高山頂下到谷之底處者，弗能一跳而下，乃步步漸次下去。蓋世人始初背上帝而離道之時，伊先拜天上之日月星宿，因説道：“此諸樣雖不及得上帝，而亦大有益與我等。蓋一世界之光，皆由日月星而發，故我等要以第二等的恭敬而拜之也。”此算爲初一錯，然若有止住於此，則其罪更輕。但世人之心一離了其正安，則比得石，爲由山額被滚下去者。未有移之出其本所則安，既移了之滚向下，則難得止住之，且其越滚下乃越快去，世人亦然。其次一錯乃始拜地與山川之類，因説道：“天覆地載，天爲父，地爲母。且地雖不及天之大，而亦爲天之對。又山爲地上最高之處，川爲地上最用之處。山出草木，川生鱗介。如此大用之物，不該失其恭敬，定要拜之也。”拜天地、祭天地之事，如此初起於世，先拜天，後拜地。但人行此事，本非因定意棄天地之真主宰，然於世代間，其不知不覺而漸次至此地位。蓋因久慣拜天地，則人就忘記其原造且爲常治天地之真主，而在其愚心之忘想，乃舉此受造之天地，而立之在造天地者之位上，又以造主之禮而拜之。古在中國至今日，多有人常稱天地，而不覺得此天地本爲受造之物，又自不能知道人物，不能幫助人物者也。

夫世人既背了上帝，而敬其頂上之天與其脚下之地，其痴心又生出個惡意。蓋伊想道：天固覆，地固載，但天是管天上之物，地是管地上之物。然管人之事者誰耶？人爲萬物之靈，而天上日月星宿、地上禽獸草木，尚且各有所管之者，何况人乎？生人物之上帝雖大，而亦每每不現著，我們不能知在那裏有他。再者，上帝爲至尊無對，而其諒必不以此地上之微物而自煩勞。又也，上帝只爲一，且雖有大能，而亦難得管理這麽多事情，諒必他有所幫助之者。如君王之不以各小事而自煩勞，乃托之於其各臣，命他們相輔國事。君王一人，何能自管理全國之事乎？而這上帝亦必不以此世界之各小事而自煩勞，諒必他有立幫手者，像天神以管天、地祇以管地、山川之神以管山川也。若果如此，則難道未有立何幫手以管人麽？我們想上帝不能自説話與人，及教人等事，故用人中之至好者以補己之不足。像天降下災之時，若無聖人，則民何能避之乎？若無聖人，則愚者何能得教訓乎？若無父母，則人何能得養生乎？若無祖先，則何能有父母乎？若無初開農夫之事者，則後人以何而得知耕種乎？若無先起各藝者，則後來之匠以何而知爲百工乎？若無始設國之政事者，則後君以何而知走其邦國乎？如此看來，則各行事有個開頭之人，爲自己先行之，且有教他人行之者，其算得爲此行之本。難道後人不該記着此樣人之功勞，不該報本麽？當時之人生出這樣念想，説出這樣言語，而那祭先、立祖廟之事，乃由此而起。又郊以祭天、社以祭地，又蒸嘗以祭先之各禮，亦由此而出。又那三才、天地人之話，諒必亦由此而來也。但當時人所説之此話，乃爲半明半昧、半是半非的。蓋至所説之祖先與那始初開耕田及各樣手藝之人等，自然該記憶他，又該效法他所行的各好事，此爲正經而在乎後人本分内之所當爲者。然至於所説上帝爲不足行彼樣此樣，而需有聖人以補其之缺處，又該因此而祭那以前各代之祖先、聖人與開行各手藝諸等之話，則大錯了，大有害於德。蓋是使人漸次離上帝爲萬有之真本者，而專一敬那曾死了之先人。且此先人各等，雖然未能長自己之壽，未能保自己之生命於死，而世人亦謬想此曾亡了之先人能富其後、能保其後、能安其後。惜哉！世人之錯也。比如人之父，在馬車上而天天寄好物賜與其子孫，其子孫先敬受而謝其父。後些時，以大敬謝其父，而以小敬謝其馬夫。又次些時，一半敬父，一半敬馬夫。又過了些時，分其敬爲四：以一分敬其父，以一分敬馬，以一分敬馬夫，又以一分敬車，以致於終因只見馬、夫、車三者日日來，而不見其父自來，遂以其心中之全敬皆放在馬、在夫、在車之上，而不想有個慈愛之父親爲常遣之來者。且不但行如此向馬、夫、車，乃又再分其敬，而拜馬之首、及尾、及四足，又拜馬夫之耳、目、口、鼻、手、足，又拜車之轅、及輪、及軸等，以致以敬其父親之事而盡廢之矣。夫若細看諸國之史書，則明知其亦有如此行向上帝。蓋上帝爲人類之大父，而日、月、星宿與山川、聖人與始開耕種者、治國與造字者各等，都比得其馬、其夫、其車。且人類於曾往之各世代，而漸次離了造萬有之上帝，而敬拜所受造之物，像天上之物、地上之物、水内之物與古今生死之大名人。以致其所設、所敬之各神，年加代增，致爲如恒河沙數之衆也。像中國原本亦爲如此，蓋照書經與各史而看，則知在於夏朝之開頭，雖離了上帝好遠，又設了假神甚多，而亦未盡廢了敬上帝之事。然若於夏商周三代而細考之，則至周孔孟之後，而明見假神之數已增多了，而在那時人所拜、所祭之中，有九分奉獻與各神，而只一分與上帝。若講到釋家入中國以迄於今，則假神之數又加更增，致今日爲如天星之衆、海沙之多，而敬上帝之重事已大廢了。然非但中國爲如此，乃古今諸國爲未受聖書者皆然。蓋古西邊厄利革國各神之數有三萬，而又代代加增，以致其國之儒門中一位譏之云："若入京都亞天，尋人難遇，尋神則皆易逢。"言其神爲多於人民也。後月續。

羊過橋之比如

古人設比如云：一日，有一群羊過橋時，其中一羊因忽然被驚惶，乃跳在橋邊之欄杆上，但因不得立脚在彼，遂墜落下水去。其餘之各羊，不想在橋下有害，乃一一皆效樣，跳在欄杆上，墜落下水去，而全群之諸羊都溺死在河水，不曾留得一頭也。

夫此比如是何説呢？豈不是明言學惡表之害乎？世上多有人一開口則稱古人，而若古時的人有行某一件事，不論其事爲善爲惡的、爲是爲非的，而他亦要行之，因云："先人所行，後人何敢改之乎？"卻不想該先查察明審此一件事情，是合上帝之旨意否。若是，則斷要行。若否，則斷不可行也。不問其事該行不該行，乃愚然效先人，則與那衆羊爲學其先跳於欄杆上而落下水者相比，則何異之有耶？

嗎嘞呷濟困會

本月初四日，在昔力有一位錦興號，寄來樂助濟困會銀伍元，足見好善樂施，人有同心。玆總理米憐、首事許希賢等，會議刊刷致謝，以表此人好善之心。惟望衆位君子趨義樂施，向善爭先，將來此會日加增盛，受濟者得免饑餓，樂助者其德日新，且可得神天之恩祐，獲福無量矣。

訴便受化歸正

前二三年在錫欄島，有一人名訴便者，其父有錢，而因願其子讀書進學，遂命他出外從師。訴便在外就學的時候，乃看上帝之聖書數篇，爲甚合其意。越看越愛看，以致日夜捨不得此書，而不知饑卧也。夫訴便與其全家本屬印度教，此教門與佛教門大相同。蓋其兩教門都背了上帝，任其心之愚意而設無數之假神，又行無數之虛禮以煽惑人也。訴便既看了書，其心中有疑狐論及印度教，且越看越有疑。蓋其想道：此昊天之上帝，諒必不肯命世人行我此印度教内樣樣糊塗無益之事。此各事恐怕原皆出乎世人自專之妄想也。近到訴便讀書的所在，有兩位教師，爲以耶穌之道而宣與錫欄人聽者。訴便往到伊二人之處，問他們論及耶穌之降生、贖罪、復活，又論及天堂、地獄，又論及聖書上多處之意各等。那兩位教師乃照聖書之意，而解此各樣與他聽。訴便細思熟想之後，乃定了主意而曰：“我今明明知我們此印度教，實爲由人之私意而起，非由上帝之命令而來。此昧心騙民之異端，我定要棄之，而歸從昊天上帝自所設之教。蓋其爲善也、義也、聖也，而且足使人作善，而至世世得福於天堂也。”此後訴便之父因聽人説其子願棄印度教，乃大怒，遂同帶數人往到訴便讀書處，而説好話與訴便，誘他出屋同去。既離了屋略遠，其父乃强褫下訴便之衣，打他、辱他、罵他，且回家後，更加他以多少苦難，欲驚嚇他。然訴便之意已定了，又他雖今是個孝順之人，而亦不敢棄正歸邪，不敢逆上帝而從世俗也。其父既見這樣苦事不能遷易訴便之意，乃以好話勸他，言若他肯復從印度教，則必以大財及另多少好物而賜遺他。但訴便總不被誘，總不易其意。蓋其心内想道：我今實敬父母，而本欲件件順其令，此爲天所明知也。但現今我父之令乃與上帝之令不合，故而我不敢逆上帝，不敢背正道也。

迨後些時，有訴便之朋友幾人請他食飯，又在友家過數日，訴便領情而去。一日，其友謂之曰：“賢兄，求汝以此點心物而獻之與我們之家神。”訴便遂將其祭物入廟去，然不但不獻之與神，反以其神身上之衣服、修飾盡脱下來，而跪下崇拜造萬有之上帝，且不理那不能自祐之神也。訴便之朋友從廟窗窺而見之，則大驚，遂打發一人去，以此事告於訴便之父知道。其父來取他回家，苦苦的打他。但訴便爲人孝，故不敢多講，只云：“贖救之主耶穌曾有言云：‘必有多人以此樣之苦害，而加於凡信之者。’因此我敢受之也。”

過了一月後，訴便之父與其親戚幾人，將其雙手背縛之，又放其雙足在鐘內而再鞭他，又把他所有看之聖書諸部，而在其眼前盡燒之，欲驚嚇他，勉强他棄真道。然古者所云“以力服人者，不服其心”之話，在此有效驗。蓋不但不得服訴便之心，反使之更惡印度邪教。蓋他在心中想道：我若爲盜賊，或浪花，或好酒色，或不尊長、不孝親之人，則鞭打是該當的。然今我實無此各等罪之何一，而這樣苦責我，只因我受上帝之教，自然非所該的。又也，我父親今行此苦責，乃想是甚悦其神，然凡以人受無故之害爲悦者，是個小人，而非爲神，我至永斷不肯再事這類之神也。訴便之父見此各樣都不得遷易其子之意，乃命他往至甘氏地住下。蓋因在彼地未有何信耶穌或敬上帝之人，所以其想訴便在彼地不久，而必忘記聖書之言，則從衆依俗也。訴便不發怨言，乃領命而去。過四五十日後，訴便得回家見父母，但其父因見他亦尚未棄了上帝之教，乃復苦打他。然訴便之意爲穩固，無論甘苦、生死，都不能動之，不能易之。故此，千難萬害皆他肯爲耶穌之名而甘心忍當也。其父既見此苦待，亦不能動其子之心，又生出個意思，要叫他往至海邊遠遠地方住下，想到久了後，諒必他肯從俗。時訴便謂其父親曰：“大人，孩兒不敢不遵命，就是千里萬里，我亦肯喜然跑飛，以成大人之命。但大人此遣我之意，若想欲使我離昊天上帝之真道，則孩兒必預早禀大人知道，此爲無益之勞。蓋孩兒之心已定，而不敢易之。大人已用了多法，欲使我遷改。大人曾令我至甘氏地，孩兒有領令而去，然回來時，大人亦見我意常爲一。又若今叫我遠走，我亦肯，但至五年、十年、三十年後回來之時，我亦必如大人今所見一般。蓋我爲如此，非因欲逆大人之意，乃因有上帝之真道在我胸中，使我心自然而然向上帝與其獨子耶穌。萬求大人只准我以信耶穌此一件，則千死不足報也。”訴便之父既聽了，則退入間房，獨坐思想。尋思良久，而心内自語道云：我這個兒子，年少時，爲强項忤逆、不遵命，但近來自其初聽耶穌之道大變了，爲孝、爲悌、爲勤於工夫，不奢不花，又無何一樣惡，獨有此一件不從俗之過而已。不如我在此一件依他些時，看看日後如何也。其遂罷了那令他往遠地之意，而訴便至今日亦尚在父家。其父母兄弟姐妹亦都愛他，過於前所愛他。又也，因聽他日日講聖書之言，又因見他日日之善行，故伊等中幾人亦受真道，連其父親也七分被化了。凡好兒女者，宜看此樣而學之也。

論死者復活

夫照聖書所言而看，則知至天地將盡之時，而萬萬死者必復活，此爲實且有憑據之道也。蓋聖書如此言云：“上帝所定之時若到了，則凡在墓内者，將聽耶穌之聲，而皆由墓中出來。其行了善之輩，將復活以致得常永之生命。其行了惡之輩，乃復活以致上帝定其罪也。”〔1〕 又云：“海乃以其

〔1〕 見《若翰福音》五章二十八九節。

内所有之萬死者，而交之出來；又死與冢，亦以其内所有之萬死而交之出，以致伊等得審斷，各人照其所有行之事也。”〔1〕

上帝爲至公義，而必賞善罰惡。但在今世多有善人受苦，而惡人發達，由此可知，在死後必有賞罰之事。且非但善惡者之靈魂受賞罰，乃其形體亦然。但形體在墓内腐了之間，不能受賞罰，則知必有復活之事。比如公有兩個家人：一管家，一雇工，爲同行公之服役者。若其二人爲忠，而勤於工夫，則二人該得賞。若公獨賞管家，而不賞雇工，豈爲公道乎？再者，若其二人反爲悖逆、不順令之輩，則二人該受罰。若公只罰管家，而不罰雇工，豈算得公道哉？在此亦然。蓋人之靈魂爲如此管家，而人之身體爲如此雇工，其靈與身二者皆當事上帝爲善。而其若果如此行，則豈不該二得賞乎？人生活於今世上，其靈、身皆兼連而行各事，不論善惡者，故於死後之大世界，該兼連而受或善或惡之報，照其現今所行之事。可見不拘善惡者之身，皆必復活，致得其報。此爲一定之理，蓋上帝爲至公故也。

自所不欲不施之於人

昔在至耳馬尼亞有交戰，而馬軍缺糧草，將軍遂命外委一員云：“爾今往到某處尋糧草爲馬食，不致其餓死。”

〔1〕 見《若翰現示書》二十章十三節。

外委對曰："領命。"遂率馬兵幾十人而去。行間，乃到兩山中之谷，而在彼遇着一老邁白髮而鬚如銀絲之人。外委一見他，乃心中大敬，而謂之曰："翁長，我今尋糧草爲馬軍食，而凡有之，雖爲禾田，亦不敢惜之，蓋將軍大人之命爲極嚴。求翁長説我知在那裏可得糧草，則萬謝。"那老人着驚，思想良久而曰："好，隨我，而我則引公至糧草處也。"老人遂當前行，引之約五里路。外委因忽見一禾田，爲滿蓋以禾者，曰："這裏的做得，不用遠去。"老人對曰："這不是，請公多行幾十步纔是。"既到一麥田，則老人曰："公，此爲我所説其糧草之處，可割此麥而帶之去。"外委乃令馬卒割麥，帶之回軍。割之間，外委問其老人曰："翁長，我看此麥比不得那田爲我們經過者之麥，願問翁長爲何叫我等走如此之遠耶?"對曰："彼田是他人的，此田爲我已的故也。"

天室論

耶穌對門徒曰："在我父之家多有室，我去以代汝備一所在。"〔1〕我父之家，謂天上神天所自現之處，是爲聖賢及凡有善人於死後永居之所，亦謂"神之國""天國"等云。在彼處有從開闢天地以來，凡自悔己惡、蒙天之子贖伊罪、敬畏神天之衆人。其内多有生前受苦的，或饑、或渴、或别

〔1〕 見《若翰音》十四章一節。

樣災難。惟那處之衆，並非再見饑、非再見渴，非有太陽與何熱致擊之，乃天之子耶穌將養之將引之到活泉之水，又神主將自家拭去伊目之諸淚矣。得進天國之人，不再獲罪於天、不再患病、不再死，乃至永遠加進於曉明天理，日加聖福矣。並非爲佛家所云，無相天，似乎木石不靈物之福，乃是得無量之見識、之智慧也。其天國之外，不准進者，乃爲下作如狗之人、邪術之人、宿娼之人、凶手等，供素像假神之人、愛撒謊之類。是皆作污穢之屬，悉不准進天國入神天之福矣。聖書又云："肉身之欲，於神天之理相反相敵。"則不論何人日從私欲，即如姦淫、邪術、服事僞神等，或與人結仇相争、好勝相尚，彼此相怒、相鬭、相嫉妒，殺人、醉酒、饕食、昏迷等，皆然必不准進於神天之國矣。且死後除天國外，豈還有别二個好處乎？神天之鴻恩，示知以耶穌拔救罪人之大慈悲。倘或我衆爲天之罪人者，不肯認罪，速即悔改前非，則於臨終那時節，還要告禱誰乎？再者，據正道理而論，除天上永福之外，並無何福能滿人心，並不足於人爲個靈物者慕想圖得也。爲甚麼呢？其故不一，即是現在要説到一個緣故，就是生前憑你何福，悉皆不能久享之，其至貴極富，於死日何用哉？其名利之類，無用於得進天國。且人靈魂既逐於天國之外，還往那處尋個福乎？惜哉！惜哉！世人棄形捕影，且爲肉身世情所使，而至終自取己靈神，投出天之國外矣。何不服天之子耶穌之天道，致蒙救拔永苦，且得奉賞以在天父之家，一個永遠之福堂乎？

少年人篇

三敬：敬上帝、敬父母、敬師傅。

三守：守心、守口、守行。

三戒：謊、打、偷三惡，爲我學生所當戒而避之也。

上帝：至尊無對者，上帝也。

死後：在死後之世界，獨有二處：一者天堂，爲汝學生中的善兒、善女可到之美所也。二者地獄，爲汝中之歹兒、歹女必到之所也。

溺偶像

上年在美六居有一位教師，名加麥者，教訓衆人。言人該只拜上帝，不可拜天神、山神、川神等。又不可設何樣偶像，如大伯公、觀音、天后、關帝等像，都不可設之，又不可供之。蓋因爲此諸樣神與偶像等，皆爲上帝所禁的，又皆不能絲毫幫助人也。其地之人既聽了，又再三細心想之，且大家商量之後，伊等心中有疑。蓋一來，此各神爲其祖宗、父母所傳下來的，而若棄之，恐怕爲不孝。二來，此各神爲衆人所敬的，而若棄之，恐怕爲惹人之欺笑也。這樣看此一邊，則似乎不該棄之。但若再想那一邊，則此加麥説該棄之，又其爲人忠厚廉節、仁心愛民，而必不騙人。衆人中有八百名，聞加麥爲近乎伊等之處行教，遂起意將每人家内之神與偶像，不論大小、古今者都出來，欲擡之到加麥。意既定，大家乃動身擡其各神，出迎加麥，問他云：“該如何行向此各神?”加麥曰：“該溺之於海中，蓋一則，雖爲祖宗、父母所傳下來的，然當日祖宗、父母諒必不明知拜此各神爲不該的，乃因估錯了，所以敬此虛物。他們此錯多出乎不知，若他們今生活在世，而知你們所知之道，則必定未有設一個神，又未有拜一個像。如此，則知是他們錯想且錯行。而你們若偏執祖宗、父母之錯，則延長之，而使萬後人知汝先人之錯過，非爲孝，反爲不孝到極也。二則，此各神明明無能，又自古以來，未有以絲毫之好處而給與人，反須有你們年年修他，方爲好看。擡他，方能出門。又供他，方能有廟住，有香焚。若你們不替他做此諸樣，則他至永必爲無修、無居所、無恭敬也。又也，此各神若果有何能幹，則他必起來保祐自己，不給人投之於海中，或若投之於海中之後，則必復起出而報仇也。三則，造萬有、治萬有之上帝，乃嚴禁世人設此各神與拜之。而上帝爲至尊無對，大於祖宗、父母，大於君王、聖賢。你們若拜此金銀木石做的神，則上帝必怒你們、罰你們，而全世界上之人，皆不得救你們於上帝之怒也。你們想一想：該從世俗乎，該遵上帝乎?”衆人既聽，遂將其各神與像等，而一一盡放之在多少箱内，又把大石而以索綁縛之於箱，又將諸箱放之在小船上，掙船出口，至海深水之處，而投其箱同箱内之各神，俱在海水沉下去，而至今亦未聞其有復起報仇也。看書諸位，宜細思之。蓋汝等日日所事之諸神，皆實實爲如此各神一般。豈可復自昧哉？豈不該即就歸其止一真神天上帝乎？

聖人如士田之年譜行狀

在漢朝武、景二帝之間，撒馬利亞之尼亞波利城有一聖人，名叫如士田。又因爲他受捕害至死，所以被稱曰受捕死之如士田者也。年少時，如士田在於其周圍數地中最有名之學堂及書院而讀書，致大進學問，得見識深遠，而其名揚聞於各處，蓋爲其地儒門内至有書香者也。

一日，如士田出家乘凉，獨走於海岸默想，而偶然遇着一老人，爲敬上帝而信耶穌者。兩人相講及古今書之間，其老人曰："造生萬有上帝之聖書爲最古的，又勝於萬國之經書，如太陽之光爲勝於螢蟲之光也。是書之道，非由人心而出，乃由上帝而下來。蓋是上帝之聖神啟示諸先知輩與使徒輩，而使他們如此得知上帝之旨意。此書真足爲萬國萬代人之教也。"其老人又以多條道理而教如士田云："照此聖書上數處所言，而知道世人若不得上帝聖神之恩，則不能明曉此書之道理，又不能得其益。故而求賢兄務得開聖書之門，致天道之光可輝出而照汝之心也。"講畢，其老人辭之而去了。

如士田乃細思其老人之言，而遂起看聖書，日日詳讀詳思之，待至果得天道之光照於其心中，致其終棄了邪而歸正也。其心中既悦，則不能隱其意，乃對衆説出聖書之美處，又自己來公會内求洗。領洗之後些時，如士田乃周遊於多國，宣講福音。且到羅馬京之時，信耶穌輩甚受捕害。蓋那處之儒門人欲害他，因爲他不肯件件從古者。又在那處事各神之人欲害他，因爲他不肯拜壊偶。又那處之官員輩欲害他，因爲他所信之道，不准人給賄。又其國之皇帝欲害他，因爲福音有言，凡娶妾者是得罪上帝。其處之衆民欲害他，因爲他不肯從世俗。自天子以及庶人，都合意捕害信耶穌者如此。如士田見此之時，其心中傷感，而在各處宣講天道，明辯真假，以多憑據而明言福音實爲由上帝而出之道理，又其餘之各教皆真爲由世人心而出之異端也。羅馬人聽時，有人被感而受真道。然在衆人間，有的因駁下不得如士田，又因不能拒其言，所以謀害他，又强捉他，與他之夥伴六個人，倶解到衙門，告他於官府，說他不肯照別人所行而行也。官府曰："天子有命，全國内之民人，不論大小者，皆崇拜供養各神、各菩薩之類。又命之皆從古今之俗就好，不可受别樣之道也。"官又云："天子之命令既然如此，則我勸你們各人遵令，而今拜天子所立此衙内之神就無事。雖你已錯了，而亦倶赦於你也。"如士田曰："大人，我們這幾人原都欲遵天子之命令，又從來生平未尚一次不遵之。又在但凡屬國家之事，無拘大小輕重者，我們肯或晝或夜，跑上甘心竭力而做之。蓋上帝在聖書上，有命衆人於凡合道之各事，而盡遵上者之命令也。然論及拜世人所造所設之各神，此一件事，則上帝在聖書上多處嚴嚴而禁之，所以我們不敢違上帝，蓋其爲至尊無對。而此地内衆人若明知上帝之旨意，則亦必不敢敬人手所作之各神。蓋此樣之神實不能見聞動行，不能絲毫助人，故爲無益也。又上帝既有嚴禁之，則凡崇拜供養之者，必獲重罪於上帝，因此我們不敢在此一件而從俗也。萬望大人不勉强我們也。”官府既聽則大怒，罵如士田而説道：“厮，你亦染以此教乎？”如士田對曰：“大人，是也。我亦信從耶穌，蓋其之道乃真道也。”官府問云：“耶穌之道如何耶？”對曰：“耶穌之各道理皆載於聖書，即《舊遺詔書》及《新遺詔之書》也。此書言止有一真活神，即上帝爲原本造化萬有者，不論顯著、隱密之物，且爲萬有之主宰者。又言吾主耶穌爲上帝之獨子，即是與上帝同一性、同一體、同一能、同一榮者也。又言諸先知輩，有預早講及此耶穌，説到上帝所已定了之時，而耶穌必由天降下地，取人類之形樣，而代全地萬方之人受苦，以致贖而救伊等出乎上帝之義怒，爲人類自己之惡行所招來者也。那定時曾到了，耶穌又曾贖救了人之罪，曾死、曾復活、曾復升天堂了。且到此天地將窮盡而完之時，耶穌必再來，以使萬萬死者復活，又以審判萬國之人也。此爲耶穌各道中之至要者，又爲我們所信之道也。”官府又問曰：“信耶穌者，在何處而會集拜上帝耶？”對曰：“我們所崇拜之上帝，非獨住於彼此處，乃爲無所不在，同一時刻在乎萬處。故此信耶穌者，隨時隨處而可以會集，以崇拜上帝也。”官府曰：“今你有大學問之名，能講如流，又估汝曾遇了其真教，汝之念想是如此，但若我鞭汝全身，自首至足，則汝就將望入天堂得福麼？”對曰：“然也。這等苦難不得阻我之入天堂。蓋我明知於宇宙内，總無何敵何難，爲能奪去上帝曾爲諸信者而所備於天堂之永福也。”官府又命如士田與其六夥伴祭衙神，言不從者必重刑之。如士田對曰："大人也，苦刑自然非人本所願，亦非我等所求者。但到此捨生取義之地位，則我等不敢辭萬苦也。今我等萬喜中，莫大於爲吾主耶穌之真道而受苦，且因其之大恤憐，而得救我等之極福在乎此也。"如士田之六夥伴曰："大人，可遂意可行於我等，然我等總不肯獻祭與人勢所設、人手所作之何神也。"官府既聽，乃下令將其七人中凡不肯從俗而祭各神者，先鞭而後斬之，照皇帝之諭也。其七人遂大喜，往至受死之塲，一路間合聲咏詩贊謝上帝。到了塲，伊皆歡然引頸受戮，斬而死也。

諸位朋友也，看此七人被死之故，蓋其受殺非因不孝不悌、不忠不信，亦非因做盜做姦、做巫做術，亦非因結黨作亂，亦非因不敬天、不仁人，亦非因何一件惡事。乃獨因尊上帝爲人靈之大父者，獨因不肯拜那金木石土做的各神，又獨因受救世者耶穌之真道而已。你們想：爲此故而殺人，又殺這等好之人，豈非暴虐之極乎？豈非以無辜之血而污國地乎？上帝臨討罪人之時，豈非必以重災而降於行如此之國人乎？又也，看其七人如何死，蓋其因曾依靠着耶穌，又因未有人何堪死之惡，所以無懼怕、無驚惶，乃反大喜而入於來生也。汝等該學伊等之善行，則臨死之時，汝亦得喜樂而進天堂也。

見善人受捕害之時，不可奇之，蓋自古以來，惡者常有恨善者而謀害之。耶穌在地時，屢次預早說其門人，言必多有捕害之事，又云："世人因爲我名而謗汝，以諸般惡而說及汝，又捕害汝，則汝有福矣，而該大樂蓋在天堂，汝之賞

爲大也。"〔1〕

嗎嘞呷濟困會

前月内，有一位許榮祥官，來樂助銀貳元。又安南船永興公司，來樂助銀壹元。又一位安南船主槐官，來樂助銀貳盾。兹總理米憐等會議刊刷致謝，以表此人好善樂施之心矣。

賽痘神晰論

在天竺國與周圍之各國，有個女神名叫馬利亞米者。其身爲土做的，而於外面飾以金銀與華采紬緞各色各等布。此爲痘神，而中國之痘娘娘即是此神，不過名不同而已。凡人家之兒女發痘，或有痘疾流行於何處之時，則人多多往這泥土的神面前，以蕉子及時果而獻與他，請他來食。又求他保佑伊等的好兒好女，不致發痘。或若已發了痘，則求他早醫愈之，不要令之爲短命之夭鬼也。又若估想這個土做的痘神十分惱何地之人，則其人都建一大醮，擡其神遍行街道。蓋此神雖有脚亦不能自走，若無人擡他，則他如太山常居其所，而總不動行也。在口外多國番人每年一次拜這個痘娘娘，乃如下篇所言：本年四月初九日，在嗎啦呷有一種吉林

〔1〕 見《馬竇》五章十一與十二節。

人，唐人名之曰大耳鐶者，聚衆，將伊從前所立一位神像用轎擡出，擂鼓摇鈴，又有多人執旗叫喊，迎在街上。其預前二三日，在東街蚋尾曠地内搭一篷廠，迎接此神。又廠前當中竪一大直木，約有丈餘高。其直木頂上放轉輪機關，輪上又放一條横木，約長有三丈餘。此横木尾上縛一個花布做的寶蓋，其横木頭上縛一條大繩索垂地。那神迎到廠内，焚香點燭，又擺設各樣的果，衆皆誦經叫喊。内有一人不穿衣，只穿花褲，裹紅頭，跣足執劍，在神前跳舞。後將此人背脊上，用銀鈎鈎入皮膚，搭上縛數條小繩索，有一人拿住走在廠前預設直木下。其衆人又復叫喊，又有一人拿一隻小羊，用刀斬脱羊首，血流在地，隨將鈎着的人縛在横木尾上寶蓋下。其横木頭上多人拿住那縛的大索垂下，其人遂懸空弔上，至約二丈。（見圖七）其衆將横木周圍移轉四五次，後輕放下。那弔的人手拿鈴而摇，復弔上，仍周轉四五次，復又放下，换一小鼓，又復弔上。其人用手拍鼓、念經，其轉如前，又放下，换拿一口刀，再復弔上。下面的人隨其移轉，用小桔抛上。其弔人執刀劈那下面抛上的小桔，轉移，又復如前。遂放下此人，到神前捧一木做的盛器，多人丢銅錢、或大員、或中員在器内。又有一人，其聲唏唏然，執一木棍，身纏一條索如蛇形，在廠内神前跳舞，似屬邪意也。

此事皆畢，而衆人散了後，有多婦人引其兒女入痘娘娘帳内，使之作揖向此泥神。在此婦中有番人女、又唐人女，又有一吉林人手拿碗，在碗内有一樣紅藥水，而多多割斷的絲子，雜在其内。那些婦人叫其兒女各各手拿此絲子一條，

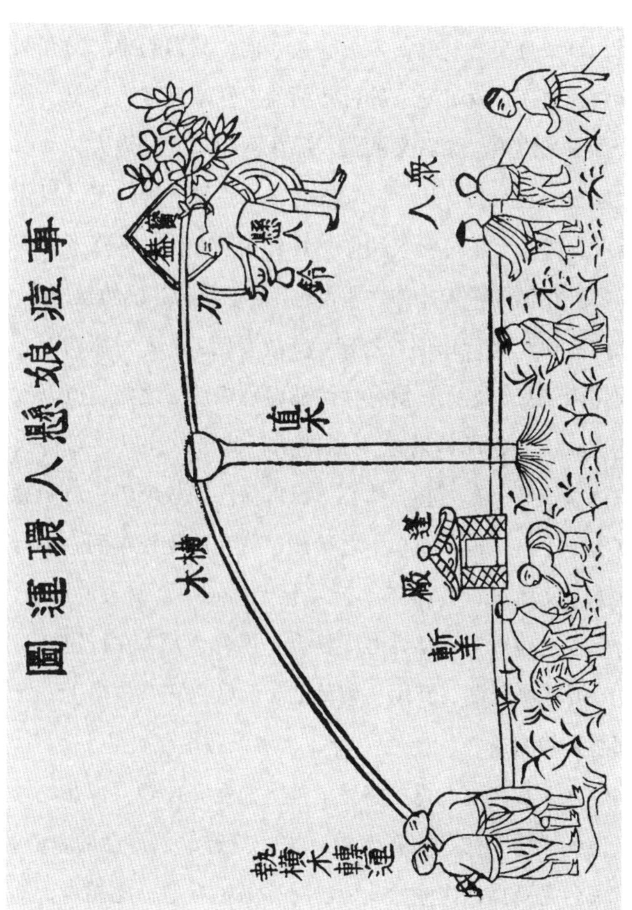

圖7 事痘娘懸人環運圖

縛在手上，欲免痘之害也。在痘娘娘帳内，又有一男人，差不多爲赤身的，而坐於地面上，向菩薩。此人説有痘神降於其身，所以其造出顛狂之模樣，舞手、膝戰、張口、伸舌、弄目，且哭且笑，其聲如羊。許久如此，其則起來。又有個老年白髮之人，就近坐下於菩薩面前，且講且默。又忽然摇頭、嘶氣如馬鳴，又默又戰聲。那在兩旁站立的愚人，都以此二顛徒之狂行爲奇作，而大敬之，估想果有神降了。但你們看此篇書者，不可給人騙你，蓋實在未有什麽神降下在那裏。那狂行顛作，皆非神之所使也。若你問云：既然無神降，則如何有如此之行作耶？答曰：其故有四：一者，那鈎着之人與那兩個狂作之人，俱有食顛茄與别樣迷人之藥，所以致如此也。二者，那鈎着之人爲慣熟行此事，且以之而得大利。休説這等人有仁心、憐心，而肯捨己以救衆生，這個意思實離他千萬里也。他心中之諸願，莫大於受錢得利。每行掛摇如上文所説，其得三十、或五十、或一百個大員銀子，又有多人送他以布疋及另多樣物也。再者，人説在行掛摇日之先一月或半月間，其用一種藥油，而敷之在背皮膚上，摩着那將入鈎的所在，使之不覺痛，所以致能當此也。三者，其鈎着之人及其兩人爲在那泥土神之前發狂作者，皆在先學熟了這各樣之狂作。非有何神降來，只有他們自己的貪心，又求虚名之罔爲，使他如此而已。那愚民看他行此顛事，則大奇之，而估他忽然得到如此。卻不知道他們是暗中學習之，正如那做戲者一般。且若有人贊他的伶俐、美他的壯勇，又供給他以錢銀、以布疋、以飲食，則他實不管你們兒女生死。就是痘娘娘大惱你們，而一一盡食你們的好兒好女皆下肚去，這等人亦都必不以之爲念也。惜哉！衆位朋友，爲何要給小伶俐之人，以其顛作狂爲而騙你乎？四者，此教門和尚常常勸勉愚民，説此行掛摇等事是最緊要，大有功勞，能救衆人之兒女於痘症。又説若每年一次不做此事，則大女神馬利亞米即痘娘娘，必重怒而殺死許多小孩子。又若何時有痘症發出，而這裏那裏數人子死，其和尚則説云："嗳呀，這豈非我們所有説？今年遲了供養馬利亞米，所以他惱我處之人，又上年祭此大菩薩的時節，所費的是大薄，所以他惱人。你們若不肯做個會、建個醮、獻個祭，則恐怕你們兒女都死得乾净。"其和尚等是這樣説，而愚人信，且不但肯出錢，乃又肯出血，以供養馬利亞米。惜哉！惜哉！世人之愚頑也。蓋此土做女菩薩，雖不能動止，不能喜怒，又不能給絲毫之好與人類，到底伊等偏要供他、拜他，又殺牲且傷人以悦他也。

到行諸樣禮畢，有個客人入菩薩帳内去，同裏面之人説話，問曰："衆位朋友，所供的是何神耶？"伊衆人皆默然，不出聲。獨有個老人前來對曰："此爲大女菩薩馬利亞米，即痘娘娘也。"客以手指像而問曰："此物算神麽？"老人答曰："是也，一大能之神也。"客曰："此神豈非人手所作之工乎？"老人曰："着，我們的匠人實在爲巧。蓋伊作日用好泥而做成這個像，豈不好看麽？嗳呀，大娘娘助我也。"客曰："此泥物，此昨日做成的神，何能助汝耶？"時衆人怒容看客人，而其老人答曰："怎麽不能助我呢？我未料有人敢有疑狐論及此大菩薩，爲天竺、錫蘭、呱瓦、西藏、暹羅及中國等之儒釋道三教之人，皆自秦漢以至今日所有供者之能幹。”客曰：“我看此物不得動，我今日又有看見人用手擡之，放下在這裏，又汝自己曾説是昨日做的。故此我想其爲蠢物而無能也。”老人曰：“其有能無能，我們不曉得，但依古傳是如此。我們的祖宗個個供奉馬利亞米，而至我們，則何敢改伊之俗？就是後來到千代，亦必崇此俗。”客曰：“古人中，有善有惡，有好有醜。又至古人之風俗，有好的，亦有不好的，有能利人，亦有能害人的。其好人、好俗，我等自然該學之，其不好的，我等斷然不可學之，就是祖宗父母之惡，亦斷然該避之。照我看是如此。”老人曰：“講得有理，但人之祖宗父母，其子孫豈可算他爲有不好之處麼？這樣恐怕爲不孝。”客曰：“怎麽爲不孝？比如我祖宗父母有殺人、或偷人之物、或爲好酒好色之人，而我及衆人皆實知之，難道我就要修其惡，飾其非，又説伊之殺非爲殺、伊之偷非爲偷、伊之好酒色非爲好酒色麽？你不曾聽朱子之言云：如其父母之行爲善，當終身行之。如不善，則速當改。”老人默然而不答。客又曰：“翁長想我們要件件學古人呢？”對曰：“是也。”客曰：“比如我的祖宗走路間，偶有跌倒落於坑，而折了其一腿，汝想我走路間亦該效其樣，倒落於坑，致折我之一腿乎？”衆人聽此，皆微笑，而其老人亦理短詞窮，自覺羞，走入衆内去。客又曰：“據我看今世俗之行，拾古人之一端，掩世俗之非，而昧市井之人，固張大其題曰：此古聖賢之規模也。非止謂揚古人之惡，實玷污古人，罪甚大也。”客又問傍人曰：“你們爲何行此事？”對曰：“不知道。有人說事這個神爲好，而該行此以悦他。”客曰：“此泥神馬利亞米愛見人作戲呢？”傍人曰：“是。”客曰：“汝建此醮，費得多少錢？”對曰：“未有一定，或三百，或五百，或一千、二千大員，照人之力量爲大小，又照人愛行好事之心爲厚薄也。”客曰：“若以此錢而周遍呷地各街坊，去尋着鰥寡孤獨與凡饑寒之類者，而賙濟之，豈非更好麽？昊天之大上帝，豈非必保祐你們乎？”傍人曰：“賙濟貧人自然是好事，亦是我們所做者，但供養這個菩薩亦不可廢也。”客曰：“我看你各位中之大半，自己卻爲貧窮，而需人賙濟你。在你衆中，豈非有的天天在街上討錢的，又來我處乞飯的乎？”傍人曰：“不錯。”客曰：“既然是如此，則何由之路而得錢供養馬利亞米及賙濟貧窮者乎？其二事中，豈免得廢一乎？二件事既不得均行，則要細想該行那一件。該供養此不會饑渴、不覺寒冷之土神乎？該賙濟那生活且受饑渴寒冷之貧乏者乎？”傍人相顧而不答也。客曰：“我求汝衆位再三細思之，把兩樣比較。與其事這等無用之土神，爲你自己手所作者，何如獨事此昊天之止一上帝，爲原造天地萬物而爲全世界之主宰者爲好乎？”

嗎啦呷濟困會

義興號出銀三大元　　黄育泰出銀一大元

鼎山出銀三大元　　蔡有力出銀一大元

蕭龍出銀三大元
陳天全出銀二大元
許榮科出銀二大元
陳聯生出銀四盾
葉抵出銀一大元
蔡滄明出銀一大元
李贊美出銀十九鈁二仔
仍興號出銀十九鈁二仔
合春號出銀一中元
胡鳳光出銀一中元
陳月中出銀一中元
吳天然出銀一中元
曾謨出銀一中元
黃開郎出銀一盾
陳魯出銀一盾
捷盛號出銀九鈁六仔
莊禄出銀九鈁六仔
王雙梅出銀九鈁六仔
胡文秀出銀九鈁六仔
王彩鳳出銀捌鈁
許光耀出銀八鈁
福春號出銀六鈁
卓毓芝出銀六鈁
茂昌號出鈁六鈁

王猜出銀一大元
益源號出銀一大元
余洗出銀一大元
蔡順和出銀一大元
啓成號出銀一大元
陳大出銀二盾
鄭江淮出銀一盾
吳德桂出銀一盾
陳仰官出銀一盾
莊尚出銀一盾
蔡巢老出銀一盾
邱株出銀一盾
許榮松出銀一盾
福安堂出銀一盾
新合興出銀九鈁六仔
鄭棟出銀六鈁
開興號出銀六鈁
源成號出銀六鈁
王填出銀六鈁
顏元珍出銀六鈁
黃菊出銀六鈁
振發號出銀六鈁
翁榮華出銀六鈁
陳珍璋出銀六鈁

莊賞出銀六鈁
協春號出銀六鈁
隆興號出銀六鈁
長發號出銀六鈁
郭禄出銀四鈁八仔
王榮興出銀四鈁八仔
和泉號出銀四鈁八仔
林平出銀四鈁八仔
吴細出銀四鈁八仔
東興號出銀四鈁八仔
源泉號出銀四鈁八仔
仍興號出銀四鈁八仔
尤燕山出銀四鈁八仔
楊青龍出銀四鈁八仔
錦隆號出銀四鈁八仔
新三合出銀三鈁二仔
得緣號出銀三鈁
謝淵出銀二鈁四仔
王佃出銀四鈁八仔
協興號出銀四鈁八仔
順利號出銀四鈁八仔
王清水出銀四鈁八仔
陳掇出銀四鈁八仔
蔡淵泉出銀四鈁八仔
曾星合出銀四鈁八仔
永源號出銀四鈁八仔
福興號出銀四鈁八仔
陳果然出銀二鈁四仔
楊貎賓出銀二鈁四仔
王説出銀二鈁四仔
陳淵出銀二鈁四仔
匯源號出銀二鈁四仔
振興號出銀二鈁四仔
歐慰出銀二鈁四仔
永豐號出銀二鈁四仔

鐵匠同開店者相論

今道光元年二月初三日，在咖啦吧有兩個唐人，晚上相談而坐。其一名何者，係廣東人。那一名進者，爲福建人也。此二人因家貧，且無過活之路，所以在嘉慶十六年出中國來海外，尋個食穿之道。進原習鐵工，而何開店做小生意。此何爲省儉之人，而每年寄回三十大圓銀子，以養一老年的母親，又送十大圓以助一殘疾的姐養口也。進到吧後三二年，乃娶了個廣西客人之女爲妻，定了意要平生居於吧地，不想回中國。然其亦年年寄回三五圓或十大圓與其父。其二人年少時，略略的有讀書，但因家貧寒，故不得久從師，而算不得有學問。雖然如此，其二人亦能看《四書注》《三國志》《勸世文》等書也。一日，何走街上，偶然遇着一個厦門人，手内有兩本小小的書，其一書名曰《萬年壽藥》，那一書名曰《永錬論》。其厦門人送之與何云："老兄，此兩本書爲好看的。今敬送上，求老兄有閑時則看看。我家内還有，望兄不棄。"何曰："好説，不敢當。"遂受之。而回家要看時，乃自言自語云：萬年壽藥，倘我能得此藥就好，無求他也。此莫非道家仙丹之書乎？看了首篇上數行，其文云：全地萬方之人，皆獲罪於上帝，此爲世人之大病，且爲人自己之所不能醫者也。至尊無對之上帝曾可憐世界上之人，而遣其獨子耶穌降下地，致贖救人及賜之以天堂之永福。耶穌贖罪之恩爲藥，而能醫世人罪之病。凡用此藥者，必在於死後又得一生命，爲存至萬萬世代無已。這書之全意乃此，故名曰"萬年壽藥"也。何久久思想這數句，然後取那一本《永錬書》在手想云：這個"錬"字，我朋友老進必能解之，我去問他。遂看了書幾帙，在第四帙尾有云：死了後獨有兩處，即天堂、地獄而已。凡世上人獲罪於上帝而不悔改者，必至世世居於地獄中。蓋天命已定如此論及這等人，天命即拘禁惡者在彼苦處至永遠，書所載之理全在於此，故名曰“永鍊”也。何又看又想，而心内道云：從來未見這樣書。到何及進相會那晚上，何以此兩本書之事説與進知道。進曰：“我願請兄借我一看。”對曰：“好，好。”進曰：“我數次有聽人講及地獄，而前年我身有重病，將死的時候，我甚怕地獄。一日，我隣舍昭先生來見我，而我謂之曰：‘老先生是飽學之人，我打鐵這行人，忙忙無間讀書，不曉得甚麽道理。此數日間，地獄兩個字不離我心，不知地獄若何？請教。’昭先生左手掉鬚，右手摇扇，舉頭大笑而説道：‘嗳呀，這個杳冥目不見的事情，我儒門總不管之。在那裏有個地獄？有誰見過呢？有誰走到那處而回來告訴人知呢？汝不要理這個虚談，只管目下的事就好。’因昭先生此話，所以我放下了心。而自彼日至今日，凡聽人説“地獄”二字，我常笑之，而問他有見過地獄未有。我做工夫之所在，人人都是這樣講，凡有甚麽難做的工夫，我夥伴常説：‘嗳呀，我在地獄了喲。’又一日，那位昭先生經過店門，而見我師傅三人坐在几上打紙牌之時候，大笑而説道：‘嗳呀，老兄都在天堂了啊。’故我那行内之人因未見地獄、天堂，都不信有之也。”何答曰：“兄信在直隸省北京城爲我們天子之都麽？”進曰：“信，怎不信？若不信此，則非唐人了。”何曰：“兄有到過北京，有見過那京都呢？”答曰：“未有。”何曰：“既然未到過北京，又未見過，而亦信實有此北京城，則爲何獨至地獄，因未見之，就不肯信爲實有麽？上帝豈非至義，而必重刑不善者乎？在今世不刑之，則必有個地獄以刑之也。”進曰:“這個我未想得到,乃只因昭先生的話,故我致不信。”何問曰:“昭先生何樣品行之人?”進對曰:“品行我不曉得,我有聽人説他食鵶片烟,又在學堂内半日睡,又有人説晚上常見他在賭館中。又上月有個人暗告我知道,説此昭先生每每至夜半或至天將曉而在妓屋。我不知真假,是别人之話。但是細看昭的模樣,我恐怕有一點點不大好的事情。”何曰:“是也。現今的儒門大變了不好,不再如古聖了。我自有看好多讀書人,口内常説云:我儒門,又聖人,又《大學》《中庸》等話,而亦爲酒色之徒,常云孝悌忠信之語,而自己亦爲諸惡之表。這等人,雖然左手指甲長一尺,右手摇扇,身着儒袍,嘴稱聖經,一揖一跪皆端正,到底比不得山上種田的老實村夫。”進曰:“講得有理。”何曰:“還有一樣不好,此等人不但自無道德,乃又以其亂是非的話,而滅道德之念出於人心,又滅道德之事出於世界也。蓋若汝講及造生萬物之上帝,則他將云:‘敬鬼神而遠之。’若汝講及死後之報應,則他將云:‘未知生,而還知得死麽?’若汝講及天堂地獄,則他將云:‘噫,這個杳冥的事情,我聖人都不講。汝心明,則是天堂。汝心暗,則是地獄。哪裏還有别樣呢?務管目下工夫罷了。至三寸氣一斷,則靈魂消散,而如草木一般。就是有天堂地獄,則施之與誰耶?’夫這樣話真真是敗滅所能勸善、養德、戒惡之事。照我看之,則比道家所講仙丹斬妖、呼風唤雨的謊唐,又比佛家所講恒河沙佛、及千手千眼觀音菩薩、及千變萬化大千世界的虚談,而更有害於道德也。”進曰:“恐怕他們解錯了聖賢之言，我們該自察之，不要盲然隨着何一種人。”何曰：“甚有理的話。不論古今者所行之事，我斷要先察之而後行，不可因古人有信有行此，就去信行之，又不可只因古人今人棄何一樣事，我就棄之。”進曰：“我的意亦如此。又有一件，在每一種人內有好的，亦有醜的，不可因其中間有幾個醜的，而就忽略其好的也。至於兄的那兩本書，則以其一本借我一看。”對曰：“好，好。送上你看。再相見時，定要求兄賜教，說其書內之意若何。”其二人遂施禮而別也。

亞百拉罕覺悟

從前約四千年，有一個人名亞百拉罕，住在一個地方名加勒地亞，爲在孟加拉之西北邊者，且那國之人專一奉事偶像。因此有人想，亞百拉罕亦奉事偶像，但未可定。夫在西邊有一本書，說云：亞百拉罕之父會雕刻木像，又專務拜之。且一日其父既雕完好幾個偶像，就立之在家內，而獻禮在他前也。明日其父親往出街去，有一個隣人進來，而見亞百拉罕，就問他道：“你幾多歲？”亞百拉罕曰：“我五十五歲。”隣人又道：“你不多通道理，你爲何不想你所行爲錯呢？蓋你已有五十五歲，又你奉事拜一件新做之物，不過是一日之久而已。怎不合天理麽？”亞百拉罕一聽此言，就覺悟，而從那日以後，不再信崇偶像，乃反看他爲無用物而已。且過幾天，有一個婦人，拿多少祭物欲獻之與偶像。見伊父不在家，故此托之在亞百拉罕手內而去。亞百拉罕拿祭物，而放之在諸偶像之前，然後用一把斧頭斲那諸偶像成粉碎，獨留一個最大的，而就放斧頭在那大木像之手內。須臾間其父親回來，而看所成之事，就以大聲叫喊曰："此何事耶？我神皆敗矣，怎樣如此？"亞百拉罕笑道："有一個婦人拿一碗祭物，欲獻之與偶像，但此一碗不彀衆偶像食，彼此皆要先食，所以吵鬧起來。大家相打，以致此一大偶像爲更有力者，拿此一把斧頭，而斲其餘成粉碎。"其父親聽此言，亦有疑，而曰："我不信，我不信，你講一段謊話而已。蓋此諸偶像是木頭做的，爲無知之物，而不能舉動。那能自己成此事乎？"亞百拉罕聽父言，又答道："若然，你專務奉拜此蠢物何用哉？"

夫聖書云："我等神在天者，已成其凡所悦也。諸國之神爲金與銀，即人手所作。伊有口，惟不能講。伊有眼，惟不能見。伊有耳，惟不能聽。伊有鼻，惟不能聞。伊有手，惟不能拊物。伊有脚，惟不能走。又伊從喉，不能出言也。造之者亦似伊等，又凡賴伊等亦然也。"

諸位朋友乎，求汝再想此言，奉拜偶像豈不是最無益之事乎？我等豈不應該斷息之，而專一奉拜其造天地萬物之真神乎？

少年人篇

在五印度國之北邊，有一八歲年紀的小孩子，其自能分左右之時，即略知上帝之真道，蓋其父兄有教他也。一日，有數少年人欺笑他，因他不肯拜甚麼偶像，説道：“你拜之上帝是在那裏呢？你給我們看見之纔好。”那八歲人曰：“我不能給你們看我所事之神，蓋其雖滿天地，而亦不自現與人看。然你們所事之各神實在容易現，等一下，而我就給你們看一個。”他遂將一小石頭用泥而（晝）［畫］出人之相貌在其旁面，然後放其石在地上，以脚踢之，向那欺笑他之人説道：“這就是你們所拜各神之表也，人手所作之神乃如此也。”那欺笑他之各少年人既聽見，則無所可答，只得滿面羞慚而去。求凡看此文者，細心想這少年人之話。蓋天地萬物之真主宰爲骨肉人之眼目所不得見者，蓋其雖爲最顯，而亦爲最隱也。

嗎喇呷濟困會

本月初一日，有一位英吉利國船主名戈伯者，來樂助銀捌盾，玆總理米憐及首事輩等會議刊刷致謝，以表此人好善樂施之心矣。

革利寔奴百路薩言行生死述

夫在榜葛拉之奴氏亞地有一人，名革利寔奴百路薩者。其父母在彼地算得有體面，且其父及其數代的祖宗皆屬波羅門之教，伊歷代即當彼教和尚之任也。波羅門教與我中國佛教髣髴不遠，蓋二教常以供菩薩、養僧家看爲上等之事。但此波羅門教的和尚可遂意娶妻無禁也。其教之經書名《吵吐嘚吽》，此經所載之理，都是講及古今各類之菩薩偶像，又及各代大名之僧人，又是教人知該當如何奉事各類之神也。革利寔奴百路薩自年少至十九歲，慣於供各神、行各禮，未曾料此事爲不善，反以之爲大功勞而上等大緊要之事也。到二十歲時，其偶然聽人傳説及上帝之真教，又及耶穌降地贖罪等事，而其心即大省悟了，猶若自死人中復活了者一般。其心内道云：哀哉！我這二十年間有何行作哉？豈非一向都違上帝，而招禍來自己身上乎？我以何法而可得救此寶貝靈魂乎？過了幾月，其往至一城，叫洗良波耳。在彼處有人，送他以上帝自所啟示之福音書，而因其心内甚切願知道去罪得救之道，故日夜看此書，放下不得。越看書，其心越明白上帝之真道也。以上帝之大恤憐，其得知救世者爲耶穌，已經贖救罪人，且能赦、能救凡信之者。惟能赦、能救者，獨此耶穌。蓋聖書講及之云："除其一位之外，則於普天之下，總無他爲我等所可信之，而致得救者也。"到細看聖書，又心中知其所載之各理，皆爲真實之後，其就全心靠着耶穌，望得永救。且過了數日，其領洗入上帝之真教，而回其本家去，欲以得救之真道而説其父母、弟兄、朋友等知道。但伊等不肯聽，反欺侮他，薄待他至極。然此革利寔奴百路薩性今已變爲温和，不着怒，不發氣，乃謙遜忍耐而當此辱，言云："諸位爲何無緣無故而責我乎？我之靠耶穌非但無害，乃爲有大益大利。蓋我若平生恒靠着他，則必於來世得救得福，而諸位豈是視此爲惡乎？豈只因我受了真道，就要算我爲犯罪者乎？世上凡欲阻隔他人行於道德及真福之路者，這等人自己豈是知此路乎？惜哉！惜哉！”

夫革利寔奴百路薩既盡棄了諸樣假僞、邪污、世俗與各類之不善，則爲正直、敦厚、廉節。又其在凡事爲恭敬、仁愛，且又因日日以穩固之信而靠着上帝之獨子，即贖救之全能主耶穌，所以其心中大受慰而安。又數年後臨死時，其大喜閉目，而靈魂入永遠真福之世界也。看書者歟，汝豈非願如此人死而死乎？

拜蠅蟲

在南亞非利加地有一種人，名加非耳輩，爲不知造生萬有之上帝，乃常崇拜一小蟲，名叫嘴呧吐，即譯言先知之蟲，而當之爲神也。今有遣教師會之數教師，在彼地教其人以真道，且伊中多有信從者。一日，有其中一人爲曾歸了正者，同一位教師相講及此嘴呧吐蟲，如下文所紀。

加非耳謂教師曰：“先生也，在此大洋之他邊，那慈悲恤憐之人輩，曾遣先生來這裏，以教我此種愚頑之加非耳輩，以欲正我等之心，而示我等知去罪成德之道，此恩真萬謝所不能報也。我等多謝其慈悲之衆人，又更多謝上帝，因置此意在伊等之心，使伊等發慈悲向我此一種愚頑之加非耳人，以致伊等有云：‘惜哉！此加非耳輩也。其勢事何等苦哉！其不知、不敬上帝，反以一蠅蟲爲神。且其雖然能在手上兩指之間，而捏死此蠅蟲，到底其亦敬之而求之，如若爲大能之神一般。豈非可惜哉？’先生也，你看看在那裏有蠅蟲一個飛來，先生等未來此之先，其蠅蟲爲我等之神也。”教師曰：“奇哉！汝等果有拜此類蠅蟲乎？”加非耳答曰：“是也。我等一看之，則常跪於地，致祈求之也。”教師曰：“汝既然有跪下拜之，則有求何好於之呢？”加非耳曰：“我常有求之賜我以多多好食物。”教師曰：“汝未有求別樣物麽？”對曰：“未有，蓋當時我未知我有缺少別物也。”教師又問曰：“當時汝尚未知汝有個永不死之靈魂麽？”加非耳曰：“未知也，蓋彼時我爲愚笨如禽獸，未知何道理，我估飲食爲人生命間第一大要緊之事。彼時我未有聽聖書之一句，我每見其蠅蟲之何一，則常俯伏於地而拜之。倘若有見之在路上，則快取之起而置之在樹上，恐怕馬或牛或車過而踐下之也。”

諸位看書者，汝想此加非耳人，既已得救出於其愚頑之處者，豈非必大有喜樂乎？未受化之前，其常敬拜那蠅蟲爲人脚之一踏、人指之一搊所能敗死者。然到他一聽真道之時，他則回頭轉向上帝，且求上帝之子耶穌救其靈魂，豈非大變了乎？

在汝諸位中，或者有人看上文所説，則笑其加非耳人之愚頑蠢笨之處。然我只怕在諸位自己中，亦多有如此愚頑蠢笨之事，求各位自察也。蓋凡有拜土神、木神、金神及偶像者，豈非與彼人相似乎？彼人所拜之蠅蟲雖然爲小，而亦爲生物，惟汝中豈非有多人拜那無生之物哉？汝該自細想其二様事間，那一爲更大之愚頑、更重之罪惡乎？其拜死物之人，較其拜生物之人，那一人算得更有知呢？諸位中凡有行此愚頑之事者，都該痛悔，而求上帝赦免汝罪，且賜汝以聖神，致助汝信耶穌，而自今日以至於死日，常常獨事天地之大主者上帝也。

誣證者論

古史者由西比亞士，紀一人名那耳士士者之事，而云：此那耳士士雖爲至善人，然一日有兩誣證者，去衙門而告官曰："那耳士士爲通姦之人也。"且因其二證要人固信其所説爲真實的話，故其一如此誓云："上帝歟，若我非有説實在的話及此人之通姦，則我敢受燒死之刑也。"其一證亦誓云："上帝歟，若我不説真實的話及此人之通姦，則願受瞽兩目之刑也。"後來不久，而其初一證者之屋起火，而在火焰中他果被燒死了。其第二證者，因其本心發，甚覺悟其誣證的罪，其又認出其罪痛哭，以致其兩目果瞽了也。

凡做誣證者，在此世上有時受己大罪之刑罰。然若於此世不受之，則於死後來世，伊等必不能脱走其大罪之公罰也。請看書（諸）［者］，敬聽上帝聖書之話云："誣證者，必將不得脱刑，而爲説謊話者，必將致亡也。"〔1〕在世間有多惡人，因爲欲得人之恩或得利，所以背理而敢爲誣證者。可惜！可惜！愚言這些人宜聽上帝聖書

〔1〕見《諺語宣道合傳書》十九章九節。

之話説與他云："禍哉！與伊等想得報，以義加惡輩，而取義者之義去之也。"[1] 又云："以惡人當爲義也，且以義當爲惡也，是兩樣乃神主所惡也。"[2] 倘若誣證者在實心中肯思想此聖書之話，則後其不敢復做誣證。乃必謹慎，敬守上帝之諭所云：爾不可言妄證及爾隣也。凡爲證者，該當説真實的話而已。倘若其可得全世間之才、之勞，爲去衙内言誣證，則其心亦斷不可以此各等而受動。蓋天地之間，總無何物、何事可當爲誣謊之因由也。上帝之聖書諭諸證者言云："勿無故而證攻爾隣人，且勿以己唇而欺人也。"[3]

世上富貴不長

古以至比多王西所士得，有四位王爲其所虜了者，常駕於其車。而王凡出門時，其四位王拉之，如馬拉車一般。然其四位之一。常注目在車輪，目離之不得。王奇之，而問其故。對曰："是因此輪之循環，甚如世人之事勢也。蓋今在上之分，不久而在下，又今在下之分，亦不久而在上也。世人事勢亦然。今日在位作王，而明日受虜至他邦。今日被虜去之人，亦不久而再興舉也。"

---

〔1〕 見《以賽亞書》五章二十三節。
〔2〕 見《諺語宣道合傳書》十七章十五節。
〔3〕 見《諺語宣道合傳書》二十四章二十八節。

雜　句

取路向西域者，豈得到京師哉？而取路向地獄者，豈得到天堂哉？看書者，汝今在地獄之路乎？在天堂之路乎？

嗎嘞呷濟困會

本月内，有胡嵩官來樂助銀叁元。又林楚官來樂助銀壹元。

先行船沿亞非利加南崖論

今世上列國人之貿易生利，是多用船隻往來，不論遠近之國，不拘大小洋海，都是一樣。蓋船來船去，而水手不懼。古時非如此，然駕船人不敢出海到不見岸邊之遠。當時友羅巴列國人，要到五印度國或到中國者，必須通過地中海及紅海。在此兩海中有一塊窄地，名數以士之頸者，此頸約寬三百里。若人可能鑿出一閘河，致船隻相通彼兩海，搬運貨物而無所礙其路，則大有益也。蓋如此，而船隻可以到五印度列國及中國，約於二三月之久也。做貿易人過其路之時，多受阻礙。因爲在古亞勒山大利亞城，必要離船上岸，搬貨物過數以士之頸，而則在數以士那邊之一埠頭，再下別船，通於紅海到五印度國也。當時其路之各埠頭，爲甚盛於各好物。蓋五印度列國及友羅巴列國之土産及貨物，皆交通轉流在其處爲買賣也。後來非如此，蓋因爲西邊人遇着一新海路，爲到亞西亞列國者，故此其舊路各埠之貿易則爲更少也。那新路如何初見遇，下文略説。夫前約五百餘年，西邊人先得知歙石之大用，而漸次造成羅經。在海道行船，此羅經之益無窮也。人既曉得此大用物之時，貿易生利遂多加增，而那先以此貿易而得更多之利者，就是現今大西洋國之人也。當時回回人與大西洋人交戰，得勝而治其國。然其國本人作反，而逐出回回人，爲奔到亞非利加去者，且大西洋人追趕他到彼處去。明朝永樂帝之時，大西洋人始初揚帆，沿着亞非利加之西海邊，但初頭不得行船甚遠。到後約一百年，他們漸次到了亞非利加極南地，因以此揚帆。他們看見亞非利加之西海邊漸斜向東方，故他們望若能沿其南邊，則可行船到亞西亞列國，而無所礙其路也。此後六十年，大西洋國王備多船，又令一大勇且又明白海道之官，名氐亞士，做船師者。又命之從其先船所行之水路，沿亞非利加之西海邊而行，且當試比其先船而更遠去。氐亞士乃揚帆，在荒海之中，而行船至五千餘里之遠。然其水手雖多，亦不肯過遠去。但氐亞士爲甚明之船主者，勸勉他，以致果到亞非利加極南地也。因爲氐亞士在其處遭大風暴，故名其地曰大風暴之崖也。其遂回其本國也。然大西洋國之王既聽氐亞士所行船到之甚遠地，則心中大歡，而名之曰加百古得何白，即是譯言善望之崖也。此後十餘年，大西洋王又復備三隻船，又一隻船爲搬運食物。此四隻船受載了一百六十水手，又明白海道之水師，名瓦色可氏加馬，而王命之揚帆沿着亞非利加之南崖也。且水師同水手未上船之先，其城諸人祈禱真活神，而求之賜其之祝福於此事，然後船揚帆行去。各人想此四隻船必無回來，所以水手之親家、朋友都大哀哭，蓋伊等想此水手爲其愛兒、親戚者，各人必將被盡滅於海中也。船既到加百古得何百，則屢次遭重風暴，以致浪爲如大山，洶湧將船超騰至天中，又即墜落之於深淵也。風暴息，而諸水手到船師來講曰：“若再略久有如此大海浪，則我們必將受溺於海中，而無一得脱命，所以實要求船主就回去。”加馬不聽其水手之言，而船遂前進其路。因如此，水手甚怒，要作亂。加馬預得知水手之詭謀，而即拿其首犯數人，刑罰之，以大手鐐脚鐐而縛之也。後加馬與其兄弟，爲彼時做舵工，而大幫助之者，則周沿亞非利加之南邊，即加百古得何百而後迅行船至一個海州，爲屬回回人。那時東方諸國之貿易都爲回回人所做的，所以此海州之人看見友羅巴國船來，則大驚動，而謀滅絶加馬之船。加馬既預得知其人之惡謀毒心，隨即出於海，而行船到别的兩海州。後其再開船出海，直直渡到五印度國之加利古得埠，爲馬拉巴拉省即給令人地之京城者。水手看見加利古得之山，甚爲歡悦。此國之王初頒賜覃恩與加馬，惟後那寓在彼地之回回人爲商客者，暗地動王之心攻加馬，因爲其非信回回教，乃信耶穌爲世間之救者。故王遂反回其恩，而卻要騙之且害之。加馬見如此之勢，快快揚帆出海，以致可回其本國去。其回間，仍到其前所過了之回回埠。加馬滅絶回回人之多城及多船，因爲其城其船之人前甚要敗壞他，又滅絶他船故也。自先離其本地而起算，則加馬在二年零二月後，仍回其本國來了。夫加馬初出國之時，有兩百人同之去，但回來時，除了五十個人外，其餘之一百五十個命皆死了。加馬回來時，大西洋王頒賜覃恩又榮禄與之，及其水手爲同之回來者。而在城内各人大歡悦，因見此新路遇着了，又其船亦回來也。其船算第一船爲沿行周亞非利加之南崖，即加百古得阿百者也。後時不久，而友羅巴列國船都以此新水道而行船隻至五印度列國，又至中國，而開立多貿易也。約前二百年，大西洋人在東邊五印度列國内頗有大勢，惟現在除了我亞城即小西洋及澳門島外，那前所屬他們之各國以大城等，皆歸他國所管，而大西洋人之勢今微弱之至也。今在東邊列國内，有甚多屬英吉利國王，又有屬荷蘭國王的。所以每年西邊友羅巴來其二國與他國的貨船甚多，而貿易甚盛也。

耶穌不逐罪人

耶穌云："凡來至我者，我必不逐之也。"〔1〕此言在世上，凡有知覺自己之罪，又知自己爲總無善、總無功勞，又在心中信耶穌，獨依靠他、望他救其靈魂者，必定得耶穌之所救。且不論其人以前之罪爲何等衆、何等大而耶穌亦必接受之，必赦其罪，必潔其心，必助其日日爲善，又必於其臨

〔1〕見《若翰福音》六章三十七節。

死之時，而賜之入天堂，賜其以永福。蓋上帝之子耶穌之恩與憐爲洪大，又其曾代我們世人而受難，被死於十字架上，以致贖救我罪人。其又其曾在聖書上言，必救凡實意來信之者，又其在以過了之各世代，而接受了但凡求他者。故此明知其必不肯棄何一罪人，爲實心、謙心而來求救者也。此爲足勸勉、引導普天下萬方之罪人信耶穌。然世人之大敵魔鬼屢次誘惑人，怯其心，使之怕耶穌不肯受如此大之罪人，欲阻隔人信。像古聖人奧士田，連七年間亦被魔鬼以此樣誘惑阻隔他。蓋他凡要來信之時，魔鬼怯他心及誘之，猶若有云：汝這樣穢污了之大罪人，何敢望得救乎？此大上帝之子，豈肯接受汝乎？汝之罪惡豈非太重乎？因何而得免之乎？魔鬼之誘惑是如此。然奧士田雖久久被阻隔，而亦於終勝過此誘惑，來信而大受慰也。

諸位朋友也，爲何不即就來信耶穌乎？汝曹若明知其恩愛之大，自然必來信他。比如肩負重擔之人，莫不得願息肩安身。又如人着大病之時，莫不欲得醫痊。夫罪也爲重擔，而人人皆所負者也。然知覺此擔之重者甚少也。若有明知覺之者，則必來信耶穌。蓋其曾云：“凡勞苦者及重負者，皆來到我，則我將賜爾得安。”此言：在汝世人中，有誰覺得其罪、其苦爲如重擔者乎？汝皆來信我，而我必赦汝之罪、救汝之苦，又賜汝以安樂也。又也，罪是如病，而人人都有此病。然知覺此病者，又甚少也。所以凡願求耶穌爲我人靈魂之真醫士者，醫他已者不多。雖然如此，而靈心之病比形身之病更爲利害，更爲難治而可怕也。人身之病若至深，則昏迷其人之思想，使之不自在，又不覺得痛，不求醫。諸位朋友也，罪爲汝心之病，其亦使汝不覺得汝之病，又不求醫，故而汝曹不來信耶穌，如遇良醫而不求。惜哉！汝之無知也。人爲犯罪者，而耶穌爲救世者，因此人該求救，而求救者必得救。蓋耶穌來世，特特爲尋出而救援凡遺失、凡有罪者。且不拘人之罪何等衆多、何等重大，而此至恤憐之全能救世者必救之、援之，又錫之以福於無盡時也。

諸位朋友也，該細聽耶穌勸勉導引之語云：凡來至我者，我必不逐之也。罪人亦當照此樣，快訪求耶穌之大恩，致可絶罪之根出心去。蓋凡信耶穌者非但得罪之赦，乃又得心之潔。其人不但於日後不致受罪之罰，乃又現今時必不復行罪如前。在凡惡，其爲如死人。在凡善，其爲如活人。真望得永福於天堂者，必不敢又從舊惡也。

凡人爲明明知覺自罪者，不可因怕耶穌不肯受他而就怯心，蓋耶穌降地時，凡來求之者，其總未逐伊衆之何一，乃常聽伊之言、准伊之求、移伊之難也。夫耶穌今雖已升了天上，而亦常存恤憐之心、常以救難爲喜、以赦罪爲悦、以助人爲樂也，故於世間可呼而應。今也，耶穌有遣出其諸牧者至各國各地，特特爲叫普天下之罪人皆來求赦，皆來求救，伊中凡有領命而來者，耶穌必赦之、必潔之，又必以永福賜之也。

諸位朋友也，今宜聽此言，今宜來到此全能之救主。若聽而來則好，必得萬福。不聽不來，則何能望得個逃脱之路乎？

默想聖書

聖書云:“凡人由神而生者無犯罪,因厥種在其内,則無致得罪神,蓋其由神而生故也。”此言凡人真受上帝聖神感化其心者,必不敢任意做何一惡,蓋真道之種已播在其胸内,而且日長,壓滅惡慾也。其人算爲上帝之義子,故不敢自染以罪之污也。汝等若問云:耶穌安在?則該知耶穌非只爲人,乃亦爲上帝。蓋其有上帝之性體,故此其爲無所不在。蓋其人性體雖只在天堂,而其上帝性體卻滿天滿地,到處而在也。世人無須問云:我輩若要求耶穌,則必升天上而在彼處見他乎?蓋人來到耶穌,非以身就近之,乃以心而就近之,即信從之是也。聖書所言論及來到耶穌之話,皆有此意,皆言信他、靠他、從他也。耶穌自己對當世之人所云:“我乃生命之餅,彼來到我者永而不餓,彼信於我者永而不渴也。”餅者,指耶穌所以救人靈魂之恩,又指天堂永福之爲盛,而足以滿人之萬願也。照此一節書而看來,則知“來到耶穌”之話乃與“信耶穌”之話同一意也。比如在此有一位大富貴之人,爲愛捨、愛施者,則汝内之衆貧人都將飛跑前去求之,各各將云:“我爲困苦的,求尊駕可憐我也。”而凡知覺自罪、自苦者,亦將如此飛跑前去,求耶穌之恩典,謝認自罪,而言云:“主乎,可憐我,赦我衆罪也。蓋爾爲救世者,又曾以捨爾之生命而贖救了人類,故此我雖爲大罪人,不該受何樣好者,亦敢來求主之恤憐也。主歟,爲赦罪、爲施恩、爲救難者歟，有誰比得爾哉？但凡因耶穌而得其諸罪之赦者，真真有福也。”

我常看世人有重疾之時，乃快訪求良醫，致可退疾、救生命，而我世上（下闕）

英吉利國字語小引

天下萬國人等言語，不下二百之説法不同，且其字樣多相異。惟大概論其制字之理，止有兩端而已：一則，達所言之音兼義。一則，形所言之義而不達語音。達音義之字，即如清文、梵字、英字及西域友羅巴之列國皆然。形義之字，乃以至比多國古字、中國古今之字是也。或將此制字法兩端比較，有些難定其長短。形義之文字，不能自達己音，乃要學者音義俱心記，固然係一短處。又論及形字義之法於凡屬心念無物可見之字，雖要形出其義，斷然形不出來，惟形字義之文有一件長處，即是字樣可恒存，而不因各地語音不同，則輒要更改其字樣也。以此觀之，形字義之法有甚得矣。

英國書係在左手而起，讀似清文一般。惟清文係在上頭起，而往下讀。英文係從左手起，而往横讀。

英文有二十六音母切字，可以變化相連，生字句不盡數也。其音母切字，略仿佛《康熙字典》切音之法，原係爲示語音，不爲形字義而制的，但相連音母切字後，方可成字義也。兹將其二十六音母切字，照印板字樣次序列於左，所用叶其音之漢字要南京字音讀，纔略似英國切字音。

其音母字，叫做切字。因制字者將萬音分開切碎，取各音之端倪，以碎字表之，致後可以是切字變易連合，成無數之字音矣。音母大字樣數與音如在下：一 A 亞，二 B 彼，三 C 西，〤 D 地，〥 E 衣，〦 F 富，〧 G 治，〨 H 喜，〩 I 唉，十 J 這，〡一 K 其，〡二 L 拉，〡三 M 米，〡〤 N 尼，〡〥 O 阿，〡〦 P 被，〡〧 Q 舊，〡〨 R 耳，〡〩 S 士，〢十 T 體，〢一 U 友，〢二 V 非，〢三 W 武，〢〤 X 亦士，〢〥 Y 外，〢〦 Z 洗。

音母小字樣：a　b　c　d　e　f　g　h　i　j　k　l　m　n　o　p　q　r　s　t　u　v　w　x　y　z

此漢文字音不過略似英文音母切字音，故學者務聽人口傳言語，方可得其真音也。

要習連音母之法者，必先學連兩個音母，次連三個音母，又次連四個音母，至或十個音母或二十個音母，切字悉然甚熟，致目一及紙，口即能流然説出其字句之音，而後學其字義不難也。

英吉利國所用之音母切字，乃羅馬國於古時所用之字，且法蘭西國、米里堅國、西洋國等皆用的音母切字都同，但連字成語不同，所以其各國書話俱異也。

四書分講

《大學章句序》朱夫子云：“自天降生民，則既莫不與之以仁義禮智之性矣。然其氣質之禀或不能齊，是以不能皆有以知其性之所有而全之也。”等語。夫天者，不可指形體之天而説，乃指神靈之天方是也。

於上古天原造生人於地，則莫不與之以仁義禮智之善性矣。但人生世以後，獲罪於天，致善性變惡，而隨生之子孫之性，亦與父母之性同然。是乃世界滿以性惡者之所由也。惟或上天以己靈賦一人，使其自新，命之爲億兆之師，亦出于天之恩典，非人力所能自作也。

仁兵論

古羅馬國有一法律，禁人在夜裏就近皇帝之御帳。有人敢犯此法者，必就受死也。一夜有一兵卒就近皇帝之帳房，在手有呈子，爲其要奉上皇帝者。衛軍看，則拿他，解去要殺死他。皇帝在帳房裏既聽人在外之話，則以高聲命曰："若其呈子爲其自己，則殺之。若爲別人，則不殺之也。"其侍官既問明白，則見其呈子果非爲其自己，乃爲求皇帝赦别的兩兵卒之罪。蓋因此兩兵卒於守汛時深睡了，有人看着之，所以其當死。皇帝因見其一兵卒顯著如此大之仁氣，則全赦其三人之罪也。讀者宜學其兵卒之厚仁，而記有個上帝至大至聖，又爲常常聽罪人於世間之救者耶穌之名而獻之祈禱也。蓋真神不禁何人近之以祈禱，不論何時皆可就近，無禁也。

神天之憐愛

蓋神愛世致賜己獨子，使凡信之者，不致沈忘，乃得永常生也。[1] 我們世人有兩端甚苦之處：一、我一切衆生陷害於上古人原祖之死罪，則在神天看來，世人都該於火刑至永遠受罪。此乃頭一件的苦事。又世人雖身體生，其靈心已死矣，所以習於非而自不覺其非，且心内之天理近乎滅了，而靈心之苦亦自不覺也。天之怒在旦夕，而世人呆然似乎無事。又神天之愛普傳於世界，要引人逃走至免天怒之所在，而人仍然悖逆不聽。惜哉！人生在世不自愛，乃辜負神天之至極之憐愛也。你若問我：何以見得神天之憐愛乎？答曰：我纔剛讀過與你聽之天經來的題目，詳言神天之憐愛。因神想救拔世人於永苦，則不惜其獨子耶穌，乃賜之爲世人之代保、代贖人罪。致普詔世人，即悔改得免，不受天怒，乃得賞賜以天上之永生也。你想神天何等大，世人何等小。又神天爲主，世人爲僕。世人之好，無益於神天。世人永苦，無損於神天。乃斯恩詔悉然爲神之憐愛所致也。你們天之罪民乎，何不省悟自覺？天之來怒爲你所不怕乎？天之憐愛爲不感動你乎？噫，靈心豈不死矣！惟你們一信向天之子耶穌，必即蒙神天之神風，白賜以再造復生也。緣此神天曰：信於其子者，則有永永常生。不肯信順其子者，必不見常生，乃神之怒猶在該人矣。禍哉！禍哉！於凡聽神天之恩詔示赦，而仍不心服、不投誠，或人不肯認且服天地之主，則缺了修善之根原。凡所謂好事，悉然爲枝葉假飾外面，不是神天所悦之果實矣。逆犯不服，乃棄

[1]《若翰傳福音書》三章十六節。

恩詔示赦，則何修行之有哉！

人之四個形勢

聖書云："爾等向以罪愆而死，昔行依此世俗，從惡行於無順輩之風，肆肉之欲，且成肉與靈心之欲，而依性然爲怒子輩。"等義[1]於開闢天地後，神天元始造化世人。那時節，人性至善，爲神天所悦。人祖於上古獲罪神天後，人性遷於不善，爲神天所怒。惟多蒙神天豐富於慈悲者，要世人悔改前非，而信愛遵向天之子耶穌，則可息天怒，復和而爲神天再所悦。

又凡人蒙神主之恩得到此地位者，於死日過世之際，神天即准昇於天堂，榮華無盡之生之福矣。此四個樣不同，又謂之"人之四個形勢"。其一乃性善、無罪、安樂，而於神天相和之勢。其二乃性惡、有罪、煩惱、災難，與神天相敵之勢。其三乃悔改、信遵神天與神天之子，蒙神之恩赦復和之勢。其四乃死後常生永安之勢也。

其第一形勢是過去了，則此刻天下未有一個無罪之人。其第四個形勢是未曾來的，只是第二與第三樣的形勢關現在的世界。夫尚屬第二樣的形勢，有人多，不勝其數。且屬其第三樣的形勢，誠恐人少，不過成個小群而已。惟於生前倘不入其第三形勢内，則於死後不能歸其第四形勢也。乃反必

〔1〕《以弗所書》二章一、二、三節。

被天怒盡落該人身上，且後悔不及。噫哉！世人何不信神天之恩詔，即刻悔服而受赦乎？

死後報應節略

聖書云：“此等惡人將去於永刑，惟義者於常生也。”[1]《若翰》五章二十八節云：“蓋有個時將到，於那時節，凡在墓内之人，皆聽耶穌之口聲，而從墓出來。行善者致生命之復活，行惡者致受罪之復活也。”《但依理》十二章二節云：“睡於地土内之衆者，多將復醒，有的爲得永遠之生命，有的爲受辱，且永遠之輕忽也。”世間有人云：“以一個人死，則精氣散盡，丢下皮囊，無身何苦，只有活人受罪，那見死鬼帶枷？死了是死了，都皆不得知的了。”等云。這些話容易大口説出來，惟人説此話時，還出得甚麽憑據來呢？這説不可亂信，蓋是否有個永遠受罪之刑罰，並非一件小事，爲不足以慮及者也。寧可信而躲避之，不可不信而永遠受神天之怒也。以耶穌之教爲真的，有三樣的憑據：一、耶穌言行有實録可考，且其道理爲聖善之道，以敬愛神天，以推仁愛及人而爲本；二、上古神天命的多聖人之預言，在耶穌身上而得驗成了；三、耶穌多行神迹，欲示憑據，以己爲神天所派的。且耶穌所作之神迹，並非爲奇怪，令人虚望而無益，乃其所行之神迹，皆爲有益於當時之人，且爲衆人白

[1] 《馬竇》二十五章四十六節。

日所見。其二、三樣的憑據，要多讀書纔曉然明之，惟其頭一件甚爲容通，因於人情之正道十分相符也。

少年人篇

學堂有三禁：一、勿懶在學。二、勿相講話。三、勿扯書紙。

有三樣大要之知，即知上帝、知所該行、知所該避。

賭、遊、奢爲三樣不善，你少生勿從之。

今生得事上帝，而死後得永福，此兩樣爲學生所當早求也。

子弟有三勿：一、勿逆親。二、勿欺貧。三、勿笑老。

孩子要拜上帝、孝父母、敬愛兄弟而日勤學也。

孩子要早起身、洗手臉、穿净衣，到學堂勤讀書。

孩子來學堂要記聖言、敬師長和學友。

莫相打、莫相駡、莫相欺。

東西夕論

話説從前有二人，爲有骨肉之相愛者：一姓西，名真，字求識者。一姓東，名知，字多積者也。西真尚幼喪二親，而因家寒不能久讀書，乃到十二歲出學堂，以耕田爲業也。其還未出耕田，乃力學，勤工讀書，四書、小學皆食下肚去了，又五經連道、佛二家的書亦頗頗的知道了。因如此力學，所以他的師把“求識”兩個字給他爲表，説他真是求識之人也。西真一連十三年恒耕田，而凡有些閑空，定要看書。至於東知，其父家有些財，故讀得書久了。在學時，四書、五經、二十一史、朱子等書都讀過，且射、樂、醫、畫等俱略習，因此其師給“多積”二字爲他的表，説他是多積學知之人也。東知十二月出學時，乃走過八省，欲看人與人風俗，而後年六月歸家。東知至三十歲時，因不中科第，又因家財始漸消，故在鄉下立教館，聚門生十三個名，都是貧人的兒子。其父母一年出不得幾多錢爲教他，因此東知不能發財，就是養家過日，亦不容易。雖然，其總不怨，不曾説命運爲薄。蓋東知二十一歲時，遇着一部非常之書，此書其日夜細看，到皆完又復看之，十一次如是，到不知不覺而書内的道理卻感化其心，所以東知比别人有些不同耳。别人所怨，其都不怨之。東知一連二十五年恒教學館，不易業。又因爲這麽多年同鄉下之人往來，漸漸失了官話正音，不覺得而習土談了。這東知本來乃多讀多看、多聞多思，但寡言少寫之人，所以他的口才、筆才俱不勝人，正如深水大河不大聲而流焉。東知立教館之鄉村，原是西真所住之村。這二人多交接，正如兄弟一般。西真大敬東知之深識遠見，而東知甚愛西真自虚謙遜。且凡遇時，相稱“東先生”“西相公”也。晚上田外事止時，西相公屢次至東先生屋去，而東先生之門生既散，則無事，二位乃對坐，或到夜半，或到鷄鳴，亦不疲倦也。隣人晚上賭錢，或飲酒，或看戲，或做别樣無益之事，這東西二人只顧看書，相言古今聖賢大事而已。有時二人獨在坐相論。有時或一、或二、或三隣人入來同坐同講。有時講本國之事，有時講外國之事。蓋東先生雖不曾離我中國走外邦，但因多讀書，又看多人，故略知本國、外國之事也。他們不得晚晚相見，乃或每旬一次、二次亦不定。他們夕談是有一點味道，你欲知其談若何，則我今略述之。夫於丁卯年四月初三日，東先生纔是五十五年了。又於彼日，西相公亦卻是二十五年了。晚上西相公至東先生屋去，而相賀生日，施禮皆畢，兩人對坐相語。西相公説道："老先生今日五十五歲，臉有氣色，身又健，而且知日增年深，實是先生大德，我喜不勝也。"東先生曰："那裏話，老板無用耳，不比相公年輕體壯、五穀盛生，皆如意也。我實無德無功，乃蒙在上一位上帝之恩，得食穿過生，而非自己積善而堪也。"西相公曰："豈敢，這話正老先生謙心、不自大就是了。"東先生道："好説，亦並非是我謙心過人，但我明知世人所得之好賚，俱從至上者而臨也。"西相公曰："先生説得不錯，我年少識淺，不知此大道理。先生年重見遠，且非常輩之人，願請教至上者三個字何解？其實不知也。"東先生曰："不當，不當。我雖不才，亦該當遵命，盡心講一講與相公聽。夫萬物無不有其本，萬物既有本，則必有個令之得本。物無本，則豈能有之哉？而令萬物得本者，比萬物更貴，如使本者比受本者更貴焉。"西相公曰："不錯，《性理大全》那部書云：天地爲萬物之本，正與先生言相同。"東先生曰："依我愚見，《性理大全》這上一句恐怕略差耳。蓋天地是有形有質，而凡有形有質者，皆有所見、所度、所盡，而凡有所見、所度、所盡者，皆算得爲物。可見天地亦是物，而有所盡，故不能爲萬物之本。天地在萬物内，亦爲物，不過是大小不同。天地爲物之大，别物爲物之小，但不拘大小都是物，而都有所出之本。且《性理大全》書亦有一句云：天地亦物，而既謂之物，亦有所盡等語也。”西相公曰：“求先生恕我之無識。天地既同萬物一樣，不過大小之異，天地是大物，另各物是小物，則不知其大者有一本，而其小者又有一本不同否?”東先生曰：“非然，皆同一本也。”對曰：“天地萬物既皆同一本，則不知此本亦有本否?”東先生曰：“未有也。天地萬物之本，自總無本，乃自有者也。”西相公道：“此深奥之理，煩先生又解之些。”東先生曰：“自有者三個字須先明白。夫凡受造之人、之物都不算得自有，因是靠别的而得本，獨其未受造而亦有者，算得自有也。像天地人物皆受造而有本，故不自有。其使天地萬物得本者爲自有，而萬物乃由之也。受本而有者不自有，是總不受本而亦有者爲自有也。受本而有者甚多，天地萬物皆是。總不受本而有者止一，而又爲至上者是也。”西相公曰：“我心實難開，今纔頗曉是生天地萬物者稱曰‘至上者’。因總無本，又因天地萬物皆由之而靠之，故曰‘自有者’。又因比萬有更貴，故曰‘至上者’。是這個意嗎?”東先生曰：“相公言甚是，真聰明呀。”對曰：“不敢，是先生仙容略照我暗也。”東先生曰：“今晚講的道理是奥妙無窮無盡，平生講之也講不完，比如小杯不能容大海之水，而我心亦不能容‘自有者’三字内之理，不過略略曉而已。萬物有本，是普天下之達道，但世人多有不知使萬物得本者是誰，所以在這端大理上多有説不清楚，又多有説亂亂的話。這書言是天地爲萬物之本，那書言是陰陽之氣爲萬物之本。這裏説是上帝爲萬物之本，那裏説是道爲萬物之本。這裏説是太極爲萬物之本，那裏説是個理爲萬物之本。有人説是盤古開天地成萬物，又有的説是鬼神助陰陽生萬物。還有太極之極、無極之極等語，未盡説許多，都不清楚。世人多如瞎者不見路而錯走，這裏尋路，那裏尋路，而並尋不着，可惜之極也。”西相公説道：“爲萬物之本這端理，我久了欲知之，只因多説不合，所以我心中懸懸掛掛，疑狐不已。於前年九月，我往本省城市賣米，市事完，入酒店食飯，而在店遇着一位老人，修髯、厲貌、鬆裳、長指甲，而若讀書人之貌者。其語我曰：‘汝想天地萬物有本，有個生之者未有耶？’我從來未見這位人，他亦不問我姓名，乃直前來問這一句，因此我奇之。我追思良久而曰：‘我耕田夫如何能曉此理？依我愚見，天地萬物諒必皆有本，不知此本若何？請教。’對曰：‘這是你們小百姓不會看書而錯矣。天地萬物皆無本，皆無生之者，乃是自然而生。生又死，死又生，輪來輪去無已。’説畢，乃欺貌出店，不復見之也。我歸一路，不思賣米的價錢，只心想口説‘天地萬物自然而生’這幾個字而已。欲解之，解不來。今有老先生在此，幸得狠，請問那位老人的話何解？”東先生曰：“那位人之話大差耳。今夜已深，第二會解一解。”對曰：“多蒙，告辭了。”東先生曰：“不敢强留。”二人施禮而別。西相公回家，而東先生去睡也。

天道禍善者之解

保羅等訓多人，而各處堅固諸徒之心，勸恒居於信，又言知以我等必通行於多苦難，而入上帝之國。[1]

夫福善禍淫，乃天道之常論。惟有時似差，而亦非差。從人類上祖原獲罪於天以來，一切衆生悉爲上天之罪民，則盡然該當至永遠受罪。

惟蒙上帝之恩以耶穌降生，救凡有男女悔己罪、改心内之惡，則免受死後之永苦。但此等賢人，有時而尚受生前暫時之苦難，只是經過目下之苦，後必得准進入上帝之天國。彼處之人永安，而疼、病、死皆然盡無矣。

《洗心輯要》一本書説得甚是，云：最不好是個疑心等語。疑心是不信天道，反謂天道之無憑也。又有人云：善人受禍，必因前生之罪孽。惟以有個前生，無何憑據。且上帝默啓之天經内，未有言及何前生，則不可信也。但既然衆生皆爲罪人，而善者中有惡，則善人雖上帝免之永遠受罪，尚以此世之坎坷加之練之，且如此亦爲公道恩責之義。依是看來，善人受苦並無難解之處也。人斷不可臆見，自擅起無柄無據那前生之談。蓋是無根之談，最爲賊德，令人不自責、不自悔罪，乃輒言受之苦，係因命薄或爲前孽等説。果然世上凡有之苦難，皆是因人類原祖不尊天命，而後代連累，亦

〔1〕《使徒行傳》十四章二十二節。

蹈其惡轍也。

至惡人受福，似乎無天道，可如此解釋之，或上帝要以恩化他，或該罰之之時尚未到也。世人何得知上帝之密意爲如何？但世人因己見不明天道，即説無天道之有，成何道理哉？雖無何前生之理，天經傳知以真有個來生，上帝將盡然賞善罰惡。又我們應當常時念記以每人有個肉身，又有個靈魂。有時肉身受苦，靈魂平安。又或善人此世經過許多坎坷艱苦，致來生大進上帝之天國，永享無限之福。兹蒙神天上帝恩詔世人，皆知盡可。因爲天之子耶穌之功勞，而免衆人之罪，只要人悔罪改惡，心慕向天恩，發善心及人，則可也。如此天怒移去，不在身上。惟像父親之道猶要責罰，坎坷練善，待死了之日，必接於上天，同萬聖俱在一所也。倘人以上帝之恩詔，以天之子代勞，看不上眼，則哀哉無法可救之。乃必致自家永受己罪，且該人於生前並於死後無何望矣。其自立之各菩薩，何得救出神天上帝之手乎？

我今日再三勸你們衆人，務要早日心服上帝，奉信向天之子耶穌，纔可安然棄世過去，仙遊於天也。

論及口舌之害

吕祖曰："嗚呼，口舌之禍大已哉！有一言而傷天地之和，有數語而生鬼神之怒，有片詞而折平生之福。"〔1〕等

〔1〕《者米士書》第三章。

云。口舌之罪，或褻瀆神天及侮弄聖言，或害人之德、害人之名、害人之財物。但不論何一樣口舌罪過，皆出乎個惡心來。蓋心所滿載之思想，口舌以是而多講也。今世之人多以咒詛之言語、以穢污之談而犯口舌之罪。其外邦來的客多咒詛發誓，其内地之人多以非禮之詞而獲罪神天。惟論口舌之罪過，天罰最嚴，細大不遺，絲毫必報。世人不可妄想以口頭爲自家之物，則隨己意可用之。蓋神天生我爲人，會講話，將來要問我講的是何等之話耳。又人不可説云：倘若我的行爲不害於他人，口頭之話何緊要乎？蓋誰不知以天要世人之行爲善，亦要口之言語善，亦要心之念頭善，亦要心之地位善，纔算君子。或不然，則上有天刑，下有地獄。雖愚者笑此論爲溟漠之空談，而智者敬畏之，爲報應之實理。

夫言乃守身之本，又爲立德之基，故古賢有立德、立功、立言。聖人云："有一言而可興邦，一言而可喪邦。"其害豈止一家一命而已哉？又曰："言出如箭，不可亂發，一入人耳，有力難拔。"可不慎乎？口過一端，賢者不免，何况小人乎？内中有人算以多嘴爲本事，則竟日多浮浪語。惟到底吉人之辭寡，其務以言多者未免多罪、多諍論、多亂及諸惡也。人人皆宜念以自己爲神天所生之靈物、萬物之貴，又爲天之子耶穌所贖救者。則該當由感化之心地而發善念、善言、善作，不但不以口舌而害人之心術，乃反必以濟人德之言爲所願。講或講不來，則自愧不出聲寧可也。各人皆宜望神天免其前非口舌之罪，化其心地，光其悟覺，净其念頭，而後其説的話自然必多合天理。益人之心地者乃泉源，言語者乃水流。其泉頭本爲清，其流水亦必清也。

少年人篇

上帝爲無不見、無不聞、無不知，汝少生該敬之。

在山墳地，多有少年人墓，我學生宜思之。

今已死了，又後將死之人，至世末日，皆必復活也。

世上萬國萬代之人，皆必受耶穌所審判，我學生亦都必受其審判，如長大人一樣。

天堂之福，爲存至世世無完，我年少之人該求之。

地獄之苦，亦爲至世世而存，汝少年人該避之。

新年元旦默想

今除夕已過，元旦已至了。我上年之事，條條皆曾載録於上帝之記書上，以待世盡日之大審判也。我豈不該自察己罪，痛悔而求上主之恩赦乎？

在過年一事，我看多人錯了。有的多費錢財，或爲買好看的衣服，或爲買多少好飲食之物，或爲買花紙、香燭、牲、時果等物，去供養那不知餓、不覺渴、不識寒又不曉得好歹之各菩薩。又有的因想今年之鬼是不怕上年之符，所以門上、户上之符定要换，以新符、新字代之，如此則鬼必怕而遠去，而五福必臨門矣。此意雖錯了，然常人不知之。而那書符的和尚，與那半明半暗的讀書人，都不肯説他知。蓋書符與寫新年對之人，皆以此而得利。若不受錢，則被請飲一席酒，食一大餐，且人或以一袋米、一疋布、一件衣、一雙鞋等物而送他也。此真是食下貧人之財，而使富人爲貧，使貧人爲無食無衣也。我有看見人自己手内雖無一文錢買常食，而到過年亦要排場，必東借一兩、西借一員，北當彼物、南當此物，以致正月初三、初五，一身、一家都是債，而無償還之路也。其一日所能賺，難及本日養家之費用，那有還債的餘資來？如此看，則知人之債，多因於過年時有亂用浪花，豈可不慎乎？

若在年首細看世人之事勢，又到年尾再細看之，則知有大不同。蓋在一年間，人之心、之身、之家、之國大體都有變動。其變動有不能預料的，又有可算來的。其不能預料的，像今年是誰的船必破壞的、是誰家將有死喪的、是誰發富發貧的、又是誰人必死的，此爲我等總不得預料的，獨上帝知之也。其可算來之變動，即自古及今年年常有之事，而今年亦所必有者，如所列於左之十條：

一、今年首，多有人生活於世，而未至年尾，必已死了，此一定的。

二、今日有人心内自在，件件如他人，而必在年終之先發癲者，此亦年年有的，然不知是汝我否也。

三、今年間，諒必有天災降落於世界，如饑、旱、瘟疫之類。我等固不能説是那一國、那種人受此災，然上帝知之而必無絲毫之差耳。

四、今年間，必有富家變貧寒，而貧家得富貴，又白屋出公卿、朱門成餓孚也。

五、今年間，將有多壯身肥胖、强健爽快之人，變爲軟弱、疲瘦、疾病者也。

六、今年間，有人出門走海，想在外邦發財後，定要回家安樂食用所賺，而此人中亦有的必不得回家，不復見親屬也。

七、今年間，出戰之兵卒與將官者中，有多必不得回家，□□在戰場上也。

八、今年間，有人家之船，爲滿以各色美貨者，忽破而人、物與船皆沉下大海去，此大概年年亦有的事。失生命多，失財貨者更多也。世財不穩固，勿以之關心也。

九、今年間，在普天下萬國中，諒必有的將崩其君、改其朝者。此亦年年常事，然不能指是何一國也。

十、今年間，多有惡人必入地獄，受其罪之當刑，又多有善人必上天堂，享滿福無已。

若細心看此十條，則知該大恭敬上帝，爲有是諸條事在其全能手内者管，該依靠他，求他在今年間常施恩、保祐也。

人不可爲自主

普天下可比得一座屋，蒼天爲其屋背，星宿爲其屋之燈光，地面之各果、食物爲此屋一大排開的桌子。但此大屋屬誰乎？其全然無主爲可信之談乎？非然。此大屋之主乃獨一真活神者，無比、無雙、無極之真主矣。夫人生在世，乃此屋之管家，奉神主付托，以善辨善用此屋内之萬物。待時候滿之日，此屋主必與各管家人算賬，明問辦的事爲公爲私、爲善爲惡。其管家有智與痴不一。其真智者，常念以在天之主無一時不看見，故此留心善辨，爲感主之恩，爲中主之意，爲望主之照應。其痴呆之管家者，以自己當作爲主，自縱私欲，亂用主物，非想公衆之好，乃只充己之私而已。如此妄爲，惹屋主之公怒，自招罪之刑也。〔1〕

此古時如氐亞國做的比喻，甚合天來之道理，且各人可自想一想如左列的十條：

一、神天爲一切衆生之主，原給以生命及凡有平日之好處，或爲靈心之好，或爲肉身之好也。

二、人生在世不可自主，不可以世物當爲自家的物，蓋悉然爲神天之物。

三、世人或善用、或妄用天所給之物，皆必將禀明之與神天。

四、神天所給各人乃個肉身，必具一個靈魂。身用之世物、心内之天理，或天來的聖訓、或能讀書、或祖父之遺業、或有見識、或心地聰明等，皆然爲神天所賜之好處也。

五、良心的人該善用此諸件，致答神天之美意，及助他

〔1〕 見《路加書》十六章，有不公道的管家一事。

人之平安德行也。

六、時候滿之日，免不得被神天問個明白，在世間或是善用，或妄用天付托之各件。

七、或者我們已經被告以妄用我天上主之物，且此罪甚大。

八、人實犯了此罪，則當怕主之天怒不日要落身上，致絶於天上之永福也。

九、凡人知己罪之危險，則該即求上主之恩赦，或幸得免永苦也。

十、此悔改求赦之事，不可一日又一日遲緩。因人生世只爲彈指之久，死刻在旦夕，而死後要悔不及。豈可不速速向主赦乎？

求世樂之害

天竺國人有人常諺云：昔有一走路客失其路，而因日晚，乃走入林去者。其心内想道：今在此林中，恐怕有山獸，像獅、虎之類，不如我登一高樹，在枝上安坐，避其害，待至天曉，方可下來尋路也。客遂登上而深睡了。至次早，既醒了，意欲即下樹去，乃先將眼向下看一看。忽然見一極大之老虎蹲在樹下，而四面瞭看，猶若守候以噬食凡所愚之物者也。行客大吃驚，半死，不知何爲，乃久坐久想。偶看左右，見在兩邊有相附之樹，心内生一計，自言自語云：有了，有了。可由此樹頭之枝遊至旁樹，又由旁樹遊至別樹，而由樹至樹，如此萬一可避此害也。其心又想：此真爲妙計，而得成皆在速也。正要遊至旁樹間，偶向上看，忽見一條至大而可怕之毒蛇，爲睡着，且以其尾而自掛在樹稍枝上，垂頭向下，離客人之頭不過如一尺之遠而已。客乃吃一死驚，手難執枝，足不知其所也。久了後，客想道：下有害，上有害，且兩邊雖無害，而我亦難動向左右。蓋蛇今雖然睡着，到底若我只輕輕的動樹，則蛇必醒起，而吞吃我也。真真無脱之路，只得在這裏死也。客自昨日早無所飲食，故而餓至極。如此看，則可説此客人之苦，真到至極之地位了。客驚惶間，又將目向上一看，忽見蜜蜂房一巢，掛着在樹稍之一枝上，而其蜜糖點點滴滴下來，近乎客身邊。客乃倚頭向邊，大開口，受接其滴下之蜜糖，食下肚，甚覺得其滋味爲可美也。客如此多食而飽，且漸次忘記了上下之害也。

求世樂者，多似這個人。上下、四面雖有害，又其所怕之害，然到酒、色、賭等事之際，其則忘記利害處，只顧目下之樂而已，那日後的貧窮處、恥辱處，都不放在心上了。

又多有世人，明知在死後有個地獄，且定了意要避之者，但因遇着甚麽向日酒肉、飲食之朋友，被他所誘去求世樂。一入世樂中，則地獄與該避之之事，皆就忘記了。但此痴作，真是種下後日之禍。戒之，戒之。

雜　句

古云：人斷不可説謊，蓋汝若説一謊，則怕要説幾十謊，以遮蓋那初次説之謊。

女在家不孝，而後爲好妻者，未之見也。男在家不孝，而後爲好丈夫者，亦未之見也。

凡事世人該敬上帝而尊君王。

性懆急者，自刺也。常生怒者，自燒也。常懊悔者，自食也。

借他人之財，廣施與貧而不扣還者，何異於盜賊之有哉！

滿先生曰："偷人之好名者，比偷人之財帛者，更害之也。"

嗎啦呷濟困會

本年正月内，有一位廖裏福建甲必丹黄萬福，大發慈心，矜憫孤寡，來樂助濟困會銀一百二十盾。兹總理米憐及首事等，會議刊刷致謝，以表好善樂施之心，福有攸歸矣。

少年人篇

在天地間，那一類算得最貴的？曰：人爲萬物之首。

人以何算得萬物之首？曰：以其有靈魂，而萬物皆無之故也。

若汝懷惡心，行歹事，此即以自己成禽獸，又比禽獸更不好也。

聖書卷分論

聖書者，上帝教人所信之經書也。因此書爲上帝自己所啟示的，又因此書爲全成，無缺無餘，又因此書上之道理，能使凡信之者爲潔爲聖，故曰“聖書”，此其總名也。聖書乃分爲兩部：一曰《舊遺詔書》，一曰《新遺詔書》。又有曰“二經”，即舊經、新經也。其每部分爲本與卷，其本之數，照書格式之大小不定的，其篇之多少乃有一定數。今依其次序略言之也。

舊遺詔書卷分

《舊遺詔書》乃分爲三十六卷，但因在其内三卷有上下卷，所以人常説舊經有三十九卷也。其卷之大小不一，有的不過有五六篇，又有的有幾十篇。至今時，其每卷大概分爲數章，而各章分爲數節也。

此舊經原本用希比留文字而寫的，後來被賢人翻譯厄利革文字，又至今時，其被翻譯入一百二十五異樣文字，且年年有能人翻譯之入其餘各樣文字也。古人分舊經爲三分：一曰律法書，一曰先知書，一曰神詩書也。耶穌在《路加福音書》第二十四章四十四節，乃指此三分云：“凡有録在摩西教法、及先知書、及詩書上論及我之事，皆必得驗也。”

《舊遺詔書》非人照其意而作的，乃上帝啟示古聖人，命之書下所啟示之事，而傳之於後代，不可加一句，又不可減一句也。

上帝所用以錄下舊經者，約有三十八人，但因書不詳言之，所以不得備講，只舉書所紀之名而已。其三十八人居世相去甚久，住所相隔甚遠，而其各人之書之大意一也。

《舊遺詔書》所載有多條，不得細說。若舉其大條而看，則如所列於左：

一、由此書而可明知，實有一至尊無對之上帝，爲自有、自然而然，又無始無終、無所不在、無所不知、無所不能，且至聖至公者也。又可明知上帝止爲一無二，其爲萬物之本、宇宙之主宰者也。

二、由此書而可明知，天地萬類非自然而有，乃爲全能上帝自無而生的也。又可明知，天地萬類依何次序，又在幾久而受造也。

三、由此書而可明知，常管理此大世界者是上帝。其爲天地、人、物之主宰，而從開闢天地之日以及今日，凡在全世界上所曾有之諸事，或是一人之事、一家之事、一國之事，或是全地萬國之事，件件都在上帝手内所管。又從今日推前去，以及窮盡天地之日，凡在全世萬方所將有之事，或是一人、一家、一國之事，或是萬國公總之事，條條亦都在上帝手内管也。

四、由此書而可明知，我人類之原本爲如何。蓋上帝先造一男一女，用地塵而造其身體，從天而賦之以靈魂也。其兩個，即此男此女相配，而爲萬國人之所由而生也。

五、由此書而可知在人類之上，尚有一類天人，曰神使輩，又可知此一類天人之原本、之行作、之德能各般爲如何也。

六、由此書而可明知罪惡如何先入世界。世人在各國都知道人類有罪、有惡、有苦，但不知此罪、此惡、此苦如何先入世界。欲知此者，該細看舊經首幾章，又與新經内之《羅馬書》第五章十二節至終節相比之，方可知也。除了此書外，總無他書能告我等知，世上之惡及苦是由何本而出也。

七、由此書而可明知各樣工匠手藝之初起也。

八、由此書而可明知洪水之事，其因緣、其次序、其關係等，都在舊經而講明白了。普天下萬國，皆有洪水之踪跡存之至今日，但未有此舊經者，不能明知其因緣等也。

九、由此書而可略知，洪水後之世界如何復得滿以居人，又人類生多時，其如何被散開向四處，以開新地、立國、築城、定規儀。以致東開五印度與中國等，西開有羅巴列國，南開亞非利加等地，北開我羅斯等國。又漸次至連亞米利加，爲以大洋而隔於天下之其餘分者，亦得開了而滿以居人，又南海之萬島亦然也。

十、由此書而可知天下各等話如何而先起在世界。原本人類之話，諒必只爲一樣，今不止幾百樣，且皆相異也。獨此一書曾明言其如何分爲各樣也。

十一、由此書而可明知古人崇拜上帝之法與祭上帝之禮也。

十二、由此書而可明知上帝嚴禁人設何樣偶像、菩薩之類，不論死人、生物之像皆禁之，又禁人拜之。又可明見上帝在各過往之世代，而有重罰那背天道而自專事此假神之國也。

十三、由此而可明知上帝如何先降下十誡入世間，以爲萬國人思想、言語、動行之法度也。

十四、此書載多預言，即聖先知者預早所講及後來之事。像及以色耳，又及周圍各國，又及全世萬國，又及救世者耶穌各等之預言，皆載於舊經内也。

十五、由此書而可明見其預言之多如何得驗成。其驗成之憑據十分明白，凡細看書者，必無絲毫之疑也。其預言有兩樣：有的屬當時之世代，而在當時之世代得驗了，一樣也。又有的屬後來之世代，而必在後來之世代得驗成，二樣也。此第二預言，多在《新遺詔書》内而驗成的，又有的至今尚未驗。然以其曾驗成者，而明知其未曾驗成者，必在其所當之期而一一盡得驗成。蓋此預言爲上帝之言，非人求諸己心而作者也。

十六、此書乃在四千餘年之久，而記着世界之大條事情。所以有人名舊經曰“世界之史書”，又“公會之鑑書”，因爲其於四千餘年之久，紀世界之大事及公會之大事，故名也。古時各國大概亦有史書，然未有比此書之古者。連朱夫子之史書，比此書約差一千餘年，此書之事比朱子史之事更古千餘年。至於三皇五帝之事，自秦火後，我中國明士都不信之，所以不足講也。大概講，除此舊經書外，各國可信之史書中，未有紀洪水先之事者，乃都在洪水後三百五百年而起紀事也。

《舊遺詔書》爲《新遺詔書》之根基，又《新遺詔書》爲《舊遺詔書》之玉成也。今既已略説其舊者之大條，迨翌朔再講其新者爲若何也。

信愛遵致常生

凡信以耶穌爲彌賽亞者，乃由神而生。又凡愛使生者，亦愛由而受生者也。[1] 我等愛神而守厥誡時，即由斯可知以我等愛神之子輩，我書是情與汝等信向神子之名，致汝等知汝有常生。“信”“愛”“遵”“常生”爲四個相關之詞，“常生”兩個字乃永遠在天上之謂。在彼處無何罪惡，無煩惱，無辛苦，人永不害病、永不會死，這個肉身之穢變成靈身之净也。到彼處自己不獲罪致天怒，不再降以災難，惡人與惡魔鬼俱不復致使害，乃各人俱享滿福永安矣。

惟或人曰：“我是一個罪人，如何可得致常生永福乎？天律森嚴，如何贖得己罪乎？或要我用錢布施周濟等事，錢我未有也。”答曰：“神天赦人不在乎是。今蒙天子耶穌代贖人罪，他原與神天爲一，乃情願自取人體在世一回，傳示以神天之旨意，以自家之行爲，現出來一個至善之榜樣，多受惡世無故之凌辱，而至終甘然代我們世人受凌遲之死於十字架也。如此，天之子代補人過，代受天怒，好使神天公道以

〔1〕《若翰第一公書》五章一節。

恩慈兩全，則可以至公之道，而恩赦我們爲天之罪民矣。夫有個人誠實自悔前非，而信此福音，則免落於永苦，而可望常生也。”

惟或人曰：“我恐怕我信不篤實，我如何以知道是否？”答曰：“你果然篤信此天來之恩道，你固然要敬愛神天與天之子耶穌，及凡屬耶穌之人也。或一個人真信天之恩道，他則爲父天者之子，又凡屬耶穌者，皆成一家。如此衆子輩俱敬愛父天，又各子弟俱彼此相愛。”

惟人又曰：“愛是心内之事，如何可以知道實有之？”答曰：“你真有信天之恩道，敬愛向神天，則必遵其各誡，如此方可知敬愛爲真也。”問：“天誡何在？”曰：“神天之誡，略寫於人之良心，而包函萬善，且神天啟示之書盡載之。你有真心遵神天之誡，則必留心看聖録書内之意思如何，心内理會之時，則日日體行之。如此信、愛、遵三者皆有，方可以望向天上之常生矣。”

神天以耶穌要復和世界人於己

神天原來生民時，莫不與之以仁義禮智之性矣。[1] 且既然無惡端，亦原無災禍也。惟如今誰不知以我世界大惡不少，及小惡無處無人不有之，則聖書云：“天下衆生，悉然獲罪於神天矣。”又云：“全無罪之人，天下未之有也。”等

〔1〕《可林多二書》五章十八節。

語。世人之心，對神天爲怨恨不服之敵心，則負天恩生之爲人也。倘若天要盡滅其諸敵，何難乎？惟神天以愛爲心，所以猶想以天之子耶穌，而復和世人歸神，則可免致終罰人之罪，乃反是可賞之以永遠之美福矣。爲玉成此事，天之子耶穌降生於世，傳知神天之旨意，又以仁愛之行自示個表樣。及其終，代衆生忍難，被殺死，當爲祭物贖世人之罪。但尚要人改悔，心服於神天，而至死時節，敬遵天戒度日如此，則以神天爲個天父母。又要人照學天之恩而待衆物，不瞞己心，不使害於人，乃反是盡力利人利物，致不再負天恩生我爲人、贖我罪過、化我惡心，令我怨天之心復和敬愛神天，及日日瞻望天堂爲我永居之家也。是乃耶穌教溯原歸終之略記矣。

論上年嗎啦呷濟困疾會事由

自己卯歲呷地創設濟困疾會以來，於今已三年矣。去歲正月，《察世俗》書内，將庚辰年所收所發之數核算刊刻，報明衆人。玆届新歲，所有一切管理本年此會事務、總理及各首事等人，遵照會規，當衆公舉辦理。至上年所有樂助若干人、受濟若干人、所收樂助銀若干、所發施濟銀若干，合並刊刻成書，俾遠近樂善君子悉皆知之，致人皆向善，盡體天地好生之心，豈不美哉！

計開：

辛巳年樂助者，共有九十七人。

辛巳年領濟者，共有二十九人。

辛巳年存有生放銀壹百四十元。

辛巳年共收衆樂助銀并利銀，總共收有銀一百三十四元零一十九鈁八仔。

辛巳年共發去濟困銀一百三十六元。

計開辛巳年領濟者各名：

一名楊斗伯。自辛巳年正月起至八月止，每月領銀壹元。其住址、年紀，前有刊刻表明。

一名陳碧伯。自辛巳年正月起至八月止，每月領銀壹元。其住址、年紀，前有刊刻表明。

一名洪焕司。自辛巳年正月起至八月止，每月領銀壹元。其住址、年紀，前有刊刻表明。

一名許鈁。自辛巳年正月起至八月止，每月領銀壹元。其住址、年紀，前有刊刻表明。

一名陳盛。福建人，年五十歲。盲目，無親可依，住東街蚋。自辛巳年二月起至八月止，每月領銀壹元。

一劉培蚋娘。自辛巳年正月起至十一月止，每月領銀壹元，又外去藥餌銀壹元。至十一月内身故，去棺銀二元。

一名姚静。自辛巳年正月起至十二月止，每月領銀壹元。至十二月内身故，去棺殮銀二元。其住址前有刻明。

一名陳寡婦。自辛巳年正月起至四月止，每月領銀壹元。其住址、年紀，前有刊刻表明。

一名郭丙。自辛巳年正月起至三月止，每月領銀壹盾。其住址、年紀，前有刊刻表明。

一名曾亞統。自辛巳年正月起至十二月止，每月領銀壹元。其住址、年紀，前有刊刻表明。

一名吴亞雄。自辛巳年正月起至十二月止，每月領銀壹元。其住址、年紀，前有刊刻表明。

一名鄭有。自辛巳年正月起至十二月止，每月領銀壹元。其住址、年紀，前有刊刻表明。

一名何大遣。福建人，年六十歲。身沾疾病，無親可依。自辛巳年二月起至十二月止，每月領銀壹元。

一名盧義魁。潮州人，爛脚，無親可依，年四十歲。自辛巳年七月起至九月止，每月領銀壹元。

一名林安。潮州人，病脚，無親可依。年三十二歲。辛巳年三月領銀壹盾，四月領銀壹元。

一名林甲成。辛巳年八月領銀半元。

一名李信。辛巳年八月領銀半元。

一名洪阿霜。辛巳年八月領去船銀壹元半。

一名黄甘。辛巳年八月領銀六鈁。

一名湯阿成。辛巳年十一月領去棺殮銀二元。

一名陳兼娘。福建女人，寡婦，年三十四歲。無親可依，住鑒光。自辛巳年九月起至十二月止，每月領銀壹元。

一名陳□。福建人，年七十三歲。無親可依，住東街蚋。自辛巳□□月起至十二月止，每月領銀壹元。

（前闕）十一歲。無親可依，住□□□□□□年十月起至十二月止，每月領銀壹元。

一名□□□。福建女人，年八十歲。無親可依，住孤暮。自辛巳年十月起至十二月止，每月領銀壹元。

一名馬蓮花。福建女人，年五十二歲。無親可依，住小城門内。辛巳年十二月領銀壹元。

一名曾惜娘。福建女人，沾病，無親可依，住小城門內。辛巳年十二月領銀壹元零壹盾。

一名陳按。福建人，年五十一歲。無親可依，住東街蚋。辛巳年十二月領銀壹元。

一名楊國。廣東人，年二十三歲身沾疾病，無親可依，住新巴剎。辛巳年十二月領銀壹元。

一名劉溪生。潮州人，年四十二歲。病脚，無親可依，住峇都安南。辛巳年十二月領銀壹元。

道光二年二月初五日，濟困疾會總理米憐、仝首事等，謹告。

論新遺詔書

新經，即《新遺詔書》，乃繼續舊經而成之也。此部書分爲二十二卷，但因其中四卷有上下卷，又一有上中下之卷，所以人常曰，新經共有二十七卷也。其每卷亦分爲數章，而各章分爲數節，且其卷之大小不一，正如舊經之卷一般。

上帝以八人之手而録此經，即馬竇、馬耳可、路加、若翰、保羅、彼多羅、者米士及如大，此八位也。此書爲上帝啟示的，而非其八人求諸己心而有者，故其爲無錯、無缺、無餘，乃爲全成也。

新經本來以厄利革文字而寫的，然後來被翻譯各國之文字，以致今不止入一百幾十樣文字，皆相異者也。又現今有能人日日翻譯之入各遠近國之文字，爲未曾已有之者。不久而普天下萬國内諸様文字中，必無一様不備載此聖經内也。

有人分新經爲三分：一曰紀史，爲包首先之五卷。一曰教道，爲包書中二十一卷。一曰預言，爲包書尾末一卷也。但若細看全書，則見所名曰紀史之分内，亦有教道與預言，又所名曰教道之分内，亦有預言與紀史，又所名曰預言之分内，亦有教道與紀史也。如此看，則知此分爲三分，不算得十分明白也。

《新遺詔書》所載有多條，今不能細説，只能以其綱領大體略説，如所列於下：

一、由此書而可明知救世者耶穌原爲與上帝同體者，如何降生，取人類之性形，又其自生至死，如何行作在世也。

二、由此書而可明知耶穌所擇之門人與所設之十二使徒者，爲何様人也。

三、由此書而可明知耶穌以何道理而教世人也。

四、由此書而可明知耶穌所行之諸神迹。此神迹爲耶穌之道理、之憑據。凡欲知此道理果出於天否者，該細看其各憑據，即明知而無疑之有也。

五、由此書而可明知耶穌受何様之艱難、何等之苦死，以贖我世人之罪，而救我靈魂也。新經内多處明言此贖救之道，蓋耶穌由誰而受難，又何故而受難，又其受此難如何有利益於世人各件，皆言得甚明白了。

六、由此書而可明知耶穌在其受死後之第三日而復活，多次、多處自現已復活之身與其門徒看。又在其復活後之第四十日，其再昇天上去，得無量之榮也。耶穌復活後有何樣之身，又自現其身與誰看，又自現多少次，又在何處自現，又同其使徒講甚麽話，又將昇天時以何事而命任其十二徒，又是誰見他昇上天者，各等事皆爲新經所明講也。

七、由此書而可明知耶穌昇天後第十日，乃頒賜聖神，即上帝第三位者，降臨於其各使徒，照耶穌未昇天之先所應許也。蓋聖神降臨時有何異跡發現，又聖神賜耶穌之門人忽然得能以講各國之話爲若何，又聖神如何常助此等人宣道而行神迹，以證據是道真爲由天而出，此諸條俱在新經而言得明白也。

八、由此書而可知古時祭上帝之禮法如何而廢，不復行也。此禮法本爲上帝自所設，以爲贖罪之先表，但設之之時，上帝非定之爲永久存之法，乃只定之爲暫時存而已。其限定此禮法必存在世，待至耶穌降世贖罪而滿驗，其禮法所表指各事，然後要廢之，而以福音即新教代之也。所定之期滿了，則古禮法果止息，不再行。又古人所守之禮拜日亦易了，蓋因耶穌在七日節之第一日而復活，所以衆善照舊經内數處所言，又依上帝聖神所命，而常守七日節之第一日，以代七日節之第七日，爲古禮拜者也。不細看新經，則難知是事也。

九、由此書而可明知上帝依其古時所應許，而取諸國之人入公會内，賜之以真道、以恩赦、以聖神，又以常生，似如大人所得之各好一般。

十、由此書而可明知罪人如何而可得赦、得救，又得永福也。因此一事爲第一大的，所以新經各本各卷多言之也。

十一、由此書而可明知受上帝之聖教者，該當如何動行於世界。蓋其在家、在國、在世，所當爲各本分内之諸事，都在新經内説得甚明白了。

十二、由此書而可明知福音之道如何先布散流行於世界。蓋此道雖被多國、多人攻敵之，而其亦自然而然，廣布流行穩立，而世人之力不能阻止之，蓋因上帝助之也。

十三、由此書而可明知上帝之公會如何而先設在各國，且此公會之法、禮、職、政與執任之人等，都在新經内可見得明也。新經内之公會爲後世各公會之模式，若有不依此模式者，舛錯也。

十四、由此書所紀之事而知，當世之善者多受惡人之捕害。蓋有的被苦打，有的被逐出其本境，有的被囚，又有的受死，都因爲不肯捨棄上帝之聖教，而非因有犯法之罪名也。又新經詳解此等人受害時，所懷之心向天、向人爲若何也。

十五、由此書而可明知人死時，其靈魂將爲若何。蓋善者一死，其靈魂即進天堂，得永福。惡者一死，其靈魂即入地獄，受永刑。此道理舊經自有講在多處，然不及新經言之更明白也。

十六、由此書而可知今爲魔鬼之類者，原本爲如何。又知其如何變爲魔鬼，又知其日夜所作者也。在舊經上略有講此理，然未比新經之明白也。

十七、由此書而可明知至世界將盡之時，萬萬死者皆必復活，身靈再相連，而萬世萬國之人都必受審判，各人依其昔日在於世上曾所行之善惡也。善者見定義而得善報，惡者被定罪而受惡報也。舊經幾處亦言此道理，然新經言之更詳。蓋死者如何而得復活，又復活者將有何樣形身，又緣何故而復活，又將審判萬人者是誰，又將受審判者是何人，又在行審間將以何法而審，又審判後善惡者爲若何各等，皆在新經上而明言也。

十八、由此書而可明知寔有天堂、地獄兩處，爲善惡者至永遠之居所也。又可知天堂之福爲何樣之福，又地獄之苦爲何樣之苦也。舊經也講此理，但新經言之越詳明也。此道甚大而包我世人之永福、永禍在内，豈可不詳之哉？

十九、由此書而可明知於審判萬人，又萬善入天堂，萬惡落地獄之後，上帝將如何毁壞現今之天地世界也。舊經明明講天地世界萬物之受造成爲若何，而新經明明講其之受毁壞爲若何也。

其二經乃相連相靠，蓋舊經内之禮及預言多在新經上而解得明白了。又新經内有多處，若不看舊經，則略有難明白之，像《希比留》及《現示》兩書，要把兩經比較，方易明白。又也，凡欲明知其二經之道理者，該當恭敬而求上帝光其心，助其明白也。

列兄看書者，欲知此各條，則當以敬心、遜心、謹心而詳詳看新經全部，方可知之也。

耶穌爲吾輩之罪被付

若以小事比大事，則可看我世界連天地萬物當爲神天管的一大國，其國内件件事情，悉然以神天爲主。神天與人性殊不同，神天於最先原本之時候已經有了，則與佛、與老子、與蒼天亦大不同。神天乃在天地人萬物之上，故此聖書裏頭稱他爲天地之主也。我們世界的人不肯以他爲主，乃頂大悖逆之罪惡，憑你一個人有幾分的好處，若是他不肯奉神天爲主，敬之拜之，尊其各誡，則當爲惡人。比如幾個兄弟彼此相和，但未有一個是孝於父母的，何稱得好人哉？設是一國裏頭，民人彼此厚待，只是一個不服皇上爲主，不肯敬他，不肯尊他，那裏稱得良民乎？惟如此論，不過以小事比大事，父母、國主皆爲神天所生造者，所以俗傳的話“以父母爲天”等云做不得，又“以國主爲天”亦使不得，因向神天大爲欺負悖逆之言語。我們世人應當做的善事，可以分爲三條：於自家本身之善一，於他人爲仁作一，於向神天之心一。其三者之首一端，是我心向神天如何？我平日認得神天之爲主與否？我念過神天造化萬有之奇作與否？我平日心内敬之於日做之事尊天理與否？至其第二件，即如何接物，亦要自家省自家如何。且其第三條，要問本身如何修德，是否有過不及也？我世界頂好的人中，未有一個十全的。既自家可以見自家的罪，何況神明神天？自然可以見得我們罪惡也。

惟耶穌因贖我世人的罪，被付出受苦死也。照神天之道理，一個罪人自悔罪，不能彀得赦。自家苦楚使難自家的本身，不能彀得赦。貧人多多念經、行香等事，不能彀得赦。富人多多施錢、起廟、修路等事，不能彀得赦。因獲罪於神天，必要公平罰之，然後天怒息矣。惟世人那有一個能贖其兄弟之罪乎？那裏有一個人當得起自家之罪刑乎？即有神仙，亦不能彀贖世人之罪過。但我世人力盡時，神天自家慈憐，發個主意，以自付天之子耶穌代贖人罪惡。如此則顯明於六合内之人神等，悉知神天之公道、神天之恩慈也，而公道、恩慈兩全矣。如此論來，赦罪之天恩，不是世人自家招取的，乃是神天白白而給的，而世人誇功之口永塞矣。美哉！神天之睿智、之公道、之恩慈，致赦悔改惡人之罪時，尚爲公道至極矣。爾向爲惡人乎？即日心服悔改，望神天之恩慈，而即可盡赦前非，使爾作個新人也。

知足即貧而樂，貪得雖富愈憂

知足不辱，知止不殆，是以君子素位而行，隨處有景光，無往不樂。小人常戚戚，緣貪得無厭，得隴望蜀，積百想千，故無時不憂也。不知足固罔想，罔想則强求，强求則利害、恥辱、憂慮、焦勞皆備矣。宇宙雖萬紀，此身不再來，縱然活得百年，乃三萬六千日，況人生七十古來稀，奈何以有限之年，掛無窮之慮。今人每欲以智力求得，愈得愈貪，愈貪愈不足矣。當思光陰如送旅，身世若蜉蝣，帝王將相同歸一盡。第至無常之時，未嘗不將自少至壯、至老，回心往忖，苟有一事背義、一物刻剥而得，雖積金盈室，也是空身出世。斯時此心，寧得泰然，不若安分隨時之無憾也。

索引

凡例

一、本索引以七卷本（1815—1822 年）《察世俗每月統記傳》正文（含米憐序言和注釋文字）爲範圍，目録、今人序言、導言文字不入。

二、本索引包括：姓氏、人名、地名、朝代名、書刊名、翻譯術語等。

三、本索引以漢語拼音音節順序排列。

四、每條索引均標出正文的對應頁碼，原文重刊者，索引均重出。

五、凡同一外語漢譯專名詞的不同音譯漢字或簡稱，因音節順序不同而分列兩處，如“友羅巴”與“有羅巴”、“地之中帶”與“地中帶”、“朱夫子”與“朱子”、“中國”與“中華國”等，請檢索時注意。

若翰福音書 25，210，266

後　記

此書從《察世俗》原刊的收集、整理、點校和學術導言的書寫再到最後出版，每一个環節无不凝聚着我的導師張西平教授的心血。同時得到了多位師友的關懷、指導與幫助，在此向他們致以最誠摯的感謝。

我對於《察世俗每月統記傳》的興趣始於十年前。當時，我在北京外國語大學跟隨張西平教授攻讀碩士研究生，最初接觸《察世俗》便是張老師的指引。在接觸《察世俗》之前我們已經討論了十幾個畢業論文的可能性，初讀《察世俗》我並没有感覺到其他同學所謂的“佶屈聱牙”，相反我對它卻産生了意想不到的興趣，我想自那時起，我便與《察世俗》結下不解之緣。後來和導師討論選定《察世俗》爲我的碩士畢業論文研究對象，自彼時起，我對《察世俗》的興趣一直没有改變，再之後又選定米憐爲我博士畢業論文的研究對象。

最初，北京外國語大學中國海外漢學研究中心圖書館只有“燕京本”18 期殘卷，北京國家圖書館《察世俗》微縮膠片已不知所蹤。在張老師的幫助下，日本關西大學内田慶市教授和沈國威教授和我分享了他們在大英圖書館的複製本

“大英本”，在此特別感謝兩位老師，正是他們的無私分享，我才完成了《察世俗》材料的最原始積累。雖然期間我在北京、上海和香港各大圖書館搜尋，但是並沒有尋到新的《察世俗》卷期。就是這樣，依托76期《察世俗》文本（“大英本”1815—1821年共63期、“燕京本”1815—1816年、1817年4月、1821年2月、1822年2月共18期，不計重復者共76期），我完成了我的碩士論文。

基於我對於《察世俗》的熱情與執著，一鼓作氣，我繼續在北外跟隨張老師攻讀博士研究生，研究對象便是《察世俗》的創刊人兼主編米憐。讀博期間，感謝香港浸會大學林思齊東西學術交流研究所（David C. Lam Institute for East-West Studies, Hong Kong Baptist University）爲我提供6個月獎學金赴港學習並查詢資料，期間費樂仁（Lauren Pfister）教授是我的導師，費教授花費大量的時間以《察世俗》連載的《張遠兩友相論》爲例教導我如何進入傳教士作品的文本閱讀。對此，學生銘記費老師的教導之恩。感謝國家留學基金委支持我赴英國牛津大學威克里夫學院（Wycliffe Hall, University of Oxford）學習，此期間我在牛津大學柏德烈圖書館（Bodleian Libraries）、敦倫大英圖書館（British Library）、倫敦大學亞非學院圖書館（SOAS Library, University of London）、格拉斯哥大學圖書館（Glasgow University Library）和米憐故鄉的蘇格蘭阿伯丁的亨特利圖書館等搜集文獻，複製了大量珍貴的材料，爲我博士論文撰寫提供了一手文獻。在此感謝我在牛津的導師Christopher Hancock博士、感謝所有曾經幫助過我的檔案館和圖書館的工作人員！此外，我還要特別感謝美國舊金山大學利瑪竇中西文化歷史研究所（Ricci Institute for Chinese-Western Cultural History, University of San Francisco）的資助。

博士畢業後，我依然没有放棄《察世俗》原書刊的搜尋工作，偶然的機會在柏林國家圖書館（Staatsbibliothek zu Berlin）找到了期盼已久的刊行於 1822 年最後 3 期《察世俗》（缺部分篇章），至此《察世俗》七卷本（1815—1822 年）内容全部補齊。最後得益於導師張老師與梵蒂岡圖書館（Bibliotheca Apostolica Vaticana）的合作項目，有幸複製到梵蒂岡 1816 年 2 月和 1821 年正月至 9 月的《察世俗》單月刊行本，此單月刊行本對《察世俗》梳理工作起到至關重要的作用。

三年前（2018 年）在導師的敦促下，經由謝輝老師引薦，開始着手《察世俗》的整理、點校工作，期間感謝新加坡學者莊欽永先生對此項工作的鼓勵與支持，尤其感謝他爲此書導言奉獻他寶貴的研究成果，感謝他提攜後學，導言書名屈尊我之後。同時，感謝北京外國語大學國際中國文化研究院謝輝老師，爲此書的出版工作牽線，三年來多次費心爲此書提出的諸多寶貴建議。感謝北京外國語大學國際中國文化研究院謝明光老師，在他巴塞羅那講學期間幫我提供西班牙的《察世俗》館藏情況。

十年後的今天，《察世俗》搜集、整理和點校工作終於完成了，這也算是我在學術道路上的第一塊小磚，願它可助有心學者築起學術大廈。

此項工作可以順利完成，我還要感謝浙江外國語學院“一帶一路”學院、華僑學院和國際學院我可愛的領導、師友與親密的同事們，感謝他們爲我提供的熱情融洽和寬松的環境，尤其感謝李翔宇小姐熱心幫助我解决此書稿件的國内外郵寄、傳達工作。感謝毛振華教授對我科研工作的關心、鼓勵與鞭策。感謝中文學院樊寶英院長對我科研工作的信任與幫助。感謝僑居意大利的李芳女士爲此書稿件郵寄而勞神費力。

此外，感謝上海古籍出版社的編輯張祎琛老師的費神費心編輯與對於我工作的寬容與諒解，感謝原上海古籍出版社副總編吕瑞鋒老師的幫助和支持。

最後，感謝我先生 Simone Dal Pino 在我搜尋材料、整理、點校此書過程中的協助工作以及爲我能專心工作而默默的支持與付出。感謝所有關愛並支持我此項工作的前輩和朋友們，雖然未能在此一一録名，但心存感激！

圖書在版編目(CIP)數據

察世俗每月統記傳 / (英) 米憐主編; 劉美華編校; 張西平,謝輝審校. —上海: 上海古籍出版社, 2021.12

ISBN 978-7-5732-0142-3

Ⅰ. ①察… Ⅱ. ①米… ②劉… ③張… ④謝… Ⅲ. ①報紙—彙編—英國 Ⅳ. ①G219.561

中國版本圖書館 CIP 數據核字(2021)第 248658 號

察世俗每月統記傳

[英] 米 憐 主編

劉美華 編校

張西平 謝 輝 審校

上海古籍出版社出版發行

(上海市閔行區號景路 159 弄 1-5 號 A 座 5F 郵政編碼 201101)

(1) 網址: www.guji.com.cn

(2) E-mail: guji1@guji.com.cn

(3) 易文網網址: www.ewen.co

浙江臨安曙光印務有限公司印刷

開本 889×1194 1/32 印張 17 插頁 2 字數 340,000

2021 年 12 月第 1 版 2021 年 12 月第 1 次印刷

ISBN 978-7-5732-0142-3

K·3083 定價: 72.00 元